Herbert Alexander Stützer
Römische Kunstgeschichte

Von der Frühzeit bis zum Ende des Weströmischen Reiches

Herderbücherei Band 463 : : .   ca. 320 Seiten

Was man in Museen, auf Reisen, in Vorträgen oder Unterricht an einzelnen römischen Kunstwerken kennenlernt, wird hier in seinen zeitgeschichtlichen Zusammenhang eingeordnet. Der Autor ist durch zahlreiche Vortragsreisen und Kunstführungen als mitreißender Interpret der römischen Architektur, Plastik und Malerei bekannt geworden. Wer dieses Taschenbuch als Reiseführer mitnimmt, macht sich diese Erfahrungen des Autors zunutze. Eine synoptische Zeittafel und ein Ortsregister helfen dabei. Mit 160 Bildbeispielen versehenes Gegenstück zu dem Taschenbuch von Karl Christ, »Das Römische Weltreich«.

D1935901

Herderbücherei

PLOETZ

Alexander der Große

von Peter Green
Ploetz-Bildbiografien
272 Seiten mit 48 Farbbildtafeln und 150 Abbildungen im Text. Leinen. Erscheint im Juli '73.
Eine umfassende, wissenschaftlich fundierte und brillant bebilderte Biografie des großen makedonischen Feldherrn und Eroberers.

Der farbige Ploetz

Illustrierte Weltgeschichte
704 Seiten mit 96 Farbbildtafeln und mehr als 200 Abbildungen im Text. Leinen. Erscheint im Sept. '73
Eine Weltgeschichte im übersichtlichen Ploetz-System, reich und anschaulich illustriert, auf neuestem Stand.

Der Große Ploetz

Auszug aus der Geschichte
27. Neubearbeitung. 2320 Seiten, 8 Tabellen, 31 Stammtafeln, Namen- und Sachregister mit ca. 80000 Stichwörtern. Leinen.
Das bewährte, einbändige Handbuch und Nachschlagewerk zur Weltgeschichte.

Wir informieren Sie gern ausführlicher.
Bitte fordern Sie Prospekte an: Abteilung 387 hb
Verlag Ploetz KG, 78 Freiburg, Hermann-Herder-Str. 4

Herderbücherei

Band 445

Über das Buch

Dieses Taschenbuch bietet einen für breite Kreise interessanten Abriß der römischen Geschichte. Der Autor beleuchtet die frühen Anfänge der römischen Herrschaft, zeichnet die Ausbreitung des Römischen Reiches in Italien und in der hellenistischen Welt nach bis zur Weltherrschaft, erläutert die Entfaltung der Kultur und die geistige Durchdringung des Weltreiches in der Blütezeit und markiert die Stationen des Zerfalls und der Auflösung. So entsteht ein faszinierendes Bild von Aufstieg und Zerfall einer antiken Großmacht, die der Autor, Professor für alte Geschichte in Marburg, kritisch analysiert und in seinen Nachwirkungen auf das europäische Bewußtsein hin aktualisiert.
Ein mit großer Sorgfalt erarbeitetes Register, eine Zeittafel und ein ausführliches Literaturverzeichnis machen aus diesem Taschenbuch überdies ein unentbehrliches Repetitorium für Schüler und Studenten.

Über den Autor

Karl Christ, geboren am 6. 4. 1923 in Ulm/Donau, ist seit 1965 o. Professor für Alte Geschichte an der Philipps-Universität Marburg. Er veröffentlichte zahlreiche Studien zur römischen Geschichte, Wissenschaftsgeschichte, Geschichte der römisch-germanischen Auseinandersetzung und zur antiken Numismatik.

Karl Christ

Das Römische Weltreich

Aufstieg und Zerfall einer antiken Großmacht

Herderbücherei

Veröffentlicht als Herder-Taschenbuch
Überarbeiteter Beitrag aus
„Saeculum Weltgeschichte“ Bd. II
im Verlag Herder

Alle Rechte vorbehalten – Printed in Germany
© Verlag Herder KG Freiburg im Breisgau 1973
Herder Freiburg · Basel · Wien
Herder Druck Freiburg im Breisgau 1973
ISBN 3-451-01945-0

Inhalt

ERSTER TEIL

ZWEITER TEIL

DRITTER TEIL

VIERTER TEIL

FÜNFTER TEIL

ANHANG

Erster Teil

Die Anfänge der römischen Herrschaft (bis 201 v. Chr.)

1. Problematik der Anfänge

„Höchst reizend ist für den Geschichtsforscher der Punkt, wo Geschichte und Sage zusammengrenzen. Es ist meistens der schönste der ganzen Überlieferung. Wenn wir uns aus dem bekannten Gewordenen das unbekannte Werden aufzubauen genötigt finden, so erregt es eben die angenehme Empfindung, als wenn wir eine uns bisher unbekannte gebildete Person kennenlernen und die Geschichte ihrer Bildung lieber herausahnden als herausforschen. Nur müßte man nicht so griesgrämig, wie es würdige Historiker neuerer Zeit getan haben, auf Dichter und Chronikenschreiber herabsehen.“ – Es ist eine zutiefst römische Auffassung, die aus diesen Sätzen Goethes spricht, eine Auffassung, zu der sich über sieben Jahrhunderte nach der legendären Gründung der Stadt Livius bekannt hat, als er in der Einleitung seiner ‚libri ab urbe condita‘ für die römische Frühzeit die Vereinigung von Menschlichem mit Göttlichem und die Weihe der römischen Anfänge für legitim erklärte. Selten ist die retrospektive Verklärung der Anfänge einer Stadt wiederum selbst derart geschichtsmächtig geworden wie im Falle Roms. Der Glanz, der eine Gestalt wie Romulus umgab, wirkte so faszinierend, daß Oktavian beabsichtigte, sich seinen Namen beizulegen, und daß noch Augustin den Brudermörder mit allen Mitteln herabsetzte, um die geheiligten Wurzeln der dann selbst divinisierten Stadt auszureißen. Allein nicht nur die Gestalten der Könige behaupteten sich im späteren Geschichtsbild, sondern gerade auch der legendäre Akt der Beseitigung der Königsherrschaft. Die bei Livius verdichteten Szenen und Bilder der frühen Geschichte Roms sind zu einem Kanon freier Bürgertugend geworden. Sie schmückten als unvergängliches Repertorium vorbildlicher sittlich-moralischer Verhaltensweisen die Wände deutscher Rathäuser und wirken als die großen Vorwürfe des Theaters, der Literatur und Kunst fort bis in die Gegenwart.

Der modernen Rekonstruktion der römischen Frühgeschichte sind dagegen enge Grenzen gesetzt. Die gestaltete Überlieferung der römischen Geschichte setzt erst im dritten Jahrhundert vor Christus ein, während in Rom selbst in den Anfängen die Zeit als Raum des historischen Geschehens von den Priestern verwaltet wurde, das Geschehen selbst aber noch bei Naevius, Ennius und Vergil mit dem Mythos verflochten war und schließlich noch bei Livius Religiöses und Nationales nahezu identisch blieb. Man sah später nicht nur den Glauben an die göttliche Abstammung des Gründers der Stadt Rom durch die römische Weltherrschaft gerechtfertigt, sondern umgekehrt auch die römische Weltherrschaft durch diesen Glauben.

Das *gegenwärtige wissenschaftliche Bild der römischen Anfänge* aber ist alles andere als einheitlich. Die Versuche, allein von den Bodenfunden aus die Entwicklung der Stadt zu erfassen, brachten zwar die ältere Chronologie zum Einsturz, ließen anderseits jedoch viele Fragen offen oder kontrovers. Dies gilt insbesondere für die erregenden Kombinationen Müller-Karpes, der gerade für die ältesten Funde auf römischem Boden Analogien im ägäischen Raum aufzeigte und deshalb an ägäische Einflüsse dachte, welche über das Maß bloßer Handelsverbindungen hinausgingen. Auf der anderen Seite ist selbst eine früher als so geschlossen und singulär römisch betrachtete Legendentradition wie jene des Aeneaskreises relativiert und in einen breiten Grundstock etruskischer und latinischer Parallelen eingefügt worden. Dennoch sind nicht alle Forscher bereit, die jüngere Überlieferung über die Königszeit vollständig zu verwerfen. Vornehmlich A. Piganiol hält an der Realität jener Tradition in gewissem Umfange selbst für Romulus fest. Im Rahmen seiner Perspektiven wären dann auch in den folgenden drei Königen in einer im einzelnen schwer auszumessenden Weise Leistungen der Anfänge personifiziert: Bei Numa Pompilius die Systematisierung der religiösen Gebräuche, bei Tullus Hostilius die Zerstörung von Alba Longa und die erste Ausdehnung des römischen Einflusses in Latium, bei Ancus Marcius neben der Errichtung des für die Stadtentwicklung so wichtigen Pons sublicius am Fuße des Aventins, insbesondere die Intensivierung des Handels durch den Erwerb der Salinen an der Tibermündung, die in der Legende zur Gründung Ostias umgewandelt wurde. Die drei nächsten Könige aber repräsentieren in solcher Sicht bereits offenkundig etruskischen Einfluß.

Für den *zeitlichen Ansatz der Gründung der Stadt Rom* besitzt heute das alte Datum Varros (753 v. Chr.) lediglich forschungsgeschichtlichen Wert. Mit dem Jahr der Weihe des Juppitertempels, 507, bleibt dagegen wenigstens der republikanische Ausgangspunkt annähernd fest. Im übrigen stehen und fallen jedoch die Gesamtvorstellungen der römischen Frühzeit mit der Stellungnahme zur Prämisse, dem zeitlichen Ansatz der archäologischen Zeugnisse. Wenn man den Zusammenschluß der Siedlungsplätze auf dem Kapitol und am Quirinal zu einer einheitlichen Stadt um ca. 600 ansetzt, kann man diesen Akt noch ganz den Italikern zuweisen und damit eine voretruskische Frühphase der Stadtgeschichte annehmen. Eine solche harmonisierende Interpretation hat den Vorzug, daß sie bis zu einem gewissen Grade die Substanz der legendären Königsreihe wahren kann, die ja erst mit Tarquinius Superbus, dem fünften König, eine etruskische Herrschaft über die Stadt bezeugt. Dem steht nun entgegen die, sagen wir, radikale Auffassung, welche unter anderen von A. Heuß vertreten wird: Wenn man im Anschluß an Gjerstads Forschungen das Datum der Stadtgründung in drastischer Weise herabdrückt, entfällt natürlich auch die Möglichkeit, eine voretruskische Phase unterzubringen. Rom wird dann zu einer etruskischen Stadtgründung, der erste Abschnitt seiner Geschichte ist jener des etruskischen Ruma. Welcher Grundauffassung man auch folgen mag, der dominierende etruskische Einfluß in jener ersten Phase läßt sich nicht leugnen, sei es daß er zunächst mehr indirekt einstrahlte, bis die Stadt dann selbst unter unmittelbare etruskische Herrschaft kam, sei es daß er sich von Anbeginn an in einer etruskischen Gründung entfaltete. So ist die Vorstellung einer in sich geschlossenen Eigenentwicklung in den Bahnen einer historischen Entelechie völlig aufgehoben worden. Sie wurde ersetzt durch eine andere, welche gerade die Bedeutung äußerer Kräfte und Impulse betont und damit Linien auszieht, die selbst in der älteren Tradition – etwa im Raub der Sabinerinnen, den von außen kommenden Königen, der Asylfunktion – nie völlig verwischt waren. Im übrigen zeigt bereits die Erscheinung des frühen römischen Königtums die Aufnahme und Verbindung fremder Vorstellungen. Während der Königstitel und die eigentümliche Doppelwahl der Oberbeamten in Zenturiat- und Kuriatkomitien auf indogermanische Wurzeln verweisen, deuten die Hoheitszeichen und die demonstrative Repräsentation der Königsmacht auf den etruskischen Bereich hin.

Wir brauchen hier die Kräftekonstellation und den historischen Rahmen der römischen Entfaltung in dem Italien der Mitte des ersten vorchristlichen Jahrtausends nicht im einzelnen zu beschreiben, denn dem rückschauenden Betrachter stellt sich die römische Expansion ohnehin als ein nahezu unaufhörliches Erschließen immer neuer politischer und kultureller Kontakte und Spannungen dar. Von den relevanten Mächten, der nicht zu unterschätzenden altmediterranen Urbevölkerung, den in die Halbinsel eingewanderten Indogermanen, den Italikern, den insbesondere die Küstenzone Italiens und Siziliens beherrschenden Phöniziern und Griechen und den Etruskern sind zuerst die letzteren Roms Partner und Widerpart geworden.

2. Rom und die Etrusker

Von den vielen Rätseln, welche die etruskische Kultur noch immer bietet, hat jenes der *Herkunft* der bestimmenden Bevölkerungsschicht die Forschung wohl am lebhaftesten beschäftigt. Gerade hier aber ist in jüngster Zeit ein entscheidender Wandel der Perspektiven festzustellen. Nacheinander haben führende Etruskologen darauf hingewiesen, daß es nicht so sehr darauf ankäme, die vielleicht überhaupt nicht schlüssig nachzuweisende Urheimat der Etrusker zu ermitteln, als vielmehr darauf, ihre Entwicklung dort zu verfolgen, wo sie geschichtlich wirksam wurden. Die Vertreter der Einwanderungstheorie führen als Argumente ihrer Auffassung vor allem die auffallend bevorzugte Stellung der Frau bei den Etruskern an, die eigentümliche Sitte der Namengebung, für die es in Lydien eine Parallele gibt, und die Aufstellung von Cippi oder Steinmalen, die in ähnlicher Form auch in Kleinasien begegnen. Auch Techniken der Metallkunst weisen in den Nahen Osten wie die religiöse Diagnostik der Leber. All dies sind freilich lediglich Indizien für eine Herkunft aus Kleinasien, die einst auch Herodot behauptet hatte.

Die Anhänger der Autochthonie sind dagegen bisher eine überzeugende Begründung dafür schuldig geblieben, warum es in Etrurien seit dem achten Jahrhundert v. Chr. zur Ausbildung einer so geschlossenen und eigenartigen Kultur kam, wenn es sich hierbei nur um eine Verbindung älterer einheimischer Elemente handelte. Denn auch dann, wenn man in dieser Kultur Kräfte der altmediterranen Urbevölkerung mit am Werke sieht, wird man zugeben müssen, daß eine spontane Entfaltung alter Kräfte hier weit unwahrscheinlicher ist als eine Entwicklung auf Grund eines äußeren Anstoßes. Man wird wohl kaum an die Einwanderung eines ganzen Volkes zu denken brauchen, aber diejenige einer dynamischen, wahrscheinlich aus Kleinasien stammenden Gruppe vermag die Entstehung und Blüte der etruskischen Kultur wohl am ehesten zu erklären. Diese Schicht hatte offensichtlich geraume Zeit in enger Nachbarschaft der Griechen gelebt und eine Schrift angenommen, die möglicherweise eine gewisse Parallele zum ältesten griechischen Alphabet darstellt. Wie in der Schrift, so haben sich die Etrusker auch in der Kunst immer an die Griechen angelehnt, und die Vermittlung griechischen Gutes ist ganz allgemein eine ihrer wesentlichsten historischen Funktionen geworden. Wie weit sie sich nun allerdings auch bei ihrer Landnahme in Etrurien der großen griechischen Weströmung anschlossen oder wie weit sie auf diese Rücksicht nahmen, ist eine offene Frage. Jedenfalls ist der Raum ihrer Niederlassung in der Toskana durch einen breiten Streifen, die Küste von Latium, von den griechischen Kolonien in Süditalien getrennt. Im Unterschied zu den Griechen drangen die Etrusker tief ins Landesinnere der Toskana vor und unterjochten auch die umbrische Bevölkerung. Dabei zeigte die gewiß nicht allzu große etruskische Herrenschicht ein hohes Maß von Aufgeschlossenheit gegenüber dem vorhandenen Bevölkerungssubstrat, das in der sich neu formenden und erstmals seit dem achten Jahrhundert faßbaren Kultur eine wesentliche Rolle spielte. Auf diese Weise erreichte die etruskische Zivilisation, um das vorwegzunehmen, eine erstaunliche Prägekraft; auch als ihre politischen Klammern längst zerschlagen waren, blieb ihre Sonderform in vielem erhalten. Manches klang erst in augusteischer Zeit allmählich aus.

Träger der etruskischen Kultur waren und blieben die etruskischen *Städte* als die eigentlichen Lebenszellen des etruskischen Machtbereichs. Dabei waren die wichtigsten Siedlungsplätze aufgereiht einerseits längs des Tiber und Arno und der diese beiden Flußsysteme verbindenden Chianasenke, anderseits längs der Küste. Zentrum der etruskischen Sphäre ist somit stets das Gebiet der heutigen Toskana geblieben und damit eine stark aufgegliederte Hügellandschaft, welche die Streuung der Siedlungsansätze begünstigte. Die wichtigsten dieser Städte bildeten einen locker gefügten Bund, den sogenannten Bund der zwölf Städte, dem man meist folgende Mitglieder zuschreibt: Volsinii, Clusium, Perusia, Cortona, Arretium, Volaterrae, Vetulonia, Rusellae, Volci, Tarquinii, Caere und Veii. Die Individualitäten dieser Städte lehren, daß hier jede straffe Zentralisierung fehlte, aber anderseits fing gerade diese elastische, dem Griechischen wie dem Bodenständigen aufgeschlossene Haltung durch lange Zeit hin alle Spannungen auf. Um so erregender ist es, zu sehen, wie machtvoll die Etrusker ihren Einfluß ausdehnten. Schon um etwa 600 breiteten sie sich über Marzabotto, Felsina (– Bologna), den Apennin und in die Poebene aus, ja der Radius ihres Machtgebietes reichte bis an den Fuß der Alpen. Auch nach Süden und Südosten wurde systematisch ausgeholt, Capua und Nola in Kampanien wurden etruskische Bastionen. Eine so weit gespannte, zielbewußte und energische Expansion mußte schließlich zum Zusammenstoß mit den Griechen führen, deren Interessenbereich längst beeinträchtigt und verletzt war. In Korsika stießen die Fronten aufeinander, und im Bunde mit den Karthagern schoben hier die Etrusker allen griechischen Einflüssen, die vornehmlich von Phokaea, der Mutterstadt Massilias, ausgestrahlt wurden, einen Riegel vor. In der Seeschlacht von Alalia erlitten die Griechen um 535 die entscheidende Niederlage. Es gelang ihnen hinfort nicht mehr, die Lücke in ihrem Kolonisationsraum zwischen der Provence und Unteritalien auszufüllen.

Von der *Eigenart der etruskischen Kultur* wurden schon die antiken Historiker tief beeindruckt. So hat bereits Diodor das Leben der Etrusker beschrieben, wie es uns auch in den Abbildungen der Grabkammern in all seiner Leuchtkraft entgegentritt, jenes von Gelagen, Tanz, Musik und Spiel erfüllte Dasein, das keine Scheu kannte, dem Genuß zu huldigen. Es war instrumentiert nicht nur durch Klappern und Rasseln, die die etruskische Jugend zu ekstatischen Tänzen hinrissen, sondern auch von den Hörnern und der Kithara und umwoben von den Melodien der Doppelflöte als dem etruskischen Instrument schlechthin. Nach einem späten Bericht Aelians lockten ihre Töne selbst die Tiere in die Fallen. Flötenklänge begleiteten das religiöse Zeremoniell, die Wettkämpfe wie teilweise den Arbeitsprozeß – und bezeichnenderweise führt auch diese Doppelflöte der Etrusker wieder zurück in den Osten, wo sie im lydisch-phrygischen Raum ebenfalls beheimatet ist. In Rom holte man bei der Pest des Jahres 364 etruskische Flötisten und Tänzer in die Stadt, um den Zorn der Götter zu besänftigen, ein Beispiel für die teilweise stark religiösen Hintergründe dieses Phänomens.

Die besondere *Rolle der Frau* in dieser Kultur wurde schon erwähnt; sie ist forschungsgeschichtlich deshalb bedeutsam geworden, weil J. J. Bachofen hier geradezu den Prototyp einer mutterrechtlichen Kultur erblickte. Die Gemälde der Grabkammern wie die Plastiken auf den Sarkophagen zeigen uns die etruskischen Damen üppig geschmückt mit Diademen, Fibeln, Bändern und Ringen jeder Art, in reichbestickter Kleidung, auf jede nur erdenkliche Weise gepflegt, denn die mannigfaltigsten Schönheits-, Toiletten- und Färbemittel waren im Gebrauch. Auch der Kleidung der Männer fehlten die prunkvollen Elemente nicht. Am auffallendsten sind bei ihnen die typischen etruskischen Schnabelschuhe.

Tänze und Spiele scheinen das Leben dieser etruskischen Oberschicht begleitet zu haben. Wir wissen von den Reigen der Frauen wie von dem Waffentanz, dem die Schläge der Lanzen an die Schilde den ehernen Rhythmus gaben, und wir kennen endlich auch jene Spiele, die noch den Toten ehrten. Denn die verstorbenen Aristokraten wurden nicht nur mit ihren Waffen und ihrem Gerät bestattet, inmitten des Abglanzes etruskischen Lebens, sie erhielten nicht nur Spenden, sondern zu ihren Ehren wurden Fechterkämpfe veranstaltet in der Überzeugung, daß der Verstorbene durch das vergossene Blut getröstet oder wiederbelebt werde. Hier liegt die Wurzel der späteren Gladiatorenspiele, die in Rom erstmals 264 von dem Konsul Decimus Iunius Brutus, und zwar anläßlich des Begräbnisses seines Vaters, veranstaltet wurden.

Unser Wissen um den Aufbau der etruskischen *Adelsgesellschaft* ist nur bruchstückhaft. Sicher stand an ihrer Spitze jeweils ein lucumo, ein König, doch ist dessen Verhältnis zu den übrigen Adligen nicht auf einen Nenner zu bringen. Vermutlich Ende des sechsten Jahrhunderts v. Chr. ist jedenfalls in den etruskischen Städten eine generelle Verfassungsumbildung festzustellen, die man etwas vereinfacht als Abschaffung der Monarchie und Übergang zu oligarchischer Struktur bezeichnet hat. Wirtschaftlich gründete sich die Macht dieser städtischen Oberschicht auf Handel, Seeraub, Vieh- und Grundbesitz sowie auf den Profit aus den Werkstätten und Bodenschätzen. Denn die Blüte der etruskischen Kultur ist nicht zuletzt ein Resultat der wirtschaftlichen Initiative. Gestützt auf die Bodenschätze der Toskana und später auf die Ausbeutung der Eisenlager Elbas entwickelte sich rasch ein leistungsfähiges Metallgewerbe, und in der Herstellung von Waffen, großen Krügen, Gefäßen, Spiegeln, Kandelabern und Bronzedreifüßen haben sich die etruskischen Städte, voran Populonia, Perusia und Volci, eine führende Stellung erobert. Eine blühende Landwirtschaft ergänzte die Leistung dieser Gewerbebetriebe sehr glücklich.

Die *etruskische Kunst* ist, ähnlich wie jene der Kelten, bis in unser Jahrhundert vorwiegend als Kopie und Barbarisierung des griechischen Schönheitsideals bewertet worden. Erst langsam hat sich hier eine neue Einstellung durchgesetzt, welche den vielfältigen Einflüssen auf die Formenwelt dieser Kunst ebenso gerecht zu werden versucht wie dem Ausmaß und der Intensität ihrer Sonderentwicklung. Überblicken wir letztere, dabei Pallottinos Periodisierung folgend, so hebt sich als erste Epoche der etruskischen Kunst, zwischen dem achten und der ersten Hälfte des sechsten Jahrhunderts, ein Übergangsprozeß von der noch an prähistorische Formen angelehnten Villa-Nova-Kultur zum sogenannten orientalisierenden Stil ab. In diesem Prozeß wird ein Zusammenwirken von italisch-südeuropäischen mit orientalisch-ägäischen und griechischen Kräften vermutet. Ihren eigentlichen Höhepunkt gewinnt die etruskische Kunst dann in der zweiten Epoche, der archaischen, die bis zum Anfang des fünften Jahrhunderts angesetzt wird. In ihr dominieren nun die Beziehungen zu den griechischen, insbesondere den ionischen Vorbildern. Griechische Künstler sind jetzt im Lande selbst am Werk, doch für uns ebenso anonym wie die etruskischen Meister, die an ihrer Seite arbeiten, von denen uns einzig der Bildhauer Vulca aus Veii namentlich bekannt ist. Dynamisch und farblich zugleich gesteigert, läuft diese Epoche der etruskischen Kunst parallel zur Kulminationsbahn der politischen Macht. Seit dem fünften Jahrhundert aber setzt dann auch im künstlerischen Bereich eine Krise ein. Die Kunst der griechischen Klassik findet in Etrurien zunächst nur einen schwachen Widerhall, gleichzeitig ist auch ein Rückgang der genuin etruskischen Gestaltungskräfte zu verzeichnen.

Von den wichtigsten Einzelbereichen der künstlerischen Entfaltung sind im Rahmen der *Baukunst* zunächst die Stadtanlagen zu erwähnen, mit ihren zum Teil bis zu 20 Kilometern langen Schutzmauern, in die große Torbogen eingelassen waren. Mauern und Tore wurden bei der Gründung einer Stadt nach einem genau festgelegten Ritual fixiert, das Plutarch in seiner Romulusbiographie überliefert hat. Gleich der Systematik der etruskischen Stadtanlage ist auch der etruskische Tempel später von Rom übernommen worden, wenn heute auch die Fragen der Priorität, Chronologie usf. teilweise sehr umstritten sind. Typisch für die frühen etruskischen Tempelanlagen sind jedenfalls die breitgedrungenen Raumverhältnisse, daneben der Terracotta-Schmuck an den Dächern. Am bekanntesten ist hier jene Gruppe von Terracotta-Figuren vom Dach eines Tempels aus Veii, der unter anderen auch der sogenannte Apoll von Veii zugehört, eine Tonplastik, die möglicherweise aus der Werkstatt jenes Künstlers Vulca stammt, welcher nach einer Notiz des Plinius um 500 auch den Schmuck für den Tempel des Juppiter Capitolinus in Rom schuf.

Eine ausgesprochene Vorliebe hatten die Etrusker sodann für

Metallarbeiten jeder Art. Wenn auch aus dem bunten Bestand der großen Bronzeplastik, diesem wilden Bestiarium der Sphingen, Greife, Chimären und brüllenden Löwen, nicht wenige Werke griechisch sein mögen, so läßt sich doch die Existenz einer eigenen etruskischen Kunst nicht kategorisch bestreiten. Doch auch in wesentlich kleinerem Format entfaltete sich etruskische Metallkunst. Hierher gehören die rund 1500 erhaltenen Handspiegel, glattpolierte Erzscheiben, auf deren Rückseite zumeist Szenen aus dem Bereich der griechischen Mythologie eingraviert sind; hierher gehören aber auch die Metallarbeiten des Kunsthandwerks in vielfältigen Schmuckformen, bei denen insbesondere die Filigran- oder Granulationstechnik ins Auge fällt.

Eine weitere charakteristische Schöpfung der Etrusker ist die *Porträtkunst.* Die etruskischen Künstler haben nicht nur die eigentlichen Kopfplastiken, sondern schon die Urnendeckel und später die liegenden Sarkophaggestalten in einem ganz ungezwungenen Realismus durchdrungen und so selbst den Typ des feisten Etruskers, des obesus Etruscus, geschaffen, der so oft verhöhnt wurde. Erwähnt sei endlich noch die Malerei mit den Fresken der großen Grabanlagen in Tarquinii, Chiusi und Orvieto, neben Pompeji der wichtigste Komplex antiker Malerei aus Italien überhaupt.

Noch schwieriger als zur etruskischen Kunst ist der Zugang zur etruskischen *Religion.* Nach der antiken Überlieferung handelt es sich um eine Offenbarungsreligion, deren Grundinhalt auf einen Genius Tages oder auf eine Nymphe zurückgeführt wird. Ihre Basis bildete die allgemeine Überzeugung, daß die Götter ihren Willen kundtun und daß es die Aufgabe des Menschen sei, gemäß diesen Bekundungen zu handeln und zu leben. Eine eigene Disziplin, die disciplina Etrusca schlechthin, hatte die Aufgabe, die durch Himmelsbeobachtung, Eingeweideschau und andere Mittel gewonnene Diagnose des göttlichen Willens zu deuten und die notwendigen Maßnahmen gemäß dem feststehenden Ritual durchzuführen. In den ‚libri fulgurales', den ‚libri haruspicini' und den ‚libri rituales' waren die jeweiligen Vorschriften kodifiziert.

Elemente der Fulgurallehre, zu denen die Beobachtung des Vogelflugs durch die Auguren beizufügen ist, und solche der Eingeweideschau sind dann bekanntlich von Rom übernommen oder zumindest immer wieder befolgt worden. Wenn wir deshalb über die Haruspizin und das Augurenwesen mehr wissen als über die zentralen etruskischen Gottheiten, so führt diese Tatsache doch auch in die Problematik der Rekonstruktionsversuche der etruskischen Religion ein. Denn die römischen Analogien im allgemeinen

Verhältnis des Menschen zu Gott, im Versuch, im Einvernehmen mit dem bekundeten Willen der Götter zu leben, Analogien der Grundeinstellung also wie spezieller Vorstellungen und Mittel, dürfen eben nicht allein unter dem Gesichtspunkt des Fortwirkens etruskischer Elemente, sondern sie müssen auch unter jenem der römischen Auswahl betrachtet und bewertet werden.

Viele etruskische Gottheiten sind so für uns heute wenig mehr denn bloße Namen und Schemen. Es kommt hinzu, daß die anfangs klar umrissenen Göttergestalten in der Spätphase der etruskischen Religion noch durchwuchert wurden von einer Fülle von Dämonenvorstellungen sowohl schützender als auch bedrohender Natur. Es sind dies jene Vorstellungen, die im Grunde noch Arnobius anspricht, wenn er Etrurien als genetrix et mater superstitionis bezeichnet. Die eindrucksvollste Bekundung der etruskischen Religion aber ist zweifellos ihr *Totenkult.* Die Nekropolen, die monumentalen Kuppelgräber, die oft in Tuff gehauenen, gekammerten Anlagen, die noch durch große darüber aufgeschüttete Erdhügel abgesichert waren, diese wuchtigen Gehäuse für die Toten und ihre Beigaben, bilden eine der stärksten Demonstrationen menschlichen Willens und Glaubens an ein naiv vorgestelltes Weiterleben nach dem Tode. Die etruskische Kultur, die um ihre Toten den reichen Abglanz des Lebendigen häufte, war so immerdar in einer ganz besonders intensiven Weise mit dem Tode konfrontiert, sie hat damit in einem geschärften Bewußtsein von Werden und Vergehen gelebt. So bildete sie denn auch jene eigentümliche Zeitauffassung aus, welche dem *Saeculum*-Begriff zugrunde liegt. Ein Saeculum dauert nach etruskischer Auffassung vom Ende der letzten Zeiteinheit bis zu jenem Augenblick, da der letzte all derjenigen Menschen verstorben war, die am Ende des letzten Saeculum noch am Leben gewesen waren. Im einzelnen aber wurde die Dauer eines Saeculums nicht schematisch festgestellt, und primär bildete ein Saeculum auch keine immer identische Zeiteinheit, sondern ihre Zäsur wurde durch die Beachtung göttlicher Zeichen ermittelt. War das Saeculum ursprünglich eine religiös fundierte zeitliche Großeinheit, welche weitergespannt und in sich geschlossener als die Generation noch in römischer Zeit eine geläufige Kategorie bilden sollte, so fehlte es der etruskischen Zeitauffassung und Zeitvorstellung anderseits doch auch nicht an sehr konkreten engräumigen Begriffen. So schlug man in Volsinii alljährlich einen Nagel in die Wände des Tempels der Schicksalsgöttin Nortia, um den Ablauf der Zeit in des Wortes voller Bedeutung zu fixieren.

Die etruskische Kultur war im sechsten Jahrhundert innerlich völlig konsolidiert und in mannigfaltiger Weise entwickelt. Bei aller Aufgeschlossenheit gegenüber den italischen Formen und Kräften und trotz aller Abhängigkeit von griechischen und orientalischen Impulsen, die sie weithin vermittelte, war diese etruskische Kultur in sich in hohem Maße geschlossen. Auf dem Höhepunkt ihrer politischen Expansion wie ihrer künstlerischen Entfaltung überstrahlte sie den Raum von Latium. Für jedes sich neu bildende Gemeinwesen in ihrem Umkreis boten die Etrusker eine fest ausgebildete staatliche und religiöse Formenwelt. Ihren Symbolen, ihren Göttern und ihrer Kunst vermochte sich niemand ganz zu entziehen.

Völlig unbedenklich hat der römische Stadtstaat in der Frühphase seiner Geschichte etruskische Formen übernommen und sie auch nach der Abschaffung der Monarchie beibehalten. Im politischen Bereich gehörten hierher die Sella curulis, der offizielle Amtssessel, die Fasces, die Rutenbündel mit dem Beil, der Triumph, die Fahrt des siegreichen Feldherrn im purpurfarbenen Gewand und mit rot gefärbtem Gesicht auf dem zweirädrigen Wagen durch die Stadt zum Kapitol, als altes Vorrecht des Königs. In die Linie dieser eindrucksvollen äußeren Manifestation der Macht und der staatlichen Hoheit gehört endlich auch die goldene etruskische Königskrone, auf die Caesar mit seinem goldenen Kranz, den die Münzbilder zeigen, wieder zurückgreifen wollte.

Der etruskische Einfluß spiegelt sich in Rom jedoch nicht nur in Stadtanlage und Organisation, in der politischen Struktur und Formenwelt oder auf dem Gebiete der Religion, nicht nur in mancherlei Lehnwörtern, in den Namen und den Prinzipien der Namengebung, sondern durch die Etrusker wurde zugleich auch allem Griechischen der Weg bereitet. Wenn noch der Bau des Tempels der Kapitolinischen Trias auf die Initiative eines etruskischen Königs zurückging, wenn ein Künstler aus Veii dafür die Statuen fertigte, so wurden doch mit diesem Bau zugleich auch Spiele nach griechischem Vorbild eingeführt. Und wenn die erste Göttertrias von 507 mit Iuppiter, Iuno und Minerva im Grunde italische, von den Etruskern rezipierte Gottheiten vereinigte, so wies die folgende, die des Tempelbaus von 493 mit Ceres, Liber und Libera, schon in den griechischen Raum, und diesmal waren es auch zwei Griechen, die dieses Heiligtum schmückten.

Zusammenfassend läßt sich sagen, daß *die etruskischen Impulse in Rom* in zweifacher Weise wirksam wurden. Im unmittelbar politischen Bereich führte die etruskische Initiative zu einer beträchtlichen Stärkung der römischen Macht. Die Zusammenfassung und einheitliche Lenkung der römischen Kräfte erlaubte eine erhebliche Ausweitung des römischen Einflusses. Die benachbarten latinischen Städte verloren nun teilweise ihre Autonomie und wurden dem römischen Einflußbereich einverleibt. Von den äußeren Organisationsformen und Mitteln dieses Prozesses kennen wir dabei nur eine Form, die zielbewußt gebraucht wurde, nämlich den Einfluß über religiöse Verbände. Hinzu kommt als Zweites die bleibende Gültigkeit der von den Etruskern übernommenen religiösen und politischen Formen, Ausdrucks- und Denkweisen. Dazu ist nun allerdings eine einschränkende Bemerkung notwendig.

Bei der Analyse der Anfänge der römischen Geschichte hat man seit Mommsen die Bedeutung der etruskischen Komponente mehr und mehr betont, so daß allmählich die Gefahr besteht, die römischen Keime unter dieser mächtigen etruskischen Schicht zu verschütten und zu ersticken. Bei aller Bedeutung, die den etruskischen Impulsen für die Geschichte des frühen Rom zweifellos beizumessen ist, kommt es doch darauf an, sich der Tatsache bewußt zu bleiben, daß Rom eben nicht etruskisiert wurde. Wie vieles auch immer übernommen worden ist, in entscheidenden Bereichen haben sich die etruskischen Vorstellungen nicht durchgesetzt, oder das etruskische Gut hat unter römischen Händen ganz andere Formen, insbesondere aber auch einen ganz anderen Sinngehalt gefunden. Die typischen etruskischen Vorstellungen vom Tode und den Toten gegenüber wurden ebensowenig übernommen wie die Lebensauffassung. Vor allem aber sind zahlreiche Elemente der Religion, des Rituals und der äußeren Formen neu bezogen worden auf eine einheitliche politische Gemeinschaft.

Anderseits stellen sich jedem Versuch, das spezifisch Römische gerade in der Zeit der frühen Republik zu erfassen, angesichts des früher umrissenen Überlieferungsbestandes fast unüberwindliche Hindernisse entgegen. Die Methode der Rückschlüsse aus den späten Aufzeichnungen, aus Verfassungs- und Rechtsschichten oder religiösen Erscheinungen wird im einzelnen ebenso problematisch bleiben müssen wie die bisherigen Resultate der von G. v. Kaschnitz-Weinberg angeführten archäologischen Strukturforschung, der es darum geht, auf dem Wege der Formdeutung in ganz bestimmten Formstrukturen im weiteren Sinne geschichtliche Individualitäten wiederzuerkennen. Wohl zu den verläßlichsten Ergebnissen führten dagegen in den letzten Jahrzehnten die von den Begriffsuntersuchungen R. Heinzes und R. Reitzensteins angeregten Analysen der römischen Grundanschauungen, Zentralbegriffe und Prinzipien auf allen Gebieten des römischen Lebens. Allerdings reichen sie nur bis zum Beginn schriftlicher Zeugnisse hinauf. Doch war der Ertrag hier deshalb so reich, weil für den Römer die Rückwärtsorientierung auf die alten Normen, sei es im Recht, in der Religion oder den exempla und mores maiorum, so kennzeichnend und selbstverständlich gewesen ist.

Davon läßt sich hier nur einiges andeuten: Die römische Geschichte beginnt mit dem Zwang zum Zusammenleben heterogener Gruppen, wobei die Frage, ob von den Sabinern und Latinern oder von Latinern und Etruskern, zunächst sogar außer Betracht bleiben kann. Dieser Zwang zum Zusammenleben und Zusammenwirken setzte die Anerkennung einer Rechts- und Interessengemeinschaft voraus, die weitere Entwicklung dann trotz aller aristokratischen Vorrechte die dauernde Anerkennung gemeinsamer Bindung. Fast allen zentralen römischen Werten und Grundanschauungen ist dieser starke Gehalt an gemeinsamen Bindungen immanent, gleichgültig, ob es sich handelt um pietas im römischen Sinne – Anerkennung der Bindung gegenüber den Göttern, libertas – an das Ganze gebundene Freiheit, fides – die umfassende Treue- und Loyalitätsverpflichtung, die beide Partner band und die auch das Verhalten gegenüber dem Abhängigen beschnitt, oder auctoritas und disciplina.

Dem muß eine zweite Tatsache an die Seite gestellt werden. Wenn eine ganze Reihe von römischen Grundwerten letztlich männlich-aktive Dynamik erforderten, wie virtus, gloria, honos und auch dignitas, so forderten alle diese Werte damit auch zugleich das Eintreten und immer neue Leistungen für die Gemeinschaft. Gerade in den führenden Schichten war die Staatsgesinnung stets so stark ausgeprägt, daß Staatsamt und honos oder dignitas des einzelnen identisch werden konnten. Daraus erwuchs die nie erlahmende Tätigkeit für eine sehr nüchtern verstandene res publica, das Wissen von der Notwendigkeit des Zusammenwirkens, sei es der Aristokratie mit der Plebs oder der Stadt mit ihren Bundesgenossen, die Anerkennung von Bindungen im weitesten Umfang und die Selbstbeschränkung der eigenen Möglichkeiten, ja der eigenen Macht zugunsten übergeordneter Größen und Werte. Dies alles aber umschloß jener starke Wille zur Behauptung der eigenen römischen Art, den man häufig und wohl mit Recht von den bäuerlichen Instinkten der Anfänge abgeleitet hat.

3. Rom und Italien

Die Abschaffung der Monarchie war in Rom wohl gleichbedeutend mit der Überwindung des etruskischen Einflusses, doch dieses Erringen der Freiheit der römischen Republik, als das man jene Tat in Rom stets gefeiert hat, war um einen nicht geringen politischen Preis erkauft. Es zeigte sich sogleich, welch mächtige etruskische Stützen den Aufbau der römischen Macht verstrebt hatten. Sie fielen nun weg. Anderseits trennte sich Rom damit sicher unbewußt von einer Zivilisation, welche ihren Kulminationspunkt bereits überschritten hatte, und es knüpfte gerade jetzt Beziehungen mit einer entfernteren Großmacht an, die für beide Partner schicksalhaft werden sollten. Der erste römisch-punische Vertrag, der aus dem ersten Jahr der Republik stammen soll, war freilich noch eine Abmachung zwischen zwei sehr ungleichen Größen. Man kann ihm wohl entnehmen, daß Roms Einfluß sich in diesem Augenblick insbesondere nach Süden und Südosten ausdehnte und daß die Stadt bereits über rund 100 Kilometer entfernte Vorposten verfügte. Aber es war keine Rede davon, daß sie selbst mit ihren Ansprüchen in Italien jenen Rückhalt gefunden hätte, dessen sie in diesem Augenblick so dringend bedurfte. Sie sah sich ganz im Gegenteil auf sich allein verwiesen und von allen Seiten den schärfsten Bedrohungen ausgesetzt. Schon die Rom praktisch gleichrangigen Städte des Latinerbundes dachten gar nicht daran, ohne weiteres Roms Hegemonieansprüche hinzunehmen. Vermutlich haben nur die Vorstöße der mittelitalischen Bergstämme, insbesondere oskisch-sabellischer Gruppen, in die latinische Küstenzone die *Latiner* zum Einlenken gebracht. Wenn in dem sogenannten Foedus Cassianum von 493 beide Partner als durchaus gleichrangig auftreten, sich gegenseitig friedliches Verhalten, rechtlich gesicherten Verkehr und bei Angriffen von dritter Seite militärische Unterstützung durch den nicht betroffenen Teil garantieren, so war in Wirklichkeit doch die Vormachtstellung Roms einbeschlossen, weil die Stadt mit der Gesamtheit der übrigen latinischen Städte auf eine Stufe gestellt war. Indessen ist der ständige Zwang zur Defensive an der Südostflanke für das Rom des fünften Jahrhunderts nur *eine* Abwehrfront gewesen. Jene nach Norden brachte keineswegs leichtere Aufgaben. Die benachbarten etruskischen Städte, vor allem das nur 20 Kilometer von Rom entfernte und durch seine Schutzlage wie seine starken Befestigungen in gleicher Weise beherrschende Veii, sind hier nach der Beseitigung des römischen Königtums in einen entschiedenen Gegensatz ge-

Die Bevölkerung Italiens im 5. Jh. v. Chr.
Etrusker
Griechen
Karthager
(Rimini) - moderne Namen
VENETER
Tergeste
Gardasee
Este
Cremona
Mantua
Parma
Po
Mutina (Modena)
Spina
Felsina (Bologna)
Ravenna
ADRIATISCHES MEER
Ariminum (Rimini)
Sarsina
Pisa
Arno
Metaurus
PIKENTER
Ancona
Arretium
Sentinum
Volaterrae
Cortona
Perusia
Camerinum
Populonium
Vetulonia
Clusium
Elba
Volsinii
UMBRER
Telamon
SABINER
Volci
Cosa
Tarquinii
Pyrgi
Rom
Ostia
LATINER
VOLSKER
SAMNITEN
Arpi
JAPYGER
Antium
AURUNKER
Maluentum
Capua
Cumae -Kyme-
Neapel
OSKER
Brundisium (Brindisi)
MESSAPIER
Tarentum
Metapontum
Rudiae
Buxentum
Herakleia -Heraclea-
Tarentin. Golf
Thurioi -Thurii-
BRUTTIER
Kroton
TYRRHENISCHES MEER
Liparische In
Sizilien
Lokroi Epizephyrioi
Panormos (Palermo)
Drepanum
Messina
Rhegion
Ägatische In
SIKANER
Lilybaeum
ELYMER
Selinus
Herakleia Minoa
SIKULER
Akragas -Agrigentum-
Syrakus
Gela
Karthago
Tunes
Clupea -Aspis-

führt worden. Zu den allgemein-politischen Konflikten kamen bei Veii noch sehr handfeste Handelsinteressen, denn auch Veii war bestrebt, den Verkehr auf der mittelitalischen Salzstraße unter seine Aufsicht zu bringen. Das Ringen zog sich das ganze fünfte Jahrhundert über hin, erst 396 konnte die Stadt eingenommen werden. Aus dem Ablauf der Auseinandersetzung ist eine Einzelheit für die römische Auffassung dieses Kampfes bedeutsam. Gemäß der religiösen Vorstellung der evocatio sagte man der Stadtgöttin von Veii Sitz und Kult in Rom zu, falls Rom siegen würde. Dieses Versprechen wurde nach der Niederlage des Gegners eingelöst, als Iuno Regina ist die Hauptgöttin des Feindes in einem neugeschaffenen Tempel verehrt worden.

Wie immer, wenn Rom in seiner Existenz bedroht war, so wurden auch im Falle Veiis die Konsequenzen des Machtkampfes in drastischer Unerbittlichkeit gezogen. Die Stadt wurde völlig zerstört, ihr Staatswesen ausgelöscht, ihr Territorium, das annähernd so groß war wie dasjenige Roms, eingezogen und an römische Siedler aufgeteilt. Erst jetzt, rund ein Jahrhundert nach der Errichtung der Republik, war Rom mit der Drohung eines etruskischen Gegenschlages ganz fertig geworden, erst jetzt durfte seine Vormachtstellung in Latium als gesichert gelten. Doch nach wenigen Jahren geriet die Siedlung am Tiber in den Gefahrenbereich der keltischen Invasion, und mit der nahezu vollständigen Katastrophe von 387 wird jenes große Kapitel römisch-keltischer Auseinandersetzung eröffnet, das sich, bald im Vordergrund stehend, bald zurückgeschoben, jahrhundertelang hinzog, bis es schließlich mit der Okkupation Galliens und Britanniens wenigstens einen vorläufigen äußeren Abschluß fand, während die kulturelle und künstlerische Auseinandersetzung noch weiterging.

Die ab etwa 400 aus Gallien vorbrechenden Wanderungs- und Plünderungszüge der Kelten beschränkten sich keineswegs auf das unmittelbar benachbarte Ober- und Mittelitalien. Illyrien und der ganze Balkanraum wurden später ebenso wie Böhmen und Schlesien in Mitleidenschaft gezogen. So gehört die Zerstörung Roms in einen großen inneren Zusammenhang mit der Plünderung Delphis von 278 und mit den Abwehrkämpfen der Könige von Pergamon gegen die nach Kleinasien vorgedrungenen Gruppen.

Der Tag an der *Allia* war gleichbedeutend mit dem vollständigen Zusammenbruch der eben erst fundierten Machtstellung der römischen Republik. Die latinischen Städte gingen für Jahrzehnte wieder ihre eigenen Wege. Man hat in Rom die Verluste und das Ausmaß der Katastrophe nicht beschönigt und das Brandmal des 18.

Juli als dies ater noch jahrhundertelang im Gedächtnis bewahrt. Vor allem aber hat man illusionslos die Konsequenzen aus der neuen Lage gezogen und den Rückschlag in einer außerordentlichen Kraftanstrengung überwunden. Der Bau der sogenannten Servianischen Mauer ist das sichtbare Zeugnis jener Bewährungsprobe. Eine solche Anspannung der Kräfte war indessen gar nicht möglich ohne eine vollständige Überprüfung der inneren Ordnung.

Obwohl in den nächsten Jahrzehnten wechselvolle Kämpfe mit Kelten und Etruskern weitergingen, lag der Schwerpunkt der römischen Initiative eindeutig im Süden und Südosten. Schritt für Schritt wurde der bei den Latinern verlorene Boden wiedergewonnen. Schon in der zweiten Jahrhunderthälfte aber kam es dann zu einer Berührung und zu Kämpfen mit der machtvollen Koalition des *Samnitischen Bundes,* der fortan Roms gefährlichster Gegner werden sollte. Zu diesem lockeren samnitischen Stammesverband hatten sich die Dorfgemeinschaften einiger Stämme des südlichen Apennin zusammengeschlossen. So wenig die zentralen Bundesinteressen im Frieden zum Ausdruck kamen, so wirksam wurden sie im Kriegsfall, in dem man sich einer Art von Herzog unterordnete. Von allem Anfang an lag die Macht der Samniten nicht auf organisatorischem Gebiet, sondern ganz einfach in der Stärke und in der überragenden Qualität ihrer Bergkrieger. Als sich Capua und der Stamm der Aurunker vor ihren Angriffen in römischen Schutz begaben, war damit die von Rom beherrschte mittelitalische Küstenzone in ihrer Gesamtausdehnung praktisch verdoppelt worden. Dabei blieb der sogenannte 1. Samnitenkrieg (343–341) lediglich ein mattes Vorspiel der wirklich entscheidenden Begegnungen mit dem Samnitischen Bund. Wenn diese Kämpfe in den 2. Samnitenkrieg (327–304) und in den 3. (298–290) geschieden werden, so wäre vorausblickend schon hier darauf hinzuweisen, daß die Samniten sich später sowohl im Pyrrhos- als auch im Hannibalischen und im Bundesgenossenkrieg konsequent auf die Seite der Gegner Roms schlugen und schließlich erst zu Beginn des ersten Jahrhunderts v. Chr. im Bürgerkrieg auf der Seite des Marius ihren letzten Widerstand gegen Rom geleistet haben. Schon die Geschlossenheit dieser inneren Abwehrhaltung läßt das Ausmaß und die Tiefe jener Kräfte ahnen, die Rom hier zu brechen hatte.

Die Kämpfe mit den Samniten brachten für Rom tiefgreifende Rückwirkungen, und sie zwangen die Stadt zu neuen politischen Maßnahmen. Dies zeigte sich schon, als im Jahre 340 die alten latinischen Verbündeten abgefallen waren. 338 waren sie erneut niedergerungen, und Rom diktierte nun seine Ordnung. Die latinischen Städte und ihr Territorium wurden weder mit einem Federstrich kassiert noch untereinander auf eine Stufe gestellt. In der Regelung politischer Beziehungen wie in der Ausgestaltung des Machtbereiches begegnet uns hier vielmehr jener echt römische Grundsatz der *Abstufung von Rechten und Pflichten,* der graduell differenzierenden Ordnung, die im Inneren der Republik, in ihrem Hoheitsbereich und ihrer Außenpolitik keine schematische Nivellierung aufkommen ließ, sondern aufgliedernd leitete. In der damaligen Situation bedeutete dies, daß Rom das politische Los jeder einzelnen Gemeinde auf sich selbst hin ordnete. Während Tibur und Praeneste wie auch eine Anzahl von latinischen Kolonien als selbständige Staatswesen erhalten blieben, die allerdings im Falle eines Krieges zu bestimmten Leistungen an Rom verpflichtet waren, wandte Rom bei den übrigen Gemeinden andere Mittel an. So wurde mehreren benachbarten Gemeinden, zum Beispiel Tusculum, Lanuvium, Lavinium, aber auch Ostia, Antium und später auch Tarracina, nur eine rudimentäre Selbstverwaltung belassen, als Entschädigung jedoch das römische Bürgerrecht zuerkannt. Gerade diese Möglichkeit, politische Rechte in Rom auszuüben, wurde anderseits mehreren nicht-latinischen Gemeinden im Gebiet der Volsker und Aurunker nicht gestattet, die als civitates sine suffragio, als nicht abstimmungsberechtigte Bürgerschaften, in den rein zivilrechtlichen Belangen den römischen Vollbürgern gleichberechtigt waren. In den damit umrissenen Formen hat Rom seine Ordnung auch weiterhin ausgebaut, und es war jetzt schon klargeworden, daß es künftig eine volle politische Mitwirkung in seinem Bereich nur noch auf dem Wege über das römische Bürgerrecht gab.

Vor allem in den Samnitenkriegen hat Rom die Anlage von *Kolonien* planmäßig dazu benützt, den Radius seiner Macht zu erweitern und zu verankern. Allmählich war der ganze samnitische Krisenherd von einem Kranz befestigter Militärsiedlungen umsäumt, die Cicero später so treffend als die propugnacula imperii bezeichnet hat. Neben den römischen Bürgerkolonien bildeten die latinischen Kolonien eine besondere Gruppe. Zu ihnen stand Rom von Anfang an in einem besonderen Nahverhältnis, da seine eigenen Bürger an ihnen neben den Kolonisten der latinischen Städte selbst beteiligt waren und dies auch noch nach der Auflösung des latinischen Bundes blieben. Wie E. T. Salmon dargelegt hat, dürfte Rom die Praxis der Koloniegründungen anfänglich vom Latinerbund übernommen haben. Hauptaufgabe aller römischen Kolonien, d. h. der römischen Bürgerkolonien wie der latinischen Kolonien, war die militärische Sicherung der beherrschten Landschaften. Den meisten Kolonien ist deshalb eine Art von Überwachungsfunktion an Grenzen, wichtigen Vormarschstraßen, Flußübergängen, Pässen und Häfen zugewiesen worden. Eine zweite Aufgabe der Kolonien bestand in der Entlastung Roms von einer stärkeren Konzentration der ärmeren Bevölkerung. Daneben boten die latinischen Kolonien Rom die Möglichkeit, zusätzliche Truppen zu gewinnen. Denn jene armen Römer, die in Rom selbst nicht für den Heeresdienst herangezogen wurden, hatten als latinische Kolonisten zu dienen. Die ältesten römischen Bürgerkolonien waren noch relativ klein, z.T. umfaßten sie nur 300 Mann. Auch erhielten die Kolonisten nur ein bescheidenes Landlos zugewiesen, im Falle von Tarracina beispielsweise 2 jugera.

Socii nominisque Latini ist die übliche Bezeichnung für Roms *Verbündete* gewesen, und auf die Stellung der socii haben wir noch kurz einzugehen. Parallel zur historischen Entwicklung des römischen Machtbereiches sind nach und nach die verschiedenartigsten Elemente in dieser Kategorie aufgegangen, etruskische wie mittelitalische und großgriechische Städte, aber auch mittel- und süditalische Stammesverbände und somit Zugehörige eines sehr unterschiedlichen Entwicklungs- und Kulturniveaus. Gemeinsam war ihnen, daß sie auch nach dem Abschluß des Bündnisvertrages mit Rom, des foedus, im vollen Besitz ihrer staatlichen und privatrechtlichen Selbständigkeit blieben. In ihre inneren Angelegenheiten griff Rom nur in seltenen Ausnahmefällen ein, und die einzige Verpflichtung, welche die Bundesgenossen von Anfang an, je nach ihrer Leistungsfähigkeit gestaffelt, übernahmen, war die Gestellung eines bestimmten Truppenkontingentes im Kriegsfalle, das der Bündner in eigener Verantwortung aufzustellen hatte und das auch unter seinem Kommando blieb.

Es ist wohl empfehlenswert, sich die Größenverhältnisse zwischen Römern, Latinern und den übrigen Bundesgenossen einmal in Form einer kleinen Statistik vor Augen zu führen. Nach den Resultaten der modernen Forschung wird die Zahl der römischen Gesamtbevölkerung im Jahre 265 auf insgesamt ca. 900 000 Köpfe geschätzt, denen rund 2,1 Millionen Bundesgenossen gegenüberstehen. Flächenmäßig umfaßte der römische Herrschaftsbereich im gleichen Jahre insgesamt rund 130 000 Quadratkilometer, wovon 24 000 Quadratkilometer römischer Besitz, 12 000 Quadratkilometer latinischer und 94 000 Quadratkilometer in den Händen der übrigen Bundesgenossen waren.

So sah die römische Ordnung Italiens aus, welche die Stadt am

Tiber nicht auf Grund eines einmaligen staatsrechtlichen Aktes, sondern parallel zu ihrem militärisch-politischen Ausgreifen über die Halbinsel gelegt hatte. Ihre verschiedenen historischen Entwicklungsstufen, ihr organisches Wachstum hat diese Ordnung nie verleugnet. Trotz all ihrer Differenzierungen war sie doch einheitlich und geschlossen genug, um die Vormachtstellung Roms sicherzustellen. An wichtigen Positionen unangreifbar verankert und in den entscheidenden Bereichen exklusiv römisch bestimmt, ist diese Ordnung doch auch elastisch geblieben und geeignet, berechtigten lokalen Interessen ebenso nachzugeben wie persönlich-privatrechtlichen Wünschen entgegenzukommen. Schon vor dem Abschluß der italischen Phase der römischen Geschichte hatte Rom so seine Fähigkeit zu großräumiger staatlicher Ordnung unter Beweis gestellt, der Pyrrhoskrieg sollte dann ihre große Feuerprobe bringen.

In der Person des *Pyrrhos,* der 281 von Tarent gegen Rom zu Hilfe gerufen wurde, ist Rom erstmals eine der großen hellenistischen Herrscherpersönlichkeiten entgegengetreten. Der Kampf zwischen der Republik am Tiber und ihren Verbündeten auf der einen und dem epeirotischen König an der Spitze seiner unteritalischen Koalition auf der anderen Seite beleuchtet wie kaum ein anderes Ereignis jener Jahrzehnte die Eigenart der politischen Faktoren. Inmitten des stürmischen Fluktuationsprozesses der Diadochenära hatte Pyrrhos für kurze Zeit um seine Person und um seinen epeirotisch-makedonischen Heereskern eine aus sehr heterogenen Elementen zusammengesetzte Macht vereinigt. Durch die Dynamik seiner Persönlichkeit verstand er es, die Kräfte dieser Koalition zu mobilisieren, doch es waren Kräfte, die stets in Aktion gehalten werden mußten und die bei jedem Stillstand sogleich abzubröckeln und zu verfallen begannen. Der Zwang zur beständigen Fortpflanzung der militärischen und politischen Bewegung war so durch die Konstellation selbst gefordert und die überragende Einzelpersönlichkeit eines großen Feldherrn die Klammer der disparaten Kräfte und der Motor der Offensive selbst.

Auf römischer Seite lassen sich dagegen weder Appius Claudius Caecus noch die mittelmäßigen Konsuln jener Jahre auch nur annähernd mit Pyrrhos vergleichen. Aber die Stärke der römischen Sache war begründet in der Geschlossenheit der staatlichen Ordnung und in der Treue der römischen Verbündeten, die gerade jetzt zu dem System des römischen Machtbereiches standen. So konnte Rom, wie man oft gesagt hat, die verlustreichen Schlachten dieses Krieges verlieren und schließlich doch siegen. Gegen die Qualitäten eines großen Einzelnen stand hier die Kraft einer geschlossenen staatlichen Gemeinschaft, gegen die militärtechnisch überlegenen Söldner und ihre Verbündeten ein Heer, das nicht für seinen König, sondern für seinen Staat focht, gegen die Bindungslosigkeit eines hellenistischen Herrschers, für den Makedonien wie Illyrien, Großgriechenland wie Sizilien in erster Linie Schauplätze seines Ehrgeizes und seines Ringens um Macht waren, ein Höchstmaß von Bindungen an das eigene Land, den Herrschaftsbereich der Heimatstadt und der Kolonien.

Doch auch in anderer Hinsicht sind die Kämpfe gegen Pyrrhos für Rom von besonderer Bedeutung geworden, denn in diesen Kämpfen überschnitten sich die Kreise der römisch-italischen und der hellenistischen Geschichte ein erstes Mal. Noch stand Rom passiv den politischen Ausstrahlungen der hellenistischen und der sizilisch-karthagischen Mächte auf die Entwicklung Unteritaliens gegenüber, doch es war bereits berührt von dem Geschehen und damit tangiert von einem Geflecht politischen Wechselspiels, aus dem es sich nicht mehr frei machen konnte. So leiten die Kämpfe gegen Pyrrhos über in ein Handeln und in eine Politik größerer Maßstäbe, die über das italische Mutterland hinausführen sollten. Die freundschaftliche oder neutrale Politik gegenüber Karthago, die für die Geschichte der frühen Republik eine Konstante gebildet hatte, war in den Kriegen gegen Pyrrhos ein letztes Mal erneuert worden, als karthagische Schiffe römische Truppen nach Rhegion transportiert und die Römer in hohem Grade von den karthagischen Erfolgen profitiert hatten. Doch mit den Bündnissen mit den großgriechischen Städten und der Behauptung Süditaliens hatte Rom schon einen Weg eingeschlagen, auf dem es kein Zurück gab. Aus allen diesen Gründen läßt sich der Krieg gegen Pyrrhos nicht als neuer Samnitenkrieg verstehen, sondern nur als Abschluß der Gewinnung der römischen Herrschaft über Mittel- und Unteritalien und zugleich als Auftakt zu Roms Eintritt in die Weltgeschichte des Mittelmeerraumes.

4. Der Ausbau der römischen res publica

Für die *innere Entwicklung Roms* nach dem Sturz des Königtums ist nicht so sehr die Tatsache bezeichnend, daß an die Stelle des Königs zunächst Prätoren als Inhaber des Heerführeramtes traten und später Konsuln, als vielmehr jene, daß die Macht im Staate nach wie vor in den Händen des Adels der alten patrizischen Geschlechter blieb. Der Adel, der sich im Senat als geschlossener Ratskörperschaft sichtbar konstituierte, ließ die Geschicke des Stadtstaates durch seine Mitglieder verwalten und leiten. Nur langsam entwickelte sich eine neue innere Ordnung. Immer wieder erzwangen bestimmte historische Situationen die Evolution der Staatsverfassung und der Bürgerrechtspolitik, und wenn irgendwo, so führten hier die Wechselfälle der äußeren Politik auf lange Sicht eine in sich geschlossene Dynamik auch der inneren staatlichen Entwicklung herbei gegen den Widerstand der ursprünglich alleinherrschenden patrizischen Gruppe.

Ehe wir auf diese Entwicklung eingehen, ist es notwendig, diejenigen römischen Grundvorstellungen zu streifen, welche das sich allmählich ausbildende System trugen, die Begriffe imperium und magistratus. Da der Senat weder in Permanenz tagen noch als Körperschaft die Vielfalt der aktuellen politischen Verwaltungs- und Ordnungsmaßnahmen durchführen konnte, delegierte er eine umfassende Befehlsgewalt an die römischen Oberbeamten. Diese spezielle Amtsgewalt der römischen Oberbeamten wurde mit *imperium* bezeichnet, einem ursprünglich dem religiös-magischen Bereich entstammenden Begriff, in dem Mommsen einst die Vollgewalt des Königs weitergeführt wissen wollte. Diese Interpretation war deshalb so naheliegend, weil das imperium tatsächlich der komplexen Befehlsgewalt eines Staatsoberhauptes gleichkommt und weil es daneben absolut und nicht an einen fest umrissenen Wirkungskreis gebunden war, obwohl es schon sehr früh von mehreren Oberbeamten, den Konsuln und Prätoren, gleichzeitig geführt wurde. Allein diese Vorstellung der Kontinuität der königlichen Gewalt ist in den letzten Jahrzehnten preisgegeben worden zugunsten einer Auffassung, welche die überwältigende Kompetenzfülle des imperium erst der Stufe des römischen Ständekampfes zuschreibt. Das Wort imperium selbst hat dann in der Folgezeit einen sehr sinnfälligen Bedeutungswandel durchlaufen. Parallel zur Ausweitung dieser Befehlsgewalt auch auf außeritalische Gebiete, insbesondere nach der Einrichtung der römischen Provinzen, wurde die primär staatsrechtliche Definition schließlich auch zu einer geographischen, nämlich zur Definition aller der obersten Befehlsgewalt des römischen Volkes unterstehenden Gebiete. Nach Panaitios und den Lehren der mittleren Stoa wurde seit dem zweiten Jahrhundert v.Chr. der Begriff dann auf ganz neue Vorstellungen übertragen, in denen das Imperium Romanum mit der Einheit der Kulturvölker in Verbindung trat.

Die zweite Grundvorstellung, die es zu klären gilt, ist die römische *Magistratur.* Das aus dem älteren magister entwickelte Wort magistratus bezeichnet das Amt ebenso wie den Beamten, wobei sogleich festzuhalten ist, daß der römische magistratus mit dem modernen Beamten nur wenig gemeinsam hat. Der römische Magistrat ist kein Glied einer Kette und gerade kein Diener und kein Instrument der Staatsgewalt, sondern Inhaber und Repräsentant der Staatsgewalt selbst. Sodann kennt die römische Republik keine getrennten zivilen und militärischen Karrieren und keine Ernennung des Magistrats, sondern seine Wahl durch das Volk. Diese beiden Phänomene gaben der Magistratur Gewicht und Profil. Endlich galten für die römischen Magistraturen in einer kategorischen Antwort auf die Erfahrungen der Königszeit die Prinzipien der Kollegialität und der Annuität. Notständen und Ausnahmefällen sollten die Ämter des Diktators und des Interrex gerecht werden, für die besondere Regelungen galten. Ungeachtet der geringen regulären Kopfzahl der römischen Magistrate – sie umfaßte zunächst lediglich als Oberbeamte die Prätoren, später an ihrer Statt die beiden Konsuln und als ihre Gehilfen zwei Quästoren, die Finanzbeamten der klassischen Zeit –, einer Anzahl, die auch später stets in einem ganz ungewöhnlichen Mißverhältnis zu den zu bewältigenden Aufgaben stand, war doch die Macht dieser Magistrate von äußerster Wucht und Geschlossenheit. Als Standesmacht lastete die staatliche Macht auf den Plebejern mit voller Schwere, und da das vermittelnde Glied des Königs fehlte, waren die Fronten eines Ständekampfes abgesteckt.

Die *Plebs,* die dem patrizischen Erbadel der großen Grundbesitzergeschlechter gegenüberstand, umfaßte keine hauptstädtische Masse und nicht nur die kleinen Leute, die Händler und Handwerker, sondern ebenso freie Grundbesitzer und freie Bauern, die immerhin zum Teil so reich waren, daß sie ihre schwere Rüstung selbst zu kaufen vermochten. Gerade die zuletzt genannte Gruppe der Plebs, die in den langen Kriegen immer neue Einsätze zu leisten hatte, konnte sich mit der exklusiv-patrizischen Staatsordnung, die ihr nur Lasten, aber keine Rechte bot, je länger, desto weniger abfinden. Beteiligung an der Regierung war so die erste Forderung der Plebs im *Ständekampf,* der alle Momente sozialer und wirtschaftlicher Natur untergeordnet blieben.

Während die Einzelheiten des römischen Ständekampfes in unserer Überlieferung weithin verwischt oder harmonisiert sind, schälen sich als wichtigste Etappen die Institution des Volkstribunats, die Einführung der Zenturienordnung und die Kodifikation des gültigen Rechts auf den Zwölf Tafeln heraus. Allem Anschein nach hatte sich die römische Plebs im Verlaufe des Ständekampfes, der nach der späteren Überlieferung im Jahre 494 durch die Auswanderung der Plebejer auf den heiligen Berg mit einer Explosion begann, eine eigene Organisation geschaffen, in deren Rahmen die *Volkstribunen* die militärischen Kommandeure waren. Die Stellung der Volkstribunen war von allem Anfang an deswegen so tief verankert, weil sie auf einer feierlichen Verpflichtung der gesamten Plebs beruhte, wonach jeder aus der Gemeinschaft ausgestoßen und für vogelfrei erklärt werden sollte, der sich an der Person eines Volkstribunen vergriff. Die militärische Kommandogewalt der Volkstribunen trat dagegen in späterer Zeit ganz zurück. Sie riefen die Plebs zu ihren Versammlungen und ließen hier die Plebiszite abfassen. Augenfälliger und im römischen Alltag wichtiger war jedoch ihr Interzessions- und ihr Vetorecht. Mit Hilfe dieses zunächst sicher angemaßten, schließlich von den Patriziern aber anerkannten Rechtes vermochten die Volkstribunen ihrer vornehmsten Aufgabe und Funktion gerecht zu werden, nämlich bedrängten Plebejern Hilfe zu leisten, oder nach römischer Terminologie, das ius auxilii auszuüben. Der Volkstribun, der selbst unverletzlich war – seine sacrosanctitas sollte dann noch in der Ausgestaltung des augusteischen Prinzipats eine bedeutsame Rolle spielen –, stellte sich im Falle einer solchen Interzession schützend dem Vollzugsorgan entgegen, trat vor den gefährdeten Bürger und hatte auf diese Weise die Möglichkeit, praktisch jede Maßnahme eines Magistrats zu verhindern. Man hat immer wieder auf die Abnormität dieser tribunizischen Gewalt im Rahmen eines Staatsapparates hingewiesen, eine Erscheinung, die nach Mommsens berühmtem Wort die legalisierte Revolution in Permanenz darstellte. Allein das Volkstribunat hat die römische Regierung keineswegs lahmgelegt, sondern durch seine Anerkennung hat das römische Patriziat der Plebs ein legitimes Organ zur Bekämpfung magistratischer Exzesse eingeräumt und damit Kräfte abgeleitet, welche sonst die gesamte Staatsordnung zu sprengen drohten. Anderseits ist es kein geringer Ruhm der römischen Verfassung, einen solch starken Pol der plebejischen Opposition in sich aufgenommen und organisch bewältigt zu haben.

Die im Ständekampf in Fluß gekommene Neuordnung des politischen Lebens machte naturgemäß auch vor den älteren Organisationsformen nicht halt und fand hier ihren Niederschlag in der sogenannten *Zenturienordnung,* einem allmählich immer stärker differenzierten System von schließlich insgesamt 193 Zenturien, welches die gesamte Heeresverfassung, aber damit zugleich auch die Abstimmungskörperschaften nach Maßgabe des Besitzes auf timokratische Grundlage stellte, „das extremste Klassenwahlrecht, das die Geschichte kennt“ (Ernst Meyer). Denn zur Zeit Ciceros waren schließlich in der einen Proletarierzenturie ungefähr ebenso viele Personen eingegliedert wie in allen übrigen 192 zusammen. Aber auch innerhalb der vermögenden Schichten selbst war eine starke Differenzierung zugunsten der reichsten Plebejer zu beobachten. Nur muß man hier hinzufügen, daß diese Gruppe auch außerordentlich umfangreiche Leistungen für den Staat aufzuweisen hatte. In der politischen Bevorzugung dieser reichen Plebejerschicht ist das wichtigste Resultat der Neuordnung zu sehen.

Daneben konzentrierte sich die Aktivität der Plebejer auch auf das Feld des *Rechts*. Gemäß der Eigenart der Rechtsverhältnisse im frühen Rom war in einer großen Anzahl von Rechtsstreitigkeiten das Sakralrecht berührt und damit die Kompetenz der pontifices, die zudem allein die gültigen Formen und Formeln der Rechtswahrung überlieferten und in der Form von Gutachten wie in der Anwendung älterer Fallentscheidungen die Grundsätze und Normen des Rechts weitergaben. Da die pontifices zunächst nur den patrizischen Familien entstammten, war das Mißtrauen der Plebejer gegen ihre unkontrollierbare Tätigkeit verständlich. Im Jahre 451/450 setzten die Plebejer die Rechtsaufzeichnung durch. Eine Zehn-Männer-Kommission, die decemviri legibus scribendis, hat das gültige Recht in dem berühmten Zwölf-Tafel-Gesetz kodifiziert. Ob sich dazu nun eine römische Gesandtschaft in Athen am Recht Solons orientierte oder nicht, ist sekundär, griechischer Einfluß ist in Einzelheiten sicher nachgewiesen, aber tiefgreifend war er keineswegs. Soweit die erhaltenen Fragmente erkennen lassen, boten die Zwölf Tafeln keine Systematik der Rechtsgrundsätze, Vorstellungen und Normen, sondern eine vielfältige Sammlung von Einzelbestimmungen, und sie bringen, das ist entscheidend, im Straf- und Prozeßrecht offensichtlich die Gleichberechtigung der Plebejer.

Auf dem einmal eingeschlagenen Wege gab es kein Halten mehr, weil die Aristokratie in den langen Kriegen auf den geschlossenen und rückhaltlosen Einsatz der plebejischen Oberschicht nicht verzichten konnte. 421 wurde diese zum untersten Staatsamt, der Quästur, zugelassen, 367 brachten die licinisch-sextischen Gesetze ein ganzes Reformbündel zu ihren Gunsten. 366 begegnet der erste Plebejer als Konsul, 356 als Diktator, 351 als Zensor, nach 300 wurden den Plebejern selbst die wichtigsten römischen Staatspriesterämter, die Kollegien der pontifices und Augurn, zugänglich. Problematisch ist dagegen der zeitliche Ansatz der Reformen auf sozialem Gebiet, in Bodenreform und Schuldentilgung, doch standen diese Dinge nicht im Vordergrund. Denn die Forderungen nach Land befriedigten die römischen Annexionen und die Koloniegründungen in ausreichendem Maße, und man kann vereinfacht sagen, daß Rom im Gegensatz zu anderen Staaten diesen Druck nach außen abzuleiten, ja ihn sogar politisch auszunützen verstand.

Das Resultat dieses gesellschaftlichen Prozesses war die Herausbildung einer neuen Führungsschicht, der *Nobilität.* Denn nicht nur die auf Grund ihrer patrizischen Abstammung, sondern alle auf Grund ihrer persönlichen Leistungen und auch ihres Vermögens von Staatsamt zu Staatsamt vorgerückten Bürger, Patrizier und Plebejer bildeten jetzt einen Teil jenes Amts- oder Senatsadels der regierungsfähigen Familien, der nobiles. In seinem weiteren Sinne umschließt dieser Begriff sämtliche Familien, deren Mitglieder ein mit Sitz im Senat verbundenes Amt errungen hatten, in seinem engeren umgreift er lediglich die bis zur Führungsspitze des Konsulates vorgedrungenen Familien. Allein die unter großen persönlichen Anstrengungen in die Führungsschicht aufgestiegenen plebejischen Familien dachten nicht im entferntesten daran, deren Basis noch weiter zu verbreitern oder die Anforderungen zu senken, sie halfen im Gegenteil mit, den Kreis der Regierungsfähigen klein und geschlossen zu halten, und nur in Ausnahmefällen wurden hervorragende Neulinge, homines novi, in ihn hineingenommen.

Blicken wir voraus, so zeigt sich in diesem Vorgehen das ungeschriebene Gesetz, das auch künftig für die Zusammensetzung der römischen Führungsschicht gelten sollte. Denn einmal war der Senat als Körperschaft dieser Führungsschicht immer beherrscht von stark konservativen Kräften, die nur zögernd neue Elemente in sich aufnahmen, anderseits war er auch nicht hermetisch verschlossen, und zumindest theoretisch war der Aufstieg in ihn frei. Nicht selten haben gerade neue Mitglieder, wie Cato und Cicero, die Sache der Versammlung und der alten res publica mit am leidenschaftlichsten vertreten. Es ist dann aber auch eine der faszinierendsten historischen Erscheinungen, wie später innerhalb des Römischen Reichs eine Bevölkerungsschicht nach der anderen hervortritt und die Sache des Reiches zu ihrer eigenen macht, wie auf die stadtrömischen Senatoren Italiker folgen, auf sie die Exponenten der stark romanisierten westlichen Provinzen, Spaniens und dann Afrikas, aber auch Griechen, die koloniale Elite, um es mit R. Symes Wort zu sagen, und wie darauf Orientalen und Illyrer mit derselben Unbedingtheit die Verantwortung für das Ganze übernehmen. Eine Erscheinung, die gültig ist nicht nur für die Inhaber der Reichsspitze, sondern für breite Schichten der Bevölkerung solcher Provenienz. Diese Entwicklung aber umfaßt schließlich immer weitere Kreise, ja die Bewegung hält selbst während der Spätantike in der Form an, daß nun Angehörige der benachbarten Barbarenstämme in den Dienst des Reiches treten und zum Teil seine verläßlichsten und aktivsten Diener werden.

5. Rom und Karthago

Daß Karthago – zunächst nur eine der zahlreichen phönizischen Faktoreien des Westens, allerdings in einzigartiger Lagegunst – zur Vormacht der Phönizier im westlichen Mittelmeer wurde, war im Grunde eine Folge von äußeren Ereignissen. Nach dem Verlust der phönizischen Basis und angesichts eines wachsenden Widerstandes gegen die so erstaunlich expansive und erfolgreiche Initiative der phönizischen Kontore wuchs der Stadt eine handelspolitische Führungsrolle zu. Vor allem auf Sizilien war Karthago dann in Kämpfe mit den Griechen verstrickt worden, in denen es, zuletzt gegen Agathokles und Pyrrhos, sein Machtgebiet (Epikratie) erfolgreich verteidigt hatte.

Karthago galt im Altertum als Muster einer aristokratischen *Stadtverfassung.* Den griechischen Staatstheoretikern imponierte an ihr, daß sie mit ihren beiden eponymen Oberbeamten, den Sufeten, strikt antimonarchisch blieb und durch die Geschlossenheit ihrer aristokratischen Organisation, des weiteren und des engeren Rates wie der von Fall zu Fall eingesetzten Spezialkommissionen so geschlossen war, daß sie für demokratisch-anarchische Umtriebe scheinbar nur geringe Ansatzpunkte bot. Seit dem fünften Jahrhundert bildeten Vertreter der Aristokratie zudem im Staatsgerichtshof der 104 ein weiteres Organ, das ihrem Willen Geltung verschaffen konnte. Vor allem aber war die Politik der karthagischen Handelsherren und Reeder lange Zeit äußerst erfolgreich. Von ihr lebte das formell souveräne Volk ohne großen Einsatz, denn die Stadt erwarb ihr Handelsimperium durch Diplomatie und Söldnerheere. Diese Heere wurden jeweils zusammengebracht oder vergrößert aus afrikanischen, iberischen, griechischen und italischen Söldnern und wie ein Kapitalunternehmen

Karthagischer Machtbereich im 3. Jh. v. Chr.

immer wieder an dem Verhältnis zwischen Investition und Ertrag gemessen. Die Feldherren entstammten zumeist karthagischen Familien, wie im Falle der Barkiden. Sie wurden Mittelpunkt einer Heerestradition, aber auch ständiges Objekt von Argwohn und Animosität.

Einigen antiken Beobachtern sind die Karthager nicht zuletzt wegen ihrer eigenartigen *Religiosität* als fremdartig, ja barbarisch erschienen. Von den obersten Gottheiten der Stadt, Baal-Hammon und Tanit, aber auch den übrigen Repräsentanten des phönizisch-syrischen Pantheons fühlten diese sich in einer so direkten und umfassenden Weise abhängig, daß den Angehörigen der hellenistischen und italischen Welt dazu kein Zugang möglich war. Die Griechen haben jenes übersteigerte und in ihren Augen maßlose und inhumane Abhängigkeitsgefühl von den Gottheiten als deisidaimonia bezeichnet. Karthagische Religion war für Griechen wie Römer weithin gleichbedeutend mit Exzessen aller Art, mit Menschenopfer und religiösem Kindermord.

Wie wohl am besten ein Blick auf die Werke karthagischer Kunst lehren kann, hat der jahrhundertelange Kontakt mit griechischen Produkten die inneren Triebkräfte und die Grundlagen der karthagischen *Kultur* nicht entscheidend beeinflußt. Die Vorstellung eines hellenisierten Karthago ist äußerst problematisch, denn in Wirklichkeit ging diese Hellenisierung über einen gewissen Firnis nicht hinaus. Die Karthager haben wie die Phönizier lange Zeit und über weite Räume hin Austausch vermittelt, sie haben unzählige Berührungen geistiger, religiöser wie materieller Art erlebt und auch gewiß manche äußeren Formen und Güter übernommen, doch kaum etwas von den Vorstellungen und den Werten, in welchen jene wurzelten, kaum etwas von anderer Lebensart. So wie sie als realistische Händler und Vermittler ihre eigenen Lebensformen niemandem aufdrängten, übernahmen sie im allgemeinen auch nicht diejenigen ihrer Partner. Die Tatsache, daß es in ihrem Bereich nie zu einer echten Symbiose mit anderen Zivilisationen gekommen ist, unterscheidet sie zutiefst von den Römern.

Dies führt uns noch einmal zurück zur Frage der Organisation des karthagischen Staates selbst, denn auch dafür gilt ähnliches. Während sich Rom in seinem Herrschaftsbereich eine vielfach abgestufte und fest verbundene Organisation geschaffen hatte, welche die Interessen der Verbündeten oder Unterworfenen mit jenen der führenden Stadt vereinigte, schwankte die karthagische Politik gegenüber den Abhängigen oder Nachbarn im Grunde nur zwischen den beiden Extremen völliger Nichteinmischung und rücksichtsloser Unterdrückung. Eine Heranziehung an den karthagischen Staat gab es nicht.

So standen sich in den beiden politischen Formationen des karthagischen Handelsimperiums und des römischen Machtbereiches im Grunde zwei sehr verschiedenartige Gegner gegenüber: hier ein weitgespannter, einseitig nach wirtschaftlichen Kriterien orientierter Komplex, der zwar in Karthago selbst einen starken politischen Mittelpunkt und in der karthagischen Aristokratie eine geschlossene und weitblickende Führungsschicht besaß, zudem über eine große Söldnerstreitmacht unter fähigen Generalen verfügte, dem aber die Stabilität einer starken inneren Organisation ebenso fehlte wie die Identifizierung von Bürgern, Armee und Staat. Rom dagegen war als italische Landmacht ganz anders strukturiert. Seine Siedler, seine Bürger und seine Soldaten verkörperten zugleich den Staat, auf den seine Bundesgenossen zugeordnet blieben. Wohl verfügte es weder über das Flottenpotential noch über die militärische Reichweite der großen Seemacht, doch seine italischen Stellungen waren tief verstrebt, und seine militärischen wie moralischen Reserven sollten eine ungeahnte Widerstandskraft erweisen.

Die neuere Forschung hat gezeigt, daß der *Zusammenstoß mit Karthago* für Rom keineswegs unumgänglich oder gemäß der zyklischen Bewegung seiner Expansion sozusagen zwangsläufig war. Allein der römische Entschluß zu einer sehr begrenzten Hilfeleistung an die Mamertiner, einen Raubstaat in Messina, ja überwiegend primitiv materielle Interessen führten im Jahre 264 zur römischen Intervention in *Sizilien* und lösten schließlich einen Krieg auf Tod und Leben aus. In ihm war Rom erstmals zur Schaffung und zum Einsatz eigener Flotten gezwungen, und C. Duilius, der 260 bei Mylae den ersten römischen Seesieg errang oder besser: erfolgreich eine Landschlacht zur See schlug, wurde mit Emphase gefeiert. Doch die weiteren Kämpfe nahmen einen wechselvollen Verlauf. Eine römische Landung in Afrika endete in einer vollständigen Katastrophe. Gerade diese afrikanische Expedition von 256/255 zeigt nun nach den großen Anfangserfolgen auch die Grenzen, die Unerfahrenheit, die bloße Improvisation und das Nichtgewachsensein der römischen Führung. Diese Ereignisse haben in Rom auch klargemacht, daß es etwas anderes war, einen Seekrieg zu führen, als eine Seeschlacht zu gewinnen, daß es etwas anderes war, gegen die vielfältigen Reserven und Machtmittel einer Großmacht anzugehen, als in deren Kolonialreich Krieg zu führen. So wie die römischen Seeoffiziere erst in die Anforderungen ihres Elementes und ihrer Technik hineinwachsen mußten, so mußte es die römische Führungsschicht in die Dimensionen eines Kampfes um die Hegemonie im westlichen Mittelmeer, und in beiden Fällen wurde ein nicht geringes Lehrgeld bezahlt. Doch obwohl Rom schließlich in fünf Jahren vier Flotten verloren hatte, meisterte es die Krise dieses Krieges. Eine anfangs auf Grund privater Initiative ausgerüstete letzte Flotte brachte 241 die Entscheidung. Rom gewann nicht nur Sizilien, sondern in den darauffolgenden Wirren auch Sardinien und Korsika für sich.

Angesichts dieser Niederlage wurde Karthago in *Spanien* aktiv. Seit 237 baute Hamilkar Barkas einen alten karthagischen Brükkenkopf planmäßig aus, bald wurde der ganze Südosten der Pyrenäenhalbinsel von ihm beherrscht. Rachemotive spielten dabei nicht die Rolle, welche die römische Überlieferung angibt, es war im Gegenteil die offenkundige Absicht der Barkiden, allen Reibungen mit Rom hier aus dem Wege zu gehen. Je weiter sich der karthagische Einfluß indessen ausdehnte, desto stärker mußte Rom engagiert werden. Sein Bündnis mit Massilia und mit der iberischen Stadt Sagunt und nicht zuletzt die Gefahr einer neuen keltischen Offensive ließen ein weiteres Zusehen bei den Vorgängen in Spanien nicht zu, anderseits eröffnete *Hannibal* eine Offensive über den Ebro hinaus, als er durch eine römische Demarche zugunsten von Sagunt erkannt hatte, daß der Konflikt mit Rom bevorstand. Allerdings brach er dann diesen Feldzug in Nordspanien erst in jenem Augenblick ab, als eine römische Gesandtschaft in Karthago schon den Krieg erklärt hatte. Mit einer schlagkräftigen Stoßarmee von rund 50 000 Mann, 9000 Reitern und 35 Elefanten überschritt er die Pyrenäen und im Spätherbst 218 wohl über die Pässe des Col du Clapier und des Kleinen Mont Cenis die Alpen. Nach mehreren Siegen Hannibals empfand man in Rom schließlich die durchaus nicht resultatlose Ermattungsstrategie des Q. Fabius Maximus als unerträglich, und am 2. August 216 boten deshalb die beiden Konsuln C. Terentius Varro und L. Aemilius Paulus in Übereinstimmung mit der öffentlichen Meinung bei dem Dorf *Cannae* am rechten Ufer des Aufidus erneut die Schlacht an. Gegen die ca. 70 000 Römer und ihre rund 6000 Reiter hatten die Karthager lediglich ungefähr 40 000 Mann Fußtruppen, zudem meist Leichtbewaffnete, und ungefähr 10 000 Reiter einzusetzen. Doch die linear vorgehende Phalanx der 16 römischen Legionen traf auf eine tief gegliederte karthagische Schlachtreihe und biß sich in dem bis zum Zerreißen gespannten Zentrum fest. Dann kesselte die auf beiden Flügeln vorstoßende Kavallerie Hannibals

Römer völlig ein, lediglich 13000 Römer entkamen, 3000 fielen in Gefangenschaft, an die 45000 Mann gingen zugrunde.

Die Auswirkungen dieser Katastrophe auf den weiteren Verlauf des Krieges waren freilich anderer Art, als man erwarten könnte. Obwohl es zu einer Abfallbewegung von Rom kam, kapitulierte die Stadt nicht, ja die Römer ehrten mit einer imponierenden Geste den Mann, der geführt, verloren und auch noch überlebt hatte. 215 schloß Hannibal ein Bündnis mit Philipp V. von Makedonien, 214 fiel auch Syrakus ab, und da die Römer selbst jetzt nicht ihre Offensive in Spanien einstellten, nahm das Ringen ganz neue Dimensionen an. Die Faktoren Abnutzung und Zeit bestimmten das Geschehen. Die Führung des Krieges verlagerte sich damit vom militärischen auf den politischen Bereich, und hier brach sich Roms Überlegenheit Bahn. Dennoch wurde die Schlacht von Cannae in der neueren Zeit fast zum Mythos und dies vollends, als sie durch Graf Schlieffens Cannae-Studie (1913) zum Prototyp der vollkommenen modernen „Vernichtungsschlacht" geworden war. Als strategische Konzeption des kräftemäßig Schwächeren wurde sie bei Tannenberg ebenso angestrebt wie in den Kesselschlachten des Zweiten Weltkriegs. Allein die ultima ratio der Militärs hat den Primat der Politik nie stärker besiegelt als in jenen Situationen, da der nahezu tödlich geschlagene Gegner nicht kapitulierte. Eine befriedigende politische Neuordnung konnte Hannibal nicht entwickeln, seine Politik der Dekomposition Italiens und der Wiederbelebung sich teilweise überschneidender regionaler Kräftefelder entband nicht nur für ihn vorteilhafte Reaktionen, bei vielen Betroffenen verstärkte sich ganz im Gegenteil die Anhänglichkeit an Rom.

Mit mancherlei Notmaßnahmen, wie der Verlängerung der Kommandogewalt, deren Verleihung an Privatleute, wie 211 an den älteren Scipio, und mit der Erlaubnis zur Iteration der wichtigsten Staatsämter fing Rom die Krise organisatorisch auf. Allerdings waren damit nun auch jene Wege vorgezeichnet, auf welchen später im Zeitalter der römischen Revolution die Verfassung der römischen Republik durchlöchert und beseitigt wurde, auf denen die großen Einzelpersönlichkeiten der späten Republik zu überragenden Sonderstellungen im römischen Staate vorstoßen konnten. In einem zähen Ringen kämpfte Rom die einzelnen Kriegsparteien in Italien und Sizilien, Spanien und Griechenland nieder. Schließlich erreichte Scipio dann auch 204 den Beschluß zur Invasion in Nordafrika, während Hannibal in den Bergen von Bruttium praktisch mattgesetzt war. Die karthagische Niederlage bei Zama (202) machte dann den Weg zum Frieden frei, der das Ende der karthagischen Großmacht bedeutete. Neben dem jetzt auch vertraglich verankerten Verlust des Kolonialreiches und der Ablieferung der Flotte wurde die Stadt auf ein halbes Jahrhundert durch eine hohe Kriegsentschädigung gefesselt, vor allem jedoch durch die Verpflichtung, in Zukunft nur noch mit römischer Zustimmung Krieg zu führen. So bedrückend dies alles war, handelt es sich doch keineswegs um einen singulären Ausbruch römisch-nationalen Hasses gegen Karthago. Wie jüngst aufgewiesen wurde, steht die Friedensregelung von 201 mit den späteren Bestimmungen gegenüber Philipp V. und Antiochos dem Großen in engem Zusammenhang. Denn in allen drei Fällen wurden vom Besiegten die Räumung vorher okkupierter Gebiete gefordert, Flottenabrüstung, Tribute, die Gestellung von Geiseln, und in allen drei Fällen wurden römische Verbündete in einer Überwachungs- und Lauerstellung bereitgehalten, im Falle Karthagos Massinissa, der König von Numidien.

Obwohl die karthagische Aristokratie lange Zeit alles Erdenkliche tat oder unterließ, um Rom nicht zu provozieren, spitzte sich die Lage erneut zu, als fünfzig Jahre später in der Stadt andere politische Kräfte die Oberhand gewannen, welche die jahrzehntelange Passivität verurteilten und in Numidien einen aktiveren Kurs propagierten. Die chronischen Grenzstreitigkeiten führten schließlich zum offenen Konflikt, als die Karthager einen Einfall Massinissas ohne römische Genehmigung mit einer militärischen Gegenaktion beantworteten. Nach schweren Rückschlägen im Felde war die Stadt schon bereit, sich dem römischen Expeditionsheer des Jahres 149 zu ergeben. Sie hatte ihre Waffen und Schiffe bereits abgeliefert, als von Rom die Weisung erging, Karthago völlig zu räumen und die Bewohner im Hinterland, zehn Meilen landeinwärts, in Dörfern anzusiedeln. Dieser Befehl zur Selbstaufgabe bewirkte indessen das Gegenteil. Noch einmal erhob sich jetzt ein frenetischer Abwehrwille. Mit allen Mitteln organisierte die Stadt ihre Verteidigung, schuf fast aus dem Nichts neue Waffen und baute die starken Befestigungen aus. Die Mobilisierung der letzten Kräfte und die erbitterte Kampfweise in der Verteidigung der Hauptstadt, als der Verdichtung nationaler Existenz, in dem verzweifelten Wissen um die nahende physische wie politische Vernichtung, ist eine eigentümliche Erscheinung der punisch-semitischen Geschichte, und in diesem Sinne gehören Tyros, Karthago und Jerusalem in eine furchtbare historische Reihe. Erst nach über zweijähriger Belagerung gelang es den Römern schließlich unter der Führung des jüngeren Scipio, in einem letzten großen Sturm die von Not, Seuchen und Hunger schon gelähmte Stadt einzunehmen und nach erbitterten Straßenkämpfen, die sich eine ganze Woche lang hinzogen, auch den letzten Widerstand auf der Burg zu brechen. Jetzt wurde Karthago zerstört, 50 000 Gefangene versklavt, der Boden der Stadt in feierlicher Weise verflucht, aus dem Gebiet Karthagos aber eine neue römische Provinz gebildet, die den Namen Africa trug.

Trotz der langen Begegnung mit Karthago ist das *römische Punierbild* im Grund seit dem ersten römischen Historiker Fabius Pictor einseitig und stereotyp geblieben. Punische Grausamkeit, Untreue, heimtückische Verschlagenheit sind bleibende Hauptzüge, die, wie E. Burck gezeigt hat, den Äußerungen senatorischer und propagandistischer Quellen während des Zweiten Punischen Krieges entstammten und dann nie mehr verstummten. Von dieser Hauptlinie gibt es allerdings eine bemerkenswerte Abweichung, die im römischen Epos zutage tritt. Schon Naevius, der während des Zweiten Punischen Krieges sein Epos Bellum Poenicum über den Ersten Punischen Krieg schrieb und der darin das Ringen zwischen Karthago und Rom mit den mythologischen Elementen des Aeneas- und Dido-Verhältnisses verband, gab möglicherweise ein anderes oder doch gedämpfteres Punierbild. Doch erst in Vergils Aeneis fand die Gestaltung des schicksalhaften Gegensatzes ihre würdige Form. Weder die Karthager noch Dido sind bei Vergil deklassiert oder geschmäht. Perfidie ist gerade der Vorwurf, den Dido gegen Aeneas zu erheben hat, und in dem pathetischen Ruf der Königin „exoriare aliquis nostris ex ossibus ultor" rückt Hannibal in seine große geschichtliche Rächerfunktion, die bei Vergil auf diese Weise ebenso im Mythos angelegt ist wie Roms Berufung zur Weltherrschaft.

Die Zerstörung der Stadt Karthago, die Verfluchung ihres Bodens und die Verteilung ihrer Bibliotheken an die numidischen Häuptlinge dürfen nicht den Eindruck erwecken, als hätte Rom sich selbst und sein Reich allem Punischen systematisch verschlossen. Mommsens oft nachgesprochenes Wort, daß die Provinz Africa während der römischen Republik keine Geschichte habe und daß die Römer diesen Boden nicht festhielten, um dort neues Leben zu erwecken, sondern um die Leiche zu hüten, belichtet die weitere Entwicklung nur zum Teil. Denn in der Folgezeit hat gerade das Puniertum eine vermittelnde Funktion zwischen den libyschen und römischen Kräften in Nordafrika ausgeübt. Die punische Sprache trat zwar in den Städten etwas zurück, behauptete sich jedoch nach wie vor auf dem Lande. Noch lange ist selbst das

Sufetenamt als Ausweis karthagischer Verfassungstradition in städtischen Inschriften der römischen Provinz bezeugt. Erhalten blieben auch die für römische Begriffe so fremdartigen und oft so abstoßenden punischen Kulte, in denen Rom lediglich die Menschenopfer und die kultische Prostitution beseitigte, aber anderseits zuließ, daß Tanit und Baal-Hammon zur Dea Caelestis und zu Saturnus wurden und am Ende in Rom selbst einzogen.

Wenn auch die Frage umstritten bleibt, ob Rom mit der Erhebung des Zehnten auf Sizilien karthagischem Beispiel folgte oder nicht, so ist doch die bereitwillige *Übernahme punischer Anregungen* auf anderen Gebieten ganz offenkundig. Dies gilt insbesondere für den weiten Bereich der Agrarwissenschaften, und hier ist es am bezeichnendsten, daß das 28bändige Werk des Karthagers Mago über die Landwirtschaft auf Beschluß des römischen Senats ins Lateinische übersetzt wurde, obwohl Catos Werk schon vorlag. Die Römer schätzten außerdem eine ganze Reihe von punischen Obstarten und förderten deren Anbau, sie nahmen mancherlei landwirtschaftliches Gerät und andere Dinge dieses Sektors in Gebrauch.

Ungeachtet der Wirren des jugurthinischen und später der Bürgerkriege, ging die neue Provinz, die zunächst lediglich ca. 15000 Quadratkilometer oder rund ein Drittel des heutigen Tunesiens umfaßte, einem wirtschaftlichen Aufschwung entgegen, wurde sie zu einer Kornkammer und zu einem Ölreservoir des Reiches (H. G. Pflaum). Unter den Flaviern wies sie ihren ersten Konsul auf, und während sich die klassische Blütezeit der afrikanischen Jurisprudenz und Literatur ankündigte, stellte sie in Septimius Severus ihren Kaiser und damit eine punische Dynastie. Als dieser römische Herrscher dann für den großen Gegner Roms, Hannibal, an dessen bithynischer Todesstätte ein Grabmal, und als sein Sohn Caracalla für Hannibal Statuen errichten ließen, da erst war die alte römisch-punische Auseinandersetzung abgeschlossen.

Zweiter Teil

Die Einbeziehung des hellenistischen Ostens

1. Roms Eintritt in die hellenistische Welt

Die besondere Bedeutung von Roms Eingriff in den hellenistischen Osten wird deutlich, wenn man diesen Vorgang vor dem Hintergrund des Kontinuums der römischen Expansion betrachtet. Für diesen Gesamtprozeß lassen sich, stark vereinfacht, zunächst drei sich teilweise überlagernde Phasen feststellen. Die erste, rein italische, zieht sich hin bis zum Ausbruch des Ersten Punischen Krieges im Jahre 264. Ihr Resultat ist eine von Rom geführte Herrschaftsorganisation in Italien, keine geschlossene Territorialherrschaft, sondern ein lose gefügtes Machtsystem, das trotz seiner Ausdehnung die stadtrömische Verwaltung nicht allzusehr belastete. Im Grunde bot dieses in sich abgestufte Bündnissystem für Rom die einzige Möglichkeit, mit beschränkten administrativen Mitteln den Gesamtkomplex zu leiten. Die zweite Hauptphase hat dann den Kampf um den westlichen Mittelmeerraum zum Thema, einen Kampf, der sich von 264 an bis weit in das zweite Jahrhundert hinab erstreckt. Er wird dadurch charakterisiert, daß Rom es hier zunächst mit *einem* großen Gegner zu tun hatte, das heißt, Rom ist nicht deswegen nach Spanien gegangen, um sich die Iberische Halbinsel zu unterwerfen, sondern um dort Karthago niederzukämpfen. Die dritte Hauptphase endlich, die Einbeziehung der hellenistischen Staatenwelt in den römischen Machtbereich, kann von der zweiten nicht völlig isoliert werden. Auch in den Osten ließ sich Rom anfänglich mehr hineinziehen, als daß es sich selbst hineingedrängt hätte. Aber hier lagen die Bedingungen der römischen Expansion ganz anders als im Westen. Rom hatte es mit einer spannungsreichen Vielfalt von Mächten zu tun und mit rasch wechselnden Konstellationen. Nehmen wir das Ergebnis vorweg, so verfolgte Rom auch hier keine imperialistische Annexionspolitik, sondern es übernahm erst dann einzelne Gebiete in unmittelbare Verwaltung, als dies praktisch nicht mehr zu umgehen war und als sich andere, indirekte Mittel der Beherrschung oder Sicherung als untauglich erwiesen hatten. Für eine aktive Leitung der gesamten Politik in Griechenland und im hellenistischen Osten war Rom letzten Endes ebensowenig vorbereitet wie für die Übernahme der gesamten Verwaltung. Dazu reichte ganz einfach der Apparat des mittelitalischen Gemeindestaates nicht aus. Wenn auf den Inseln und in Spanien die zu römischen Provinzen deklarierten Gebiete von einer Besatzungshand in die andere übergeben wurden, so lagen dort die Voraussetzungen für eine Ausweitung der römischen Herrschaft naturgemäß ungleich günstiger als in Griechenland und im hellenistischen Osten, in Räumen, in welchen die Römer häufig über die Schulter angesehen wurden, und in Ländern, auf die sich anderseits das italische Bündnissystem auch nicht mehr ausweiten ließ. Nicht zuletzt daraus entsprang die Aporie der römischen Politik.

Der Zweite Punische Krieg ist über den Charakter eines Machtkampfes hinaus deswegen so folgenreich geworden, weil während seines Verlaufes der Zusammenhang zwischen den großen mediterranen Kriegsschauplätzen von Spanien bis Griechenland hergestellt wurde. Bereits Polybios hat darauf hingewiesen, daß „von dieser Zeit an die Geschichte gleichsam ein Ganzes bildet. Die Ereignisse in Italien und Libyen verflechten sich mit jenen in Asien und Griechenland und laufen schließlich in einem gemeinsamen Endpunkt aus.“ In zwei illyrischen Kriegen (229; 219) war Rom wohl in eine gewisse Berührung mit Griechenland und Makedonien gekommen, jedoch erst durch das Bündnis Philipps V. von Makedonien mit Hannibal vom Jahre 215 dazu gezwungen worden, fast in eigener Notwehr in Griechenland aktiv zu werden. Nach dem Frieden von 205, der diesen ersten makedonischen Krieg abschloß, kam es nun in der ganzen hellenistischen Sphäre zu einer Umgruppierung der Kräfte, in deren Verlauf sich die beiden Könige Philipp V. von Makedonien und Antiochos III. von Syrien nicht nur auf den ptolemäischen Außenbesitz warfen, sondern auch unabhängige griechische Territorien an sich rissen. In der Gefahr, zwischen Makedonien und Syrien zerrieben zu werden, gingen die beiden Mittelmächte Rhodos und Pergamon schließlich Rom um Hilfe an.

Allein die Gesandten fanden im Jahre 201 in Rom alles andere als Hilfsbereitschaft, und die dafür zuständige Zenturienversammlung lehnte eine Kriegserklärung an *Philipp V.* ab. Immerhin ließ man sich auf die Probleme ein und entsandte eine Senatskommission nach Griechenland. Im Vordergrund stand dabei für Rom der makedonische König, gegen den man eben erst zehn Jahre lang Krieg geführt hatte und dessen aggressive Macht nun stärker war als je zuvor. Denn er verfügte jetzt auch über eine ansehnliche eigene Flotte, mit deren Hilfe er sich gegen Westen wenden konnte. Hier lagen zweifellos die Ansatzpunkte, um das römische Volk aus seiner Zurückhaltung herauszutreiben, während andere Überlegungen, wie gefährdete Handelsinteressen und die Freundschaft mit Attalos von Pergamon, sekundär in die gleiche Richtung wiesen. Zunächst war auf römischer Seite ein tastendes, etappenweises Vorgehen bestimmend und keine geschlossene und weitgespannte Konzeption. Doch die Bewegung blieb in Fluß. Man mag diese Politik als präventiv bezeichnen, sie war auf alle Fälle ganz situationsbezogen und alles andere als ein umfassendes römisches Ostprogramm.

Diese Tatsache zu sehen ist um so wichtiger, als mit der Eröffnung des Zweiten Makedonischen Krieges im Jahre 200 ein Prozeß eingeleitet wurde, der erst 170 Jahre später mit der Niederwerfung Ägyptens endete und die völlige Liquidation der hellenistischen Staatenwelt durch Rom zum Inhalt hatte. Die Frage, ob die hellenistische Staatengesellschaft durch eine weitere Entwicklung ihrer Individualitäten noch reiche politische und kulturelle Möglichkeiten gehabt hätte oder nicht, kann hier nicht erörtert werden. Nur wird man Rom, das in diesen Raum hineingerufen wurde, zu seinem Handeln schließlich dasselbe Recht zubilligen müssen, das vordem Perser, Makedonen, Ptolemäer und Seleukiden in Anspruch genommen hatten. Auf die Schlacht von Kynoskephalai, „das Jena der makedonischen Monarchie" (197), folgte ein Jahr später die Freiheitserklärung für Griechenland durch T. Quinctius Flamininus und schon 194 der Abzug der letzten römischen Truppen. Wenn die spätere Entwicklung diese Maßnahmen als eklatante politische Mißgriffe erwies, so waren sie doch keineswegs nur Verirrungen einer idealistischen Griechenvorstellung, sondern in gleicher Weise die Ergebnisse einer nicht unrealistischen Beurteilung des griechischen Schauplatzes. Allerdings baute diese ganz offensichtlich auf der Überzeugung auf, daß ein Krieg mit *Antiochos III.* nicht unvermeidbar wäre, und gerade hier fiel sie einer Täuschung anheim.

Das Verhältnis Roms zu dem großen Seleukiden ist in den letzten Jahren als eine stufenweise Entwicklung vom kalten zum heißen Krieg in allen Schattierungen analysiert worden, und es bietet in der Tat zeitgeschichtliche Analogien von bestürzender Tragweite. Denn es birgt die Erfahrung, daß Großmächte auch durch ihre Verbündeten und zum Teil gegen ihren eigenen Willen zum Kriege ebenso wie zur Preisgabe ihrer Prinzipien gedrängt werden können. Erst einmal im griechisch-ägäischen Raum engagiert, hatten zudem beide Großmächte ihr Gesicht zu wahren und blieben somit aus allen diesen Gründen nicht mehr Herren ihrer eigenen Entschlüsse. Der schließlich im Jahre 192 von den ätolischen Bundesgenossen des Seleukiden entfesselte Krieg endete mit der vollständigen Niederlage des Antiochos bei Magnesia (190) und den Aderlässen des Friedens von Apamea (188), von welchen sich das bald von dynastischen Wirren gelähmte seleukidische Reich im Grunde niemals erholte. Die römische Freiheitsparole aber war nun nicht mehr beizubehalten, sondern Rom sah sich gezwungen, seine Verbündeten zu belohnen und zu stärken. Am meisten profitierte davon das Pergamenische Reich, in geringerem Maße Rhodos, der Achäische Bund und Makedonien. Trotz der Erfahrungen des letzten Jahrzehnts aber war Rom weder in Griechenland noch in Kleinasien bereit, die direkte politische Verantwortung oder Verwaltung zu übernehmen. Es blieb bei der schon bisher angewandten Methode einer indirekten Beherrschung, und für geraume Zeit bestand die römische Politik darin, die Hauptverbündeten zu stützen, Streitfälle und Beschwerden an sich zu ziehen und entweder in Rom oder durch Kommissionen zu entscheiden. Es war klar, daß sich auf lange Sicht mit diesen Methoden eine stabile politische Ordnung in den beiden Räumen nicht würde erreichen lassen. Auf die Dauer mußten sich die allzu langen Zügel so vieler Pferde verwirren.

Die Opposition gegen Rom kristallisierte sich in Griechenland um Philipps Nachfolger, König *Perseus,* allein das Abenteuer eines neuen makedonischen Krieges brachte mit Pydna 168 das Ende des makedonischen Staates. Selbst noch auf seine Urzelle reduziert, hatte er sich als eine furchtbare Einheit erwiesen, und so wurde gerade diese Einheit in allen entscheidenden Bereichen zerschlagen, im territorialen durch die Aufteilung des makedonischen Raumes in vier Zonen, in dem der Tradition durch die Beseitigung der alten Dynastie und im politisch-wirtschaftlichen Sektor durch die systematische Verdrängung und Knebelung der alten staatstragenden Schicht sowie durch dauernde Belastungen. Doch die brutale Härte der römischen Abrechnung traf nicht nur Makedonien. In Epirus, dem zweiten großen Widerstandsherd, schlugen die Römer ebenso drastisch zu. Siebzig Städtchen sollen dort zerstört, an die 150000 Epeiroten in die Sklaverei verkauft worden sein. Auch in Griechenland selbst griff Rom jetzt ganz hemmungslos ein. Allein von den Achäern wurden an die tausend führende Männer, darunter auch Polybios, ohne die Möglichkeit, sich zu rechtfertigen, nach Italien verbannt. Selbst Rhodos, dem man Sympathie für den Makedonen und die Anmaßung einer Friedensvermittlung vorwarf, wurde gezüchtigt. Es verlor nicht nur den Hauptteil seiner Terra ferma, sondern vor allem seine traditionelle wirtschaftliche Funktion als Handelszentrum und Umschlagsplatz, da Rom in Delos einen günstig gelegenen Freihafen schuf, der künftig den Ägäishandel an sich zog. Den gewaltsamsten und provozierendsten Akt in der Reihe der herrischen Eingriffe jener Jahre leistete sich Rom an noch entlegenerer Stelle, gegenüber dem Seleukiden Antiochos IV. In rücksichtslosen Formen setzte Rom dabei den Abbruch einer syrischen Intervention in Ägypten durch, und der „Tag von Eleusis", da der römische Legat Popilius Laenas um Antiochos auf dem Boden einen Kreis zog und die Erfüllung der römischen Forderungen verlangte, ehe der König diesen Kreis verlasse, stellt nach Flamininus' Freiheitserklärung das andere Extrem der römischen Methoden im hellenistischen Raum dar. Durch solche Eingriffe hatte Rom einen tiefgehenden Gärungsprozeß eingeleitet, der schließlich auch das mit Rom so lange Zeit befreundete Pergamon erfaßte und dessen Endergebnis nicht zweifelhaft sein konnte, der aber – wie schon Montesquieu gesehen hat – gerade durch seine jahrzehntelange Dauer die politischen und geistigen Widerstandskräfte des hellenistischen Ostens völlig paralysierte.

Das zeigte sich am deutlichsten gerade in jenen Räumen, in welchen Rom die Pfeiler errichtet hatte, die die Kuppel seiner Herrschaft über den Osten tragen sollten, in Makedonien, Griechenland und im Königreich Pergamon. Die teilweise geradezu operettenhafte Restitution des makedonischen Königtums durch Andriskos, eher ein Vabanquespiel von Desperados als eine nationale Revolution, hielt Rom jahrelang in Atem, denn es waren weder Truppen noch Beamte zur Stelle, die der Sache rasch hätten Herr werden können. Selbst Griechenland wurde von einer neuen antirömischen Bewegung erschüttert, und der makedonische Abenteurer versuchte schon mit Karthago Fühlung zu nehmen. Damit war Rom endlich gezwungen, die letzten Konsequenzen zu ziehen. Als die Usurpation durch Metellus niedergeschlagen war, wurde *Makedonien* römische Provinz. Durch diese direkte Übernahme der Verwaltung und Verantwortung aber war Rom hier wie später an vielen anderen Stellen des Reiches genötigt, die Interessen und Bedürfnisse der Landschaft mit denen des ganzen Reiches abzustimmen, und eine rein destruktive Politik war damit schon in sich ad absurdum geführt. Der große römische Brückenkopf mußte stark genug sein, um alle Angriffe aus dem Norden aufzufangen, und er erhielt in der Via Egnatia dann auch eine direkte Verbindung zur Adria und damit mit Italien, welche wirtschaftlichen und militärischen Interessen zugleich entsprach.

Auch in *Griechenland* war es nicht zu konsolidierten Verhältnissen gekommen; soziale wie nationale Triebkräfte ließen die politischen Unruhen zu einer Dauererscheinung werden. Die letzte Erhebung ging dann schließlich vom achäischen Bundesstaat aus. Auch hier aber war es wohl so, daß der Bund nur deshalb um sich greifen konnte, weil das durch die gleichzeitigen Krisenherde in Makedonien, Afrika und Spanien ohnehin ganz in Anspruch genommene Rom nicht sofort eingriff, ja durch seine die Griechen provozierenden Akte den Sturm erst richtig mit entfacht hatte. Doch reale Aussichten auf Erfolg konnte auch diese letzte griechische Erhebung von Anfang an nicht haben, und der Fanatismus, mit dem sie vorwärtsgetragen wurde, mußte nur um so härtere Vergeltungsmaßnahmen nach sich ziehen. Die Achäer waren binnen kurzem von L. Mummius völlig geschlagen, Korinth wurde im gleichen Jahre wie Karthago zerstört und der achäische Bundesstaat in seine Bestandteile zerlegt. Athen, Sparta und wenige andere Städte traten, formal immer noch „frei", in ein direktes Bündnisverhältnis mit Rom, der Rest des Landes wurde als Annex der makedonischen Provinz von dort aus verwaltet. Erst 27 v. Chr. ist dann die eigentliche griechische Provinz Achaia organisiert worden. Niemand wird die Zerstörungen von Kunstwerken und den Kunstraub, mit denen der römische Name in jenen Jahrzehnten befleckt wurde, zu entschuldigen wagen, nur wird man auch hier die Reaktion der enttäuschten und beleidigten Römer in Rechnung stellen müssen.

Die Beziehungen zwischen Rom und *Pergamon* erwiesen am Ende gleichfalls ihre zwiespältige Natur. Offensichtlich hatten zunächst beide Partner von dem Bündnis profitiert: Rom, weil es von den Attaliden Unterstützung in seinen Kämpfen mit Philipp V., Antiochos und Perseus erhielt, und Pergamon, weil sein Reich von Rom planmäßig vergrößert und zu einem mächtigen römischen Stützpunkt in Kleinasien ausgebaut wurde. Doch nach 172 überlagerte Roms Mißtrauen immer wieder die alte Freundschaft, und dem Königreich schien manches erspart zu bleiben, als es nach dem Tode Attalos' III. im Jahre 133 nach dem letzten Willen des Königs in römische Hände fiel. Dieses Verhältnis gegenseitiger politischer

Dienste zeigt jedoch lediglich die eine Seite der Beziehungen, denn das pergamenische Zentrum der hellenistischen Kultur in Kleinasien, das über die zweitgrößte Bibliothek der Alten Welt verfügte und in dem sich führende Künstler, Philosophen, Techniker und Gelehrte versammelt hatten, strahlte in vielen Brechungen auf Rom ein. Aber das blühende und reiche Land, dessen Kernteil Rom nach der Niederschlagung des Aristonikos-Aufstandes schließlich als Provinz Asia übernahm, erntete für all das wenig Dank. Die *Provinz Asia* ist zum Ausbeutungsobjekt par excellence geworden und hat bis in die augusteische Zeit hinein von der römischen Herrschaft überwiegend Leid erlebt. Die Einkünfte aus ihren Steuern stellten lange Zeit den stärksten Aktivposten des römischen Staatshaushaltes dar, und nicht nur die Mitglieder der Steuerpachtgesellschaften, die publicani, sondern auch nicht wenige römische Politiker haben sich hier saniert. So ist es durchaus verständlich, daß man sich in Asia wenige Jahrzehnte später der großen Erhebung des Mithridates VI. anschloß und dafür nur neue römische Brutalität und neue Plünderungen erntete. Dann wurde die Provinz, gerade wegen ihres Reichtums, in alle innerrömischen Machtkämpfe verstrickt und von Pompeius, den Caesarmördern und Antonius schließlich ebenso ausgebeutet wie von den Siegern der Bürgerkriege. Erst die augusteische Losung der Asia recepta hat eine neue Epoche in der Geschichte der Provinz eröffnet, die ja keine Entwicklungshilfe brauchte, sondern nur Ordnung und Ruhe, um den Reichtum des Landes, der Industrie, des Handels und der Kultur sich entfalten zu lassen, und das hat ihr dann die Kaiserzeit tatsächlich auch gestattet.

Zusammenfassend läßt sich sagen, daß die römische Ostpolitik im Laufe von wenigen Jahrzehnten die extremsten Lösungen und Auffassungen durchlaufen hat, vom Beginn in dem philhellenischen Optimismus von 196 bis hin zu den unerbittlichen Strafgerichten von 168 und 146. Wie immer ist die Reaktion in so rasch aufeinanderfolgenden Extremen auch hier ein Ausdruck innerer Unsicherheit und Unausgeglichenheit gewesen. Gerade der Versuch, die römische Herrschaft im Osten so lange Zeit lediglich mit indirekten Mitteln zur Geltung zu bringen, dieses Spiel der Gesandtschaften, Kommissionen und einzelner Legaten, das oft alle Beteiligten irritierende Reagieren von Fall zu Fall, diese Politik, die nicht frei war von kurzsichtigen Mißgriffen, die immer wieder auch Verbrechen ihren Lauf ließ und trotz der Vielzahl der Eingriffe niemals die bleibende Verantwortung offen trug, sie und die erste Etappe der römisch-republikanischen Provinzialverwaltung haben sich für die betroffenen Landschaften am unheilvollsten ausgewirkt. Sieht man von den Vergehen und Fehlern einzelner Persönlichkeiten ab, die ja die grundsätzliche Krise nie erklären könnten, so ist die entscheidende Ursache für Roms Versagen in der Inkongruenz der politischen Aufgaben und der Mittel des Stadtstaates der römischen Republik zu suchen.

2. Das Problem des römischen „Imperialismus“

Es ist alles andere als ein Zufall, daß von jeher parallel zu den Beurteilungen des Zweiten Makedonischen Krieges und des römischen Eintritts in die hellenistische Welt auch die Frage nach einem prinzipiellen römischen Imperialismus gestellt und erörtert wird. Während man Roms Ausgreifen in Italien und auch noch im westlichen Mittelmeerraum im allgemeinen rational oder gefühlsmäßig akzeptiert im Sinne eines historischen Fortschrittes, ist dies im Osten nicht der Fall, wo die Exzesse der römischen Eingriffe nur immer wieder Sympathien für die Schwächeren und kulturell Höherstehenden hervorriefen. Um so auffallender bleibt, daß *Th. Mommsen,* der die Verbrechen und Mißstände der römischen Politik in aller Schärfe angegriffen hat, als dies noch nicht Mode geworden war, den Krieg gegen Philipp V. „einen der gerechtesten, die die Stadt je geführt hat“ nannte. In berühmt gewordenen generellen Formulierungen erklärte er überdies, daß „die römische Weltherrschaft keineswegs als ein von unersättlicher Ländergier entworfener und durchgeführter Riesenplan (erscheine), sondern als ein Ergebnis, das der römischen Regierung sich ohne, ja wider ihren Willen aufgedrungen hat“. Mommsen betonte gerade die „verständige Eroberungsfurcht“ der Römer und wies darauf hin, daß Rom „in dem sehr richtigen Gefühl, den Kern des Reiches nicht von der Umlage erdrücken zu lassen, sich ernstlich dagegen stemmte, erst Afrika, dann Griechenland, endlich Asien in den Kreis der römischen Klientel hineinzuziehen, bis die Umstände jedesmal die Erweiterung des Kreises erzwangen oder wenigstens mit unwiderstehlicher Gewalt nahelegten“. „In ihrem letzten Grunde“ erklärt Mommsen die römische Weltherrschaft mit „der staatlichen Entwicklung des Altertums überhaupt“, damit, daß die alte Welt das Gleichgewicht der Nationen nicht gekannt habe, so daß „jede Nation, die sich im Innern geeinigt hatte, ihre Nachbarn geradezu zu unterwerfen ... oder doch unschädlich zu machen“ bestrebt gewesen sei, und er schließt diese Rechtfertigung folgendermaßen ab: „...wenn es uns jammervoll erscheint, daß all die anderen reich begabten und hoch entwickelten Nationen des Altertums haben vergehen müssen, um eine unter allen zu bereichern, und daß alle am letzten Ende nur entstanden scheinen, um bauen zu helfen an Italiens Größe und, was dasselbe ist, an Italiens Verfall, so muß doch die geschichtliche Gerechtigkeit es anerkennen, daß hierin nicht die militärische Überlegenheit der Legion über die Phalanx, sondern die notwendige Entwicklung der Völkerverhältnisse des Altertums überhaupt gewaltet, also nicht der peinliche Zufall entschieden, sondern das unabänderliche und darum erträgliche Verhängnis sich erfüllt hat."

Gegen diese Auffassung, die – im einzelnen freilich modifiziert – auch heute noch vielfach vertreten wird, ist nun von anderer Seite, zuletzt von *H. Bengtson,* eingewandt worden, daß Rom gerade im Falle des Zweiten Makedonischen Krieges, der auch aus solcher Perspektive das Zünglein an der Waage bildet, keinen triftigen Grund gehabt habe und daß die Gründe der römischen Intervention vielmehr „in dem expansiven und imperialistischen Charakter ihrer Politik, der durch den Ehrgeiz der führenden römischen Staatsmänner noch verschärft worden ist", liegen würden. Nach dem Hinweis darauf, daß die Römer „es allerdings verstanden, ihren Imperialismus in einen Mantel von Phrasen über Frieden und Sicherheit zu hüllen", zieht Bengtson die aus seiner Sicht durchaus naheliegende Schlußfolgerung: „An die Entstehung eines Weltreiches zu glauben, bei dessen Errichtung der positiv gerichtete Wille des Herrschervolkes so gut wie nichts, Furcht und Zwang bei den Herrschenden alles bedeutet hätten, ist eine psychologische Unmöglichkeit."

Bei der Beleuchtung dieser beiden Fronten ist es zunächst auffallend, daß es ähnlich polare Gegensätze in der römischen Politik des zweiten Jahrhunderts nicht gab. Gegen die mehr oder weniger offen betriebene mediterrane „Weltpolitik" konstituierte sich kein italischer „Isolationismus". Für das legendäre Eintreten des Scipio Nasica gegen die Zerstörung Karthagos etwa hat eine neue Überprüfung der Quellenschichten ergeben, daß dieser römische Aristokrat gegenüber den praktisch haßblinden Zerstörungsanträgen, die Cato seit der Rückkehr von seiner Gesandtschaftsreise nach Karthago bei allen passenden und unpassenden Gelegenheiten vorbrachte, zwar eine kühlere und besonnenere Haltung an den Tag legte, indessen keineswegs aus prinzipieller Opposition gegen die römische Außenpolitik. Erst aus größerer Distanz sind Scipio Nasicas mehr politisch-taktische Bedenken umbewertet worden, sei es daß man die Zerstörung Karthagos nun gleichsetzte mit dem Verfall der Furcht vor den Puniern als großer Klammer der innerrömischen Concordia, sei es daß man der Gegnerin die Funktion eines Wetzsteines der römischen Virtus einräumte. Überdies wurden schließlich auch auf das Römische Reich Gesetzmäßigkeiten der Machtentwicklung und des Machtverfalls im Sinne eines Polybios und Poseidonios übertragen und aus den Erfahrungen des römischen Revolutionszeitalters heraus dann endlich auch hier schon die ersten Symptome des römischen Niedergangs diagnostiziert.

Einer solchen retrospektiven Deutung gegenüber ist festzuhalten, daß der römische Staat, von einzelnen Bedenken abgesehen, auch in den immer weiteren Radien dieser Politik stets als geschlossene Einheit auftrat und sie in der Gesamtheit guthieß. Dazu mag freilich nicht wenig die Tatsache beigetragen haben, daß man sich im Jahre 200 in Rom der Kausalketten dieses Schrittes ebensowenig bewußt war wie 264, da man die Mamertiner zu unterstützen gedachte und schließlich ein jahrzehntelanges Ringen eröffnete, an dessen Ende die römische Herrschaft über das westliche Mittelmeerbecken stand. In beiden Fällen hatte man Spannungsfelder betreten, deren Eigengesetzlichkeit kein Zurück duldete. Wenn bereits Polybios die römische Politik im Grunde als einen in sich geschlossenen Prozeß der konsequenten Erfüllung eines Weltherrschaftsplanes mißverstehen konnte, so allerdings deshalb, weil dieser Prozeß allezeit durch sehr dezidierte römische Grundkräfte gestaltet wurde. In dem Wort Ciceros, daß Kriege stets aut pro sociis aut de imperio geführt worden seien, sind diese verdichtet. Die Unterstützung der Verbündeten, koste es, was es wolle, ist ebenso römisches Prinzip gewesen wie die wachsame Beobachtung mächtiger Nachbarn. Schmerzliche Erfahrungen, wie sie in der Camillus-Episode enthalten sind, ließen eine immer mißtrauische Wachsamkeit gerade den großen Rivalen gegenüber erwachsen, und findige griechische Gesandte haben nie versäumt, an diesen Nerv zu rühren. Die römische Außenpolitik wurde auch im zweiten Jahrhundert v. Chr. ganz von der römischen Nobilität bestimmt und getragen. Nach dem militärischen Versagen von Neulingen, wie Flaminius und Varro, im Zweiten Punischen Kriege war das Prestige der Nobilität ohnehin so stark wie selten zuvor. So ist es verständlich, daß ein Begriff der Adelsethik wie die fides der clientela, das spezifische römische Treueverhältnis zwischen Patron und Klienten, das eben nicht nur für die Klienten, sondern in gleicher Weise auch für den Patron nicht geringe Verpflichtungen einschloß, geradezu als normatives Prinzip für die auswärtigen

Beziehungen Roms angesehen werden konnte. In der Tat ist es zu nicht wenigen solcher Verbindungen gekommen und damit wenigstens an einzelnen Stellen zu kontinuierlichen Beziehungen, die ja im allgemeinen in den isolierten und so kurzfristigen Berührungen römischer Magistrate oder Legaten mit ihrem Aufgabenbereich nur schwer entstehen konnten.

Es ist gewiß richtig, daß innerhalb der römischen Nobilität Gruppen am Werk waren, die seit dem Zweiten Punischen Krieg in neuen Horizonten dachten und lebten. Allein gerade die rivalisierenden Adelsparteien wachten hier eifersüchtig darüber, daß Ausschreitungen schon aus innerpolitischen Gründen gebrandmarkt wurden. So ist selbst die an sich so positiv zu beurteilende Einrichtung eines ständigen senatorischen Gerichtshofes für das Delikt der Erpressung im Jahre 149 nicht frei geblieben von den Begleiterscheinungen eines Standesgerichtes, die jenen des berühmten Hastingsprozesses bei der britischen Eroberung Indiens nicht nachstanden.

Gegen eine imperialistische Konzeption spricht nicht zuletzt auch die eigenartige Flottenpolitik Roms, welche doch gerade nach modernen Kriterien als Gradmesser einer imperialistischen Politik im Mittelmeerraum gelten darf. Zwar hat Rom bereits im Jahre 311 mit der Schaffung der duoviri navales hier organisatorisch eine neue Bahn betreten und, wie wir sahen, auch bereits im Ersten Punischen Krieg das neue Element am Ende doch gemeistert in einem Ringen, für das Polybios ganz erstaunliche, aber auch problematische Schiffszahlen nennt. Doch viel auffälliger ist, daß sich die Stadt im Grunde dann weiterhin auf Improvisationen und auf maritime Unterstützung ihrer Verbündeten verließ. Nicht einmal die Flotten der besiegten Gegner wurden in römischen Dienst gestellt, sondern entweder vernichtet oder Roms Verbündeten überlassen. So wird man die modernen Begriffe des Imperialismus und des Kolonialismus auf den Gesamtprozeß der römischen Politik des zweiten Jahrhunderts v. Chr. nur mit Einschränkungen anwenden können.

Allerdings läßt sich die Provinzialverwaltung der römischen Republik gewiß nicht verklären. Doch sind ihre chronischen Mißstände teils durch ihre Entstehungsgeschichte, teils durch ihre Voraussetzungen bedingt. Die Römer hatten mit dem Begriff der *provincia* zunächst lediglich den allgemeinen Geschäftsbereich oder den bestimmten Aufgabenkreis bezeichnet, der einem Konsul oder Prätor zugewiesen wurde. Er zielte somit primär auf eine sachliche, nicht auf eine geographische Abgrenzung. Als die römische Republik dann jedoch über Außenbesitzungen verfügte, die unter ihrer direkten und ständigen Verwaltungsaufsicht standen und die damit naturgemäß wiederum zur provincia bestimmter Oberbeamter geworden waren, wurde der Begriff überwiegend auf diese Gebiete angewandt.

Die römische Provinzialverwaltung begann sich nur sehr langsam zu konsolidieren, und sie verfügte allezeit nur über das unentbehrliche Minimum an Beamten und Personal. Nach einer Übergangsphase seit 241 sind erst 227 die beiden militärischen Außenkommandos auf Sizilien und Sardinien dadurch in die ersten Zellen der römischen Provinzialverwaltung umgewandelt worden, daß zwei besondere Prätoren für diese überseeischen Gebiete bestimmt wurden, zu denen 197 zwei weitere für die spanischen Provinzen hinzukamen. Dann stagnierte der reguläre Stellenausbau lange Zeit. Das auch hier angestrebte Annuitätsprinzip ließ sich auf die Dauer nicht verwirklichen, nicht einmal dann, als Sulla mit der Übertragung der Statthalterschaften an die Promagistrate, die ehemaligen Konsuln und Prätoren, eine gewisse Abhilfe schuf.

Ihrer Rechtsstellung nach unterschieden sich die römischen Provinzen von den Gebieten der Bundesgenossen erheblich. Denn im Prinzip handelte es sich bei ihnen um einen unterworfenen Auslandsbesitz, dem keine souveräne Eigenstaatlichkeit mehr zugebilligt wurde. Doch anderseits stellte das Territorium einer Provinz auch keine staatsrechtlich nivellierte Einheit dar. Es umfaßte vielmehr Glieder der denkbar verschiedensten Rechtsstufen. Deren wichtigste Hauptgruppe bildeten die civitates stipendiariae, die Untertanengemeinden mit voller Steuerpflicht, auf denen die Hauptlast der direkten Abgaben einer Provinz ruhte. Eine zweite Kategorie schon gehobener Rechtsstellung umschloß die civitates sine foedere liberae, d.h. jene Gemeinden, die ihre Freiheit einem einseitigen und deshalb auch jederzeit widerrufbaren Akt Roms verdankten. Sie sind gelegentlich ebenfalls zu Abgaben und Leistungen herangezogen worden. Am stärksten begünstigt waren innerhalb des Territoriums einer Provinz endlich die civitates foederatae, alle mit Rom durch ein förmliches Bündnis verbundenen Gemeindestaaten, die nach wie vor im Besitz ihrer uneingeschränkten Autonomie verblieben. Die rechtlichen Stufungen innerhalb des Provinziallandes und die völlig verschiedenartigen Voraussetzungen in den einzelnen Gebieten erklären es, daß Rom die Verhältnisse jeder neuen Provinz durch ein besonderes Provinzialstatut, die lex provinciae, regelte. In ihm waren jeweils die Hauptlinien der Verwaltungseinteilung, Rechtsgrundlagen und

Steuerpflichten enthalten. Die Steuerpflicht bestand teils in Geld, teils in Naturalabgaben und knüpfte nicht nur in Sizilien – wo der Zehnte der Ernte zu entrichten war – an ältere Abgaberegelungen an. Die großen Gravamina der Provinzen ergaben sich deshalb auch nicht aus der von Rom festgesetzten Höhe der Abgaben, sondern aus der Methode ihres Einzugs. Denn da die römische Verwaltung schon aus personellen Gründen gar nicht in der Lage war, die Steuern selbst einzuziehen, wurde ihr Einzug insgesamt vergeben, in Sizilien beispielsweise auch an Einheimische, für die Provinz Asia dagegen an die berüchtigten Steuergesellschaften der publicani. In jedem Falle aber haben sich diejenigen, die Rom die Steuern einer Provinz vorschossen, dafür mehr als schadlos gehalten, und sie konnten dies um so leichter tun, als sie sich bei ihrer Ausbeutung auch noch durch den römischen Statthalter gedeckt wußten, der seine Hand zumeist schon aus Prinzip über die publicani und über das Großbürgertum seiner Provinz hielt.

Die römischen Provinzialstatthalter waren kraft ihres Imperiums befugt, neben der politischen und militärischen Sicherung ihrer Provinz auch die Verwaltung und Rechtsprechung zu beaufsichtigen und zu ordnen. Dazu erließen sie bei Amtsantritt in dem sogenannten Provinzialedikt, das bedingt mit dem Edikt des römischen Stadtprätors zu vergleichen ist, ihre grundsätzlichen Richtlinien. Das Edikt, das Cicero während seiner kilikischen Statthalterschaft im Jahre 51 verkündete, zeigt sehr anschaulich, über welch weite Bereiche sich die Aufsicht und Kompetenz des Statthalters in der Praxis erstreckte. Denn Cicero hatte nicht allein die allgemeinen Provinzangelegenheiten zu ordnen, wie die Rechnungsführung der Gemeinden, Schulden, Zinsfuß, Stellung der publicani, sondern überdies auch spezielle Verfügungen zu Erbschaftsfragen, Güterrecht, Einsetzung von Bevollmächtigten und vielem anderen mehr zu treffen. Im übrigen hat auch er sich dadurch den größten Beifall verschafft, daß er die Griechen untereinander nach eigenem Recht und vor eigenen Richtern ihre Prozesse führen ließ.

Obwohl so der Geschäftsbereich des Provinzialstatthalters sehr ausgedehnt war, stand ihm zu seiner Unterstützung lediglich ein sehr bescheidener Stab zur Verfügung, der sich zudem anfangs überwiegend aus der persönlichen cohors des betreffenden Politikers rekrutierte. Er umfaßte in der Regel einen Quästor zur Jurisdiktion, einen Fachjuristen (assessor), sowie eine Reihe subalterner Kräfte, die im allgemeinen kaum ausreichten, um während der oft ausgedehnten Reisen des Statthalters durch die Gerichtssprengel die erforderlichen Dienste unterwegs und in der Provinzhauptstadt zu versehen. Zur Zeit der Republik galten überdies eine Reihe von Bestimmungen, die alte Mißstände noch ahnen lassen. So war es dem Statthalter untersagt, sich von seiner Frau in die Provinz begleiten zu lassen. Eine Eheschließung mit einer aus seiner Provinz stammenden Frau war ihm während der Amtszeit gleichfalls verboten, und endlich waren ihm wie seinem Stabe Darlehensgeschäfte oder die Vermittlung von Kaufaufträgen der eigenen Behörde nicht gestattet.

Das republikanische Provinzialverwaltungssystem konnte sich so seiner ganzen Anlage nach nicht bewähren. Die gegen die Allmacht des Imperiums in der Hauptstadt vorhandenen Sicherungen gab es in den Provinzen nicht. Weder das Kollegialitätsprinzip noch das Recht der provocatio beschnitten dort die Kompetenz des Statthalters. Fast wurde es zur Regel, daß die Statthalterschaft für alle Aufwendungen des römischen Wahlkampfes und für alle Kosten der Karriere eines Politikers entschädigen mußte. Die hemmungslose Bereicherung eines Verres war kein Einzelfall, und grundsätzlich hat hier erst die von Augustus begründete Neuregelung der Kaiserzeit einen Wandel zum Besseren gebracht.

3. Rückwirkungen der römischen Ostpolitik

Die römische Expansion steht zur hellenistischen in entscheidendem Gegensatz. Denn während im Hellenismus die Bewegungsrichtung im allgemeinen zentrifugal ist und die Verbreitung einer überlegenen Kultur weitesten Raum gewinnt, schlagen im Verlaufe des römischen Prozesses die Wogen einer politischen Expansion, vielfach gewandelt, auf den Ausgangspunkt zurück, tragen aus den unterworfenen oder berührten Gebieten Elemente und Kräfte nach Rom, die nun ihrerseits die Gestalt der historischen Basis in vielen Zügen verändern. Diese Rückwirkungen lassen sich schon während des zweiten Jahrhunderts v. Chr. insbesondere in den Bereichen des wirtschaftlichen und gesellschaftlichen Lebens, der Religion und der geistigen Entwicklung aufzeigen.

Wie reich Italien mit seinen Inseln auch immer durch Getreide-, Wein- und Olivenölproduktion gewesen ist und wie bedeutend in einzelnen Regionen des Landes Wollverarbeitung, Metall- und Keramikbetriebe waren, die Basis der römischen *Wirtschaft* bildete doch bis ins dritte Jahrhundert stets die Bauernwirtschaft mit nur geringer Überproduktion, die weder eine starke überregionale Wirtschaftsbedeutung hatte noch eine entsprechende Initiative entfaltete. Auch die Aussendung von Kolonien ergab zunächst keine nennenswerten wirtschaftlichen Rückwirkungen auf Rom selbst, ja ihre Rahmen fingen die überschüssigen Kräfte des bäuerlichen Grundstockes auf und trugen so wesentlich mit dazu bei, daß die traditionelle Struktur erhalten blieb. Doch die militärischen Erfolge brachten schließlich Land ein, das nicht direkt an Kolonisten verteilt werden konnte, und dieser Teil des Gemeindelandes, des ager publicus, wurde bald zum Spekulationsobjekt und bildete den Ausgangspunkt für eine Umschichtung der Bodenbesitzverhältnisse in Italien. Vor den systematischen Arrondierungstendenzen der Großgüter wichen zahlreiche freie Bauern aus, sei es freiwillig, sei es genötigt oder vertrieben, während auf den Großgütern Sklaven oder Landarbeiter tätig waren. Wir wissen aus Livius, daß zu Anfang des zweiten Jahrhunderts v. Chr. Tausende aus den latinischen Gemeinden nach Rom zogen, in das nun der Reichtum des hellenistischen Ostens einströmte, das immer anziehender wurde und an Stelle der Pflichten in den überschaubaren heimischen Gemeinden Abwechslung, Genüsse und billigen Broterwerb bot. Noch immer aber lastete der Druck des Kriegsdienstes einzig auf den Bauern, die Jahrzehnte hindurch die Legionen im Osten wie danach in Spanien zu füllen und empfindlichste Verluste an Menschenleben zu tragen hatten, in einem solchen Ausmaße, daß in der Zeit zwischen 166 und 135 die Gesamtzahl der waffenfähigen römischen Bürger um rund 20000 zurückging.

Die damit umrissenen Veränderungen der landwirtschaftlichen Besitz- und Produktionsverhältnisse stehen nun mit all ihren Folgen in einer engen Wechselbeziehung zur Entfaltung der römischen *Geldwirtschaft* und zu den Ansätzen kapitalistischer Wirtschaftsformen. Das agrarische Wirtschaftssystem der römischen Anfänge war lange Zeit durch sehr primitive Handelsformen gekennzeichnet. Noch im dritten Jahrhundert v. Chr. bestand das römische Geld aus unhandlichen gegossenen Kupferstücken, dem sogenannten aes grave und dem aes signatum von lediglich regionaler Geltung. Als dann 280 zum erstenmal römisches Geld hergestellt wurde, das nach unseren modernen Vorstellungen diesen Namen verdient, da schloß es sich in seinem Didrachmensystem sowohl im Münzfuß als auch in der Typik eng an die großgriechischen Vorbilder an, und es wurde zudem nicht einmal in Rom selbst hergestellt, sondern für Rom in kampanischen Münzstätten geprägt. Im Zweiten Punischen Krieg brach dann in dem jähen Auf und Ab von Kriegslasten, Beutezufluß und Verlusten dieses frühe römische Geldsystem zusammen; es ist wohl erst um

212 mit der Einführung des Denars reorganisiert und auf festen Boden gestellt worden. Mit diesen Schritten hatte Rom praktisch eine Entwicklung nachvollzogen, die im übrigen Mittelmeerraum fast durchweg schon Jahrhunderte vorher eingeleitet und verwirklicht worden war. Doch wie überall, so trug auch in Rom das gemünzte Geld bei zu einer Mobilisierung des zuvor statischen Kapitals, zu einer Steigerung des Verkehrs, zu einer Verstärkung der Produktivkräfte und zu einer ganz allgemeinen Intensivierung des wirtschaftlichen Lebens. Man wird die Eigenart der wirtschaftlichen Umwälzung innerhalb des römischen Staates in der einzigartigen Situation begründet sehen müssen, daß im Augenblick der Entwicklung der Geldwirtschaft durch die Anforderungen großer Kriege eine Initiative entfacht wurde, die sich sogleich in den immer größeren Kreisen der von Rom beherrschten Räume weiterentwickeln und steigern konnte, die in die Weltwirtschaft des Mittelmeerraumes eingriff und aus ihr hohe Profite schlug, aber durch diese Eingliederung in einen überlegenen Großwirtschaftsraum nun auch zugleich von diesem selbst abhängig wurde. Während italischer Wein und italisches Olivenöl in neue Absatzmärkte abflossen, wurde billiges Getreide eingeführt, und nicht jeder Kleinbauer kalkulierte wie Cato streng nach dem Rentabilitätsprinzip. Nicht jeder besaß die Fähigkeit und die Möglichkeit, zur Veredelungswirtschaft überzugehen, eine bessere Ausrüstung zu beschaffen oder eine Melioration durchzuführen. Auf der anderen Seite aber verfügten in jenen Jahrzehnten die alten Familien wie die neureichen Spekulanten sowohl über genügend Kapital zum Grunderwerb als auch in den ungezählten Kriegsgefangenen und Sklaven über die billigen Arbeitskräfte, um ihre Großgüter zweckmäßig zu bewirtschaften. Eine moderne Schätzung berechnet die Zahl der im zweiten Jahrhundert v. Chr. nach Italien überführten Kriegsgefangenen auf rund 250000.

Aufs Ganze gesehen, führte so das zweite Jahrhundert v. Chr. eine fühlbare Verschärfung der sozialen Gegensätze herauf. Wenn die Schicht der reichen Plebejer in Rom früher noch zu übersehen war und sich zudem bemühte, es in jeder Hinsicht dem Patriziat gleichzutun und damit auch dessen Stil nachzuleben, so kannten die Hunderte von rasch arrivierten Kapitalisten und Spekulanten weder Skrupel noch Maß in der Anwendung ihres Reichtums. Sie hatten in den Provinzen wie in der Stadt häufig keine echten Bindungen mehr. Aus ihren Reihen bildete sich in jener Zeit der Ritterstand heraus, denn auf Grund ihres Vermögens hatte diese Schicht reicher, doch nichtsenatorischer Bürger in zunehmendem

Maße die Reiterei gestellt. Als die Senatoren dann gegen Ende des 2. Jahrhunderts noch die ihnen früher vom Staat zur Verfügung gestellten Dienstpferde verloren, war damit der entscheidende Schritt zur Bildung des neuen Standes getan. In Rom selbst aber konzentrierten sich die Verarmten und Unterdrückten, und es bedurfte nur noch der Führer, um diese Schichten zu mobilisieren.

Ähnlich tiefgreifende Bewegungen sind auf dem Gebiete der römischen *Religion* zu beobachten. Die alte, aus einer reinen Bauernreligion entwickelte Staatsreligion der Römer mit ihren bald fixierten Opfern und Riten, die oft genug in reinem Formalismus erstarrten, ist bereits dort, wo wir sie historisch zu greifen vermögen, mitgeformt und mitgetragen von etruskischen und griechischen Vorstellungen und Vorbildern. Das hat trotz aller Divergenzen im einzelnen die Erörterung der von F. Altheim vorgetragenen Thesen festgehalten. So wie sich ein exklusiv-römischer Grundstock auf dem Gebiete der Religion nur mit Schwierigkeit abgrenzen läßt, so hat die Stadt fort und fort neue religiöse Impulse in sich aufgesogen. Dabei ist in der weiteren Entwicklung weniger das ständige Anwachsen des Kreises griechischer Gottheiten in Rom bemerkenswert, eine Entwicklung, welche vornehmlich durch die sibyllinischen Weissagungen gefördert wurde, sondern die allgemeine Veränderung in den Beziehungen zwischen Mensch und Gott. Bis in das dritte Jahrhundert v. Chr. hinein war es in Rom die Regel gewesen, daß der Kontakt mit den Gottheiten für die große Gemeinschaft des Volkes durch die pontifices, für die kleine der Familie durch den pater familias vermittelt wurde, und gerade hier brachen seit dem dritten Jahrhundert griechische und hellenistische Vorstellungen ein. Die wichtigsten Einbruchstellen bilden der Herkuleskult an der Ara Maxima, wo Privatleute nach ihrer Rückkehr von Reisen und nach dem Abschluß von Geschäften nach griechischem Vorbild Herkules den Zehnten opferten, und seit einer Epidemie im Jahre 293 auch die Verehrung des Äskulap oder Asklepios. Nach der Legende soll dabei die dem Gott heilige Schlange aus dem zentralen Heiligtum in *Epidauros* den Römern auf ihr Schiff und auf die Tiberinsel gefolgt sein. Auf jeden Fall vollzog sich auch in Rom die Verehrung des Gottes ganz in den griechischen Formen. Die Kranken schliefen in dem abgegrenzten Bezirk und erwarteten dort die Traumerscheinung der Gottheit samt ihren Hunden und der heiligen Schlange. Diese Tendenzen zu einer unmittelbaren Gottesverehrung verstärkten sich dann noch in den Krisen der Punischen Kriege. Da gemäß der Eigenart der römischen Politik und Religion jeder militärische

Rückschlag als Unzufriedenheit der Götter interpretiert werden konnte, wuchs natürlich in der Bevölkerung auch die Kritik an den religiösen Dolmetschern und Repräsentanten des Gesamtvolkes. Um dem vorzubeugen, brachten nun Senat und Priesterschaften die alten großen Gottheiten, die bisher in den Tempeln abgeschlossen waren, dem Volk näher. Sie öffneten in den Lektisternien, der pompa circensis und in den Supplikationen Wege zur direkten Verehrung und Ansprache, vorwiegend zum allgemeinen und öffentlichen, aber eben doch auch zum individuellen Gebet im Angesicht der Gottheit.

Indessen verlief die religiöse Entwicklung keineswegs einsträngig. Denn in das dritte Jahrhundert v.Chr. gehört auch die kultische Verehrung von Wertbegriffen in abstrakter Form, die Verehrung von Honos, Virtus, Fides, Concordia und die anderen, die damals innerhalb weniger Jahrzehnte sämtlich neue Tempel erhielten. Die Reihe zeigt schon auf den ersten Blick, daß in ihr insgesamt die Grundelemente der römischen Adelsethik in eine religiöse Verehrungsform aufgehoben sind. Wenn sich auch für einige dieser Abstraktionen ältere griechische Analogien aufzeigen lassen, so entspricht der Gesamtkomplex doch echt römischen Vorstellungen. Vielleicht die beiden eindrucksvollsten Neuerungen aus der Epoche der Punischen Kriege sind jedoch die Einführung der Säkularspiele und die Überführung des Steins der großen Göttermutter gewesen. Nachdem im Jahre 249 nicht nur die politische und militärische Krise des Ersten Punischen Krieges einen gewissen Höhepunkt erreicht hatte, sondern zudem auch Prodigien eine beträchtliche Unruhe auslösten, führte man in Rom die Säkularspiele ein, um die Epoche des Unheils, die man gerade durchlebte, durch einen großen Opferakt an die mächtigen Unterweltgottheiten Dis Pater und Proserpina zu beenden und entsühnt in ein neues Zeitalter einzutreten. Rund hundert Jahre später fanden dann, durch den Dritten Punischen Krieg auf 146 verschoben, die letzten republikanischen Säkularspiele statt, die darauf folgenden richtete 17 bereits Augustus mit einer ganz neuen Sinngebung aus. Religionsgeschichtlich vielleicht noch bedeutsamer wurde die Einholung des Steines der Magna Mater im Jahre 205. Wiederum hatte ein Sibyllenorakel die Einführung empfohlen, und Attalos von Pergamon lieferte den Römern auch jenen Meteorstein aus, welcher als kultisches Symbol der Gottheit galt, die im phrygischen Pessinus ihren Stammsitz hatte. Rein äußerlich betrachtet, handelt es sich hier also um einen Parallelvorgang zur Einholung des Asklepios, in Wirklichkeit jedoch um den Einbruch ganz neuer Kräfte. Denn der Magna-Mater-Kult kannte die religiöse Ekstase, zu seinen charakteristischen Erscheinungsformen gehörten erregende Prozessionen und die Raserei der Besessenen. Obwohl man in Rom die Exzesse dieses Kultes sogleich beschnitt und obwohl der Magna-Mater-Kult auch nie wirklich populär wurde, kamen damit neue religiöse Formen und Gehalte zum Zuge. Sie werden uns dann vor allem greifbar in dem Bacchanalienskandal des Jahres 186. Die wohl um die Jahrhundertwende aus Kampanien und Etrurien neu eingeführten Riten des Dionysoskultes, die Bacchanalia, nächtliche Feste, bei denen die Teilnehmer sich durch Musik und Tanz in religiösen Taumel entrückten, wurden damals verdächtigt, und da sie Gelegenheit zu Verbrechen boten, schritt Rom gegen die Bacchanalien nicht nur in der Hauptstadt, sondern auch in den verbündeten italischen Städten ein.

Trotz entschiedener Abwehrmaßnahmen ließ sich der ständig steigende Einfluß griechischer und kleinasiatischer Vorstellungen und Glaubensäußerungen jedoch nicht mehr aufhalten. Nicht nur Kaufleute, Reisende und Beamte trugen das, was sie im hellenistischen Osten kennengelernt hatten, nach Italien zurück, sondern auch die vielen Händler, Sklaven und die Fremden aller Rassen und Völker, die sich nun in Rom in großer Zahl niederließen, behielten meist die ihnen vertrauten Kulte bei. Dazu traten Kräfte der hellenistischen Aufklärung, Fatalismus und Astrologie und in den geistig aufgeschlossenen Kreisen der Rationalismus der Stoa. Die alte römische Staatsreligion aber verlor darüber ihre Substanz, die namen der alten Götter waren zwar noch immer in aller Munde, doch große Teile der Bevölkerung suchten bereits in den neuen, rezipierten Verbindungen Halt.

Der Gesamtprozeß geistiger Anregung und Entfaltung, der für Roms Entwicklung zwischen der Mitte des dritten und der des zweiten vorchristlichen Jahrhunderts bestimmend ist, läßt sich für uns heute noch am klarsten im Felde der *Literatur* überschauen. Wenn wir uns hier diesem Bereich zuwenden, so einzig unter der Fragestellung, in welchen Formen und in welcher Weise und mit welchen Resultaten sich hier die geistige Auseinandersetzung mit den griechischen Vorbildern vollzogen hat, wobei – um mit J. Burckhardt zu reden – die römische Literatur allezeit unter der „weltgeschichtlichen Notwendigkeit des Sekundären, Nachgebildeten“ stand.

Als erstes Epochenjahr der römischen Literaturgeschichte gilt das Jahr 240, jenes Jahr, in welchem ein ehemaliger griechischer Kriegsgefangener aus Tarent, *Livius Andronicus,* in Rom die erste

Übertragung eines griechischen Dramas in lateinischer Sprache zur Aufführung brachte, wobei er als Übersetzer, Regisseur und Hauptdarsteller in einer Person fungierte. Übertragungen und religiöse Dichtungen stehen bei Livius Andronicus nicht zufällig Seite an Seite. Der Mann, der Tragödien, insbesondere auch von Euripides, und Komödien ins Lateinische übertrug, der dann die Odyssee in das archaisch-wuchtige Versmaß des Saturniers umgoß, war zugleich auch der Verfasser der Kultlieder von 249 und 207, und gerade damit machte er die Zunft der Dichter in Rom erst wirklich gesellschaftsfähig.

Der Dichter und die Gesellschaft, damit ist ein Rahmenthema umrissen, das für fast alle Repräsentanten der römischen Literatur im folgenden Jahrhundert bestimmend wurde, und schon der nächste nach Livius Andronicus, der freigeborene Kampaner *Naevius* († 202), der neben dem Epos über den Ersten Punischen Krieg insbesondere durch seine 35 Komödien von sich reden machte, kühlte sein Mütchen an einem führenden Geschlecht der Nobilität nicht ungestraft. Auch der letzte der drei Großen des Beginns, *Ennius* (ca. 239–169) ist nicht zu denken ohne einflußreiche Gönner wie Cato, der ihn im Jahre 204 nach Rom brachte, und ohne die Kontakte mit den ersten Familien der Stadt, den Scipionen und den Fulvii. Neben der Einführung des Hexameters in dem Epos „Annalen“ sind bei Ennius die Tragödien zu erwähnen, die euripideische Stoffe und bezeichnenderweise auch solche des trojanischen Sagenkreises bevorzugen, im „Euhemerus“ eine rationale Mytheninterpretation, in dem in variierendem Versmaß verfaßten „Scipio“ dann ein Loblied auf den großen Africanus und in den ersten Satiren Fabeln mit pädagogischer Intention.

Diesem ersten großen Dreigestirn folgt, um nur Wichtigstes zu nennen, ein zweites kleineres mit dem Kelten *Caecilius,* der im Anschluß an Menander Komödien schrieb, *Pacuvius,* dem Neffen des Ennius, der seine Vorlagen besonders bei Sophokles suchte, aber in seinem „Paulus“ den Sieg bei Pydna verherrlichte, und dem Tragödiendichter *L. Accius,* der zu Ehren seines Gönners Iunius Brutus in einer Praetexta die Befreiung Roms von der Monarchie besang. Es ist nun sehr aufschlußreich, daß man sich in Rom später über die Qualität dieser Übertragungen keinerlei Illusionen machte. Gellius etwa hat das Matte und Ärmliche an den lateinischen Nachbildungen durchaus ermessen. Doch ragen zwei Namen aus dieser Übertragungsliteratur weit heraus, Plautus und Terenz.

In den Komödien des *Plautus* ist die Welt der Néa, der neuen, hellenistischen Komödie, auf die römische Bühne gebracht worden, die Atmosphäre einer bürgerlichen Gesellschaft mit ihren Kaufleuten, Kupplern und Hetären, eine unproblematische und doch auf ihre Weise anmutige Welt. Wichtiger für den Erfolg als das Technische in der Einlage von Gesangspartien, als Wortgefechte, die Erweiterung von Dialog- und Monologszenen, als die starke Kontamination und anderes mehr ist jene urtümliche vis comica gewesen, die natürliche Wortkraft und der Reichtum einer derb-dreisten Sprache, dieses ungebändigte Überquellen eines Naturells, das aller Effekte sicher war. Daraus sind wahrhaft unsterbliche Figuren entstanden, wie der miles gloriosus, jene einzigartige Karikatur des dummdreisten, pfauenstolzen und verliebten Kriegshelden, und Stücke wie die geniale Juppiterparodie des Amphitryon, die bis zur Gegenwart so viele Variationen erfuhr. Bei dieser Nachwirkung gilt es zu bedenken, daß Plautus auf Grund der erst relativ späten Wiederentdeckung des Aristophanes lange Zeit das große Vorbild der abendländischen Komödie blieb, für Shakespeare ebenso wie für Molière.

Bei *Terenz* stehen wir dagegen in einer ganz anderen Welt. Der freigelassene libysche Sklave (ca. 190–159) stand in enger Verbindung mit dem Scipionenkreis; von seinen sechs erhaltenen Lustspielen gehen nicht weniger als vier auf Menander zurück, und sein Stilideal der pura oratio ist gewiß nicht jedermanns Sache gewesen. Er hat selbst in seinen Prologen, die ganz persönliche Aussagen enthalten und deswegen auch als erste nennenswerte Verlautbarungen einer persönlichen lateinischen Poesie gerühmt wurden, darauf hingewiesen, daß ihm die Zuschauer mehrmals zu den anziehenderen Veranstaltungen der Seiltänzer wegliefen. Das ist bei dem gedämpften Ton, der stilisierten Sprache und der reflektierten Aussage wohl nicht verwunderlich. „Die allerzarteste Urbanität", „die höchste Keuschheit, Nettigkeit und Klarheit der Behandlung", die Goethe seinem Werk nachrühmt, war eine ganz und gar aristokratische Kost.

Wir sehen so, daß die Römer ihre Anlehnung an die griechischen Vorbilder nicht verleugnet haben, jetzt nicht und auch später nicht, wie die dafür klassischen Stellen in Ciceros Tusculanen und in der Literaturepistel des Horaz belegen. Ja, es läßt sich mit Richard Harder der paradoxe Satz formulieren, daß die Originalität der Römer gerade in ihrer spezifischen Aneignung des Griechischen besteht, darin, daß sie allein von allen hellenisierten Nationen eine Aktivität der Aneignung entfalteten, kraft deren sich ihnen tiefere Bereiche des Hellenischen öffneten, kraft deren sie aber auch erst ihres eigenen Wesens in voller Schärfe bewußt werden konnten.

In dieser Hinsicht sind vor allem *Cato und der jüngere Scipio* wichtig als zwei große römische Antworten auf den griechischen Anruf. Steht bei Cato ein zunächst distanzierendes, immer wieder kritisches und fast widerwilliges Sichanrührenlassen, so bei Scipio die volle Hingabe und zugleich die volle gesellschaftliche Legitimation der damals politisch deklassierten Griechen voran. Um aber beiden Männern gerecht zu werden, muß man sich klarmachen, daß Roms Berührung mit dem Hellenentum auf geistigem Gebiet lediglich eine von vielen Seiten umfaßte. Es kamen nicht nur Philosophen und Bibliotheken nach Rom, sondern gerade für die führenden Schichten ergab sich die Gefahr der Infektion mit Päderastie, Luxus, Korruption und eine beträchtliche Materialisierung des Lebensstils. Dies hat Cato zweifellos schärfer gesehen und auch rigoroser verurteilt als Scipio. Allein für Catos Verhältnis zum Griechentum stellen die berühmten Verdikte griechischer Schriftsteller und insbesondere griechischer Ärzte in dem Erziehungshandbuch für seinen Sohn nur das negative Extrem dar. Cato hat bekanntlich schon als Dreißigjähriger Griechisch gelernt, und auch seine eigenen Bücher, von dem Geschichtswerk „Origines“ bis zum „Carmen de moribus“, sind nicht frei von griechischen Anregungen. Wogegen sich Cato freilich mit Schärfe wandte, das war die kritiklose Übernahme, eine römische Anpassung an das Griechische, die zur geistigen Unterwerfung unter die Griechen führen mußte. In dieser Haltung ist Cato allerdings konsequent und kompromißlos geblieben. So hat er mit beißendem Hohn jenen Aulus Postumius Albinus verspottet, der seine griechischen Leser um Entschuldigung für das schlechte Griechisch seines Geschichtswerkes bat, und so hat er vor allem im Jahre 155 reagiert, als Rom die berühmte griechische Philosophengesandtschaft erlebte. Selbst in diesem Akt der Abwehr wird man sein Vorgehen nicht als ein primitives Sichversperren vor gefährlicher Dialektik bewerten wollen, sondern als ein klares Wissen um die Folgen einer Zersetzung der festgefügten römischen Normen.

Bei dem jüngeren Scipio, dem Sohn des gräkophilen Siegers von Pydna, stehen wir dagegen schon von Haus aus in einer anderen Welt. Polybios hat festgehalten, wie sich das Verhältnis seines sensiblen Schülers zu ihm gestaltete. Was beide verband, wie auch jene Männer, die später dann in den Kreis um Scipio eintraten, war keineswegs ein Bekenntnis zu einer Art von modischem griechischem Literatendasein, sondern das Bemühen um eine durchaus römische, aristokratisch bestimmte Politik, die sich indessen griechischen Werten und Erkenntnissen nicht entzog. Der ideale Staatsmann, die richtige Staatsgesinnung, das Verhältnis von Staat und Gerechtigkeit, dies mögen wesentliche Probleme gewesen sein, die in der Gruppe um Scipio diskutiert wurden, vor allem als seit der Mitte der vierziger Jahre dann auch Panaitios, der Führer der mittleren Stoa, Scipio begleitete und mit seiner praktischen Philosophie die staatsphilosophische Thematik dieser Gespräche noch vertiefte. Allerdings war damit nun an die Stelle einer naiven Schau der exempla maiorum ein reflektiertes Verhältnis auch zur eigenen Tradition und deren Werten getreten, und nicht nur die Bildungsbeflissenheit des Kreises um Scipio ist hier hervorzuheben, sondern auch das große Resultat, die Tatsache, daß in der geistigen Begegnung mit dem Fremden, dem Griechischen, die neue Bildungs- und Kulturidee der *humanitas* gewonnen wurde.

Die neue Bewertung geistiger Tätigkeit und das Ideal einer inneren Freiheit sind nur möglich geworden durch die Anerkennung des Fremden, durch eine Wechselwirkung, die in dieser Weise vorher nicht vorhanden war. Das wird deutlich, wenn wir einmal die Stellung von Herodot mit jener des Scipionenkreises vergleichen. Bei dem philobárbaros Herodot, wie ihn Plutarch bezeichnete, hat es gewiß nicht an Aufgeschlossenheit für das Fremde gefehlt. Er hat sich, wie bekannt ist, mit besonderer geistiger Energie der Erfassung des Ägyptischen hingegeben und bei aller „interpretatio graeca" die kulturellen Leistungen Ägyptens in einer Weise anerkannt, daß griechische Parallelerscheinungen dagegen geradezu deklassiert wurden. Es lassen sich sowohl bei ihm als auch bei den Griechen schlechthin nicht wenige Belege für die Anerkennung persischer, indischer und babylonischer Leistungen und Werte beibringen. Doch steht hinter aller Würdigung von Einzelphänomenen und menschlichen Verhaltensweisen in Griechenland die Überzeugung, daß die einzige vollkommene Auffassung und Sinngebung des Menschen eben die eigene, die griechische ist; auf sie ist das Fremde stets bezogen worden. Für den Hellenen war so die Leistung und Bedeutung des barbarischen Gutes stets nur additiv. Der Scipionenkreis bedurfte dagegen der griechischen Werte und Leistungen notwendig. Sie waren für ihn komplementär, ohne sie war seine eigene Kulturhaltung nicht denkbar.

In einer ganz neuen Einstellung zu fremden geistigen Werten und in dem Bekenntnis zu deren Vorbildlichkeit, in der Aktivierung fremder Impulse und letztlich in einem völlig veränderten Verhältnis zwischen den Bereichen des Individuums, des Staates und des Allgemeinmenschlichen ist so die Basis gewonnen worden, welche die Kultur der modernen Humanität trägt.

Fassen wir die einzelnen Beobachtungen zusammen, so wurde nach der Mitte des zweiten Jahrhunderts v. Chr. die vordem gerade durch ihre innere Geschlossenheit gekennzeichnete römische Ordnung auf vielfältigste Weise zerklüftet und zerrissen. Im Innern war die Agrarkrise eine Folge neuer wirtschaftlicher Tendenzen, welche es nicht mehr zuließen, daß der Druck der Belastung der alten staatstragenden bäuerlichen Schicht nach außen abgeleitet wurde. In der Konzentration jener Massen von Bauern, die ihr Eigentum in Italien verloren hatten, wurde er nun verlagert auf die Hauptstadt selbst. Nicht besser stand es in den Provinzen, in denen der Verwaltungsausbau mit einer stürmischen Expansion nicht Schritt gehalten hatte, in denen direkte wie indirekte Herrschaftsformen in gleicher Weise korrumpiert waren und in denen sich immer deutlicher zeigte, daß die anfallenden Verwaltungsaufgaben im Rahmen der gemeindestaatlichen Formen gar nicht zu lösen waren. Das Ungenügen an den traditionellen Bindungen kennzeichnet dann auch das Verhältnis des einzelnen zur Gemeinschaft. Das späte dritte Jahrhundert und das zweite Jahrhundert v. Chr. werden unter solchem Aspekt geprägt nicht nur durch eine bewußte Aufnahme des Griechischen, durch ein reflektierendes Verhältnis zu den Werten des Griechentums und der Bildung ganz allgemein, sondern ebenso durch ein Auseinandertreten römischer Vergangenheit und römischer Gegenwart. Bis zu Cato bildete die römische Vergangenheit eine selbstverständliche Einheit mit der Gegenwart. Jetzt klafften diese beiden Bereiche auseinander bis zur Antithese des alten Vorbildes und der gegenwärtigen Dekadenz. Cato hat nicht zuletzt deshalb die Vorbildlichkeit der Vorfahren mit so starker Emphase zurückzuholen und als Norm wieder aufzurichten versucht, weil ihm diese Zäsur klargeworden war.

Seit dem dritten Jahrhundert haben aber auch die Gestaltung der privaten Sphäre und die Bedeutung des Individuellen eine merkliche Intensivierung erlangt. Die Ansätze zu neuen Formen der Dichtung, die Erfüllung subjektiver Bedürfnisse in der Religion und vieles andere mehr steht hier in einem umgreifenden inneren Zusammenhang. Wenn es zum Bruch kam, so nicht zuletzt deshalb, weil ein zu stark forciertes Tempo der Gesamtentwicklung zu einer ganz offenkundigen Überbeanspruchung geführt hatte. So mündet die große expansive Epoche der römischen Geschichte schließlich ein in einen langwierigen Umformungsprozeß, in das Zeitalter der römischen Revolution, das man üblicherweise zwischen 133 und 30 eingrenzt, ein Zeitalter, in welchem somit für ein Jahrhundert Krise und Revolution in Permanenz herrschten, womit allerdings auch bereits zum Ausdruck gebracht ist, daß der moderne Revolutionsbegriff für diese Epoche nicht ohne erhebliche Reserven verwendet werden kann.

Die Auseinandersetzung Roms mit Karthago und insbesondere sein Eintritt in die hellenistische Welt zeitigten schließlich auf lange Sicht tiefgreifende Rückwirkungen auch auf das römische Geschichtsverständnis und die römische Geschichtsauffassung. Vorherrschend war zwar noch für lange Zeit das alte republikanische Denken, welches die Geschichte nur stadtbezogen sah und in der Annalistik eine ebenso charakteristische Form gefunden hatte wie, als bezeichnende Vorstellung, die Abstraktion der überragenden Tat im moralisch verpflichtenden oder abschreckenden, historischen exemplum.

Jetzt und in der Folgezeit wurde Rom in immer stärkerem Maße mit anderen geschichtlichen Vorstellungen konfrontiert, welche die römische Geschichte ihrerseits in einen breiteren, weltgeschichtlichen Strom einordneten. Die zunächst einflußreichste Konzeption war jene des Polybios, welche die römische Geschichte im Zweiten Punischen Krieg in den Rang der Universalgeschichte erhob. Die auf die längere Sicht bedeutsamere Vorstellung ist jedoch in der Verbindung des Römischen Imperiums mit der Reihe der vier Weltreiche zu erblicken.

Als Rom in der ersten Hälfte des zweiten Jahrhunderts v. Chr. in den hellenistischen Osten vorstieß, begegnete es dort auch jener alten, aus den geschichtlichen Erlebnissen der Generationen vom Ende des siebten Jahrhunderts im Osten erwachsenen Vorstellung der Abfolge von mehreren Weltreichen, die gleichzeitig auch in der Vision Daniels (2) aufging. Während jedoch bei Daniel die Reihe der neubabylonischen, medischen, persischen und makedonischen Reiche auf die künftige Gottesherrschaft bezogen wurde, ist gleichzeitig auch in weitaus größerem Rahmen eine andere Version verbreitet worden, nach welcher dem Römischen Imperium im weltgeschichtlichen Gang die Weltreiche der Assyrer, Meder, Perser und Makedonen vorausgingen. Wenn später Appian unter Berufung auf Polybios gerade vor dem zerstörten Karthago die Erinnerung an die alten niedergegangenen Großreiche wiederaufsteigen ließ, so ist hier symptomatisch faßbar, daß die geschichtliche Verbindung des Römischen Imperiums mit den älteren Weltreichen zugleich auch den Blick in den zwangsläufigen Niedergang der eigenen Macht öffnen mußte. Auch die christliche Tradition hat sich schließlich, von der Deutung der Danielerzählung ausgehend, der Vorstellung einer Abfolge von vier Weltreichen bemächtigt, sie zumeist mit dem babylonischen, medisch-persischen, griechisch-makedonischen und römischen gleichgesetzt und diese dann erneut auf das Ziel der Gottesherrschaft bezogen. Auf diesem Wege hat jenes Schema einer Abfolge von vier Weltreichen bei aller Variation der Glieder jedenfalls die Geschichtsauffassung der Gebildeten bis ins Mittelalter bestimmt.

4. Die Krise und ihre Überwindung

Bis ins zweite Jahrhundert hinein hatte die römische Republik ihre innenpolitischen Probleme in einer Weise zu lösen vermocht, die einerseits den Vorrang der konservativen Kräfte bewahrte und anderseits die berechtigten Interessen neuer Kreise befriedigte. In einer Reihe von Zugeständnissen, wie der Ergänzung der Führungsschicht und der rechtlichen Gleichstellung der Plebejer, aber auch durch schöpferische neue Maßnahmen, wie die politische und privatrechtliche Differenzierung der Bundesgenossen, war die römische Republik stets aktiv geblieben. Gerade dies aber hat sich im zweiten Jahrhundert geändert. Der Verlust des alten staatstragenden Bauerntums wurde ebenso untätig hingenommen wie die Ausbildung des großstädtischen Proletariats, mehr noch, über dem kurzsichtigen und starren Verfolgen von Einzel- und Gruppeninteressen und vor dem neuen Forum einer praktisch bindungslosen Masse verwandelte sich Politik in Demagogie. Durchaus gerechtfertigte, zukunftsträchtige oder unaufschiebbare Reformmaßnahmen, wie es die gracchischen Projekte einer Revision der Besitzverhältnisse auf dem ager publicus und für das Schaffen neuer Bauernstellen ebenso waren wie der Plan der Anlage von Kolonien auf außeritalischem Boden – etwa der Colonia Iunonia in Karthago unter Beteiligung auch von Kräften der italischen Bundesgenossen – oder der Antrag des M. Fulvius Flaccus von 125, diesen Bundesgenossen wenn nicht das Bürgerrecht, so doch wenigstens ein Berufungsrecht gegenüber Kapitalstrafen zu verleihen, wurden entweder überhaupt abgelehnt oder schon in den Ansätzen abgebrochen. Anderseits blieben verhängnisvolle Konzessionen, wie das Getreidegesetz zugunsten der Plebs oder das Richtergesetz zugunsten der Ritter, erhalten.

Das wichtigste Symptom der tiefgreifenden wirtschaftlichen und gesellschaftlichen Krise aber stellen die Sklavenerhebungen dar. Das Los der während des zweiten Jahrhunderts in immer größerer

Zahl im römischen Machtbereich ausgebeuteten Sklaven unterschied sich in den einzelnen Wirtschaftssektoren beträchtlich. Während spezialisierte Haussklaven und qualifizierte Fachkräfte im Handwerk oft erträgliche Lebensbedingungen, nicht selten ausgesprochene Vertrauensstellungen erlangten und auf eine spätere Freilassung rechnen konnten, wurden die in den Bergwerken und in der Landwirtschaft Eingesetzten häufig unmenschlich behandelt und dies ohne jede Hoffnung auf eine Änderung ihrer Lage. Die Sklavenkriege (136–132 1. Sizilischer, 132–129 Aristonikosaufstand, 104–102 2. Sizilischer, 73–71 Spartacusaufstand – um nur die wichtigsten Erhebungen zu nennen) waren so in erster Linie Eruptionen der geschundenen Kreatur und keine Klassenkämpfe mit dem Ziel, eine neue Gesellschaftsordnung zu errichten. Schon Karl Marx hat darauf hingewiesen, daß der Klassenkampf in Rom „nur innerhalb einer privilegierten Minorität spielte, zwischen den freien Reichen und den freien Armen, während die große produktive Masse der Bevölkerung, die Sklaven, das bloß passive Piedestal für jene Kämpfer bildete." Die Aufstände hatten jedoch den Sklavenhaltern die Gefahren des Systems vor Augen geführt, das im Grunde nur dann aufrechterhalten werden konnte, wenn es durch eine starke Staatsgewalt garantiert wurde. Gerade sie aber war zunächst nicht vorhanden.

Die Folgen von dem allen waren in jedem Sektor des öffentlichen Lebens Gewaltakte und erbitterte Kämpfe: Die aufgeschobene Agrarreform zwang die Heeresbefehlshaber zu erbarmungslosen Enteignungen politischer Gegner, um die Heeresgefolgschaft zu versorgen, die aufgeschobene Regelung der Beziehungen zu den Bundesgenossen führte zur Entladung des Bundesgenossenkrieges (91/89), als sich Italien ein letztes Mal gegen Rom erhob. Der Preis dieser ganz rückwärtsgewandten Senatspolitik, die nach den Gracchen obgesiegt hatte, war nichts Geringeres als die Verheerung halb Italiens und ein nicht zu unterschätzender Blutzoll gerade der regierenden Klasse selbst. Vor allem aber ließen sich im Bereich der politischen Moral und Methode Geschehnisse wie die Absetzung eines Volkstribunen und die Appelle an Gruppenfanatismus und Terror nicht mehr aus der Welt schaffen. Der politische Straßenkampf und der politische Mord, die planlose, aber auch – seit Sullas Proskriptionen – die organisierte physische Vernichtung politisch Andersgesinnter sollten Alltäglichkeiten werden.

Doch damit nicht genug. Wie stets standen in Rom Staatsverfassung und Militärwesen sowie innere und äußere Politik in einem vielfach verflochtenen Zusammenhang. Die Provinzen und die großen Kriegsschauplätze waren deshalb von allem Anfang an in die inneren Wirren miteinbezogen, welche damit zugleich über die Größenordnung der Straßenschlachten zwischen Clodius und Milo hinauswuchsen und die Städte der Provinzen, zum Teil, wie im Falle Massilias, in geradezu tragischer Weise mit dem Geschehen in der Hauptstadt verketteten. Die Gegner Roms, Jugurtha, Mithridates VI. von Pontus und noch Ariovist, konnten so die römischen Parteiungen ganz offen in Rechnung stellen, während gleichzeitig das Prestige der römischen Nobilität über ganzen Serien von Skandalen dahinschwand. In dem bereits von Sallust als symptomatisch erfaßten Jugurthinischen Krieg (111–105) wie in den Niederlagen gegen Kimbern und Teutonen (113, 109, 107, 105) folgten für Rom Mißerfolg auf Mißerfolg. Bestechlichkeit paarte sich dabei mit unfähiger Arroganz. Als bei Arausio der aristokratische Befehlshaber seinem Kollegen nur deswegen nicht zu Hilfe kam, weil dieser ein homo novus war, wurde das klassische römische discordia-Exempel statuiert.

Vor diesem Hintergrund vollzog sich der Aufstieg des Marius und die Durchführung einer einschneidenden *Heeresreform*. Wenn nun an die Stelle der alten Bauernmiliz ein aus der untersten Bürgerklasse der capite censi organisiertes, langfristig dienendes Heer trat, so wurde dieses Heer alsbald auch zur Heeresgefolgschaft, nicht zuletzt deshalb, weil ihm der Befehlshaber als Garant von Beute und Belohnung sehr viel näherstand als die res publica. Infolge dieser Entwicklung wurde das Heer naturgemäß zum Instrument der inneren Politik, was sich schon 88 in voller Schärfe zeigte, als die Armee Sullas nach Rom zog, um die ihrem Führer zugefügte Schmach zu rächen. Diese politische Initiative erreichte erst später ihren Höhepunkt: In den Jahrzehnten nach Caesars Ermordung meuterten die einzelnen Heeresgruppen der Bürgerkriegsarmeen mehr als einmal offen, oder sie erzwangen eine Verständigung mit der Gegenseite. Schließlich aber führt von dieser „Zenturionenpolitik“ der späten Republik ein gerader Weg zu den Usurpatoren der Kaiserzeit.

Auf den Verlauf des Gesamtprozesses wirkte jedoch noch ein weiteres Bündel von Wechselwirkungen ein. Da nach den Grundsätzen der römischen Staatsverfassung die Inhaber des Imperiums in ihren Kompetenzbereichen außerhalb der Stadt eine praktisch völlig selbständige Kommandogewalt besaßen, welche die Vollmacht zur Eröffnung neuer Feldzüge nicht weniger einschloß als das Verfügungsrecht über die gesamte Kriegsbeute, war hier auch die Möglichkeit angelegt, daß Politiker gerade an den Grenzen des römischen Machtbereiches jene Kräfte sammelten, mit deren Hilfe sie sich schließlich gegen die Stadt selbst wenden konnten. Je größer die äußeren Aufgaben waren, desto stärker mußte notwendigerweise der Gegendruck nach innen werden. Hinzu kam, daß das System der römischen Provinzialverwaltung und *Grenzpolitik* seit dem Anfang des ersten Jahrhunderts überhaupt in Frage gestellt war. Denn sowohl in Kleinasien als auch in Gallien verfügte Rom bis zu diesem Augenblick lediglich über eine Art von Brückenköpfen unmittelbarer römischer Verwaltung. Basen, die dennoch sehr weitgespannte Herrschaftsansprüche und Einflußsphären zu tragen hatten und die im Osten nur durch Klientelstaaten, im Westen durch Bündnisse wie das mit dem Stamm der Häduer abgesichert waren.

Als im Osten die römische Herrschaft zeitweilig von Mithridates VI., dem König von Pontus, praktisch beseitigt und als sie vor Caesars Eingreifen auch im Westen erschüttert wurde, war damit zugleich auch die Politik einer möglichst geringen eigenen Verwaltungsleistung bei einem gleichzeitigen Maximum von Beherrschungsansprüchen ad absurdum geführt.

In den römischen Gegenmaßnahmen begegnet uns dann aber bei Sulla wie bei Pompeius und Caesar dieselbe Kompromißlosigkeit im Durchsetzen der römischen Ansprüche. Es kam dabei freilich zu geradezu paradoxen Situationen, wie in Sullas Feldzug gegen Mithridates, der, rein staatsrechtlich betrachtet, unter illegitimem Kommando erfolgte, oder während der Schlußphase von Caesars Kämpfen in Gallien, als unverkennbar wurde, daß der Senat dem erfolgreichen Feldherrn nach Abschluß seines Kommandos den Prozeß zu machen gedachte. Wiederholt sind daneben aber auch die Inhaber der großen Kommandos zum Abbruch ihrer Kämpfe und Verwaltungsmaßnahmen gezwungen worden, weil sie sich in Lebensfragen der inneren Politik behaupten mußten, wie Sulla 84 in Asien und Caesar 49 in Gallien. Die endgültige und systematische Neuordnung der Grenzräume hat dann, bei aller Würdigung der Leistungen des Pompeius, doch erst Augustus erreicht. In seiner Befriedung und Ordnung des Ostens, in seinem gallischen Provinzialzensus wie in der Ara Romae et Augusti zu Lugdunum, in seiner Niederwerfung der Kantabrer und Asturer und in seiner Errichtung der Rhein- und Donaugrenzen des Römischen Reiches wurden die Schlußstriche vieler vorher nur angedeuteter Entwicklungslinien endlich gezogen.

Letztlich waren es *die großen Einzelpersönlichkeiten,* welche jetzt die Gesamtentwicklung in Stadt und Herrschaftsbereich in einem ganz neuen Ausmaße bestimmten. Ihre Reihe hatte bereits *der ältere Scipio,* der seit seinem Siege über Hannibal den Siegerbeinamen des Africanus führte, eröffnet. In ihm begegnet erstmals ein römischer Feldherr, welcher außerhalb der normalen Ämterfolge zu einem Oberkommando aufstieg wie später Pompeius und Oktavian. Er übernahm in einer nicht alltäglichen Weise eine Heeresgefolgschaft, um sie durch seine Person und seine Leistungen zu beleben, war durch die Verbindung von virtus und felicitas bereits einer charismatischen Sphäre nähergerückt und führte damit jene Reihe an, in der ihm Sulla und Caesar folgten. Es gibt daneben aber auch nicht wenige Anzeichen dafür, daß Scipio aufs stärkste von hellenistischen Vorstellungen durchdrungen war. Seine bewußte Imitatio Alexandri und seine sehr persönlichen religiösen Formen mochten zur Not noch Verständnis finden, doch in vielen anderen Fällen hat sich Scipio über alle römisch-republikanischen Bindungen hinweggesetzt und damit selbst jene Opposition provoziert, die seine Sonderstellung zwar im Kriege duldete, im Frieden jedoch entschlossen war, ihn mit allen Mitteln in das römische Maß zurückzuzwingen.

Von Scipio Aemilianus, dem Eroberer Karthagos, ist schon die Rede gewesen. Wie für ihn, so hat man auch für den ersten Revolutionär, den idealistischen *Tiberius Gracchus,* griechisch-rationale Gedankengänge und Vorstellungen als Antriebskräfte seiner bedenkenlos konsequenten Pläne in Anschlag bringen wollen. Wie immer es damit bestellt ist, schon unter ihm wurde jedenfalls deutlich, daß sich die zur Rettung des Staatswesens erforderlichen Reformen nicht durchführen ließen ohne tiefe Eingriffe in die bestehenden Normen und auch in die ungeschriebenen Gesetze des römischen Staatsrechtes und des ganzen römischen Staatsaufbaues. Ging es unter Tiberius Gracchus noch in erster Linie um die Agrarreform, so bewegte sich dessen Bruder *Gaius* folgerichtig in weit größerem politischem Rahmen. Seine Initiativen umspannten schon die Fragen der militärischen Aushebung, der Getreideversorgung der stadtrömischen Plebs, sie zielten auf den direkten Einsatz der römischen Staatseinnahmen aus Asia zum Profit der römischen Bevölkerung und manövrierten mit Hilfe eines neuen Richtergesetzes geschickt den Ritterstand in eine politische Frontstellung gegen den Senat. So liegen hier bereits die Ansätze dafür, daß die Eintracht der Stände, eine Selbstverständlichkeit der klassischen Republik, verlorenging und Jahrzehnte später in Ciceros concordia-ordinum-Parole wieder als neu zu erringendes Ziel ausgesteckt werden mußte. Am klarsten traten diese Gegensätze in dem sich immer stärker verhärtenden Antagonismus zwischen den sog. Optimaten und den Popularen in Erscheinung, das heißt in jenen beiden Fronten, von denen sich die erste an den Senat und an die Nobilität anschloß, die zweite an Volk und Volksversammlung. Nach einer berühmten Definition Mommsens wollten die Optimaten den Willen der Besten, die Popularen den der Gemeinde zur Geltung bringen. Dabei ist freilich immer zu berücksichtigen, daß auch die popularen Politiker in der Regel von Haus aus Angehörige des Adels waren, die sich lediglich zu Stimmführern der Plebs aufwarfen. Eine demokratische Partei im modernen Sinne hat es in Rom nicht gegeben, mit modernen Parteien haben Optimaten und Popularen nach Definition und Tradition nichts zu tun, die Vorstellung eines Zweiparteiensystems wäre ein runder und klassischer Irrtum.

C. Marius, der nächste in der Reihe der Großen der späten Republik, war gezeichnet durch seine Herkunft, eine einfache und harte Jugend auf dem Lande sowie die Erlebnisse einer rigorosen Dienstzeit noch im Stabe des jüngeren Scipio, unter dem er vor Numantia diente. Aber er war gezeichnet nicht weniger durch seine Abneigung gegen griechische Bildung, die er in Bausch und Bogen verwarf, durch den Mangel an Urbanität wie an innerer Überlegenheit. Vor allem fehlte dem Manne, der sich auf eine sehr saure Weise als homo novus hochzudienen hatte, bis er zum siebenten Male das Konsulat bekleiden konnte, der feine politische Instinkt; mehr noch, schwankend zwischen Demagogie und der Scheu, letzte Konsequenzen zu ziehen, verlor er die ungewöhnliche Autorität und den strahlenden Ruhm, den ihm die Siege über Jugurtha (107/105) und über die Teutonen (102) und Kimbern (101) eingebracht hatten. Der willensstarke und machtgierige Mann hat am Ende doch nur als Militär die weitere Entwicklung prägen können, so wie noch seine letzten Wahnbilder um erträumte Kämpfe gegen Mithridates kreisten. Auf seinem ureigensten Felde aber ist der rusticanus vir sed plane vir, wie ihn Cicero (Tusc. II, 53) bezeichnete, als Zuchtmeister und Heeresreformator eine unbestrittene Größe geblieben. Das römische Heer wurde von ihm nicht nur auf die schon erwähnte Weise neu rekrutiert und gegliedert, sondern darüber hinaus auch gedrillt wie nie zuvor und zugleich auch zu Pionierarbeiten größten Stils – etwa in der Anlage der fossa Mariana von Arelate nach Massilia – eingesetzt, wie sie später erst wieder Caesar, Agrippa und einige Legaten der frühen Kaiserzeit betrieben haben.

Schon früh wuchs ihm in einer eigenartigen Konsequenz der

Gegensätze *L. Cornelius Sulla* zum Antagonisten heran, ein Aristokrat aus Anlage und Prinzip, auch er ein tüchtiger und erfolgreicher General, der sein Heer jedoch ganz anders als Marius von allem Anfang an als einen Interessenverband behandelte. Seiner natürlichen Selbstsicherheit entsprach die Unbedingtheit seines Einsatzes im Kampf gegen Mithridates VI. auf dem griechischen Schauplatz und auch später die Rücksichtslosigkeit seiner Methoden. Denn obwohl Sulla griechische Kunst und Literatur kannte und schätzte, schreckte er weder davor zurück, die Schätze der großen griechischen Tempel zu plündern noch die heiligen Haine abholzen, noch zahlreiche Kunstwerke und auch die berühmte Bibliothek des Apellikon von Teos nach Rom schaffen zu lassen. Er hat zwar das lange belagerte Athen schließlich, wie er selbst sagte, um der Toten willen begnadigt, allein der Piraeus wurde systematisch zerstört, und nach seinem Kompromiß mit Mithridates VI. in Dardanos 85 ist die wiedergewonnene Provinz Asia in einer Weise belastet worden, die ohne Beispiel war. Bei all dem fühlte Sulla sich als Liebling der Venus, der Stammutter der Aeneaden, als Epaphroditos, wie er sich im griechischen Bereich benennen ließ, und er duldete auch, daß er von den Griechen als Retter (Soter) und Wohltäter (Euergetes) sowie durch Spiele und Statuen gefeiert wurde.

Als dann 83/81 ein neuer Bürgerkrieg in Italien, in dem noch einmal auch die schwelenden Brände bei den unzufriedenen lukanischen und samnitischen Bundesgenossen aufgeflammt waren, durch die blutigen Schlußstriche des Massakers von 6000 Gefangenen und durch die Proskription von rund 4700 römischen Bürgern liquidiert wurde, stand Sulla am Ziel. Der dictator legibus scribundis et rei publicae constituendae, der er seit 81 – nicht zeitlich, sondern lediglich durch die Aufgabe befristet – war, hatte für die Neugestaltung des römischen Staates völlig freie Hand. Aber der Mann, der nicht davor zurückgeschreckt war, zur Wahrung der eigenen dignitas sein Heer in Marsch zu setzen und den Bürgerkrieg zu eröffnen, kannte auf politischem Gebiet kein anderes Ziel als die vollkommene und konsequente Restauration des römischen Adelsstaates, ein Programm, das er tatsächlich auch so lückenlos und systematisch verwirklichte, daß dieses extrem konservative System gerade wegen seiner Härte und Starrheit in entscheidenden Teilen schon bald der Auflösung verfiel. Schon zehn Jahre später wurden die politische Sterilisierung des Volkstribunats und die neue Zusammensetzung der Gerichtshöfe wieder rückgängig gemacht und die Zensur wieder eingeführt. Die sullanischen Luxusgesetze aber waren schon allein deswegen Halbheiten, weil sie nicht vorgelebt wurden.

Bereits 79 legte Sulla die Diktatur nieder. Gerade dieser Vorgang weist, wie auch das Spielerhafte mancher Einsätze dieses Lebens und auch dessen letztes, ganz der Jagd und dem Spiel gewidmetes Jahr, in das Zentrum aristokratischer Distanz. Die später Augustus so quälende Sorge um die Dauer der Reform hat Sulla beiseitegeschoben, und da durch einen einmaligen Akt die Adelsrepublik ebensowenig zu sichern war wie durch den großen Aderlaß an den Popularen, mußte er sich später den Vorwurf politischen Analphabetentums wohl gefallen lassen. Allein unbewußt und ungewollt hat Sulla doch ganz neue Wege eröffnet. Vom Epaphroditos führt eine gerade Linie zur Vorstellung von der göttlichen Abstammung des Herrschers, von der Feier der ludi Victoriae Sullanae zur kaiserzeitlichen Siegesideologie, von den Ehrungen und gerade vom Begräbnis Sullas zum Herrscherzeremoniell des Prinzipats. Man kann sagen, daß Sulla so wider Willen zum Vorläufer der Monarchie geworden ist und daß er, trotz alles Trennenden – wie Diokletian, mit dem ihn manche Züge verbinden –, seine historische Bedeutung gerade als Wegbereiter neuer Generationen, jener des Caesar und Augustus, erlangt hatte.

In stärkstem Kontrast zur inneren Souveränität Sullas steht die schwankende Haltung des *Cn. Pompeius.* Der junge Mann, der im Jahre 83 Sulla die aus der alten Gefolgschaft seines Vaters neuformierte Privatarmee, die erste auf italienischem Boden, zur Verfügung gestellt hatte, wurde freilich bald zum Fremdkörper im sullanischen System. Allein, Sulla kapitulierte wiederholt vor ihm, er akzeptierte ihn nicht nur als Imperator, sondern räumte ihm wenig später auch die Ehre des Triumphes ein. Obwohl sich so Pompeius' Aufstieg ganz gegen die sullanischen Normen vollzog und später noch wiederholt in enger Anlehnung an die Popularen erfolgte, ist anderseits seine politische Überzeugung nicht zu trennen von der Anerkennung der Senatsherrschaft, mit der er sich am Ende seines Lebens zu identifizieren hatte.

Wieweit seine eigenen politischen Vorstellungen über die Notwendigkeit einer „Verbreiterung der Regierungsgrundlage" tatsächlich ausgereift waren und nicht nur ganz bestimmten politischen Konstellationen und Erfordernissen entsprangen, ist schwer auszumachen. Mit einiger Wahrscheinlichkeit wird man sagen können, daß Pompeius selbst in der Dauerstellung eines „Reichsfeldherrn", wie er sie periodisch bekleidete, bei genereller Billigung seiner Maßnahmen und bei Wahrung seiner dignitas, durch-

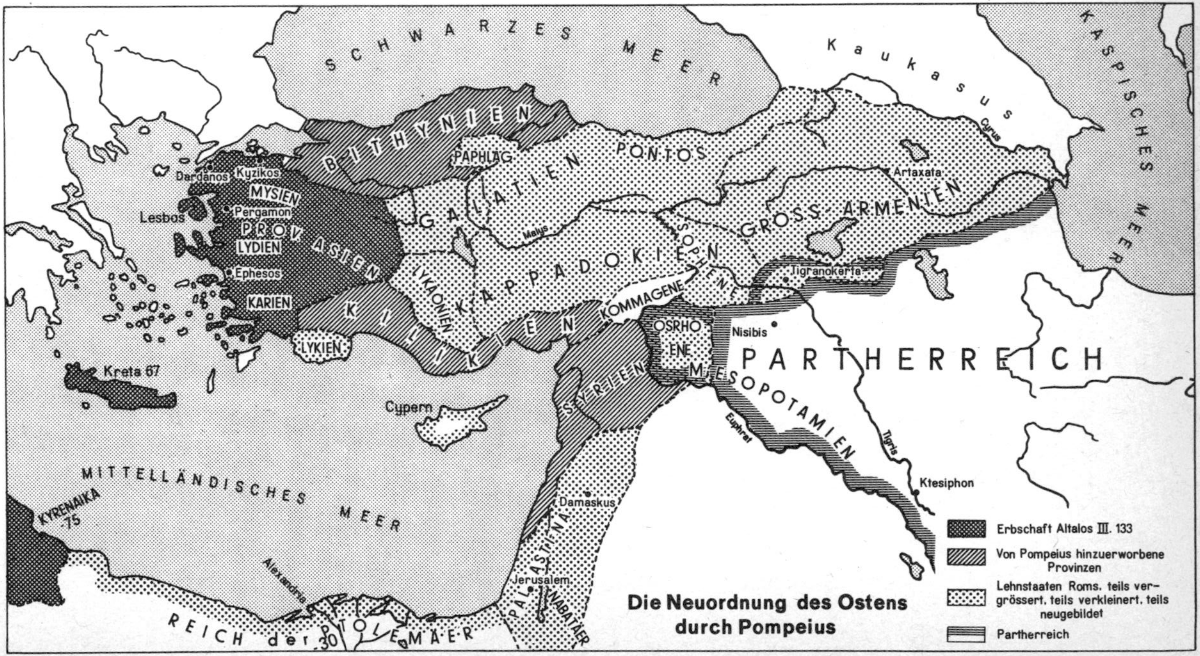

Die Neuordnung des Ostens durch Pompeius

aus volle Befriedigung gefunden und die römische Verfassung niemals angetastet hätte. Denn im Gegensatz zu Caesar und auch viel weitergehend als später Augustus stellte sich Pompeius ganz bewußt unter den Senat, ja, wie M. Gelzer betonte, ist er am Ende gerade deshalb an der Optimatenrepublik gescheitert, weil er ihr treu bleiben wollte. Einmal war Pompeius selbst trotz seiner großen Klientel politisch zu schwach, als daß er, auf sich allein gestellt, den ganzen Staat hätte leiten, und doch auch wieder zu stark, als daß er sich in die Kategorien des Senates hätte einpassen können. Dann aber ist auch er mit dem bereits von dem älteren Scipio durchlittenen Problem nicht fertig geworden, daß die gerade nach römischen Begriffen durchaus legitime Wahrung der Dignität der großen Einzelpersönlichkeit, von welcher Leistungen erwartet wurden, die über die Fähigkeit der regulären Magistrate weit hinausgingen, innerhalb der Normen der Republik nicht mehr möglich war.

Die eigentliche Begabung des Pompeius lag auf dem Gebiete der militärischen Planung, der weitausgreifenden und umfassenden Organisation. So hielt er trotz zahlreicher Rückschläge den langwierigen Kampf gegen Sertorius in Spanien durch (77–72), bis schließlich vor der Konsequenz seines Vorgehens auch der gegnerische Widerstand zerbröckelte. Zu seinem größten Erfolg sollte dann sein Kommando gegen die Seeräuber vom Jahre 67 werden, da er als Inhaber einer unumschränkten prokonsularischen Gewalt über das gesamte Mittelmeergebiet und auch über die Küstenzone in einer Tiefe von 75 Kilometern zum Einsatz von 24 proprätorischen Legaten, 500 Schiffen und bis zu 20 Legionen ermächtigt, die durch eine chronische Vernachlässigung der römischen Seepolizei zur Katastrophe angewachsene Krise in kürzester Frist bereinigte. Dieses umfassende Kommando besagte im Grunde auch, daß die normalen römischen Beamten nicht mehr in der Lage waren, eine solche Aufgabe im Rahmen des Reiches zu lösen. Koordination der Kräfte und Mittel, planmäßiges Zusammenwirken von Statthaltern und Befehlshabern schien nur noch möglich mit Hilfe der großen Einzelpersönlichkeit. Durch die Zustimmung zu einem neuartigen Bestallungsgesetz, das zweifellos der Not der Stunde entsprach, dankte die römische Republik selbst ab.

In seinem Feldzug gegen Mithridates, in dem Vorstoß bis nahe an das Kaspische Meer und durch die große Neuordnung des Ostens (66–62) hat Pompeius dann bereits caesarische Horizonte abgesteckt, wie er überhaupt Stufe um Stufe in eine Reichsordnung hineinwuchs, welche für die Folgezeit vorbildliche Formen entwikkelte. Seine ungewöhnlich großzügige Behandlung der Provinzialbevölkerung, die systematische Heranziehung von Klientelkönigen und Fürsten und der Einsatz von Legaten bezeugen dies. Das Alexander-Vorbild, das für Pompeius mehr als Pose war, und das Streben nach dem Ruhm, die römische Herrschaft bis ans Ende der Welt voranzutreiben, beflügelten ihn bei seinem Zug zum Kaspischen Meer, der später wiederum Caesar die Fahrt zur Nordspitze Spaniens nahelegte. Die Rückwirkung solch expansiver Vorstöße auf die römische Herrschaftsvorstellung aber läßt sich kaum überschätzen. Wie J. Vogt gezeigt hat, wurde in denselben Jahrzehnten der römische Machtbereich, der orbis Romanus, mit dem Erdkreis, dem orbis terrarum, gleichgesetzt.

Die von Pompeius anerkannten Grenzen und Bindungen gab es für *Caesar* nicht mehr. In ihm hat sich die große Einzelpersönlichkeit nun absolut gesetzt. Cicero sprach dies ebenso deutlich aus wie der Diktator selbst, der gegen Lebensende durchblicken ließ, daß man seine Worte als Gesetz zu betrachten habe. In der Reihe der „kolossalen Individualitäten" des Revolutionszeitalters, die in ihren Kämpfen „das Sittliche nicht rein bewahren können", deren Wille jedoch nach Hegels Urteil „die höhere Berechtigung des Weltgeistes für sich hat", ist Caesar die größte Gestalt.

Schon die antike Überlieferung hat in ihm die zerstörerischen Kräfte der Epoche in einer ebenso konzentrierten wie dynamischen Weise vereinigt gesehen und die Maßlosigkeit seines Selbstbewußtseins, Ehrgeizes, Machthungers und der Ruhmbegierde ebenso gebrandmarkt wie die Bedenkenlosigkeit seiner politischen Moral. Die Korruption des öffentlichen Lebens und die Zerstörung des republikanischen Staates legte man ihm zur Last und bedachte dabei nicht immer, daß aus der Krise der römischen Republik nur noch revolutionäre Maßnahmen herausführen konnten, zu denen gerade die Gegenseite Caesar oft genug nötigte, während sie selbst keinen anderen gangbaren Weg wußte. Die Kämpfe um Caesars Agrargesetze (nach denen rund 20000 Bürger im Gebiet von Capua und weitere Veteranen auf gekauftem Land angesiedelt werden konnten) in Caesars Konsulatsjahr 59 zeigen klar, daß die Senatsaristokratie nicht die bessere Sache, sondern lediglich die älteren Rechte vertrat. Durch ihre Obstruktion ist Caesar zur Volksversammlung getrieben worden und auch zu jener Haltung, die ihn Institutionen und Menschen so häufig nur als souverän gehandhabte Mittel für seine Zwecke einsetzen ließ. Caesars Diagnose, „daß die res publica nichts sei, ein Name nur ohne Körper und Gestalt", war ebenso radikal wie die Konsequenzen, die er aus ihr zog. Doch seine Handlungen diktierten nicht nur der persönliche Ehrgeiz und das Bestreben, die eigene dignitas zu wahren, sondern nicht minder der Wille zur Neugestaltung des Staates. Da Cliquen- und Bandenterror auf der Straße, engstirnige Fraktionspolitik im Senat und Korruption der Provinzialverwaltung den politischen Alltag bestimmten, waren die Grundpfeiler der römischen Verfassung mit den Prinzipien der Annuität, Kollegialität und des Interzessionsrechtes schon längst untergraben. Dennoch war die äußerste verfassungsrechtliche Konzession, an die man in den Kreisen des Senates wenigstens theoretisch dachte, eine befristete Diktatur mit dem Ziel, die alte Staatsform zu restaurieren. Selbst Ciceros Bemühungen um den idealen Staat sind überwiegend rückwärts orientiert. Ihren eigenen Anspruch vermochte die Senatsaristokratie lediglich noch im Ideal des jüngeren Cato zu verkörpern, einer gewiß völlig integren Gestalt, die in ihrem rigorosen Ethos freilich von Caesar ebensoweit entfernt stand wie von der Mehrzahl der Senatoren.

Nach den fast unlösbaren Schwierigkeiten und Verstrickungen des Konsulatsjahres brachte dann die Eroberung Galliens (58–51) für Caesar die Wende. Der Feldherr, der sich in dieser Aufgabe bewährte, schloß seine Armee zu einem ihm ergebenen Instrument zusammen. Er gewann hier auch die Mittel, um sich Stände, Provinzen und Klientelkönige zu verbinden. Vor allem aber sah er in seiner Leistung sein Führungsrecht bestätigt und durfte deshalb nach dem Zerfall des mit Pompeius und Crassus geschlossenen Triumvirates wagen, den Bürgerkrieg gegen Pompeius zu eröffnen. Dieser Kampf erfaßte schließlich das ganze Reich. Die Schlachten bei Pharsalos in Thessalien (48), Alexandrien, Zela in Kleinasien, Thapsus in Nordafrika (46) und Munda in Spanien (45) wurden zu den wichtigsten Etappen der Erringung von Caesars Alleinherrschaft.

In dieser langen Auseinandersetzung zeigte sich erneut Caesars Überlegenheit und Tatkraft. Souverän als Stratege wie als Taktiker, meisterte er den Kriegsapparat auch in den schwierigsten Situationen, wurde er aller Krisen Herr. Vielleicht fasziniert seine Persönlichkeit dort am stärksten, wo er Rückschläge auffing und ausglich, wie den Verlust der Legion bei den Eburonen, nach den Niederlagen vor Gergovia und Dyrrhachium, oder wenn er den letzten persönlichen Einsatz nicht scheute, wie vor Alesia, in der völlig improvisierten Nervierschlacht und noch bei Munda, wo er sich in der Krise des letzten Treffens besonders exponierte. Gleichzeitig aber bewies Caesar jene sprichwörtlich gewordene

Milde und Großzügigkeit gegenüber seinen alten Gegnern, die ihn selbst Todfeinden, wie den Führern des Heeres in Spanien, zu verzeihen hieß. Er bewies sie in bewußtem Gegensatz zu Sulla und ungeachtet aller Enttäuschungen.

Während die Leistung des Feldherrn und die Begabung der Persönlichkeit kaum je in Frage gestellt wurden, ist Caesar der Rang des Staatsmannes noch jüngst streitig gemacht worden. Doch wenn es auch an programmatischen politischen Äußerungen Caesars nur die eine Stelle seines „bellum civile" (3, 57, 4) gibt, in der seine Sorge um „die Ruhe Italiens, den Frieden der Provinzen und das Wohl des Reichs" zum Ausdruck gebracht wird, während der Name der Stadt Rom hier gar nicht auftaucht, so weist doch anderseits eine Fülle von Tatsachen darauf hin, daß er längst den Weg zu einer neuen Reichspolitik eingeschlagen hatte. Mit der großzügigen Verleihung des römischen und des latinischen Bürgerrechts, mit der planmäßigen Anlage von über 30 Kolonien und mit der Aufnahme neuer Bevölkerungskreise – auch schon von Männern aus Gallien – in den römischen Senat zeichnete sich bei ihm erstmals eine kompromißlose Reichspolitik ab.

Doch offenkundig waren beträchtliche Teile der römischen Aristokratie und selbst seiner früheren Anhänger nicht mehr bereit, ihm auf diesem neuen Weg zu folgen. Die sich immer höher türmenden Ehrungen, die auch schon in den kultischen Bereich übergriffen, die 44 schließlich auf Lebensdauer übertragene Diktatur, die Manipulationen mit dem Königstitel, die immer weiter ausgreifenden Planungen, die zuletzt bereits Kriege gegen das Dakerreich des Burebistas und gegen das Imperium der Parther einbezogen, und so nicht nur ein Verlegen der Hauptstadt nach Alexandrien, sondern auch eine generelle Verlagerung der Gewichte innerhalb des Römischen Reiches wenigstens als Gefahren aufsteigen ließen – all dies weckte immer stärkere Gegenkräfte. Politisch endete auch hier der große Einzelne in weitgehender Isolierung. Seine Ermordung aber löste die Agonie der römischen Republik aus.

Kaum je hat eine historische Persönlichkeit die Nachwelt zu so vielfältigen und verschiedenartigen Stellungnahmen herausgefordert wie Caesar. Davon seien hier wenigstens einige Linien angedeutet. Beeindruckte Plutarch der Weg des Demagogen, der doch nur „den Namen der Herrschaft und ein wenig Ruhm gewann, den ihm keiner gönnte", so eröffnete bei Sueton der Divus Iulius die Reihe der Caesares. Jene sanctitas regum und caerimonia deorum, die Caesar einst in seiner Rede auf seine Tante Julia für sein Geschlecht in Anspruch genommen hatte, überstrahlten jetzt auch die von ihm hergeleitete Dynastie, so wie die von ihm vorgelebten Tugenden der moderatio und der clementia zu Leitsternen des „humanitären Kaisertums“ im zweiten Jahrhundert geworden sind. Für das frühchristliche Geschichtsdenken gelangte Caesar freilich – im Gegensatz zu Augustus – nur zu zweitrangiger Bedeutung. Immerhin wurde er, beispielsweise bei Laktanz, zum klassischen exemplum der Großmut und Milde erhoben, aber bei Augustin auch in einem Vergleich mit Cato zu einem den Gesetzen der Macht verfallenen Politiker degradiert. Galt Caesar im Mittelalter noch überwiegend als Begründer und Vorbild des Kaisertums, als Inbegriff des Ruhms und seiner Vergänglichkeit, als legendärer Gründer zahlreicher Orte und Schöpfer vieler Bauten, z.B. des Tower, so deuten sich doch schon bei Johannes von Salisbury in den neuen positiven Wertungen des Cato und Brutus bedeutsame Verlagerungen der Akzente an. Aber noch bei Shakespeare, der die reine Gesinnung des Brutus feierte, sind Taten und Ruhm Caesars unbestritten.

Gegen Montesquieus harte Kritik hat Friedrich d. Gr. sein Vorbild in den Marginalien wiederholt verteidigt; doch erst bei Rousseau hat sich dann in der Neuzeit der Caesarhaß mit der Idealisierung der Tugenden und der Menschheitsliebe des Brutus verbunden und so ein neues Idol geschaffen, das Napoleon I. wieder zu verbrennen gedachte. Aus der Distanz des weiteren historischen Überblicks aber rückten jetzt auch einzelne der großen Leistungen Caesars in einen neuen Rang. So bedeutete die Eroberung Galliens einen notwendigen Fortschritt im europäischen Sinne und dies für Hegel und Ranke wie für Jacob Burckhardt. Für Burckhardt ist Caesar geradezu zum Prototyp historischer Größe geworden, nicht allein durch die „Koinzidenz des Allgemeinen und des Besonderen“, sondern auch durch sein „bewußtes Verhältnis zum Geistigen, zur Kultur seiner Zeit“, durch seine „Anmut des Wesens und allstündliche Todesverachtung“, durch den Willen „des Gewinnens und Versöhnens, ein Gran Güte“, kurzum durch die menschlichen Qualitäten, die Burckhardt nicht weniger feierte als die Leistungen der Regierung, „das glänzendste Plaidoyer für die Monarchie“.

Das römische Revolutionszeitalter hat jedoch zugleich Kräfte eines ganz neuen geistigen Ranges erweckt. So wurde die *Satire,* die einzige genuin italische Kunstform – wie Quintilian sie emphatisch feierte –, zu einem Gradmesser der Ausdrucksmöglichkeiten innerer Unabhängigkeit. Nachdem *Lucilius,* ein Mitglied des Kreises um den jüngeren Scipio, in seinen zwischen 132 und

102 entstandenen Satiren, die ohne griechische Einflüsse nicht zu denken, aber auch durch eine ganz neue Sicht und den ganz neuen Anreiz des Individuellen ausgezeichnet sind, dies Genos erst voll mit dem erfüllt hatte, was den modernen Wortgehalt ausmacht, wurde es dann in der ersten Hälfte des ersten Jahrhunderts v. Chr. zur klassischen Form des literarisch-politischen Angriffs. *M. Terentius Varro Reatinus* hat in den Menippeischen Satiren ein Vorbild des gräkosemitischen Bereiches aufgegriffen und damit letzten Endes auch das orientalische Prosimetrum in Rom eingeführt, das zugleich ein effektvolles Spiel mit dem fremden Wort gestattete. Auch hier aber handelte es sich um keine bloße Kopie, sondern, wie O. Weinreich im einzelnen dargelegt hat, um eine Neuzeugung, bei der als bestimmendes Wertungsfeld an die Stelle des Kanons der kynischen Philosophie die alten römischen mores maiorum getreten waren.

Für das Werk des *Lukrez* († 55), jene einzigartige dichterische Gestaltung des epikureischen Systems, gelten ähnliche Voraussetzungen. Wenn Goethe in der Farbenlehre zum Verhältnis zwischen Demokrit, Epikur und Lukrez sagte, daß wir auch bei dem letzteren die Gesinnung des ersteren finden, „aber schon als Überzeugungsbekenntnis erstarrt und leidenschaftlich parteiisch überliefert", so ist anderseits dieses Werk „de rerum natura" nicht herauszulösen aus der Zeit der großen Erschütterungen und Ängste und der Furcht vor den überirdischen Mächten, die damals so häufig zur Flucht in die Superstition führte. In der Geborgenheit der epikureischen Philosophie fand Lukrez nicht nur den illusionslosen Einblick in den Mechanismus der Natur und in die dem Menschen gesetzten Grenzen, sondern zugleich auch das Gück der Erkenntnis von Leben und Zeit und damit eine neue Souveränität, die rationale pietas des pacata posse omnia mente tueri.

Wenn wir so in der Einwirkung der Lehren Epikurs auf Lukrez die Rezeption der hellenistischen Philosophie in Rom ebenso greifen können wie im Scipionenkreis den Einfluß der Stoa durch Panaitios oder bei Cicero jene des Poseidonios und der späten Akademie, so ist doch hervorzuheben, daß es in Rom nicht zur Ausbildung reiner und starrer philosophischer Schulgemeinden kam. Für das römische Verhalten gegenüber den großen hellenistischen Schulen ist es vielmehr charakteristisch, daß stets nüchterne praktische und moralische Kriterien überwogen, die ein eklektisches Vorgehen nahelegten und eine vollständige Unterwerfung unter den Dogmatismus der großen Systeme zur Ausnahme werden ließen.

In der Stärke des dichterischen Bekenntnisses wie in der Energie der Naturanschauung, vor allem jedoch auch in der Tiefe des Bildungserlebnisses ist Lukrez mit dem gleichzeitig lebenden *Catull* verwandt, den Niebuhr als den größten Dichter feierte, den Rom je hatte. Der Kreis der „neuen Dichter", der Neoteriker um Catull, suchte in der Berührung mit dem Griechentum eine neue Seite auf. Er machte im Anschluß an Kallimachos und die Alexandriner nun die hellenistische Kleinform, Epigramm, Epyllion und Elegie, in Rom heimisch und erstrebte bei einer starken Vorliebe für das gelehrte Detail und auch für entlegenes mythologisches Gut doch höchste artifizielle Vollendung. Bei Catull begegnet uns neben den kunstvoll verwobenen Großkompositionen dann gerade in den Distichen eine unvergleichliche Konzentration, in beiden Formgattungen jedoch auch der Ausdruck von Gefühlserlebnissen, die in den Lesbiagedichten, im Haß auf die Kreaturen Caesars und in der Trauer um den Tod des Bruders erschütternde und in Rom vordem nie vernommene Töne aufklingen ließen.

In anderer Weise neu gefaßt sind die römischen Werte bei *Sallust,* dem eigenwilligen und eigensüchtigen Parteigänger Caesars, dem eigentlichen Historiker des Verfalls der römischen Adelsrepublik. Denn die virtus, die der große Analytiker der luxuria, avaritia, superbia und libido der Nobilität rühmte, war zwar nach wie vor weithin auf den Staat bezogen, doch gründete sie sich – nach innen gewandt – auf das ingenium des einzelnen. Eben dies lebte auf der anderen Seite *Cicero* vor, der, obwohl homo novus, doch festgelegt war auf die Ansprüche des Senates, vor allem dann, als sein Sammelruf zur concordia ordinum auf die Dauer keine Resonanz fand. Zu jenem Rigorismus der Reflexion und der Urteilsbildung, mit dem er das Ringen zwischen Pompeius und Caesar verfolgte und der in der Korrespondenz mit Atticus noch greifbar ist, gibt es in der Antike kaum Parallelen. Allerdings dürften hier auch die Gründe für Ciceros Scheitern als Politiker zu suchen sein.

Cicero war zutiefst von der Überlegenheit des römischen Staates der Vorfahren durchdrungen. Unter Beiziehung von Gedanken des Dikaiarch und Polybios sah er sie in der relativen Vollkommenheit der römischen Verfassung begründet. Daneben war er überzeugt, daß die Politik des römischen Staates auch vor dem philosophischen Kriterium der Gerechtigkeit standhalte, daß Rom stets nur gerechte Kriege geführt habe, seine Herrschaft den Unterworfenen zum Heile gereiche, eine Herrschaft, die als patrocinium orbis terrae verius quam imperium bezeichnet werden könne. Die römische Herrschaft ist so im Sinne Ciceros als eine

Mission zugunsten der ganzen Menschheit zu verstehen. In den Gefährdungen seiner Zeit sah Cicero in der Mobilisierung und Erneuerung römischer Tradition nicht allein das Heilmittel, sondern darüber hinaus auch die Garantie für den ewigen Bestand der Stadt wie ihrer Herrschaft. In der Frage der konkreten Formen und Mittel der politischen Herrschaft hat Cicero selbst keine neuen Wege beschritten und hier auch nur indirekt, durch den Zug zur Humanisierung der Methoden, zur weiteren Entwicklung beigetragen.

Ungeachtet einer so starken Bindung an die eigene Tradition, sei es in Politik, Lebensführung oder Religion, erkannte Cicero doch immer einen Faktor als notwendiges Komplement der römischen Art und Werte voll an, die griechische Bildung. Dabei war sein Verhältnis zum Griechentum allgemein keineswegs unkritisch oder vorbehaltlos. Eine Welt trennte ihn von den Graeculi, den in Rom so verächtlich karikierten Erscheinungen nichtsnutziger Schmarotzer und Tagediebe. Aber der Vorbildlichkeit griechischer Kultur war er sich wohl bewußt. Hier fügte er sich ein in die Reihe der Vorfahren, deren Weisheit er gerade deswegen pries, weil sie auch fremde Werte übernahmen und im Prozesse der Aneignung noch steigerten und mehrten. Nachdem die römische Rhetorik die griechische im Zuge einer solchen Entwicklung bereits eingeholt hatte, sah es Cicero als seine Aufgabe an, nun auch die griechische Philosophie für Rom fruchtbar zu machen. Römische Tradition und griechische Bildung sollten sich in seinem Erziehungsideal organisch verbinden, wobei es außer Frage stand, daß bei Widersprüchen und gegensätzlichen Auffassungen die römischen Grundsätze stets den Vorzug verdienten.

Blicken wir zurück, so haben in diesem Zeitraum fast alle Elemente des römischen Staates und des Römischen Reiches, das Bauerntum, die Armee, die Bundesgenossen, die Provinzen, überragende Einzelpersönlichkeiten und deren große innere und äußere Gefolgschaften, ihre Bindungen an den gemeinsamen Staat abgeworfen, und diese alle mußten neu gefaßt werden. Es war somit eine Zeit heraufgezogen, der nicht mehr wie früher der Staat als Ganzes oder doch wenigstens eine geschlossene Führungsschicht das Gepräge gab, sondern gerade die einzelnen Machtfaktoren und deren Repräsentanten, die Gracchen, Marius und Sulla, Pompeius und Caesar, Antonius und Oktavian. Für die römische Lösung jener großen Krise aber ist es sehr bezeichnend, daß sie nicht Pompeius gelang, der die Bindungen und Normen der Tradition nicht abstreifen konnte, auch nicht Caesar, der sie fakt-

überhaupt nicht mehr anerkannte, sondern Oktavian, der sie weitgehend respektiert und dennoch nicht gezögert hat, das von der Zeit und der Lage Geforderte zu tun.)

Wenn auf solche Weise manches von den Formen und Ämtern und ein wenig von dem Geist der alten römischen Republik weiterlebte, so darf die augusteische „res publica restituta" nicht darüber hinwegtäuschen, daß vieles nicht wiederkam. Es war zu Ende mit dem allgemeinen Aufgehen im Staat, mit der Identifizierung aller einzelnen mit ihrer Gemeinschaft. Das Verbindende gemeinsamer Kämpfe in überschaubarem Rahmen, der Stolz, den Staat dienend zu verkörpern und ihn aktiv zu gestalten, kurzum die Dynamik des Anfangs war vorüber. Auf dem Wege vom Gemeindestaat zum Reichsstaat ging so der Freistaat verloren, die römische Welt der einfachen und männlichen Tugenden, der strengen und straffen Formen, der bodenverwurzelten und doch weltoffenen Lebensweise.

Dritter Teil

Reich und Kultur des Augustus

1. Der Prinzipat des Augustus

C. Octavius, Caesars testamentarisch adoptierter Großneffe – der spätere Augustus, der hier nach modernem Brauch zunächst Oktavian genannt wird –, trat als 19jähriger in dem Chaos des Jahres 44 erstmals politisch handelnd auf. Sein ebenso geschickt wie skrupellos gewählter Weg führte ihn an die Seite von Antonius und Lepidus und 43 dann zum Triumvirat rei publicae constituendae. Nach dem Untergang der Caesarmörder begannen sich die neuen Fronten nur sehr langsam abzusetzen: Während Antonius die römische Herrschaft im Osten durch ein System alter und neuer Klientelkönige verankerte, besorgte Oktavian im Westen die Ansiedlung der Veteranen, warf 36 Sextus Pompeius, den einzigen nennenswerten Gegner in seinem Herrschaftsbereich, nieder und schaltete Lepidus aus. Während Antonius im Osten die Einfälle der Parther aufzufangen hatte und einen vergeblichen Versuch unternahm, Armenien zu unterwerfen, focht Oktavian in den Jahren 35–33 v. Chr. im illyrischen Raum gegen Japuden, Pannonier und Dalmater und stieß dabei bis nach Montenegro vor. Und während sich im Osten Antonius und Kleopatra als neuer Dionysos und als neue Aphrodite-Isis vermählten, blieb Oktavian im Westen der Imperator Divi filius. Am Ende wurde die Auseinandersetzung zwischen den Erben Caesars propagandistisch stilisiert und der letzte Akt des Bürgerkrieges zum nationalen Kampf des Römertums gegen den Orient erklärt. Wie „schäbig" (R. Syme) die Schlacht von Actium auch gewesen sein mag, sie brachte die Entscheidung, und am 1. August 30 zog das Heer des Westens in Alexandrien ein. Damit war jene Schlußphase des Bürgerkrieges abgeschlossen, die mit ihren Proskriptionen und Konfiskationen die Bevölkerung Italiens fast zur Verzweiflung gebracht hatte.

Im Innern stellte sich Oktavian nach der Niederwerfung Ägyptens zunächst die Aufgabe, die eigene Machtstellung zu legalisieren. Es ist bezeichnend für ihn, daß er die *Neuordnung* sehr überlegt anging, sie spät formulieren ließ und wiederholt ergänzte, aber sehr konsequent durchführte. Am 13. 1. 27 legte Oktavian seine Sondergewalt nieder und gab Provinzen, Heer und Verwaltung in die Hände von Senat und Volk zurück. Die römische Republik war zwar in jenem Augenblick staatsrechtlich formell wiederhergestellt, aber sie war gar nicht mehr in der Lage, die ihr zugewachsenen Aufgaben mit den alten Mitteln und in den alten Formen zu lösen. Die spontane Gegenreaktion im Senat, daß Oktavian nicht aus seiner Verantwortung entlassen werden dürfe, war sicher gelenkt, aber sie trug doch auch ehrliche Überzeugungen in sich. Jedenfalls erklärte sich Oktavian bereit, die Verantwortung für die gefährdeten oder noch nicht befriedeten Provinzen des Reiches auch weiterhin zu tragen. So kam es hier zur Kompetenzverteilung in der römischen Provinzialadministration, zur Schaffung von „kaiserlichen" und „senatorischen" Provinzen, in einer Weise, die einerseits den Senat das Gesicht wahren ließ, anderseits dem Princeps, der seit jenen Tagen den Ehrennamen des Augustus führen durfte, die strategisch wichtigsten Landschaften ebenso zugestand wie den Oberbefehl über das Heer. Damit war die Ausschaltung des senatorischen Einflusses aus den Schlüsselpositionen des Reiches erhärtet. Eine volle senatorische Verwaltungshoheit aber existierte hinfort, darüber darf die „Teilung" nicht hinwegtäuschen, nicht einmal in den senatorischen Provinzen. Auch sie blieben, von der Ausklammerung der Finanzverwaltung ganz abgesehen, praktisch immer unter kaiserlicher Oberaufsicht, und wie die Edikte von Kyrene zeigen, fehlte es dem Princeps nicht an Einwirkungsmöglichkeiten, so daß sich der Einfluß des Herrschers hier und dort in erster Linie in den Methoden unterschied.

Zunächst sind das skizzierte imperium proconsulare und das Konsulat die staatsrechtlichen Pfeiler der Machtstellung des Augustus gewesen, bis 23 die erweiterte tribunizische Gewalt auf Lebenszeit und das imperium proconsulare maius in der Ausdehnung auf das gesamte Reichsgebiet an ihre Stelle traten sowie einige gesonderte Initiativrechte, welche den Verzicht auf die dauernde Bekleidung des Konsulates erleichterten. Eine innenpolitische Krise im Jahre 19 veranlaßte dann eine letzte Ergänzung, indem nun Augustus auch das imperium consulare in der Stadt Rom selbst auf Lebenszeit übertragen wurde. Damit waren im Prinzip die staatsrechtlichen Grundlagen ausgelegt, und in der Folgezeit ließ sich der Princeps lediglich das imperium proconsulare termingemäß um neue Perioden verlängern oder in besonderen

Notständen spezielle Sonderaufgaben, wie 22 die Oberaufsicht über die Getreideversorgung Roms, analog dazu im Jahre 20 auch die cura viarum, übertragen. Neben dem Oberpontifikat, der ihm 12 nach Lepidus' Tod einmütig durch Volkswahl zuerkannt wurde, hoben vor allem der einzigartige Name Imperator Caesar Divi filius Augustus, der clupeus virtutis, auf dessen Bedeutung für die Ausbildung der Kaiserideologie später noch zurückzukommen ist, und der 2 verliehene Ehrentitel des pater patriae den Princeps weit über jedes Normalmaß hinaus. Wie wenig aber die rein staatsrechtlichen Kriterien ausreichen, um die Eigenart des Prinzipats zu erfassen, lehrt die Betrachtung des augusteischen Tatenberichts. Hier macht gerade die wiederholte Betonung, keine potestas, also keine magistratische Amtsgewalt, contra morem maiorum zu führen, zugleich hellhörig für die Divergenz zwischen Beamtennamen und politischer Macht. Es ist eines der vielen Paradoxa des augusteischen Prinzipats, daß sich der Erbe und Rächer Caesars in einer geradezu demonstrativen Weise von der Diktatur distanziert und mit allen Mitteln den Anschein aufrechterhält, die republikanische Verfassung sei wiederhergestellt.

Damit haben wir endlich von jenem Begriffspaar zu sprechen, das für Augustus selbst die außerhalb der regulären Ämter liegende Basis seines persönlichen Einflusses und seiner Macht bildete, von dem Phänomen der *auctoritas principis*. Wenn sich Augustus in dem vielzitierten Satz des 34. Kapitels seines Tatenberichtes auf seine allen überlegene auctoritas beruft, so beruft er sich in ausgesprochenem Kontrast zur magistratischen Amtsgewalt auf die Energien persönlicher Geltung, persönlichen Ansehens, persönlicher Autorität. Nicht aus seinem Amt fließt ihm diese in ihren Dimensionen kaum abgrenzbare Macht zu, sondern aus seinen Leistungen für den Staat. Als Auswirkung des allgemeinen Vertrauens in seine Person auf Grund seiner Leistungen in der Vergangenheit aber setzen sich diese persönlichen Kräfte um in Macht und Einfluß für Gegenwart und Zukunft. In ähnlicher Weise aber bewirken Leistung und Ansehen auch die Stellung des Princeps im Staate. Es hatte in der Republik principes sententiae und principes eloquentiae gegeben, vor allem aber hatte der Begriff dann, angewandt auf die politische Position, die Anerkennung des höchsten gesellschaftlichen Ranges vornehmlich durch den römischen Adel zum Ausdruck gebracht. Auch in der Kaiserzeit setzte der Begriff, hier noch umfassender, die allgemeine Anerkennung des persönlichen Vorrangs voraus. Man wird sagen müssen, daß wiederum gerade die angedeutete, relative Unbestimmtheit der princeps-Definition die Voraussetzung dafür schuf, daß der Begriff zum Träger all jener Inhalte werden konnte, die er dann in der Kaiserzeit umriß.

Wenn die persönliche Stellung des ersten princeps Augustus schließlich in die Institution des Prinzipates münden konnte, so nur deshalb, weil die Regelung der Nachfolge nach dem Erbprinzip auch in Rom nun eine Dynastie entstehen ließ. Ohne Zweifel ist das Erbprinzip schon für die principes der römischen Republik von Bedeutung gewesen, aber da sich die dignitas der Deszendenz und persönlichen virtus eben selten deckten und da nun auch die ganze Familie des princeps in zuvor nie greifbaren Formen herausgehoben wurde, lassen sich neben der römisch-aristokratischen Tradition Elemente der Erscheinungswelt der hellenistischen Monarchien nicht leugnen.

Werfen wir einen kurzen Blick auf den gesellschaftlichen Aufbau des neuen römischen Staates, so ist zunächst vorauszuschicken, daß Senatoren wie Ritter als Stände jetzt noch schärfer voneinander abgesetzt wurden. Dies gilt vor allem für die *Senatoren,* deren Zahl Augustus von rund 1000 auf 600 reduzierte und die nun auch im eigentlichen Sinne des Wortes zum erblichen Stand wurden. Doch neben diese innere Ergänzung trat fortan die adlectio durch den Kaiser, ein Verfahren, in welchem der Herrscher bewährten Persönlichkeiten ohne Rücksicht auf ihre Herkunft senatorischen Rang, meist auf der Stufe eines Prätors, verlieh. Neu war auch der senatorische Zensus, das heißt der von allen Senatoren geforderte Nachweis eines Mindestvermögens von einer Million Sesterzen. Aber selbst dies bedeutete keine unüberwindliche Schranke, hat doch der Kaiser in vielen Fällen die fehlenden Beträge aus seiner eigenen Schatulle zugeschossen.

Die *Ritter,* die alte Gruppe der Financiers, Großkaufleute und Steuerpächter, haben vom Prinzipat wohl politisch am meisten profitiert. Augustus hat nicht nur die fast in Vergessenheit geratene Organisation der sechs Ritterschwadronen wiederbelebt, sondern insbesondere die organisatorischen Fähigkeiten dieses Standes, seine Initiative und Improvisationsgabe in weitestem Umfang für das Staatsganze genützt. Das geforderte Mindestvermögen betrug hier 400000 Sesterzen, die Ernennung erfolgte durch kaiserliches Edikt. Im staatlichen Dienst fanden die Ritter nach ihrer militärischen Karriere Verwendung im Rahmen einer vielseitigen und reich gegliederten Beamtenschaft, vor allem als Prokuratoren für viele Zweige der kaiserlichen Verwaltung. Im Gegensatz zu den Senatoren, die meist schon in verhältnismäßig jungen Jahren zu den krönenden Positionen ihrer Laufbahn aufstiegen, den Provinzialstatthalterschaften und Heereskommanden, war der Weg der Ritter in der Regel differenzierter und vielseitiger, und gerade sie stellten auch die relativ breite Gruppe erfahrener, älterer Spezialisten. Gegen Ende ihrer Laufbahn leiteten sie jedoch nicht nur kleinere Provinzen, wie Raetien und Noricum, sondern sie konnten schließlich auch zu den ausgesprochenen Vertrauensstellungen des praefectus annonae, praefectus Aegypti oder der Gardepräfekten aufsteigen, wahren Schlüsselstellungen des römischen Staates.

Augustus war darauf bedacht, die Würde beider Stände durch äußere Abzeichen und auch durch wiederholte Prüfungen zu mehren, doch haben beide Stände wesentliche Privilegien verloren. Der Senat wurde letztlich politisch entmachtet, und die Ritter büßten die monopolartigen Möglichkeiten der Steuerpachtgeschäfte ein. Beide wurden jedoch bis zu einem gewissen Grade durch neue Aufgaben entschädigt, der Senat durch den Zuwachs richterlicher Kompetenzen, die ihn zu einem Standesgerichtshof werden ließen, die Ritter durch die Übertragung auch einträglicher Stellungen im Rahmen der kaiserlichen Verwaltung. Aber weit wichtiger als solche Verschiebungen im einzelnen blieb doch die Grundtatsache, daß jene Macht und Freizügigkeit, die Senatoren und Ritter bisher weithin besessen hatten, nun beseitigt war. Standeszugehörigkeit und Funktion, Würde und Ehrgeiz jedes einzelnen regulierte der Princeps.

Das römische *Volk* blieb politisch entrechtet. Seine alten Wahl- und Gesetzgebungsrechte gingen praktisch an den Senat über. Entschädigt wurde die Plebs durch Getreide- und Geldspenden und durch Spiele. Nur in Krisen, vor allem bei Hungersnöten, brachte sie sich in Erinnerung, und darin ist die Übernahme der cura annonae durch Augustus ebenso begründet wie die Bildung einer hauptstädtischen Garnison. Aufs Ganze gesehen, ist so am ständischen Aufbau des Staates unbedingt festgehalten worden. Dabei war es entscheidend, daß es keine starre und abgeschlossene Trennung zwischen einzelnen Klassen gab, sondern daß wie nie zuvor innerhalb der römischen Gesellschaft vielfältige Aufstiegsmöglichkeiten durch Leistung, aber auch durch kaiserliche Gunst bestanden. Wir kennen Fälle, in welchen Familien innerhalb von zwei Generationen über den Militärdienst bis zu senatorischen Ehren gelangten.

In der *Reichsverwaltung* ist das Ausmaß der unter Augustus geleisteten Arbeit kaum zu überschätzen. Die Neuordnung der Administration mit ihren alle Besonderheiten des Romanisierungsgrades, der Wirtschaftsstruktur und Geschichte berücksichtigenden Differenzierungen zwischen den alten senatorischen Provinzen einerseits und den Klientelkönigreichen anderseits, die systematische Fortsetzung der caesarischen Kolonisations- und Bürgerrechtspolitik, die Intensivierung, aber auch Säuberung der Steuer- und Zollverwaltung, all dies kann hier nicht in Einzelheiten dargelegt werden. Die Auswirkungen seien am Beispiel Galliens wenigstens skizziert. Hier griff die Neuordnung selbst in die Siedlungsweise ein, denn jetzt erst verschwanden hier die zahlreichen großen und kleinen oppida in ihren typischen Schutzlagen und wurden an ihrer Stelle in den Ebenen weiträumige Siedlungen angelegt. Jetzt erst wurden die vordem noch immer existierenden lokalen Münzprägungen beseitigt und durch die großen Serien vor allem aus Nemausus und Lugdunum ersetzt, jetzt erst durchdrang die römische Verwaltung mit ihrem Zensus das ganze Land, und in den Erfassungen durch Registraturen und Steuerbehörden wurde nun auch dem letzten und entlegensten Einwohner die neue und größere Macht fühlbar.

Diese Leistung des Augustus war so außergewöhnlich, daß sie schon den Mitlebenden die Grenzen menschlichen Handelns zu sprengen schien. Daraus resultiert im Grunde auch seine *religiöse Verehrung.* Die hier für Augustus so kennzeichnende starke Zurückhaltung gegenüber einer direkten und allgemeinen Übernahme der Formen des hellenistischen Herrscherkultes ist eine Folge der Katastrophe Caesars und der emphatischen Auseinandersetzung mit dem völligen Aufgehen Marc Antons in jenen Bereichen. Die kultische Verehrung des lebenden Herrschers reicht im griechischen Raum in ihren Vorstufen weit zurück: 404 haben die Bewohner von Samos nach der Schlacht von Aigospotamoi Lysander mit einem Paean und Spielen gefeiert. Paean und Kult für Flamininus, den Befreier Griechenlands von 196, ist die nächste Stufe der Entwicklung; 195 wurde auch der erste Tempel der Roma in Smyrna errichtet; die gemeinsame Verehrung der Roma und des P. Servilius Isauricus in Ephesos leitet dann weiter zu dem augusteischen Prinzip, daß die offizielle Verehrung des römischen Princeps in den Provinzen nur dann zugelassen wurde, wenn sie zugleich der Göttin Roma galt. 29 entstanden in Pergamon und Nicomedia die ersten Tempel der Roma und des Augustus, denen in Kleinasien bald weitere folgten.

Im Westen können wir die Einzelheiten des in den verschiedenen Provinzen organisierten Provinzialkultus für Roma und Augustus besonders in Lugdunum verfolgen. Dort erhob sich in dem von der profanen Stadt abgesonderten Bezirk bei der Einmündung der Saône in die Rhône ein Altar, dessen Bild bezeichnenderweise auch die Rückseite einer der Massenprägungen des Westens in der frühen Kaiserzeit einnahm. Die Kultgemeinschaft bildeten Vertreter der etwa sechzig gallischen Stämme aus allen drei Provinzen. Aus ihrer Versammlung wählten sie den Priester des Kultes, der nicht nur die Opferhandlung vorzunehmen, sondern auch die damit verbundenen Spiele und den „Landtag" zu leiten hatte. Diese Landesversammlung, die im Westen des Reiches jeweils als concilium, im Osten als koinón bezeichnet wurde, verband zugleich auch die gallischen Stämme untereinander wie anderseits mit der Person des Herrschers. So war für die Provinzialen wenigstens ein gewisses Gefühl der Partnerschaft möglich, und die Versammlung hatte neben ihrer religiösen Funktion auch ein Beschwerde- und Auszeichnungsrecht gegenüber dem Statthalter. Wenn sie dennoch nicht zum regulierenden oder gar repräsentativen Landtag im modernen Sinne geworden ist, so nicht zuletzt deshalb, weil die Mitglieder der Versammlung sich selbst mindestens in gleicher Weise als gesellschaftliche wie als „nationale" Vertretung empfanden und weil gerade sie immer weniger als Gallier und immer stärker als Römer dachten.

Im übrigen verlief, wie F. Taeger gezeigt hat, die religiöse Verehrung des Augustus in den beiden Reichshälften in völlig verschiedener Weise. In den Provinzen des lateinischen Westens bildete sich ein normaler Apparat für den Kaiserkult mit Priestern, Heiligtümern, Festen und Weihungen; bei den Weihenden handelte es sich jedoch in erster Linie um hohe Beamte, Offiziere und andere Personen, die zum Kaiserhaus in engerer Verbindung standen. Im griechischen Osten sind dagegen die Zeugnisse ungleich reichhaltiger. In unmittelbarer Anknüpfung an die Formen der hellenistischen Königskulte nennen zahlreiche Inschriften den Kaiser hier schon zu Lebzeiten Gott. Auch die typischen Epitheta des hellenistischen Kultes wurden auf ihn übertragen. Häufig ist Augustus dabei mit anderen Gottheiten verbunden worden, so immer wieder mit Asklepios, Hygieia und Zeus. Die Grenzlinie zwischen echtem Glauben und reiner Loyalitätsbekundung ist hier im einzelnen schwierig zu ziehen. Neben der Wiederbelebung bereits zur Konvention erstarrter Ehrungen wurde im Osten insbesondere die Rettervorstellung neu intensiviert und vor allem auch universalistisch ausgeweitet. Sie verband sich dabei mit dem Gedanken eines für das ganze Menschengeschlecht anbrechenden neuen Zeitalters.

Die Ehrungen mit charismatischem Hintergrund lassen sich allgemein auf zwei Impulse zurückführen, einmal auf die Vorstellung, daß der Princeps Träger von sieg- und segenspendenden Wirkensmächten sei, und zweitens auf jene, daß er selbst unter dem unmittelbaren Schutz bestimmter Gottheiten stehe. Gerade die zweite Vorstellung war nicht auf das Verhältnis Augustus–Apollo beschränkt, sie wiederholte sich später im Verhältnis Vespasians zu Isis, Domitians zu Minerva, Trajans zu Herkules, um nur weniges zu nennen.

Die einzige kultische Ehrung, die Augustus in Rom für sich selbst gestattete, war die Verbindung des Kultes für seinen Genius mit dem offiziellen für die Laren, die Gottheiten von Haus und Markung. Er ließ damit eine bewußte Parallele zu für die im privaten Bereich bereits übliche Verbindung der Larenopfer mit jenen für den Genius des pater familias. Die Priester dieses offiziellen Kultes, die magistri oder seviri, die Augustalen, wie sie gemeinhin genannt wurden, stammten meist aus dem Freigelassenenstand. Auch daraus geht hervor, daß dieser Kult auf die unteren Schichten ausgerichtet war. In diesem staatlichen Kult für seinen Genius und für die Laren, der um 12 eingerichtet wurde, nahm Augustus für die jeweiligen Kultgemeinschaften den Platz des pater familias ein.

2. Neuordnung der Weltherrschaft

Dem Sieger waren 30 sowohl im inneren als auch im äußeren Bereich Ordnungsaufgaben größten Ausmaßes zugefallen, deren systematische Betrachtung wir mit der *Neuordnung des Ostens* beginnen wollen. Noch zu Anfang des Prinzipates war die unmittelbare römische Herrschaft im östlichen Mittelmeerraum territorial beschränkt auf den westlichen Teil der kleinasiatischen Halbinsel sowie auf den Besitz von Zypern, Kilikien und Syrien. Sie war militärisch verankert in der starken syrischen Heeresgruppe, aber auch abgeschirmt durch einen Kranz von Klientelstaaten, der sich vom Bosporanischen Königreich auf der Krim und am Asowschen Meer im Norden über Pontus, Galatien, Kappadokien und Kommagene, also den ganzen Ostteil der kleinasiatischen Halbinsel, hinzog bis zu den arabischen Fürstentümern und dem jüdischen des Herodes im Süden. Das römische Prestige in diesem Raum war belastet durch die Katastrophe des Crassus bei Carrhae und durch das Scheitern der armenischen Offensive des Antonius. Eine Gefahr drohte Rom indessen in diesem Felde nicht, denn das *Partherreich* war durch chronische Thronwirren gelähmt und zudem auf Grund seiner Feudalstruktur, der Stärke seiner partikularen Spannungen und des Fehlens eines stehenden Heeres zu einer anhaltenden offensiven Kriegsführung gar nicht in der Lage. Den eigentlichen Zankapfel zwischen den beiden Großreichen bildete Armenien.

Als Tiridates, der wichtigste Prätendent auf den parthischen Thron, den Römern einen Sohn des parthischen Herrschers Phraates IV. in die Hände gespielt hatte, versuchte Augustus einige Jahre später durch die Rücksendung dieses parthischen Prinzen die Rückgabe der früher verlorenen Feldzeichen und der römischen Gefangenen zu bewirken. Doch dies wurde erst erreicht, als sich Augustus im Jahre 20 nach Syrien begeben hatte und als zugleich ein starkes Expeditionsheer unter dem Befehl des Tiberius im Anmarsch auf Armenien war. Unter dem Eindruck dieser massiven Pression lenkte Phraates ein. Die Gefangenen und die Feldzeichen wurden zurückgegeben. Dies ist jener Augenblick, den Augustus selbst in seinem Tatenbericht besonders gerühmt hat, jener Augenblick, der als einer der wichtigsten außenpolitischen Erfolge auf dem Panzer der Augustusstatue von Primaporta ebenso dargestellt ist wie in den Typen der römischen Münzprägung, ein Glückstag, der noch bis ins vierte Jahrhundert hinein alljährlich festlich gefeiert wurde. In Armenien gelang es zwar zunächst, einen von Rom abhängigen Vasallen zum König einzusetzen, allein Dauer war dieser Regelung nicht beschieden. Adel und Bevölkerung waren im Grunde nach Parthien orientiert, und in einer ganzen Kette von Interventionen und Usurpationen vermochte Rom über Armenien auf die Dauer wenig mehr zu gewinnen als den immer problematischen und prekären Schein der Suzeränität.

Nachdem die Geste der Gefangenen- und Feldzeichenrückgabe so die Möglichkeit bot, von einer Wiederherstellung der römischen Ehre zu sprechen, sah Rom von jeder weitern Offensive gegenüber den Parthern ab. Dieses bewußte Abrücken von den letzten Plänen Caesars entsprach durchaus einer nüchternen militärischen und politischen Lagebeurteilung, hatte doch Rom noch jahrzehntelang im Innern Kleinasiens gegen Homonadenser und Isaurier zu kämpfen. Aufrechterhalten wurde hingegen allen Verlusten und Mißerfolgen zum Trotz der Anspruch auf die römische Oberhoheit in Armenien. Die Veränderungen innerhalb des übrigen Herrschaftsbereiches sind dagegen historisch weniger relevant, wie etwa die Umwandlung indirekt beherrschter in auch direkt verwaltete Gebiete – wie es 25 mit Galatien und Lykaonien, 7 mit Paphlagonien und Pontus und 6 n.Chr. mit Palästina geschah. Daneben gibt beispielsweise die Entwicklung im Bosporanischen Königreich Einblick in die römische Praxis im Umgang mit den Klientel- und Vasallenkönigen, den instrumenta servitutis. Entscheidend blieb hier immer die Wahrung der römischen Interessen und die Anerkennung der römischen Suprematie. Das persönliche Schicksal der von Rom abhängigen Herrscher wurde dagegen oft wenig beachtet.

Ägypten, das von Augustus bewußt jeder senatorischen Einflußnahme entzogen und durch einen Statthalter aus dem Ritterstande verwaltet wurde, diente zur Basis verschiedener Vorstöße nach Süden und Südosten. Schon der erste Präfekt, C. Cornelius Gallus, war hier über den ersten Katarakt hinaus vorgestoßen und in Fühlung mit äthiopischen Gesandten getreten, und C. Petronius, der 24/23 zunächst den Süden seiner Provinz von Eindringlingen zu säubern hatte, nahm schließlich in einem kraftvollen Gegenangriff Napata, die nördliche Hauptstadt des äthiopischen Königreiches. Er vermochte zwar den 350 Kilometer südlich der modernen ägyptischen Grenze liegenden Ort auf die Dauer nicht zu halten, aber die Dodekaschoinos, das vorher als eine Art Pufferstaat organisierte Zwölfmeilenland südlich von Syene, wurde nun militärisch besetzt. Es bildete nun das Hauptglied der südlichen Grenzverteidigung Ägyptens. In Arabien hat der Reichtum und das Zwischenhandelsmonopol der sabäischen Araber im Raume des heutigen Jemen – sie vermittelten vornehmlich den Handel mit Indien und Äthiopien in Gewürzen, Weihrauch, Edelsteinen, Gold, Perlen, Seide – einen römischen Annexionsversuch hervorgerufen. Doch nach großen Strapazen scheiterte das von Skorbut und Wassermangel dezimierte Heer schließlich vor Mariba und mußte wieder auf das nabatäische Arabien südlich Petra zurückgehen. Trotz aller Verluste gewann Rom indessen durch diese Fühlungnahme mit dem Raum der Arabia felix Einfluß auf das sabäisch-himyaritische Königreich und profitierte selbst von dem raschen Anwachsen des Fernhandelsvolumens sowohl auf dem Landweg über Petra als auch auf dem Seeweg durch den arabischen Golf.

In Nordafrika systematisierte die augusteische Politik dagegen lediglich die zuvor eingeleiteten Entwicklungen. Numidien war noch von Caesar 46 in die Provinz Africa nova verwandelt worden. Über Mauretanien wurde 25 Juba, der Sohn des letzten numidischen Königs, zum Klientelfürsten eingesetzt. Es war seine Hauptaufgabe, die gaetulischen Nomaden im Süden Mauretaniens und

Numidiens zu überwachen. Bis auf die Garamanten konnte der römische Einfluß jetzt ausgedehnt werden.

Nach *Spanien* hat sich Augustus im Anschluß an die innerstaatliche Neuordnung des Jahres 27 selbst gewandt. Denn obwohl nun nahezu 200 Jahre vergangen waren, seit die Römer auf der Pyrenäenhalbinsel Fuß gefaßt hatten, waren das Landesinnere und vor allem die Stämme im Nordwesten und Norden, Galläker, Asturer und Kantabrer, noch immer nicht endgültig unterworfen. Es bedurfte jahrelanger systematischer Kämpfe, bis schließlich lange nach der Rückkehr des Augustus der brutale Carisius und danach der nicht weniger tatkäftige Agrippa im Jahre 19 das Ringen beenden konnten. Andalusien, wo die Romanisierung an phönizische und griechische Kolonisation hatte anknüpfen und sich auf römische Veteranensiedlungen hatte stützen können, wurde um 15 als befriedete Provinz Baetica an den Senat übergeben. Das rasch aufblühende Land ist zur Heimat Trajans und Hadrians, der beiden Seneca und Lucans geworden. Lusitanien und die Tarraconensis blieben dagegen in kaiserlicher Verwaltung und erhielten eine relativ starke Besatzung, denn selbst nach der Varusniederlage waren hier drei Legionen garnisoniert. Anderseits sind in Spanien bewußt zahlreiche reguläre Formationen römischer Hilfstruppen aufgestellt und insbesondere nach Germanien und Illyrien versetzt worden, so daß die besten militärischen Kräfte des Landes nun für die römische Sache eingesetzt waren.

Die stärkste außenpolitische Initiative der augusteischen Zeit aber dürfte im *Vordringen in den europäischen Norden* zu erblicken sein. Seit der Niederwerfung Galliens durch Caesar in den Jahren 58–51 waren auch Britannien und Germanien in den unmittelbaren Gesichtskreis des römischen Volkes getreten. Doch ehe an ein weiteres Ausgreifen überhaupt gedacht werden konnte, war die viel dringendere Aufgabe zu lösen, die römische Herrschaft in Gallien selbst zu organisieren, an den Grenzen zu behaupten und enger mit Italien zu verbinden. So waren im Lande selbst 38 und 29/28 kleinere Erhebungen niederzuwerfen und in wiederholter Anwesenheit von Augustus und Agrippa die Grundzüge der politischen Verwaltung, aber auch schon der Organisation eines römischen Straßennetzes anzulegen. Im Jahre 38 war Agrippa erneut über den Rhein gegangen und hatte die Ubier vom östlichen auf das westliche Ufer bei Köln umgesiedelt.

Die weitere Entwicklung wurde dann vermutlich in Fluß gebracht durch die Niederlage des Lollius, die Vernichtung der 5. Legion im Jahre 16 und den Verlust ihrer Feldzeichen an die

Sugambrer, wenige Jahre nachdem man die Rückgabe der einst an die Parther verlorenen mit aller Emphase gefeiert hatte. Jetzt wurden die Legionen aus dem Inneren Galliens vorgezogen und am Rhein in stark geschützten Feldlagern konzentriert. In Vetera bei Xanten und in Mainz, in den Sperriegeln vor Lippe, Maintal und Wetterau, damit den von der Natur vorgezeichneten Stoßrichtungen ins Innere Germaniens, begannen sich die späteren Bollwerke der römischen Rheinarmee abzuzeichnen. Im Rheintal wurde eine Verbindungsstraße angelegt. So zeigt der Wandel in der Dislokation der römischen Besatzungsarmee Galliens zugleich den Wandel der römischen Grenzpolitik an. Hatten die römischen Legionen bisher, in wenigen beherrschenden Zentren – wie dem Plateau von Langres – konzentriert, die Scharniere der gallischen Verkehrsverbindungen besetzt und lediglich durch einzelne Detachements Operationslinien und vorgeschobene Stützpunkte gesichert, so war nun die Defensivlinie am Rhein selbst markiert, und die römische Rheinarmee begann jetzt jene für die ganze frühe Kaiserzeit gültig werdende Doppelfunktion zu übernehmen, indem sie gleichzeitig Offensivinstrument gegen die Germanen und Besatzungs- und Polizeiarmee für Gallien war. Doch die Lolliusniederlage hatte auch die Schwäche der römischen Kommunikationslinien mit dem gallischen Raum gezeigt. So führte sie zur endgültigen Errichtung der römischen Herrschaft über die Alpenländer und über das nördliche Alpenvorland, die 15 in einem kombinierten Feldzug zweier Heeresgruppen unter Tiberius und dem älteren Drusus erzwungen wurde.

Drusus und Tiberius haben dann auch in den folgenden Jahren die zu Lande und zur See weitausholenden Vorstöße ins Innere Germaniens geleitet. Als sich das auf dem Landwege vorgerückte Heer und die Flotte 5 n. Chr. an der Elbe trafen, schien der Abschluß der römischen Offensiven in Germanien erreicht. Selbst Abordnungen der östlich der Elbe wohnenden Semnonen hatten die römische Herrschaft anerkannt. Schon erhob sich in Köln nach dem Beispiel Lugdunums ein Kaiseraltar und sprachen römische Beamte im rechtsrheinischen Gebiet Recht.

Da setzte die rückläufige Bewegung ein. Eine Zangenoffensive gegen das straff organisierte Reich des Markomannenkönigs Marbod, das Böhmen, Mähren, Schlesien und die oberen Mainlande umfaßte, mußte 6 n. Chr. abgebrochen werden, weil im Rücken der Front, bei den dalmatischen Daesidiaten und den pannonischen Breukern ein Aufstand ausgebrochen war, der sich rasch über ganz Illyrien ausbreitete, Makedonien gefährdete und Italien selbst bedrohte. Erbittert über jahrelangen Steuerdruck und immer neue Rekrutierungen, von den Römern selbst ausgebildet und geschult, in ihren Bergen und Schlupfwinkeln ungreifbar, führten die Aufständischen einen Krieg, wie ihn die Römer noch nicht erlebt hatten. Selbst Sklaven, Freigelassene, Veteranen und Freiwillige mußten gegen sie in Marsch gesetzt werden, und doch konnten die letzten Widerstandszellen von Tiberius erst 9 n. Chr. niedergekämpft werden.

Die schweren Kämpfe in Dalmatien aber waren kaum erloschen, als in Rom die Nachricht von der Katastrophe im Saltus Teutoburgiensis eintraf. Die Einzelheiten des Untergangs des P. Quinctilius Varus und der Leistung des Arminius sind hinreichend bekannt, entscheidend war das historische Ergebnis der Schlacht. Sie brachte nicht nur den Ausfall der drei Legionen, sechs Kohorten und drei Alen, sondern sie hatte auch den Verlust aller Kastelle zwischen Rhein und Weser zur Folge und eine vorläufige Preisgabe der Elb- oder Wesergrenze. Wenn man die beiden großen Katastrophen des dalmatisch-pannonischen Aufstandes und der Niederlage im Teutoburger Wald im Zusammenhang sieht, wird verständlich, daß in dieser Phase der Erschöpfung eine größere Gegenoffensive in Germanien für Rom gar nicht mehr möglich war. Der Bogen der militärischen Leistungsfähigkeit blieb überspannt. Acht Legionen, ein Drittel der Heereskräfte des ganzen Imperiums, blieben jetzt am Rhein massiert. Wohl brachten die letzten fünf Lebensjahre des Augustus noch einmal einzelne Vorstöße in rechtsrheinisches Gebiet unter Tiberius und dem Drusussohn Germanicus, doch sind sie bereits der erste Ausdruck einer neuen, dann vollends nach Germanicus' Abberufung 16 n. Chr. gültig werdenden Konzeption der römischen Führung im germanischen Befehlsbereich. Es ist der Gedanke eines rechtsrheinischen Glacis, den vor allem U. Kahrstedt herausgearbeitet hat, der Gedanke eines hinreichend breiten und immer frei zu haltenden Grenzstreifens vor der eigentlichen, durch das Hindernis des Stroms dann noch einmal geschützten Verteidigungslinie der linksrheinischen Lager und Kastelle. Daß die unbedingte Zurückhaltung vor einer weiteren Expansion, consilium coercendi intra terminos imperii – wie es Tacitus nannte, und die intensive Durchdringung des rechtsrheinischen Vorfeldes so bewußt beabsichtigt waren, wird von der Überlieferung und den Funden in gleichem Maße bekundet.

An der unteren *Donau* hatte nach 30 v. Chr. zuerst M. Licinius Crassus, der Enkel des bei Carrhae gefallenen Triumvirn, als Statthalter von Makedonien die Einfälle der Bastarner über die Donau zurückgeschlagen, deren König im Gefecht mit eigener Hand getötet und nach Kämpfen gegen verschiedene Stämme Mösiens 27 über Thrakien und die Geten triumphiert. Makedonien wurde durch einen Kranz von Klientelstaaten abgeschirmt, aber immer wieder mußten römische Truppen Einfälle der Daker und Sarmaten nach Mösien und Thrakien zurückschlagen. Auch war in den Jahren 13–11 ein großer thrakischer Aufstand niederzuwerfen. Durch Inschriften wissen wir von erfolgreichen Donauübergängen römischer Statthalter und von mehreren Umsiedlungsaktionen. Wenn, wie der augusteische Tatenbericht meldet, der römische Einfluß schließlich auch über die Daker, Bastarner, Sarmaten und Skythen ausgedehnt werden konnte, so dürfte dies in erster Linie dem um Christi Geburt in diesem Raum kommandierenden Cn. Cornelius Lentulus zuzuschreiben sein, der eine Sicherung des römischen Machtbereiches an der unteren Donau erwirken konnte.

Versuchen wir nach diesem Rundblick zu einer *Gesamtbeurteilung der augusteischen Grenzpolitik* zu gelangen, so ist als erstes die Distanzierung von den großen Expansionsplänen im Osten und gegen Britannien zu konstatieren wie das Scheitern solcher Expansionsversuche in Germanien und Arabien. Auf der Balkanhalbinsel, in Mauretanien wie im Osten gab sich Augustus immer wieder mit indirekter Beherrschung in Gestalt von Klientelkönigreichen zufrieden, ein Verfahren, das dennoch gelegentlich direktes römisches Eingreifen erforderlich machte und sich auf die Dauer teilweise auch als Vorstufe einer unmittelbaren Eingliederung in das Römische Reich erwiesen hat. Dem steht gegenüber die Errichtung einer festen römischen Ordnung in Spanien und Gallien, die Behauptung und Ausdehnung der römischen Herrschaft auf der ganzen Balkanhalbinsel bis zur Donau und die endgültige Öffnung der Alpen. Diese Beschränkung auf das Ausfüllen der bereits früher abgesteckten Dimensionen, vor allem die Befriedung der großen Gebirgslandschaften als der natürlichen Rückzugsgebiete gegnerischer Kräfte war zwar nicht so glanzvoll wie einst die caesarischen Pläne, doch für die Konsolidierung der Macht geradezu unentbehrlich.

Auf einen einheitlichen Nenner läßt sich die augusteische Grenz- und Außenpolitik indessen kaum bringen. Der Wechsel dynamischer und statischer Phasen ist jedenfalls durch das Altern des Herrschers oder den vorübergehenden Mangel an geeigneten Befehlshabern nur teilweise zu erklären. Die Lehren aus Rückschlägen kamen hinzu wie die Erfahrungen an einzelnen Grenzabschnitten. Gerade in Germanien hat Tiberius die spätaugusteischen Grundsätze sicher auch aus Überzeugung befolgt. Für die „imperialistischen" Vorstöße lassen sich die verschiedensten Motive geltend machen: für den Vorstoß nach Südarabien nicht zu beschönigende materielle Erwägungen, für die Offensiven in Germanien wohl auch die Überlegung, daß die Bewährung der Stiefsöhne und der Gewinn eines Gallien vergleichbaren Komplexes letzten Endes dem Ansehen des Princeps selbst zugute käme. Doch es ist nicht zu verkennen, daß ein bis zur Elbe ausgedehntes römisches Germanien für das Gesamtreich für lange Zeit eine erhebliche Belastung und nur wenig Gewinn bedeutet hätte. Auch aus den Formulierungen des Tatenberichtes und den Versen der augusteischen Dichter läßt sich keine „weltimperialistische" Herrschaftsauffassung nachweisen. Es war nur naheliegend, daß im Zuge der augusteischen Rückbesinnung und Neuorientierung jene schon erwähnte spätrepublikanische Vorstellung der Berufung des römischen Volkes zur Herrschaft über den orbis terrarum nun auf Augustus als den Repräsentanten des römischen Volkes übertragen wurde. Doch war von der Übernahme und Duldung dieser Idee bis zum politischen und militärischen Erstreben eines solchen Zieles ein weiter Weg, den Augustus nie eingeschlagen hat. Am wenigsten paßt zur Vorstellung des „Imperialisten" Augustus seine Regelung der parthischen Frage. Denn hier war nun in aller Form die Existenz einer zweiten Großmacht hingenommen, die, wenn man konsequent war, alle Vorstellungen eines römischen Universalreiches Lügen strafte. Doch wesentlich bleibt der entschiedene Ordnungswille des Augustus, der den systematischen und organischen Zusammenschluß alter und neuer Eroberungen kennzeichnet und der die Struktur des römischen Machtbereiches erstmals einheitlich und kontinuierlich bestimmen konnte.

3. Die augusteische Kultur

Bei so verschiedenartigen römischen Autoren des ersten Jahrhunderts v. Chr. wie Cicero, Sallust und Livius verspüren wir ein echtes Krisenbewußtsein. Hier, wie auch sonst, wurde der letzte Grund für den Ausbruch der Krise – obgleich im einzelnen modifiziert – in der Vernachlässigung der alten römischen Religion und der mores maiorum gesehen. Auf politischem Gebiet aber hatte nicht nur Caesar durch die Bedenkenlosigkeit seiner Ansprüche die römischen Kräfte und Traditionen noch einmal belebt, sondern auch

Oktavian in seiner letzten Auseinandersetzung mit Antonius eine neue Welle „nationaler“ Affekte entfacht. Diese beiden Strömungen flossen zusammen, als Augustus seine res publica restituta proklamierte. Dennoch konnten sie keine Ausschließlichkeit mehr beanspruchen, weil Augustus den griechisch-hellenistischen Osten wieder zurückgeführt hatte. So hat die augusteische Klassik, faßt man den Begriff geistesgeschichtlich, ein Janusgesicht. Sie verhalf einerseits in sehr vielen Bereichen römisch-republikanischen Vorstellungen, Werten, Formen und Gebräuchen zu erneuter Anerkennung, und sie verschloß sich anderseits nicht vor den exemplaria Graeca, denen gerade ihre wichtigsten Repräsentanten im Felde der Literatur, Vergil und Horaz, besonders verpflichtet sind.

Schon in die um 40 verfaßten Bucolica *Vergils,* Lieder nach dem Vorbild der sizilischen Hirtengedichte Theokrits, die in der Szenerie des Traumlandes Arkadien spielen, ist die Geschichte eingetreten, wie etwa der Abschied des Meliboeus von seinem Land und seinen Herden zeigt. Und die dunklen prophetischen Worte seiner berühmten 4. Ekloge, in welcher in der Geburt eines Kindes der Anbruch eines neuen Zeitalters erhofft wird, lassen die ganze Erschütterung der Zeit ahnen. Die Georgica, die man als schönstes Lehrgedicht der Weltliteratur gerühmt hat, enthalten auch einen einzigartigen Hymnus auf Italien. Wenn Vergil dann in der Aeneis in epischer Form gewissermaßen eine laudatio a parentibus unternommen hat, so ist hierbei die Auseinandersetzung mit der Geschichte Hintergrund und großes Rahmenthema zugleich. In der Verflechtung der Gegenwart mit der Einwanderung des Aeneas erhebt sich der Dichter über seine Zeit, schließt er die Entelechie der römischen Geschichte an Troja an und deckt sie zugleich auf. An den Berührungspunkten dieser Erhebung über die Zeit, im Vaticinium des Anchises und in der Schildbeschreibung, wird die Zeitgeschichte einbezogen und mit dem Mythos verbunden. Und eben darin, durch ihre Verankerung in einer zutiefst dichterischen Geschichtskonzeption, erhält sie ihren Adel.

Kraftvoller und selbstbewußter spricht *Horaz.* Immer sind es sehr dezidierte Meinungen, die er vorträgt, ja Bekenntnisse eines auf seine Art musischen und auf seine Weise, die eine Säkularisierung religiöser Formen nicht ausschloß, auch frommen Menschen. Trotz der engen Gemeinschaft, die ihn mit Maecenas verband, wäre nichts irriger, als ihn sich als eine Art Hofpoeten vorzustellen. Er hat ganz im Gegenteil immer volle Freiheit beansprucht und es ebenso abgelehnt, ein Epos auf Agrippas Taten zu schreiben wie honoris causa Sekretär des Augustus zu werden. Horaz hat die Werke griechischer Literatur und Kunst in Griechenland selbst kennengelernt, und es gibt einige Gründe, um in ihm den „am meisten griechischen Dichter Roms“ zu sehen. Steht am Beginn eine primär äußerliche Nachbildung der Vorbilder, besonders des Archilochos und Alkaios, welche der Eigengesetzlichkeit der Gegenwart nur unvollkommen gerecht wird, manchmal zur Überwältigung durch das Vorbild führt, so erfolgt doch am Ende der Vorstoß zum Kerngehalt der exemplaria Graeca bei voller Würdigung der eigenen Bedingungen. Indessen eröffnet jede Analyse der Bezüge zu den Vorbildern nur eine Seite seiner wesentlichen Merkmale. Der junge Horaz war aus voller und reiner Überzeugung Anhänger der republikanischen Sache eines Cato und Brutus und auch später alles andere als ein bequemer Opportunist. In einer ungewöhnlichen Energie der Aussage hat sich der Enttäuschte in seiner Dichtung selbst befreit, so wie er sich gerade im Absetzen von Vorlagen und Vorgängern, das zum Teil mit Leidenschaft erfolgte, seiner selbst bewußt geworden ist.

Neben diesen eigentlichen Exponenten der augusteischen Klassik können hier die Vertreter der Elegie, Cornelius Gallus, Tibull und Properz, nur genannt werden, desgleichen Ovid, der bereits einer neuen Generation angehört. In der Historiographie ist uns vieles in unserem Zusammenhang Wichtige verloren, wie die bei Justinus nur mehr unvollkommen überlieferte erste römische Universalgeschichte des Pompeius Trogus, eines romanisierten Galliers aus der Narbonensis, welcher die Geschichte der einzelnen Großreiche des Altertums bis zu ihrem jeweiligen Aufgehen im Römischen Reiche dargestellt hat, oder die so gewagte Geschichte der Bürgerkriege des Asinius Pollio. Der Historiker der Stadt Rom aber ist Livius (59 v. bis 17 n.Chr.) geworden.

Schon Mommsen hat bei *Livius* den Standort auf der Grenze der alten zur neuen Zeit als bestimmend für sein Werk der 142 Bücher ab urbe condita bis zum Jahre 9 v.Chr. erklärt. Überblickt man die grundsätzlichen Äußerungen des Livius zur römischen Geschichte, so ergibt sich als entscheidender Zug in allen Manifestationen des römischen Lebens eine freiwillige Beschränkung. Diese zeigt sich beim einzelnen in der Einordnung in die gesamte „Interessengemeinschaft“, bei den Ständen und Geschlechtern in der Anerkennung des Volksganzen als übergeordneter und zugleich verpflichtender Einheit. Die Beschränkung wirkt sich weiter darin aus, daß Ablauf und Formen des Krieges eingegrenzt werden; sie läßt auch gegenüber den unterworfenen Völkern auf alle brutalen Maßnahmen verzichten. Diese Selbstbeschränkung ist nach Livius eine Folge der Tatsache, daß bei den Römern Moral und Ethos einst eine religiös bedingte Einheit gebildet hatten. Immer wieder weist Livius darauf hin, daß in der römischen Vergangenheit das gesamte politische Leben in die Religion eingebettet war, daß die Vorfahren in einem engen, kontinuierlichen und direkten Kontakt mit den Göttern standen. Das Befragen der Götter, Gebet und Dank an sie sind nicht irgendeine rein theologische Angelegenheit, sondern gerade für den Staat maxima res und maximum momentum, Auspizien und Augurien Grundlagen der römischen Macht. Die Dekadenz, das Auswuchern der Kräfte, die Selbstzerfleischung, luxuria und avaritia, Sittenverfall und Willkür aber hängen aufs engste mit der neglegentia deorum zusammen. Die Gegenwart teilt jene alte Religiosität nicht mehr. Hoffnung auf deren Wiederherstellung und Zuversicht für die Zukunft aber sind bei Livius nicht schlüssig zu belegen, so daß angesichts der zahlreichen negativen, deprimierten Äußerungen über seine eigene Zeit als Grundzug seiner Einstellung nur das Gefühl der Resignation gelten darf. Wenn er nach dem Wort von Hippolyte Taine das Elogium auf die alte Republik verfaßte, so fehlte ihm dazu sicher die philosophische Weite Ciceros und die politische Erfahrung Sallusts. Wenn er in der Beurteilung von Gegenwart und Zukunft mit diesen Vorläufern weithin übereinstimmte, so blieb ihm doch das refugium der römischen Vergangenheit erhalten, weil weder Rationalismus noch Bitterkeit seinen Glauben zu beeinträchtigen vermochten.

Dem Werk des Livius kommt auch deshalb eine besondere Bedeutung zu, weil sich in ihm die spätrepublikanische römische Auffassung der Geschichte am breitesten entfaltet. Die genuin römische Tradition von der Verbindlicheit der exempla hatte schon immer zu einer Verklärung der eigenen Vergangenheit beigetragen. Zur Fragestellung eines Cato hatten sich dann noch griechische Anstöße aus dem Bereich der theoretischen Verfassungs- und Verfallsanalysen hinzugesellt. Wenn moderne Betrachtung so häufig eine Aufgeschlossenheit für die Leistungen und auch für die historische Notwendigkeit des Prinzipats vermißt, so dürfen jene Bindungen der römischen Geschichtsauffassung nicht außer Betracht bleiben. Es ist eine Geschichtsauffassung, die doch anderseits in ihrer Sorge um das weitere Schicksal der Stadt und ihres Machtbereiches, nicht selten auch im Ausdruck eines Schuldgefühls und im Durchbrechen der Annahme mechanischer Verfassungsentwicklungen, eine ungewöhnlich starke eigene Profilierung erzielt hat. Dabei wurden im letzten die religiösen und moralischen Triebkräfte der Geschichte zumeist anerkannt.

Im Bereich der Philologie ist am wichtigsten *Verrius Flaccus,* dessen Werk „De verborum significatu" nicht nur eine lexikalische Ordnung archaischer Worte enthielt, sondern zugleich auch die alten römischen Sitten auf religiösem und profanem Gebiet zusammenfaßte. Und wenigstens zu erwähnen sind neben Varros breitem gelehrtem Schrifttum von Vitruv das Augustus gewidmete Buch „De architectura", das klassische Spezialwerk für Hoch-, Tief- und Maschinenbau, das noch in der Renaissance praktisch ausgewertet worden ist, Agrippas große Weltkarte mit den von ihm dazu verfaßten Commentarii, die Entfernungen und Größenangaben der einzelnen Länder enthielten und insbesondere von Strabo und Plinius benutzt wurden. In der Rechtswissenschaft endlich sind in jener Zeit unter Antistius Labeo und Ateius Capito die ersten römischen Rechtsschulen entstanden.

Die literarische Bedeutung der Epoche liegt jedoch nicht nur darin, daß der Rezeptionsprozeß griechischen und hellenistischen Gutes abermals Früchte trug. In dem Geist gebändigter Kraft, der uns bei nicht wenigen der Repräsentanten begegnet, treffen wir Römisch-Zeitgenössisches wohl ebenso wie in den mannigfaltigen Versuchen, die eigene Situation auf den Gesamtablauf zu beziehen, oder in dem gleichfalls typischen Bemühen, die Summe aus der Tradition zu fassen, eine Tendenz, die auch griechische Werke dieser Zeit, wie Strabos Geographie und Diodors Historische Bibliothek, beeinflußt. In alldem wird man freilich nicht Produkte einer gelenkten Kulturpolitik erblicken dürfen, sondern Zeugnisse dessen, daß die augusteische Ordnung in vielfacher Hinsicht durchaus im Einklang mit breiten Strömungen der Zeit stand.

Mit auf Grund dieser historischen Bindung ist die Literatur jener Epoche zu einem wesentlichen Faktor des abendländischen Geisteslebens geworden. Vergil hat nicht nur das europäische Epos in Ariost, Tasso, Milton und Klopstock entscheidend mitbestimmt, sondern durch die Bucolica auch das Dichten der Neulateiner und die Schäferpoesie des Rokoko. Verehrt wurde er von Augustin ebenso wie von Voltaire, als geistige Potenz diskutiert im Zauberberg von Thomas Mann. Horaz war wie Vergil schon 100 n.Chr. Schulklassiker: Das Mittelalter zog seine Sentenzen aus; in Deutschland ist er durch Wieland und Klopstock übertragen, durch Herder interpretiert worden. Livius hatte eine ähnliche Resonanz. Dantes Lob des „Livius, der nicht irrt", ist typisch für die Autorität, die er genoß. Erst mit Niebuhrs Quellenkritik setzte dann die breite

Abwertung ein. Ovids Liebesdichtungen wurden selbst im Mittelalter gelesen. Im Stile der Fasti entstanden die zyklischen Festgedichte auf das Kirchenjahr, und direkt wie indirekt haben die Troubadours, Minnesänger, Barockpoeten und die Klassizisten des Rokoko ihn nachgeahmt. An eine scheinbar selbstverständliche Voraussetzung der augusteischen Literatur ist noch ausdrücklich zu erinnern, an die Ausbreitung der lateinischen Sprache. Sie war nun – innerhalb eines halben Jahrtausends – aus der Sprache einer mittelitalischen Minderheit nicht nur zur gemeinsamen Sprache der Halbinsel, sondern auf dem Wege über die außeritalischen Kolonien und Provinzen auch schon zur wichtigsten Sprache im ganzen westlichen Mittelmeerraum geworden. Dabei hat Rom nie eine systematische Sprachenpolitik betrieben, sondern, wie die zweisprachigen Exemplare des augusteischen Tatenberichts belegen, im ganzen Osten gerade die Bedeutung des Griechischen als zweiter Reichssprache noch verstärkt.

Parallel zur Blüte der Literatur entfaltete sich eine reiche *Kunst.* Vor allem in ihren Bauten drückte die augusteische Epoche gerade der Stadt Rom ihren Stempel auf. Der Tatenbericht zählt in fast ermüdender Reihenfolge die Namen der neugebauten Tempel auf, erwähnt, daß 82 ältere von Augustus wiederhergestellt wurden, nennt den Wiederaufbau des Kapitols, des Pompeiustheaters, die Errichtung des Augustusforums, des Marcellustheaters, Wiederherstellungsarbeiten an der Via Flaminia und an den Tiberbrükken. Augustus konnte sich rühmen, an Stelle einer Stadt aus Backsteinen, die er übernommen hatte, eine aus Marmor zu hinterlassen. Doch die Errichtung großer öffentlicher Bauten war keineswegs auf Rom allein beschränkt. So gehen der Pont du Gard, die Maison Carrée in Nimes, der Augustustempel der Insel Philae in Oberägypten, die Roma- und Augustustempel in Ankara und auf der Akropolis in Athen, der Roma- und Augustusaltar in Lyon, die Triumphbögen in Rimini, Susa und Aosta, der Ehrenbogen von St.-Rémy – um nur Wichtigstes zu nennen – auf die Impulse dieser Zeit zurück.

Greifen wir ein bezeichnendes künstlerisches Zeugnis der Epoche heraus, so bietet sich dazu die *Ara Pacis Augustae* an, jener Altar des Kaiserfriedens, der nach der Rückkehr des Augustus im Jahre 13 v. Chr., also nach der Neuordnung Spaniens und Galliens, am Eingang der Stadt neben der Via Flaminia errichtet wurde. Obwohl von nur verhältnismäßig bescheidenen Dimensionen, 10 auf 11 Meter im Geviert und 5 Meter hoch, ist die Anlage mit ihren Reliefs, die auf der Außenseite Figurenfriese über rankengeschmückten Flächen und im Innern über einem Plankensockel an Stierschädeln hängende Girlanden zeigen, eine einzigartige Konzentration nicht nur der augusteischen Plastik, sondern auch augusteischen Geschichtsverständnisses und augusteischer Religion. Wenn die Friese einmal Tellus und das Aeneasopfer mit den Zwillingen Romulus und Remus, auf ihren langen Fronten dann den stilisierten, aber doch historischen Akt der großen Opferprozession bei der Einweihung des Altars mit der kaiserlichen Familie und der Beamtenschaft darstellen, so begegnet uns hier wiederum jene bewußte Einordnung der Gegenwart in größere, noch den Mythos umspannende Horizonte, von der wir bereits gesprochen haben. Gewiß sind hier wie in anderen repräsentativen, klassischen Werken der Zeit, wie in der berühmten Augustusstatue von Primaporta, die in den Proportionen nach dem Doryphoros des Polyklet entworfen ist, in Elementen der Toreutik und der arretinischen Reliefgefäße griechische, vor allem neuattische Vorbilder aufgenommen, doch stets sind sie neu bezogen in dienende Funktion für römische Ideen gebracht.

Die Impulse der augusteischen Ordnung griffen so in alle Bereiche des römischen Lebens ein. In einem eigentümlichen Widerstreit rationaler und irrationaler Motive erfaßten sie auch jene beiden Gebiete, die sich auf die Dauer gemeinhin nicht organisieren und durch den Staat auch nur sehr schwer nachhaltig beeinflussen lassen, die sittlich-moralischen und die religiösen. Die sogenannten *Sittengesetze* des Augustus waren ständisch gebunden und vor allem auf die oberen Schichten der gesellschaftlichen Pyramide zugeschnitten. Es liegt ihnen allen die Tendenz zugrunde, die grassierende Eheflucht und Kinderlosigkeit gerade in den oberen Bevölkerungsklassen zu unterbinden. Denn längst war dort das Einkindersystem die Regel, Verheiratungen aus politischen oder finanziellen Beweggründen normal, nur einmalige Eheschließung geradezu rückständig geworden. Bemerkenswert sind die Gesetze nicht nur als einer der ganz wenigen Versuche des Altertums, diese privaten Sphären zu reglementieren, sondern ebensosehr als Eingeständnis, daß die Kräfte des alten römischen Patriziates, die doch zu einem wesentlichen Teil auch die neue Ordnung personell tragen sollten, versiegten. Das Resultat der Gesetze war eindeutig negativ: sie führten lediglich zu einer Welle von Scheinehen; das ius trium liberorum konnte auch als Gunstbeweis und Gnadenakt verliehen werden.

Ähnlich ist es um die *Bemühungen auf religiösem Gebiet* bestellt. Die Erneuerung der Tempel und der „vom Rauch geschwärzten

Bilder" der Götter und die Vielfalt der von Augustus hier getroffenen Maßnahmen, wie die Besetzung der vakanten Priesterstellen, die Neufassung der sibyllinischen Sprüche, die Wiedererweckung schon halb vergessener Riten und Feste, die in der Säkularfeier gipfelt, all diese mannigfache Aktivität kann schließlich nicht darüber hinwegtäuschen, daß es eine Illusion war, die durch die zersetzenden Wirkungen hellenistischer Aufklärung geschwundene Glaubensmacht an die alten römischen Götter wiederherstellen zu wollen. Im Grunde ging der Versuch gegen die Zeit selbst an. Denn während in den Jahrzehnten der großen Erschütterungen, in der verzweifelten Endphase der Bürgerkriege die Bereitschaft zu religiöser und sittlicher Läuterung noch am stärksten war, mußte gerade die Geborgenheit der pax Augusta vieles wieder verflachen und abflauen lassen. Eine wache und tätige Bereitschaft zum Leben in den alten religiösen Formen war in großen Kreisen nicht mehr vorhanden. Die ständige Diskrepanz zwischen dem Fortbestehen der alten Formen und dem Schwinden der alten religiösen Überzeugungen ist eine die ganze Kaiserzeit über zu beobachtende Erscheinung. Es hat hier noch lange gedauert, bis sich neue Kräfte durchsetzen konnten.

In Reichsaufbau und Staatsordnung, Kultur und Religion der augusteischen Zeit fehlt es so nicht an starken Spannungen, die nicht zuletzt in der Person des ersten Princeps ihren Ausgangspunkt haben, in dem der Widerstreit zwischen Gefühl und Ratio, aber auch Form und Macht nie zur Ruhe kam. Er war ein Mann, der auch sehr genau um seine Grenzen wußte, der dort gewähren ließ, wo er im Innersten nicht berührt war, für den vielleicht nichts bezeichnender ist als das so schwer zu definierende Schlüsselwort seiner Herrschaft, die auctoritas principis.

Die Münzen, die noch Generationen hindurch sein durch die Strahlenkrone an Helios oder Apollo angenähertes Idealporträt weitergaben, enthüllen am klarsten das Bild, das die römische Welt von ihm bewahrte. Es ist das Bild des Divus Augustus Pater, jenes Inbegriffs gerechter staatlicher Ordnungsmacht, zu dem sein Name die ganze römische und deutsche Kaiserzeit über wurde, aber auch jenes Inbegriffs geschichtlichen Anfangs, der fortdauert und fortwirkt, auch mit unserer Gegenwart verbunden, im Lukasevangelium ebenso wie in der Geschichte unseres Landes.

Vierter Teil

Die politische und geistige Durchdringung des orbis terrarum im Kaiserreich

1. Zur Periodisierung und Charakteristik der römischen Kaiserzeit

Es empfiehlt sich, der Erörterung der allgemeinen Faktoren und der speziellen Erscheinungen des Austauschprozesses im Imperium Romanum eine knappe *Skizze der Gesamtentwicklung* vorauszuschicken. Die augusteische Ordnung hatte die Improvisationen der späten Republik beseitigt, aber die alten Kräfte des Adels- und Gemeindestaates in ihre Gestaltung ebenso eingebunden, wie sie den neuen Potenzen, der Armee und dem Ritterstand und auch den bisher vernachlässigten Provinzen, gerecht wurde. Die neue Ordnung ist trotz aller Konzessionen bis in das zweite Jahrhundert nach Christus hinein überwiegend römisch geblieben, und wer in ihr wirken wollte, tat dies in römischen Organisationsformen und in römischen Ämtern. Neben der Reichsverwaltung, die in ihren maßgeblichen Stellen von Senatoren und Rittern, seit Claudius auch von kaiserlichen Freigelassenen getragen wurde, bildete das stark romanisierte Großbürgertum in den Provinzen, das alsbald auch in beträchtlichem Umfange im römischen Senat Aufnahme fand, die personelle Basis der Reichspolitik. Die eigentlichen politischen und kulturellen Zellen des Reiches aber waren während des ganzen ersten und zweiten Jahrhunderts die Städte und deren Selbstverwaltung. Sowohl ideologisch als auch strukturell hat so die augusteische Reichsordnung im Prinzip den Rahmen der bis zum Jahre 193 andauernden Epoche (der römischen Kaiserzeit im engeren Sinne) gefügt. Während dabei, aufs Ganze gesehen, die römisch-patrizischen und die italisch-bürgerlichen Herrscher des ersten Jahrhunderts den Vorrang der lateinischen Kräfte sicherten, erstrebten Hadrian und Marc Aurel in stärkerem Maße die kulturelle Gleichberechtigung der hellenistischen und der lateinischen Kerne im Imperium Romanum. Was den Umfang des Reiches anbetrifft, so traten zu dem augusteischen Bestand nur wenige größere Neuerwerbungen hinzu: Mauretanien, Britannien (43), Dakien (106), Arabien (106), Mesopotamien (115). Nach im einzelnen naturgemäß sehr problematischen modernen Schätzungen umfaßte das Imperium Romanum zur Zeit seiner größten Ausdehnung ca. 3,5 Millionen Quadratkilometer und etwa 80 Millionen Einwohner, wovon im Jahre 48 5,9 Millionen männliche römische Bürger waren.

Die zur Verteidigung an den Grenzen linear aufgereihten Heeresverbände stimulierten zwar die wirtschaftliche Entwicklung gerade in den Grenzprovinzen, doch gleichzeitig war damit auch das Schwergewicht der aktiven Kräfte an die Peripherie des Reiches verlagert. Am Ende wurde der Verlust der Vorrangstellung Italiens der Preis für die Blüte der Provinzen während des Kaiserfriedens. In den Parther- und Markomannenkriegen, in Pest und Finanznot zur Zeit Marc Aurels brach diese Ordnung dann zusammen, und aus der Krise des Jahres 193 erhob sich in einer ersten Übergangsphase die Dynastie der Severer, die bis zum Jahre 235 die Geschicke des Reiches bestimmte, und mit ihr das nun auch politisch dominierende Heer. Schließlich leitete die unverhüllte Militärmonarchie der Soldatenkaiser (235–284) zur Spätantike über in einer Weise, die im einzelnen noch zu besprechen sein wird.

Lenken wir unseren Blick zurück auf die Entwicklung der Kaiserzeit selbst, so ist hier die ausgleichende Funktion des Reichsregiments unverkennbar. In eben diesem Ausgleich, einmal zwischen den Traditionen des römischen Adelsstaates und den politischen Forderungen neuer gesellschaftlicher Kräfte, sodann im Ausgleich zwischen den Privilegien Roms mit den Interessen der Provinzen und der städtischen Selbstverwaltungskörper, liegt seine große Leistung. Mit dieser Aufgeschlossenheit verband sich zudem ein Höchstmaß an Toleranz in allen kulturellen und religiösen Disziplinen. Die bewußte Partnerschaft mit dem Griechentum und die Duldung der orientalischen Kulte sind die folgenschwersten Fakten in diesem Bereich. Allein die Verwirklichung eines solchen Ausgleiches zugunsten des Gesamtreiches, das nun einmal im Kaiser verkörpert war, hatte zu Beginn eine nicht geringe aristokratische Opposition zu brechen. Mit der Entmachtung und der weitgehenden Ausrottung des alten römischen Adels wurde jedoch die innere Kräfteharmonie ebenso beseitigt, wie anderseits die Toleranz gegenüber dem Fremden ganz allgemein schließlich zur Überfremdung führte, so daß man überspitzt sagen könnte, daß das Römische Reich zuletzt gerade um dieser Vorzüge willen nicht weiterbestehen konnte.

In seinen Historien (IV, 74) legt Tacitus, selbst ein Angehö der „kolonialen Elite", dem Petilius Cerialis in einer Anspı an die vorher abgefallenen Treverer und Lingonen Sätze in den Mund, die in ihrer Illusionslosigkeit und Logik wohl am besten zeigen, was dieses Reich forderte und was es bot. Nachdem der römische Feldherr dargelegt hat, daß die den Provinzialen abgeforderten Leistungen letzten Endes nur dem Schutze des Friedens dienen, fährt er fort: „Alles übrige haben wir gemeinsam. Ihr selbst befehligt gar nicht selten unsere Legionen, ihr selbst verwaltet hier und anderswo Provinzen. Nichts ist euch vorenthalten oder verschlossen. Der Nutzen, der von gepriesenen Kaisern ausgeht, kommt euch in gleicher Weise zugute wie uns, obwohl ihr in so weiter Entfernung lebt, die schlimmen unter unsern Kaisern aber fallen nur über die nächste Umgebung her. Laßt eben die Ausschweifungen und die Habsucht der Herrscher über euch ergehen wie Mißwachs, zu reichliche Regengüsse und sonstige Naturkatastrophen. Laster wird es geben, solange es Menschen gibt. Aber sie sind kein Dauerzustand, sondern sie werden aufgewogen durch das Dazwischentreten besserer Zeiten..." Hier ist in der taciteischen Prägnanz, in dem nihil separatum clausumve das aufgezeigt, was die Ordnung der Kaiserzeit auszeichnete, nämlich Aufstiegsmöglichkeiten für die Befähigten ohne Einschränkung wegen ihres Herkommens oder ihrer Nationalität, echte politische und kulturelle Partnerschaft ohne jede Diskriminierung.

2. Die Träger der Entwicklung

Gerade in einem Augenblick, da man gar zu gerne bereit ist, in einer konsequenten Reaktion gegen eine zu hohe Einschätzung der Rolle der Einzelpersönlichkeit in der Geschichte die anonyme Macht der institutionellen, soziologischen, ökonomischen, geistes- und religionsgeschichtlichen Faktoren überzubewerten, ist es notwendig, sich sowohl den staatsgestaltenden Einfluß als auch die Leistungen der römischen *Kaiser* wieder ins Bewußtsein zu rufen. Denn trotz all ihrer Launen und Ausschweifungen, ihrer Schrullenhaftigkeit und Abnormität, die einzelne von ihnen zu den klassischen Exempeln des Caesarenwahnsinns werden ließen, haben sie doch immer wieder in ihrer Auffassung von Kaisertum und Reich die Entwicklung und Struktur jener allgemeinen Faktoren bestimmt. Ohne die Persönlichkeiten eines Caligula, Nero und Domitian sind die hellenistischen Züge des Prinzipats im ersten

Jahrhundert ebensowenig verständlich, wie es der Einfluß des Griechentums im zweiten Jahrhundert ohne Hadrian ist. Und trotz aller Kritik und Opposition haben schon die Zeitgenossen die großen Leistungen ihrer Herrscher anerkannt, das Verantwortungsbewußtsein der ersten Flavier, den optimus princeps Trajan und die unermüdliche Fürsorge eines Antoninus Pius und Marc Aurel. Nach J. Burckhardts Wort ist das Imperium Romanum „immer noch unter allen Despotismen dasjenige, welches außer allem Vergleich die meisten pflichtgetreuen und großen Regenten gehabt hat. Nicht der periodische Kaiserwahnsinn, sondern das Aufraffen aus demselben ist das Wesentliche ..."

Welche Auswirkungen und welche Resonanz dabei die Impulse einer Herrscherpersönlichkeit im einzelnen hervorriefen, sei am Beispiel *Neros* in Erinnerung gebracht. Nach dem allgemeinen Überdruß an der würdelosen Art eines Claudius schien der von Seneca und Burrus behutsam geleitete junge Kaiser durch seine demonstrative Erneuerung der augusteischen Form des Prinzipats unter der Parole der clementia ein goldenes Zeitalter heraufzuführen. Doch ein rücksichtsloses Unabhängigkeitsstreben trieb Nero nicht nur zu den scheußlichsten Verbrechen, wie der Ermordung seiner Mutter, sondern ebenso zum Ausleben seiner Neigungen und zu schrankenlosen autokratischen Handlungen. Wenn er im Zuge seiner musischen und künstlerischen Ambitionen je die ernsthafte Absicht hatte, eine im griechischen Sinne ideale, gymnastisch-künstlerische und musische Kultur im ganzen Reich einzuführen, so stießen die bizarren Auftritte des Kaisers in Rom weite Kreise ab. Anderseits erregten Maßnahmen wie die Zuerkennung der Abgabenfreiheit und der Selbstverwaltung für Achaia, das Projekt eines Kanals bei Korinth, die Christenverfolgung nach dem Brande Roms und der Bau des goldenen Hauses weithin die Phantasie der Mitlebenden. Die Macht des Kaisers schien keine Grenzen zu haben. Entsprechend vielseitig wurde das Bild dieses Herrschers in den Geschichtsvorstellungen und Literaturen des Altertums. Geißelten römische Autoren, wie Tacitus und Sueton, seine Verbrechen, so verhießen die Oracula Sibyllina eine Rückkehr Neros als Ankündigung der Endzeit. Bei den christlichen Schriftstellern, die in ihm allgemein den ersten Verfolger erblickten, wurde Nero vereinzelt geradezu zum Antichrist gestempelt, aber in einer Reaktion dagegen dann im späten Heidentum, wie die Prunkmünzen der Kontorniaten belegen, auch wieder als Protagonist der hellenischen Kultur und ihrer Spiele gefeiert.

Die einheitliche *Leitung der Reichspolitik und der Reichsverwal-*

tung war für die römischen Kaiser zunächst dadurch erschwert, daß ihnen in noch ungleich höherem Maße als den Provinzialstatthaltern der römischen Republik ausreichende und qualifizierte Kräfte für die Bewältigung der wachsenden Aufgaben fehlten. In diese Lücke schob sich nun der „private" Apparat der kaiserlichen Hausverwaltung mit dem Ergebnis, daß durch diese Übernahme staatlicher Aufgaben durch das kaiserliche Hausgesinde über Nacht ein Personenkreis, der oft nicht einmal das volle römische Bürgerrecht besaß, zu ungeahntem Einfluß gelangte. Tendenzen in dieser Richtung waren schon früh zu beobachten, doch erst unter Claudius führten sie zur Einrichtung eines systematisch geregelten Freigelassenenregiments in den Sekretariaten der kaiserlichen Zentralverwaltung. Die Stellen des Kabinettschefs, des ab epistulis, des Finanzsekretärs, a rationibus, des Leiters der Archive, a studiis, und des Bittschriftensekretärs, a libellis, waren sämtlich mit Freigelassenen besetzt. Der Vorzug dieser Lösung lag darin, daß die vom Kaiser unmittelbar abhängigen Freigelassenen in ihren Ressorts einen fast reibungslos funktionierenden Verwaltungsapparat aufbauten, der seine Qualität nicht zuletzt dadurch unter Beweis stellte, daß er auch dann noch wirksam arbeitete, wenn seine eigentliche Spitze, der Kaiser selbst, versagte. Das Verhältnis wechselseitiger Abhängigkeit, das die claudische Lösung kennzeichnete, verschob sich unter starken Herrschern naturgemäß ganz zugunsten des Kaisers. Doch blieb das System in den Grundzügen bis auf Hadrian bestehen, der im Verlaufe einer allgemeinen Verwaltungsneuordnung auch die einzelnen Ressorts der kaiserlichen Zentralverwaltung als staatliche Instanzen, mit Rittern an ihrer Spitze, straff durchorganisiert hat. Die Angehörigen des Ritterstandes trugen daneben schon seit Augustus den immer weiter verfeinerten Bau der kaiserlichen Finanz- und Spezialadministrationen, welche die Steuern und Zölle ebenso verwalteten wie das kaiserliche Vermögen, die kaiserlichen Güter und Bergwerke und die in der Regel auch alle neu anfallenden Verwaltungsaufgaben erfüllten. Das ständig fortschreitende Anwachsen der ritterlichen Beamtenschaft geht allein daraus hervor, daß aus den 30 verschiedenen hohen Verwaltungsposten der augusteischen Zeit im dritten Jahrhundert nicht weniger als 200 geworden waren.

Der Einfluß des Herrschers entfaltete sich neben den Institutionen der Zentral- und der Finanzverwaltung dann insbesondere auf dem Gebiete der *Gerichtsbarkeit.* Auf dem Wege des außerordentlichen magistratischen Gerichtsverfahrens, der cognitio, gewann das kaiserliche Gericht als Instanz immer größere Bedeutung.

Doch selbst auf die normalen Geschworenengerichte übte der jeweilige Herrscher einen nicht zu unterschätzenden Einfluß aus, indem er an der Zusammenstellung der Richterlisten beteiligt war und bei Anrufung auch seine entscheidende Stimme abgeben konnte. Der Kaiser war sowohl befugt, Straffälle vor sein Gericht zu ziehen als auch durch seine Rechtsgutachten auf den Ausgang der Zivilprozesse einzuwirken. Hier wie auch gegenüber allen Statthalterurteilen stellte er eine häufig aufgesuchte Appellationsinstanz dar. Die aus der Praxis entstandenen Fallentscheidungen hatten nicht weniger normativen Charakter als die Formulierung allgemeiner Rechtssätze auf dem Verordnungswege. Der Umfang dieser Tätigkeit wuchs schließlich so stark an, daß die Rechtsprechung und die Entscheidung von juristischen Problemen den Alltag des Kaisers mindestens zur Hälfte füllten und zeitweilig seine übrigen Aufgaben zu überwuchern drohten. Die Entwicklung lief dahin, daß der Kaiser zum alleinigen maßgebenden Gerichtsherrn wurde. Juristische Sachverständige als Helfer und kaiserliche Delegierte, vor allem aber das consilium principis, der Staatsrat, und seit der Mitte des zweiten Jahrhunderts n. Chr. auch Fachjuristen als Inhaber der jetzt kollegial besetzten Prätorianerpräfektur unterstützten dabei die einheitliche kaiserliche Rechtsprechung und gaben ständig eine Fülle von Impulsen einer einheitlichen Rechtsgesinnung in alle Teile des Reiches weiter.

Die einst von Augustus bewußt so offen und elastisch in seiner Person konzentrierte Zentralgewalt hat sich alsbald zur Institution verfestigt. Dabei änderten sich naturgemäß mit dem wachsenden Aufgabenbereich auch die Grundkräfte und die *Ideologie* des Kaisertums. Offensichtlich sahen die julisch-claudischen Herrscher des ersten Jahrhunderts noch in Rom selbst und in Italien das Zentrum ihrer Pflichten, wie sie bemüht waren, diese Pflichten wenn schon nicht der staatsrechtlichen Definition nach, so doch im Ethos eines Magistrats zu erfüllen. Dieses magistratische Ethos bestimmt auch noch das Selbstverständnis des flavischen Hauses in den Anfängen, und als Gipfelpunkt jener römisch-italischen Auffassung des Kaisertums darf dann Trajan, der optimus princeps, gelten. Doch fast gleichzeitig gelangt nun, besonders unter Hadrian und Marc Aurel, die „hellenistische" Komponente zum Durchbruch, in welcher die Sorge für das Reichsganze dominiert und schließlich zur ganz bewußten Erkenntnis der Verantwortungs- und Fürsorgepflicht des Herrschers für die ganze Menschheit führt.

Diese somit keineswegs einsträngige Evolution wird begleitet von der Entfaltung dessen, was man zusammenfassend als Kaisermystik bezeichnet hat. Eine besondere Bedeutung kommt dabei der von J. Gagé untersuchten imperialen Siegestheologie zu. Hier hatte bereits die römische Republik, etwa bei den Scipionen, das Phänomen der Siegerbeinamen gekannt. In der kaiserlichen Dynastie war der ältere Drusus der erste, der den erblichen Siegerbeinamen Germanicus als cognomen ex virtute erhielt. Im Laufe der Kaiserzeit wurde dieses Element der Namengebung, wo immer es nur möglich war, verstärkt. Trajan wurde Germanicus, Dacicus, Parthicus, Marc Aurel dann Armeniacus, Parthicus maximus, Medicus, Germanicus, Sarmaticus. Neben dieser konkreten, in die offizielle Kaisertitulatur aufgenommenen Manifestation ging von Anfang an die allgemeinere Verehrung der Victoria Augusti einher, der Siegeskraft des Kaisers, die wiederum den mystischen Raum berührt und schließlich in der Spätantike in universaler Ausweitung den Herrscher zum Victor omnium gentium werden ließ.

Seite an Seite mit dieser militärischen Leistungskomponente aber läuft eine weit umfassendere. Denn die Ehrung des Augustus durch den goldenen Schild, den clupeus virtutis mit den Kardinaltugenden der virtus, der Mannestugend, der clementia, die Montesquieu als „die vornehmste Herrschertugend" bezeichnet hat, der iustitia, der gerade in römischer Praxis fundamentalen Staatstugend, und der pietas, der weitgespannten Tugend der inneren Bindung, führte zur Fixierung eines Kanons von Kaisertugenden, zu dem sich die Herrscher in ihren Erlassen wie in ihrer Münzprägung immer wieder bekannt haben. In dem Maße, wie die Begriffe der alten römischen Staats- und Adelsethik auf den Kaiser konzentriert wurden, bildete sich gleichzeitig ein einheitliches Herrscherideal aus, in dem schließlich Züge der Heraklestradition, aber auch Leitbilder und Forderungen eines Isokrates und Xenophon, Seneca und Dio Chrysostomus zusammenflossen.

Dabei wurde die Gesamtentwicklung in nicht geringem Maße durch die Impulse, Ansprüche und Auffassungen einzelner Kaiser bestimmt, durch die nüchterne, einzig auf Kontinuität bedachte Zurückhaltung eines Tiberius, durch die so provozierende Anmaßung einer absoluten Stellung Domitians und die in den Formen weit entgegenkommende, in der Geschlossenheit des kaiserlichen Machtanspruchs aber nicht weniger entschiedene Konzeption eines Trajan. Hofdichtung, Panegyrik und Königsreden skizzieren eine oft weit vorausgreifende Vorstellungswelt. Wenn dabei die flavischen Dichter, Martial und Statius, Domitian als Retter, Weltherrscher und in Wiederaufnahme von Formulierungen Ovids als pater orbis feiern, so finden der jüngere Plinius und Dio neue Ausgangspunkte, um den Herrscher zu überhöhen. Als providentissimus ist der Kaiser einerseits selbst ein Auserwählter und mit der providentia deorum, aber auch der providentia senatus verbunden, anderseits wird von seiner eigenen providentia eine alles umfassende Vor- und Fürsorge erwartet. Hier nähert sich die offizielle Kaiserideologie weithin den Vorstellungen der Kyniker und Stoiker, denn die providentia des Herrschers wird auf die ganze Oikumene bezogen. Der römische Kaiser verbürgt die salus generis humani, aber er bleibt auch, unter Distanzierung von den viel weitergehenden Vorstellungen zur Zeit eines Nero und Domitian, zugleich der Garant der aeternitas imperii.

Neben solchen Tendenzen zur Überhöhung der kaiserlichen Stellung wirken andere mäßigend und beschränkend. Sueton, der durch seine dienstliche Stellung am Kaiserhof die Sprachregelungen der spättrajanischen und der frühhadrianischen Zeit wie kaum ein anderer kannte, verwendet als Beurteilungskriterien in seinen Kaiserviten immer wieder Begriffe wie moderatio, clementia, abstinentia, vor allem aber den Begriff der civilitas, welcher modestia und humanitas in gleicher Weise umspannt. Wenn wir richtig sehen, ist hier in einer Reaktion auf Domitians schroffe, übersteigerte und den Kaiser zugleich abschließende Herrscherauffassung eine gemäßigte andere formuliert worden, deren Zentralbegriff der civilitas bis in die Spätantike hinein die Anerkennung des Kaisertums gerade in Rom selbst erleichterte. Dies war deswegen wichtig, weil sich entgegen der vorübergehenden Hoffnung eines Tacitus Prinzipat und Libertas eben doch als unvereinbar erwiesen. Schon bei dem jüngeren Plinius ist Libertas zum Ausfluß kaiserlicher Gnade relativiert. Die Elemente dieses Herrscherideals sind bis zum Ende der Spätantike und auch unter den christlichen Herrschern Bestandteile der Kaiserideologie geblieben, sie wurden allerdings dann der Tugend der Frömmigkeit untergeordnet, der sich die christliche humilitas-Forderung zugesellte. So ist es zu verstehen, wenn schließlich auch der Autor der Epitome de Caesaribus von vorzüglichen Herrschern vornehmlich sanctitas domi, in armis fortitudo, utrobique prudentia erwartet und wenn Aurelius Victor in seiner Würdigung Constantius' II. nicht nur dessen Bildung feiert, sondern auch die Tatsache, daß der Kaiser omnium cupidinum victor ist.

Die Entwicklung der römischen Kaiserzeit wird daneben geprägt durch den *Wandel der Führungsschichten*. Es wurde bereits erwähnt, daß weder die politischen noch die militärischen Spitzenstellungen nach exklusiven Gesichtspunkten besetzt worden sind. Durch die Heranziehung der Elite aus den Kolonien und Provinzen war es im zweiten Jahrhundert gelungen, einen sehr weitgehenden Ausgleich selbst für die Zusammensetzung des römischen Senates zu finden. Wie eine neuere Zusammenfassung der Studien über die Herkunft der römischen Senatoren gezeigt hat, stammen unter Antoninus Pius von jenen Senatoren, deren Herkunft bekannt ist, noch immer 57,5% aus Italien. Von den restlichen 42,5%, die aus den Provinzen kommen, entfallen 23,9% auf die westlichen, 46,5% auf die östlichen, 26,8% auf die afrikanischen und 2,8% auf die dalmatinischen Provinzen. Daß dabei selbst der Weg zum Konsulat über die Gunst des Herrschers führen konnte, hat nicht allein der jüngere Plinius ausdrücklich bezeugt, sondern lange vorher schon die Karriere von Caesars Sekretär L. Cornelius Balbus aus Gades erwiesen, der 40 v.Chr. als erster Provinziale auch römischer Konsul wurde. Wenn so, aufs Ganze gesehen, die Ausrottung der frondierenden oder resignierenden stadtrömischen Nobilität, die im zweiten Jahrhundert im Erlöschen der letzten patrizischen Familien aus der Zeit der Republik besiegelt worden ist, Hand in Hand ging mit ganzen Schüben von kaiserlichen Neuernennungen, so änderte sich die Körperschaft auch ihrem Wesen nach. Aus der alten römischen Adelsversammlung war allmählich eine Versammlung von Würdenträgern des ganzen Reiches geworden.

Bilden der römische Senat und die in Heer und Reichsverwaltung sich empordienenden neuen Kräfte die Führungsschicht des Reiches im engeren Sinne, so stellt das städtische Großbürgertum, wie wir seit den Forschungen Rostovtzeffs wissen, deren breiteres Reservoir dar. Die Leistung dieser Schicht ist gerade in den Städten kaum zu überschätzen. Ihre Angehörigen waren als Inhaber der städtischen Ämter verpflichtet, die Versorgung ihrer Stadt mit Lebensmitteln zu gewährleisten, die Preise zu regulieren, für Erziehung, Kult, Spiele, Ausbau und Schmuck der Stadt eine unaufhörliche Munifizenz zu erweisen. Was in Rom der Kaiser bestritt, das erwartete man in den Städten von der städtischen Aristokratie, und es versteht sich von selbst, daß Millionäre wie Herodes Atticus aus Athen, Iulius Eurykles aus Sparta oder der Lykier Opramoas weit über ihre Vaterstadt und Heimatprovinz hinaus in Anspruch genommen wurden. Demgegenüber will es wenig besagen, daß diese honestiores Privilegien innehatten, wie das Recht, in allen Prozessen unmittelbar an den Kaiser appellieren zu können, oder einen Anspruch auf bevorzugte Formen von Strafprozeß und Strafvollzug, denn nicht die Privilegien dieser Schicht sind am bemerkenswertesten, sondern ihre Leistungen für ihre Städte, von denen unzählige Bauinschriften und Widmungen im ganzen Reich zeugen.

Handelte es sich bei dieser Führungsschicht um einen zahlenmäßig relativ begrenzten Personenkreis, so stellte das römische *Heer* den numerisch stärksten Posten in dem großen inneren Austauschprozeß des Imperiums dar. Für die römischen Legionen, die oft jahrzehntelang – im Fall der afrikanischen Legion zwei Jahrhunderte hindurch – in demselben Lager standen, wurden die ausgebauten Grenzgarnisonen zur patria. Die einzelnen Heeresgruppen entwickelten einen starken Korpsgeist, der sich in den Erhebungen von 68/69 und 193 verdichtete, anderseits jedoch, etwa in den Münzserien Hadrians, offiziell respektiert wurde. Für den Dienst in den Legionen war noch immer der Besitz des römischen Bürgerrechts Voraussetzung, aber wie neuere Untersuchungen gezeigt haben, stammten die Legionäre, die zu einer 20jährigen Dienstzeit verpflichtet waren, durchaus nicht nur aus der eigentlichen Apenninenhalbinsel, sondern schon früh auch aus der Gallia cisalpina und den stark romanisierten Landschaften des Westens. Im Offizierkorps sorgten relativ häufige Versetzungen für einen ständigen Austausch nicht nur innerhalb des Grenzheeres, sondern auch mit der römischen Garde. Durch besondere Laufbahnbestimmungen erfüllte die römische Garde zugleich die Funktion einer modernen Kriegsakademie.

Schon zu Beginn der Regierung des Tiberius hatten sich die rebellierenden Provinzialheere und dann, verdichtet in der Familie des Germanicus, auch die Spannungen innerhalb der Dynastie als große Belastungen für die Einheit des Reiches angekündigt. Das ständige allgemeine Gefahrenmoment, daß wichtigste Diener und Machtmittel des Prinzipats jederzeit die kaiserliche Macht gefährden konnten, zeigte sich bald darnach auch im Falle des Gardepräfekten Sejan und der *Prätorianer*garde. Aus den Leibgarden der spätrepublikanischen Feldherrn waren ursprünglich jene neun Gardekohorten hervorgegangen, die dann Augustus im Jahre 27 v. Chr. neu organisiert hatte. Die zunächst getrennt außerhalb der Stadt untergebrachten Einheiten wurden jedoch erst in jenem Augenblick zu einem Machtfaktor ersten Ranges, als Sejan zu ihrem alleinigen praefectus praetorio geworden war und sie 23 n. Chr. in einem Lager auf dem Viminal konzentrierte. Denn der schlagkräftige Eliteverband, dessen Angehörige bei einer 16jährigen Dienstzeit einen dreimal so hohen Sold wie die Legionäre erhielten, stellte künftig die stärkste militärische Sicherung des Kaisertums in der Hauptstadt dar. Sein Präfekt, der anfangs zudem gelegentlich als Stellvertreter des Kaisers fungierte, war damit im Besitz einer unvergleichlichen Position. Kam es so für das Kaisertum von Anfang an darauf an, sich der Treue der Prätorianer immer wieder durch Geschenke und Gunstbeweise aller Art zu versichern, so erst recht auch darauf, die Stellung des Prätorianerpräfekten durch zuverlässige Persönlichkeiten zu besetzen. Die Namen des Sejan, Burrus und Titus skizzieren die Skala der Möglichkeiten und der Bedeutung des Präfekten, das Verhalten der Garde nach der Ermordung Caligulas und Domitians auch die des Verbandes selbst.

Die an der Reichsgrenze errichteten *Legionslager* entwickelten die denkbar stärksten wirtschaftlichen Impulse. Dabei ist nicht allein an die canabae-Viertel mit den Quartieren, Läden und Werkstätten zu denken, sondern auch an die Landgüter und die oft von Veteranen geleiteten Einzelhöfe, die das erforderliche Getreide lieferten, ebenso an die Legionsziegeleien, welche die Truppe in eigener Regie führte. Gelegentlich löste der gesteigerte Geschirrbedarf eine einheimische Terrasigillata-Imitation aus. Der so berühmt gewordene, weil besonders intensiv untersuchte Schutthügel des Lagers Vindonissa vermittelt uns ein beispielhaftes Bild des Fernimports solcher Zentren: Wein aus Sorrent und Messina, aus Südgallien und Südspanien, Fischsauce und Salzlake aus Spanien; selbst Austern von der Nordseeküste fehlen hier nicht.

Von nicht geringerer Bedeutung für den Gesamtprozeß aber waren die *Auxiliarformationen* des Heeres, in deren Alen und Kohorten gerade Provinzialen peregriner Abstammung mindestens 25 Jahre dienten, deshalb, weil ihren Angehörigen nach dieser Dienstzeit das volle römische Bürgerrecht verliehen und ihre Ehe legalisiert wurde. Die Bezeichnungen der Hilfstruppen, die einst identisch waren mit dem Namen des aufstellenden Stammes, sagten aber allmählich über die ethnische Zusammensetzung der betreffenden Einheit nichts mehr aus. Umgekehrt stellten die Bewohner eines Landes primär nicht den Ersatz für ihren alten Traditionstruppenteil, sondern für die Einheiten der jeweils benachbarten Front. So dienten etwa die Bewohner des Gebietes der heutigen Schweiz vornehmlich in den Alen und Kohorten an Rhein, Donau und in Britannien. Einige von ihnen wurden auch für die berittene Leibgarde des Herrschers in Rom ausgewählt, die equites singulares, und einer focht und starb als Angehöriger des bosporanischen Reiterregiments am Euphrat. So war der einzelne

Bürger und jede einzelne Landschaft verflochten mit der Weiträumigkeit und dem Schicksal des Reichsganzen in einer Weise, für die es keine anschaulicheren Zeugnisse gibt als jenen Grabstein des aus der Schweiz stammenden Kavalleristen in Mesopotamien oder diejenigen eines makedonischen Legionärs und griechischen Truppenarztes in Vindonissa. Daß anderseits gerade die Hilfstruppenteile für die Verbreitung der lateinischen Sprache und endlich das ganze Heer für die Verbreitung insbesondere der Mysterienreligionen in weitestem Umfange wirkten, ist offenkundig. Es sei nur an die Mithräen am Hadrianswall oder auch im rechtsrheinischen Germanien erinnert.

Eine in ganz ähnlicher Weise vermittelnde Funktion übte daneben auch die kaiserliche *Reichsverwaltung* aus. Betrachten wir etwa die Herkunft der Prokuratoren, so stellte Italien während der ersten beiden Jahrhunderte rund die Hälfte des erfaßten Personenkreises. Doch schon früh erscheinen an ihrer Seite Männer aus den altromanisierten Gebieten des Westens, zwischen Claudius und Hadrian auch in nicht geringer Zahl aus dem hellenistischen Osten; dieser konnte allerdings von der spätantoninischen Zeit an keine Prokuratoren mehr stellen, weil der ständige Wechsel zwischen den Beamtenposten die sichere Beherrschung der lateinischen Sprache zur Voraussetzung der hohen Ämter machte. Wie die Laufbahnen der Inschriften zeigen, sind alle diese Männer nacheinander in den verschiedensten Reichsteilen tätig gewesen.

Eine systematische Reichspolitik im Sinne einer nivellierenden Vereinheitlichung aber wurde innerhalb des Imperiums nie betrieben. Heer, Verwaltung und Rechtsprechung erwiesen sich als die stärksten Klammern des Ganzen. Sie wirkten zwar nach ihren eigenen sachlich bedingten Gesetzen, aber, aufs Ganze gesehen, doch in einer dauerhafteren Weise, als dies jede primär politisch zweckbestimmte Methode hätte erzielen können. Die einzigen Ansätze dessen, was man vielleicht als politische Erziehung bezeichnen könnte, waren auf einen ganz bestimmten Personenkreis ausgerichtet. Sie galten in erster Linie den jungen Adligen aus den Provinzen sowie den Prinzen benachbarter Stämme und Staaten oder der Klientelkönigreiche. So hatte einst schon Sertorius im spanischen Oska junge Adlige seines Machtbereiches zusammenziehen und mit griechischem und römischem Wissensstoff vertraut machen lassen. Die angeblich dabei in Aussicht genommene Vorzugsstellung für die Zukunft sollte man nicht ganz von der Hand weisen, wenn es auch gewiß ist, daß diese jungen Leute gleichzeitig als Geiseln dienten. In der augusteischen Zeit sind wohl Arminius und sein Bruder Flavus, in claudischer der Cheruskerprinz Italicus die bekanntesten Beispiele dieser Politik, in deren weiteren Rahmen schließlich die Erziehung hellenistischer und armenischer Prinzen in Rom ebenso gehört wie jene der vornehmen gallischen Jugend in Autun oder die ganz ähnlich gerichteten Maßnahmen in Britannien, die wir aus Tacitus' „Agricola" kennen.

Ihrem ganzen Werdegang und ihrer Struktur nach mußte sich die Ausdehnung der römischen Herrschaft so zu einem großen Prozeß der *Urbanisierung* gestalten. Er führte, ungeachtet günstiger Voraussetzungen und älterer bereits in Fluß befindlicher Entwicklungen, in vielen Gebieten schließlich dazu, daß Romanisierung und Urbanisierung heute weithin gleichgesetzt werden. Die Städte und stadtähnlichen Siedlungen erwiesen sich als die eigentlichen Griffpunkte der Reichsverwaltung und als Basen der politischen Durchdringung des Imperiums, wie anderseits beispielsweise das Fehlen solcher Ansatzpunkte in den vorübergehend besetzten Teilen des freien Germaniens die Aufrichtung einer römischen Ordnung entscheidend erschwerte. Dazu kam, daß die Leistungsgrenzen der direkten Reichsverwaltung überall dort eine äußerste Zurückhaltung in der Administration nahelegten, wo die Gesamtinteressen nicht unmittelbar berührt waren, so daß ursprünglich eine großzügige Autonomie des städtischen Lebens die Regel war.

Blickt man auf die Erscheinungsformen der stadtähnlichen Siedlungen in der Kaiserzeit, so obwaltet noch immer jene starke rechtliche Differenzierung, die ihre Ausbildung in republikanischer Zeit erfahren hatte. Neben den Kolonien und Munizipien römischen und latinischen Rechtes standen die großen Gruppen der civitates foederatae, liberae und stipendiariae, deren Rechte entsprechend ihrer Einstufung für den Bereich der Selbstverwaltung in einer im einzelnen sehr unterschiedlichen Weise abgegrenzt wurden. War der Großteil der Kolonien auch schon in caesarisch-augusteischer Zeit angelegt worden, und zwar fast immer nach klaren militärisch-politischen Gesichtspunkten, so brachte die Dauer der pax Augusta doch für sie alle eine vorher kaum zu ahnende Blüte, wie etwa das Beispiel von Arles zeigen mag. Die 46 von Caesar mit eindeutiger Frontstellung gegen Massilia am Scheitelpunkt des Rhônedeltas und damit sowohl im Hinblick auf die Fluß- als auch auf die Landverbindungen in einer ungewöhnlichen Verkehrsgunst angelegte Colonia Iulia Paterna Arelate Sextanorum vereinigte innerhalb ihrer über 1,5 Kilometer langen Mauer bald eine Fülle ungewöhnlich eindrucksvoller Bauten und Anlagen. Noch heute künden der wuchtige Kryptoporticus am alten Forum, das 16000 Zuschauer aufnehmende Theater und das gewaltige Amphitheater, das im Mittelalter ein ganzes Stadtviertel mit 212 Häusern und zwei Kapellen umschloß, von den Dimensionen eines imperialen Gestaltungswillens. Dazu barg die Kolonie Tempel und Kunstwerke in reicher Fülle, erinnern wir uns nur an die Venus von Arles, den Dianakopf, die Augustusbüste und als Dokument der Prinzipatsideologie an die Marmorkopie des augusteischen clupeus virtutis.

Ein solch kraftvoller Elan der Romanisierung, wie er sich hier in Arles niedergeschlagen hat, war nun keineswegs an stadtrechtliche Schemen gebunden. In dem nicht weit von Arles entfernten Vasio, dem alten Vorort der Vocontier, kennen wir die genaue stadtrechtliche Situation in der Kaiserzeit nicht, Plinius spricht die Siedlung noch als civitas foederata an. Doch auch hier trifft man auf ein 96 Meter breites Theater, die porticus Pompeia, luxuriöse Villen, wie das Haus der Messier, Kunstwerke, wie eine Kopie des Diadumenos, und auf Reste von Tempeln, deren alte Kapitelle und Säulentrommeln jetzt die Apsis der Kathedrale Notre Dame de Nazareth tragen. Vergessen wir darüber nicht, daß diese römische Stadt zur Heimat des Pompeius Trogus wurde, weiter des Gardepräfekten Burrus, des Konsulars Duvius Avitus, der unter Nero das niedergermanische Heer kommandierte, vielleicht sogar des Tacitus.

Es ist indessen angezeigt, über einer so glänzenden äußeren Entwicklung die Kehrseite nicht zu übersehen. In den Fällen, in denen ein nichtrömischer Bevölkerungsteil in einer Kolonie aufging, hatten sich diese incolae mit den weniger fruchtbaren Parzellen des Katasters zu begnügen, politisch waren sie praktisch entrechtet. Ein Abstimmungsmodus, wie ihn die lex Malacitana überliefert, ließ ihre Stimme nie wirksam werden, nur die Frondienste ruhten überwiegend auf ihren Schultern. Doch auf die Dauer war eine so scharfe Scheidung nicht aufrechtzuerhalten. Hatten schon die in den Conventus vereinsartig organisierten Einheimischen mit römischem Bürgerrecht eine gewisse Mittlerrolle gespielt, so konnten anderseits die coloni selbst von jenem Augenblick an, da die Belastung der städtischen Beamten, der Decurionen, immer größer wurde, auf eine Heranziehung reicher incolae zu den Ämtern gar nicht mehr verzichten, wobei naturgemäß die Übernahme der Lasten der Ädilität und des Duumvirats automatisch auch das volle römische Bürgerrecht eintrug. So fühlbar solche Gegensätze gerade in den Kolonien auch gewesen sein mögen, in den übrigen Siedlungen einer Provinz spielten sie im täglichen

Leben nur eine geringe Rolle, und so ist es ein uneingeschränktes Lob, wenn Aelius Aristides im zweiten Jahrhundert als Ergebnis der römischen Politik die Gestaltung der ganzen Oikumene zu einer einzigen Polis ausspricht.

Und doch standen Städteautonomie und Reichsverwaltung auch in einem unaufhebbaren Gegensatz zueinander. Aus Äußerungen des jüngeren Plinius und Plutarchs geht hervor, daß Selbstverwaltung und Verantwortungsfreude, der eigentliche Städtegeist, bereits zu Beginn des zweiten Jahrhunderts zu versiegen begannen. Der Stadtpolitik fehlten nicht nur die großen Agenda, die Entscheidungen über Krieg und Frieden, Staatsprozesse und äußere Politik, die einst die mitreißenden Energien des öffentlichen Lebens in diesen kleinen Gemeinschaften entfacht hatten, sondern die Städte wurden jetzt häufig nicht einmal mehr mit ihren eigenen Problemen in Verwaltung, Planung und Bauwesen fertig. Gesandtschaften, einflußreiche Senatoren in Rom als Patrone und nicht zuletzt die Statthalter boten die Möglichkeit, die wichtigsten Traktanden vor den Kaiser zu tragen. Wenn im zweiten Jahrhundert das System der Curatores, also staatlicher Aufsichtsorgane und Bevollmächtigter, ausgebaut worden ist, so nicht deswegen, weil sich die Zentralverwaltung hätte städtische Rechte aneignen wollen, sondern deswegen, weil die Städte teilweise ihre Aufgaben nicht mehr erfüllen konnten. Auch hier kam es zu jener „Apolitie der Besten", wie J. Burckhardt den Rückzug einer staatstragenden Schicht einmal generell genannt hat.

Von der Urbanisierung ist die allgemeine *Bürgerrechtspolitik* nicht zu trennen. Römische civitas bezeichnete im Gegensatz zum modernen Staatsangehörigkeitsbegriff die Rechtsgemeinschaft, und in der Fortsetzung der republikanischen Tradition erlaubte die römische Bürgerrechtskonzeption auch in der Kaiserzeit die Kompatibilität des römischen Bürgerrechts mit fremdem ebenso wie die Anerkennung weitgehender städtischer Autonomie. Allerdings war die Kompatibilität bewußt einseitig gehalten: Nur ein Fremder konnte das römische Bürgerrecht zusätzlich erwerben, ohne sein eigenes zu verlieren, der umgekehrte Fall war dagegen nicht möglich.

Die Verleihung des römischen Bürgerrechts ist auch in der Kaiserzeit von ganz konkreten Voraussetzungen abhängig gemacht worden, von denen die Beherrschung der lateinischen Sprache die geläufigste ist. Kollektive Bürgerrechtsverleihungen sind, wie F. de Visscher gelehrt hat, in der Regel immer nur dann erfolgt, wenn die rechtliche und kulturelle Assimilation an die römische Norm bereits vorausgegangen war. Meist eröffneten sie den Weg der Romanisierung nicht, sondern sie besiegelten den bereits vollzogenen Prozeß. Gerade auf dem Gebiete des Rechts ist, nach den Resultaten der neueren Forschungen, die Entwicklung nicht dadurch gekennzeichnet, daß das römische Recht aufoktroyiert worden wäre, sondern vielmehr dadurch, daß die Bereitschaft wuchs, römisches Recht zu übernehmen, wobei mit diesem dann die lokalen Besonderheiten häufig zu einem römischen Provinzialrecht verschmolzen sind, dessen Konturen sich heute gegenüber den einst von L. Mitteis gewonnenen Vorstellungen schärfer abzuheben beginnen. Im Rahmen dieser Entwicklung wirkten in den Provinzen die römischen Gesetze, die Grundsätze kaiserlicher Entscheidungen, die römischen Rechtsformeln im weitesten Sinne und nicht zuletzt die Ausbildung der Jurisprudenz zusammen auf die bewährten lokalen Gepflogenheiten ein, aber eine generelle und systematische Rechtsnivellierung ist von Rom nicht angestrebt worden. Da sich jedoch, aufs Ganze gesehen, die Entwicklung von der lokalen Besonderheit zur römischen Form hin vollzog, kann man mit de Visscher auch in der Constitutio Antoniniana von 212 weniger eine strikte bürgerrechtliche Uniformierung als vielmehr eine rechtliche Anerkennung der im Reich vorhandenen Lokalinstitutionen und Lokalrechte erblicken, die damit alle in ihrer Verbindungsmöglichkeit mit dem römischen Bürgerrecht ausdrücklich bestätigt waren.

Allerdings hatte gleichzeitig der Begriff des römischen Bürgers selbst eine nicht unbeträchtliche Verschiebung seines Inhaltes erfahren. Die politischen Rechte, die ihn einst erfüllt hatten, waren ihm genommen, mehr und mehr hatte sich sein Gewicht auf den rein privatrechtlichen Bereich verlagert. In dem Augenblick, da praktisch alle Bewohner des Reiches römische Bürger geworden waren, waren sie doch nur mehr römische Untertanen.

Ist auch das Phänomen der Romanisierung hiermit nur knapp skizziert, so dürfte doch wenigstens deutlich geworden sein, daß in ihm nicht nur das Resultat zentraler römischer Bestrebungen vorliegt, sondern in mindestens gleicher Weise auch dasjenige der Bereitschaft der Provinzen, ihrerseits römische Formen und Werte aufzugreifen. Die Nachahmung römischer Institutionen, persönlicher Ehrgeiz und Anpassungswille wirken in die gleiche Richtung. Sie tun sich in Bauten ebenso kund wie in der Namengebung. Wenn es eine Reichsgesinnung gab, so konnte sie mit den Mitteln des Altertums nur in beschränktem Maße künstlich erzeugt werden. Sie war eher das Ergebnis nüchterner Erkenntnisse. Die bleibende

Sicherheit der pax Augusta, die Freizügigkeit und der ganz neue Rahmen für ökonomische und politische Möglichkeiten sprachen für sich selbst. Für das Reich redeten die Tatsachen noch stärker als alle Worte und Bilder.

3. Materieller und geistiger Austausch innerhalb des Reiches

Eine nach modernen Prinzipien regulierende oder dirigistische *Wirtschaftspolitik* hat das Römische Reich während seiner Blütezeit nicht gekannt. Das „laissez faire“ ist am Anfang die Regel. Eingriffe in das Wirtschaftsleben resultierten gewöhnlich aus politischen oder wirtschaftlichen Krisen. Dennoch wurde das Imperium schon durch seine bloße Existenz zum Wirtschaftsfaktor ersten Ranges, waren doch für das Heer und die Versorgung der Hauptstadt ungeheure Bedarfsmengen zu beschaffen und zu transportieren, um von den wirtschaftlichen Auswirkungen von Kriegen, Rüstungen, Bauten, Festen und Spielen gar nicht zu reden.

Dieses freie Spiel der Kräfte führte innerhalb des Reiches zu einem erstaunlich intensiven Binnenhandel, jede Ausgrabung gewährt neue Einblicke in die Weiträumigkeit der Verbindungen. In einer Fülle von regionalen oder speziellen Analysen sowie in den großen systematischen Werken von M. Rostovtzeff, Fr. Heichelheim und T. Frank haben diese Befunde gültige Würdigungen gefunden. Afrikanisches Getreide in Rom, Kölner Gläser im Donauraum, italischer und griechischer Marmor in Gallien, gallische Sigillata in Palästina, um nur einige Beispiele zu nennen, sind Selbstverständlichkeiten.

Parallel zu dieser Steigerung des inneren Handelsvolumens erfolgte ein systematischer Ausbau der Zollorganisation des Reiches, deren Zeugnisse in den wirtschaftsintensivsten Räumen des Imperiums, in Gallien, Ägypten und in den Donauprovinzen, am häufigsten begegnen, während sie anderseits im griechischen Bereich weithin fehlen. Immerhin wird das gesamte Zollpersonal des Reiches auf 20000 Köpfe geschätzt. Obwohl die Zollsätze zwischen den großen Binnenzollregionen von zwei bis fünf Prozent schwankten, werden doch jene Schätzungen richtig sein, die in den Zolleinnahmen den wichtigsten Posten des Reichshaushaltes erblicken.

Für den Ausbau der inneren Verbindungen, die Anlage der großen Straßen, Kanäle und Aquädukte, dürfen die Impulse der Reichsverwaltung und vor allem der Armee nicht unterschätzt werden. Weder bei Frontin noch bei Apollodor ist der militärische Bereich vom zivilen systematisch getrennt. Der berühmte Tunnelbau von Saldae (Bougie in Algerien) darf als das klassische Beispiel solcher Spezialistenhilfe gelten. Wenn dabei auch die großen römischen Fernstraßen primär nach militärischen Gesichtspunkten geführt wurden, so sind sie doch von jedermann benutzt worden. Die Anlage der claudischen Alpenstraßen etwa zog nicht nur eine Verlagerung der allgemeinen Verkehrsspannungen nach sich, sondern auch eine Umschichtung der Siedlungsfunktionen.

Zusammengenommen wirkten nun alle diese Erscheinungen keineswegs zugunsten des italischen Wirtschaftsraumes. Die geringe Transportleistung der Landfahrzeuge, die in der Regel bei zehn Zentnern lag, die Intensität der Zollorganisation und die Anziehungskraft der Hauptmärkte gerade in der Grenzzone des Reiches verstärkten vielmehr die natürlichen Tendenzen zur Dezentralisation. So versorgten beispielsweise auf Grund der günstigeren Standortbedingungen, in Auswirkung starker eigener Initiativen und nicht zuletzt dank eines ausgezeichneten Straßen- und Wasserstraßennetzes bald gallische Werkstätten den weiten und aufnahmefähigen gallisch-germanischen Raum mit Keramik, Glas, Metallarbeiten und Tuchen. Gerade am Entwicklungsvergleich zweier Keramikherstellungszentren, an der nun zu beobachtenden massenhaften Verbreitung der Produkte von La Graufesenque und am Rückgang des Exports der alten italischen Sigillaten, läßt sich jene Verlagerung besonders greifen. Einzig der norditalische Wirtschaftsraum mit dem Zentrum um Aquileia verstand es, wenigstens im Donaugebiet seine führende Rolle zu behaupten, das übrige *Italien* büßte weithin seine führende Stellung ein.

Erste Krisensymptome zeichneten sich dabei im Sektor der Landwirtschaft ab. Die Pflege des Weinbaus in Gallien und der Ölgewinnung in Spanien und Afrika brachte noch im ersten Jahrhundert Absatzschwierigkeiten für die italischen Betriebe, die auch durch einen Eingriff Domitians nicht behoben werden konnten. Nicht zuletzt auf Grund solcher Erfahrungen änderten die Latifundienbesitzer ihre Wirtschaftsweise und gingen von der Großproduktion mit vollem Eigenrisiko allmählich zur Verpachtung ihres Landes in kleinen Parzellen über, ein Verfahren, das eine zwar geringere, aber doch auch relativ sichere Einnahme gewährleistete und in seiner vollen Ausbildung dann als Kolonat bezeichnet wird. Wie immer man auch das Phänomen des Kolonats interpretieren mag, es bezeugt die Krisenansätze der alten landwirtschaftlichen Struktur. Hier ist zudem festzuhalten, daß die Landbewohner am Glanz des städtischen Lebens keinen Anteil und auch nur sehr geringfügige Aufstiegsmöglichkeiten hatten. Im Rahmen der gesamten Wirtschaft und Gesellschaft besaß das städtische Leben immer ein starkes Übergewicht. Eine staatliche Landwirtschaftspolitik ist systematisch nie betrieben worden.

An diesem Mißverhältnis hat gerade in den letzten Jahrzehnten die Kritik eingesetzt und geltend gemacht, daß in einzelnen Räumen, wie etwa in Gallien, der wirtschaftliche Gesamthaushalt durch ein Zuviel an Urbanisierung aus dem Gleichgewicht kam, Überlegungen, welche durch die Massierung stadtähnlicher Siedlungen in verschiedenen Gebieten ebenso nahegelegt werden wie durch die großen Mauerringe in den Dimensionen von Avenches. Aber auch der industriellen Entwicklung waren Grenzen gesetzt, vor allem, als die wirtschaftliche Expansion nach Hadrian keine neuen Märkte mehr erschließen konnte und im Innern des Reiches eine Bedarfssteigerung bei breiteren Schichten nie zielbewußt angestrebt wurde. Dies sind naturgemäß moderne Kriterien zur Beurteilung der Wirtschaftsentwicklung innerhalb des Imperium Romanum, doch machen sie verständlich, warum es in der Regel bei den alten Herstellungs- und Transporttechniken blieb und warum revolutionäre Erfindungen nicht mehr gelangen.

Im *geistigen Bereich* lassen sich die Rückwirkungen des Imperium Romanum auf die Entwicklung der Literatur, Philosophie und Kunst und die Resultate des Austauschprozesses kaum auf knappe Linien zurückführen. Der Übersichtlichkeit halber wird es sich im Felde der *Literatur* zunächst empfehlen, den lateinischen Bereich ebenso geschlossen zu behandeln wie den griechischen, obwohl die Klammer der Zweisprachigkeit der Reichskultur außer jedem Zweifel steht, Claudius in diesem Zusammenhang von „unseren beiden Sprachen“ redete, noch Marc Aurel seine Selbstbetrachtungen in Griechisch abfaßte und obwohl nicht wenige Autoren, wie Sueton, in den beiden Reichssprachen publizierten.

Die Namen von Persius, Silius Italicus, Lucan, Petron und Seneca umreißen einen Höhepunkt der lateinischen Literatur in *neronischer Zeit.* Gaben der augusteischen Klassik die griechischen exempla Impuls und Vorbild, so überwiegt hier die Erneuerung der augusteischen Leistungen. Unter diesem Aspekt knüpft Persius an die Satiren des Horaz an, Silius Italicus an Vergil, an Vergil aber auch Lucan in den „Pharsalia“ trotz seiner im Grundsätzlichen völlig verschiedenartigen Geschichtsauffassung. Keine Partner in diesem Sinn gibt es dagegen für Seneca und Petron;

Seneca, der wohl umfassendste und vielseitigste Geist jener Tage, ein eklektischer Vertreter der Stoa, übertrifft gerade in der philosophischen Weite die augusteischen Vorgänger, und Petron wurzelt zu sehr in der veränderten Gesellschaft der neronischen Zeit. Auffallend stark spiegelt sich in der lateinischen Literatur der zweiten Jahrhunderthälfte die innere Opposition gegen die Grundkräfte und die Erscheinungsformen des Prinzipats wider. Wenn die Satiren des Persius mitten im neronischen Rom das Ethos eines reinen Menschentums aufrichten, so konnte vollends *Lucan* als „Dichter des geistigen Widerstandes" apostrophiert werden. Während sich noch im Prooemium seiner „Pharsalia", des Epos über den großen Bürgerkrieg zwischen Caesar und Pompeius, die Erwartungen an Nero zeigen, die Hoffnungen auf ein goldenes Zeitalter und auf einen gerechten Herrscher, wird über dem Drama des Stoffes und den Enttäuschungen der eigenen Zeit Cato zum tragischen Helden. In einer Art von stoischer Geschichtsinterpretation ist Caesar Repräsentant der Gewalt. Seinem historischen Erfolg wird die Überlegenheit des moralischen Rechtes bei Cato entgegengesetzt.

Mis *Petrons* originellem Erzählertalent erscheint in der römischen Literatur dann etwas völlig Neues. Sein großer Abenteuer- und Gesellschaftsroman erfaßte in den reichen Freigelassenen, den Sklaven und Dienern eine neue Welt. Der Mann, der nach O. Weinreichs Wort die Comédie humaine und die Contes drôlatiques der neronischen Zeit zugleich schrieb, ist dabei selbst die erregende Verkörperung einer neuen Lebenshaltung. In ihr vereinigen sich hohe Bildung mit realistischer Beobachtung des Alltags, Raffinement des Genusses mit kühler Bewertung. Ihr ergreifendstes Zeugnis fand diese neue Isolierung des Individuums dann auf anderem Felde, in der meist Seneca zugeschriebenen Tragödie „Octavia", in der am Beispiel des Schicksals der Claudiustochter der Triumph der Macht über Reinheit und Recht vorgeführt wurde.

Bei *Seneca* haben Lebensschicksal, Politik, Rhetorik und stoische Philosophie die Gestaltung des literarischen Werkes in gleicher Weise geformt. So verschieden wie die Höhenlagen und die Wirkungskreise dieses Lebens waren, so verschieden sind auch die seelischen Stimmungen, die das Werk durchziehen. Und doch bildet dieses im letzten eine Einheit in seiner Ethik, die man unter Vorbehalt stoisch nennen kann: in der Überzeugung, daß sittliche Vollkommenheit durch innere Arbeit am eigenen Ich möglich ist, und in dem rationalen Versuch, selbst in veränderter Umwelt und in neuartigen Lebenslagen die alten stoischen Werte zu verwirklichen. Aber auch bei Seneca beginnt sich am Ende ein neues Verhältnis zum Staat abzuzeichnen. War noch bis in augusteische Zeit das Bewußtsein lebendig, daß der wenigstens in seinen Zentralinstanzen überschaubare Staat vom Bürger beeinflußt und mitgestaltet werden könne, so wurde parallel zum Ausbau des Staatsapparates die wachsende innere Geschlossenheit des Staates zur historischen Lebenserfahrung des ersten Jahrhunderts n.Chr. Diese Wirklichkeit mußte auf die Dauer gerade reflektierende Naturen zurückwerfen auf ihr eigenes Selbst oder hinausführen zu umfassenderen, ewigen Fragen. Jedenfalls verläuft in dieser Bahn ein entscheidender geistesgeschichtlicher Zug, der uns auch in der religiösen Entwicklung wiederbegegnen wird. Für ihn sind auf ihre Weise und gerade durch die Verschiedenartigkeit ihrer Antworten Petron und Seneca so bezeichnend, der eine durch sein lächelnd überlegenes, oft spielerisches Leben, der andere durch die häufig pathetische Proklamation innerer Unabhängigkeit.

Die literarischen Erscheinungen der *flavischen Zeit* gliedern sich in einer breiten Skala. Neben der höfischen Komponente bei Statius und Martial prägen die Nachblüte des Epos (Silius Italicus, Statius), die große Enzyklopädie des älteren Plinius, die technischen Werke eines Frontin und die pädagogische Systematisierung der alten Redekunst bei Quintilian das Gesicht der Epoche, für die zugleich das Aufstauen der oppositionellen Kräfte beachtenswert ist. Diese brechen durch in den Satiren Juvenals, dem bitteren und pessimistischen Protest gegen das Leben im Rom Domitians. Die berühmte 3. Satire, der Weggang des Umbricus aus dem „griechischen Rom", ist durchglüht von leidenschaftlichem Abscheu gegen den griechischen Alleskönner, der nicht nur als „Sprachlehrer, Rhetor, Maler, Masseur, Geometer, Seiltänzer, Wahrsager, Magier, Arzt" wirkt, sondern schon die Purpurstreifen trägt. Die Empörung darüber, daß der Orontes sich längst in den Tiber ergießt, ist aber im Grunde eine schon anachronistische Wendung gegen Roms Entwicklung zur Weltstadt.

Die *trajanisch-frühhadrianische Epoche* schied dann die Kräfte vollends. Trotz der so forcierten Distanzierung von Domitian ist es kein Zufall, daß der „Panegyricus" des jüngeren Plinius das klassische lateinische Corpus in diesem Genos eröffnet; anderseits hat schon Fr. Leo „das Lustrum um 115–120 n.Chr." als „die Wasserscheide der römischen Geschichtsschreibung" im Hinblick auf die Werke des Tacitus und Sueton bezeichnet. Sind bei *Tacitus* die großen Werke der „Historien" und „Annalen" Bekenntnisse zur republikanischen Form, so sind sie nicht weniger ein Ergebnis des Ringens um die Bewahrung der alten Werte. Dabei hat kaum ein anderer Autor die Macht und die relativierende Wirkung der Zeit so bewußt erlebt wie Tacitus, dessen Leben und Werk sich gerade deshalb den großen Spannungskreisen zwischen Libertas und Prinzipat, Virtus und Prinzipat, Libertas und Discordia nie entziehen konnten. So wurde hier noch einmal auf eine „republikanische" Weise Geschichte gestaltet.

Das Neue bahnte sich in *Sueton* an, dessen generelle curiositas sich auch in seiner Sammlung von Kaiserbiographien von Caesar bis Domitian niederschlug, einem Werk, das trotz aller formalen Schwächen, etwa der bekannten mosaiksteinähnlichen Behandlung von nomen, res gestae, vita und obitus der einzelnen Kaiser, eine römische Werkgattung begründete, welche die eigentliche Geschichtsschreibung in den Hintergrund drängte. Rankes Würdigung, daß Sueton kein großer Schriftsteller war, doch „das Glück und den Geist" hatte, „etwas in der damaligen Lage der Dinge Unentbehrliches zu unternehmen", wird zweifellos dem Manne am besten gerecht, der trotz aller Bindungen den indiskreten Effekt nicht scheute. Er wurde zum Vorbild der „Historia Augusta" ebenso wie für Einhards „Vita Caroli".

Die *Zeit Hadrians und der Antonine* bestimmten dann neue Namen und Kräfte. Die stärkste Kapazität, der aus Cirta in Africa stammende Fronto, galt bei seinen Zeitgenossen vor allem als Rhetor und wurde deshalb auch einer der speziellen Lehrer Marc Aurels und des Lucius Verus. Sein großer Schüler Gellius ist durch die bunte Sammlung der „Noctes Atticae" bekannt, sein Landsmann Florus durch seine historische „Epitome", welche die Wachstumsperioden und -stadien des römischen Volkes zur Einteilungsgrundlage des Geschichtswerkes hatte, der gleichfalls aus Africa stammende Apuleius durch den nach griechischen Vorbildern gestalteten und durch zahlreiche Einlagen aufgelockerten Roman vom Goldenen Esel.

So ergibt schon dieser flüchtige Überblick einige bemerkenswerte Resultate. Da ist zunächst auf die neue Literaturprovinz Nordafrika hinzuweisen, die jetzt an die Stelle von Spanien, Südgallien und Oberitalien tritt. Die Epoche der Seneca, Martial, Quintilian, dann der Plinii und des Tacitus ist zu Ende. In der Literatur zuerst und dann in der Jurisprudenz meldet sich ein neues Energiezentrum an, das unter den Severern eine politische Suprematie erringen und vom Ende des zweiten Jahrhunderts ab auch eine ganze Reihe von großen Bischöfen und Kirchenvätern stellen wird. In der Sprache aber bedeuten die Hinwendung zum Archaismus und zur Volkssprache ebenso eine Abkehr von den alten klassischen Normen, wie dies in gleicher Weise der Bedeutungswandel in den literarischen Gattungen demonstriert. Die Kurzform, die Häufung der Effekte und die Durchsetzung des Romans mit mannigfaltigen Einlagen geben einen Hinweis auch auf die Erwartungen des Publikums.

Wichtiger noch für unsere Fragestellungen sind die Äußerungen im *griechischen Bereich.* Zeigt hier die erste Hälfte des ersten Jahrhunderts n. Chr. noch eine ausgesprochene Stagnation auf fast allen Gebieten, so zeichnen sich im zweiten Jahrhundert neue, starke geistige Strömungen ab. Mit den Schlagworten der zweiten Sophistik und des Attizismus faßt man dabei in der Regel die wichtigsten Triebkräfte und Stilrichtungen zusammen. Im Mittelpunkte der zweiten Sophistik steht eine effektvolle Beredsamkeit, die in der Improvisation ebenso brilliert wie in der ausgefeilten Kunstrede. Das Stilideal und die sprachliche Norm dieser Rhetoren aber ist eine Kopie der klassischen attischen Beredsamkeit, also Attizismus. *Herodes Atticus* und *Aelius Aristides* sind die beiden Männer, welche dieses Ideal vollendet haben. Man hat diese Art von Rhetoren treffend „Konzertredner" benannt und schon damit die Überbewertung formaler Kriterien vor der Substanz charakterisiert. Denn in ihren Gedanken und Bildern leben diese Reden fast durchweg von der Tradition. Darin sind sie charakteristisch für ihre Zeit, die ganz allgemein zwar über eine sehr expansive, doch flache Bildung verfügt, eigenes Forschen hinter dem Kopieren und Kompilieren der Traditionsbestände zurückstellt, immer wieder die Variation sucht und den immer neuen, möglichst vielseitigen und starken Effekt erstrebt.

Im Bezirk der *Philosophie* wurde die Stoa am wichtigsten. Ihr Einfluß knüpfte in Rom zunächst an Areios Didymos aus Alexandrien an, den Freund des Maecenas. Ein anderer Hauptvermittler stoischen Gutes war jener L. Annaeus Cornutus aus Afrika, der hauptsächlich auf Lucan und Persius einwirkte. Neben Seneca aber steht C. Musonius Rufus, ein Ritter aus Volsinii, der in griechischer Sprache schrieb und damit die Funktion des Griechischen als der Muttersprache der Philosophie erneut bekundete. Das Ende des ersten Jahrhunderts überstrahlt *Epiktet,* der gelähmte Sklave aus Hierapolis in Phrygien, der nach seiner Ausweisung aus Rom unter Domitian in Epirus lehrte, zwar selbst keine schriftlichen Lehren hinterließ, aber durch seine Persönlichkeitswirkung und die Treue Arrians zu stärkstem Einfluß gelangte. Seine ethischen Grundsätze sind weithin Ausfluß der geistigen Bewältigung seines Lebensschicksals. Es ist eine Philosophie des Sichabfindens, der Menschenliebe und des Duldens. Zum letzten großen Vertreter der Stoa in diesem Rahmen wurde dann der gleichfalls griechisch schreibende Marc Aurel. Wenn wir daneben die natürlich weiterbestehenden Gruppen des Peripatos, der Skeptiker, Epikureer wie aller übrigen übergehen, so ist dies wohl durch die kurzfristige Wirkung jener Kreise gerechtfertigt.

Ein zweiter Längsschnitt muß der griechischen *Historiographie* in der Kaiserzeit gelten. Am Anfang steht hier die römische Urgeschichte des *Dionys von Halikarnaß* (um 7 v. Chr. publiziert), welche das Werk des Polybios systematisch nach rückwärts ergänzen sollte. Nach einer Unterbrechung von rund anderthalb Jahrhunderten schloß dann der mit Fronto befreundete *Appian* aus Alexandrien seine „Romaiká" ab, ein Werk, dessen Gliederung sehr aufschlußreich ist, weil es die Geschichte der einzelnen von Rom beherrschten Teilräume jeweils in die römische einmünden ließ. Gibt Appians Werk durch die Art und Weise, wie es den universalhistorischen Prozeß des Altertums dem römischen Pol zuordnete, ein Bewußtsein politischer Realität zu erkennen, so sind bei dem zwischen 95 und 175 lebenden *Arrian* politische, philosophische und literarische Leitkräfte des zweiten Jahrhunderts gleichsam in einer Person vereinigt. Der aus Nikomedia in Bithynien stammende Arrian stieg zum Consul suffectus und Freund Hadrians auf, bewährte sich nach 130 mehrere Jahre lang als Statthalter von Kappadokien und schlug in dieser Funktion erfolgreich Einfälle der Alanen zurück. Demselben Mann wird neben der Edition der Lehren Epiktets ein „Periplus Ponti Euxini" und neben anderen theoretischen und praktischen Werken die berühmte „Anabasis Alexandrou" verdankt, der die besten älteren Quellen zugrunde liegen. Auch Arrian aber greift zu Xenophon als Stilideal, und so verbinden sich in ihm mit dem Dienst für Rom stoische Philosophie und eine erklärte Rückwendung zu klassischen Vorbildern, die selbst seine Sprache tragen.

Für *Plutarch* aus Chaeronea (50–120) sind nach mathematischen und rhetorischen Studien in Athen, ganz ähnlich wie für Apuleius und Pausanias, die großen Reisen bemerkenswert, die ihn nach Kleinasien, Alexandrien und Italien führten, aber weit wichtiger noch die Verwurzelung in seiner kleinen böotischen Heimatstadt. Bei all seiner Wertschätzung der klassischen und griechischen Kultur, insonderheit der Akademie Platons, machte sich Plutarch über die politischen Möglichkeiten des Griechentums in seiner Gegenwart keinerlei Illusionen. „Wenn du dir als Beamter deiner Stadt den Kranz aufsetzest, so vergiß nicht, daß über deinem Haupte der Schuh des römischen Statthalters schwebt", lautet einer seiner politischen Ratschläge. Aus seinem Werk, dem umfangreichsten eines heidnischen Autors in griechischer Sprache überhaupt, sind hier die Parallelbiographien hervorzuheben, in denen jeweils ein großer Grieche zusammen mit einem Römer dargestellt und verglichen wird. Wenn dabei auch das Verbindende oft an den Haaren herbeigezogen ist, so wird man in dieser spiegelbildlichen Konfrontation doch auch eine griechische Antwort auf die geistige Doppelpoligkeit des Reiches sehen können. Allerdings geht der moderne Versuch, gerade in diesem Werk „eine literarische Propaganda für die kaiserliche Politik" Trajans zu erblicken, viel zu weit, obwohl an Plutarchs Loyalität gegenüber der römischen Macht kaum zu zweifeln ist. Auch Plutarch ist ähnlich wie Sueton – vor allem über die Übersetzung von Amyot und durch Shakespeare – eine bedeutsame Nachwirkung zuteil geworden, für die seine moralisch-pädagogische Zielsetzung und sein Glaube an die enthusiasmierende Gewalt der großen historischen Vorbilder den Weg geöffnet haben.

Für die um 180 abgeschlossene Beschreibung Griechenlands des *Pausanias* lassen sich ähnliche Wechselbeziehungen zwischen der allgemeinen historischen Situation und den geistigen Zeitströmungen aufzeigen. Denn Pausanias gibt diese Beschreibung, nachdem die Restaurationspolitik Hadrians und der Antonine Griechenland kulturell wieder ins helle Licht des allgemeinen Interesses gerückt hatte. Ihm wurde er gerecht durch die Intensität der geographischen und topographischen Bearbeitung. Zeitbedingt wie die romantische Verklärung der griechischen Vergangenheit und die rhetorisch geprägte Form ist die Fülle der Exkurse und neben der Huldigung vor dem Archaischen und Klassischen die Anerkennung der Leistungen einzelner römischer Herrscher. Doch fehlt bei ihm auch die Folgerung nicht, daß die römische Besetzung Griechenlands den letzten Grund für den Rückgang der geistigen Produktivität bilde.

Der um 120 in Samosata am Euphrat geborene *Lukian* wandte sich mit schärfster satirischer Kritik gegen die Exzesse der Rhetorik und Pseudophilosophie seiner Zeit, einer Kritik, die auch deshalb so gallig ist, weil sie sich immer wieder gegen die eigene Vergangenheit richten mußte. In unserem Zusammenhang am wichtigsten bleibt Lukians rationale Zergliederung der antiquierten mythologischen Welt. Diese Auflösungsarbeit macht mit ihrer

Voraussetzung, dem Ungenügen an den konventionellen, erstarrten und entleerten Religionsinhalten wie an den alten polytheistischen Vorstellungen, den Erfolg der neuen religiösen Mächte verständlich.

Im übrigen hat Lukians Kritik auch vor Rom nicht haltgemacht, sein „Nigrinus" bedeutet eine nicht zu verkennende Abwertung der führenden Macht. Dem ließen sich eine Reihe weiterer Stimmen beigesellen, die ziemlich unverhohlen Vorwürfe gegen Römertum und römische Herrschaft erhoben und die damit wieder eine Haltung zum Ausdruck brachten, welche früher schon bei Karneades zu fassen war. Immer wieder blickte man im griechisch-hellenistischen Raum voll Verachtung auf die rohe Grausamkeit der römischen Spiele mit ihren Menschen- und Tiermassakern, auf den Badeluxus und das stumpfe Protzentum reicher Römer herab. Allzu enge Anlehnung an römische Sitten und Formen, sei es im Gebrauch römischer Namen, sei es in der modischen Übernahme der Rasur, sind als peinlich empfunden und heftig getadelt worden, doch zu leidenschaftlichen Massenpsychosen führte solche Kritik an Äußerlichkeiten, in der sich freilich nicht selten tiefe Ressentiments entluden, im allgemeinen nur in Großstädten, wie im brodelnden Kessel Alexandriens.

Im allgemeinen aber war die Haltung der Griechen in der Kaiserzeit, jedenfalls soweit es die Literatur erkennen läßt, nicht durch eine absolute Frontstellung gegen Rom, sondern, wie die Untersuchung von J. Palm gezeigt hat, durch die Hinnahme des Reiches gekennzeichnet. Das Ausmaß der eindeutig antirömischen Tendenzen ist sogar relativ gering und damit zu erklären, daß eine kulturelle Romanisierung des griechischen Ostens niemals betrieben wurde. Allerdings sind die römischen Vorstellungen in manchen Punkten nicht einfach übernommen worden. Bei Dio Chrysostomus etwa wurden vom römischen Imperium Verbindungen zu „entromanisierten", universalen Vorstellungen gezogen und gerade jene griechischen Ideen betont, die in diesem Reich verwirklicht waren.

Die Stimmen eines geistigen Widerstandes gegen Rom, die von H. Fuchs gesammelt und erläutert wurden, wird man hinsichtlich ihrer wirklichen Bedeutung nicht überbewerten dürfen. Hervorzuheben sind vielmehr in diesem Zusammenhang wohl eher zwei andere Tatsachen. Dies ist einmal die Feststellung, wie vieles hier von Rom in Einzelfällen hingenommen und geduldet wurde, wobei sich die römische Überlegenheit häufig genug gerade durch Zurückhaltung gegenüber unverschämten Auswüchsen zeigte, zum zweiten die Erscheinung, daß selbst die römische Literatur den Stimmen der Gegner Raum gab, wie der Mithridatesbrief bei Sallust oder die Calgacusrede bei Tacitus bezeugen. Wo uns eine dauernde und entschiedene antirömische Haltung begegnet, ist sie fast stets religiös bedingt, wie im Verhältnis der Juden zum Reich nach der Zerstörung des Tempels. Doch oft verbanden sich hier wie anderswo mit der Ablehnung und dem Haß gegen Rom die Ablehnung irdischer Macht überhaupt, für die das Reich nun einmal zur großen Verkörperung geworden war.

Im Gebiet der *Kunst* wirkten sich der Rahmen und die Aufgaben des Reiches auf die Entwicklungen in der Kaiserzeit in der verschiedenartigsten Weise aus. Sie schufen einmal die Möglichkeit für eine neue Ausbreitung der griechischen Kunst in den Westen und Norden des Mittelmeerraums, und anderseits gelangten die eigentlich römischen Kunstgattungen, nämlich Architektur, Porträtkunst und historisches Relief, jetzt zu höchster Entfaltung.

Die Architektur ist durch die Impulse der imperialen Bedürfnisse und der großen Anlagen Roms am meisten entwickelt worden. Die Hauptakzente liegen hier in der differenzierten Gestaltung der Fassaden, in der strukturellen Durchdringung, Aufgliederung und Komposition des Baukörpers, in der künstlerischen Bewältigung des Innenraumes, der durch die Verwendung des Tonnengewölbes jetzt zu ganz neuen Wirkungsmöglichkeiten gelangte, in der weiten Verwendung der Ziegelbauweise statt der herkömmlichen Steinblockkonstruktionen und endlich in der Anwendung von Wandmalerei mit illusionistischer Funktion im Innern der Villen, beispielsweise Pompejis.

Immer wieder wird man daran erinnern müssen, daß in den Städten neben den großen öffentlichen Bauten und neben den prachtvollen repräsentativen Stadtwohnungen nach wie vor die trostlos eintönigen Massenquartiere fortbestanden. Und doch erhoben sich vor diesem Hintergrund die monumentalen Bauten Roms um so eindrucksvoller. Das Kolosseum etwa erreichte eine Höhe von 47 Metern und bot bei einem Umfang von 527 Metern in seinen vier Stockwerken ungefähr 50000 Menschen Platz. Auch die moles Hadriani ragte mit einem Tumulus von 89 Metern Durchmesser 45 Meter hoch empor. Das Zentrum Roms aber bildeten die Kaiserfora, als Gipfelpunkt in Dimensionen wie in Gliederung das Trajansforum des Apollodoros von Damaskus. Die nahezu „ornamentale Schönheit des Grundrisses“ (Rodenwaldt) dieser Anlage bildet die Zusammenfassung und die Vollendung römischer Fora zugleich. Es ist nicht zufällig, daß in der axial-symmetrischen Komposition Elemente der römischen Limitation wiederaufgespürt wurden, also Elemente der Feldmessung als Raumbewältigung, die wesentlich für die geistige Struktur und Konstitution des Römers sind, wie die regelmäßige Umgrenzung, die Richtungsfixierung und die Axialsymmetrie als Rahmen der Grundeinstellung zum Raum überhaupt. Es sind dies aber dieselben Elemente, die in den Legionslagern ebenso vorhanden sind wie im Grundriß mancher Stadtanlagen.

In der Porträtplastik begegnet uns ein ständiger Wechsel hellenistischer und italischer Tendenzen. Nach der augusteischen Klassik sind besonders unter Nero und Domitian Phasen einer betonten Körperlichkeit ausgeprägt. Unter Trajan herrscht auch hier ein mehr sachlicher, nüchterner und in seinen Mitteln zurückhaltenderer Stil, auf den dann unter Hadrian ein voller Durchbruch des griechischen Stiles folgt. Wenn sich die Kunst der trajanischen Zeit allgemein an die augusteische anschließt, so setzt mit Hadrian noch einmal ein starker Gestaltungswille neue Kräfte in Bewegung. Denn das, was man, stark vergröbernd, als hadrianische Renaissance bezeichnet, ist bei aller Verschiedenheit in den Ausdrucksformen und im Stilideal doch in ganz ähnlicher Weise wie die augusteische Klassik weitgehend durch die persönlichen Auffassungen des Herrschers selbst bestimmt. Allerdings fehlt hier, wenn man aufs Ganze sieht, jene Geschlossenheit, die einst die augusteische Klassik ausgezeichnet hatte. Neben der Weiterführung römischer Linien etwa in Hadrians Villa bei Tivoli stehen rein griechische Konzeptionen, beispielsweise im Olympieion in Athen. Insgesamt aber wird man doch die Kunst jener Jahrzehnte als „philhellenischen Klassizismus“ bezeichnen können.

Wenig später gelangten auch die historischen Reliefs zu einem Abschluß ihrer Entwicklung in den Bildbändern der Trajans- und der Marcussäule. Stilistisch sind vor allem die Reliefs der Marcussäule ein Markstein der künstlerischen Gesamtentwicklung. Denn mit der betonten Hervorhebung der Person des Kaisers, der rhythmisierenden Gestaltung, den neuen Effekten durch Wiederholung und Reihung, bewußte Vereinfachung und Konzentration, mit symmetrischen und Gruppenkompositionen kündigen sich ganz neue Tendenzen an. Sie leiten später zur Frontalität und zu starren Topoi der Bildersprache hin, damit zur Formenwelt der spätantiken Kunst. Auch in der Rundplastik ist in der zweiten Hälfte des zweiten Jahrhunderts eine neue Strömung faßbar. Die Gestalten zeigen nun häufig ein erregtes Leben, selbst in Einzelheiten wie in der Betonung der Gesichtsfalten, in der scharfen Erfassung von

Bewegungen, in der differenzierenden Plastizität der Haarbehandlung und der Augengestaltung erblickt man Äußerungen eines barocken Pathos und einer tiefen seelischen und geistigen Unruhe, während einzelne Werke vom Ende des Jahrhunderts, wie die Commodusbüste im Konservatorenpalast, bereits als „Rokoko" angesprochen werden.

4. Die Ausbreitung der Kulte

Bereits früher wurden die Grundzüge römischer religio, die Krisensymptome zur Zeit der späten Republik, die Ergebnisse der augusteischen Restauration und die Bedeutung der Institution des Kaiserkultes für die allgemeine Glaubensentwicklung im Römischen Reich gestreift. Der entscheidende Wille zum Bewahren der alten römischen Staatsgötter und die grundsätzliche Bereitschaft zur ergänzenden Übernahme solcher fremden Gottesvorstellungen, die sich mit jenen verbinden ließen, kennzeichneten zunächst die offizielle *römische Religionspolitik,* die somit durch ein erstaunliches Maß von Gelassenheit und Toleranz geprägt ist. Nur in Ausnahmefällen hatte sich schon das republikanische Rom bestimmten religiösen Vorstellungen versperrt und Zirkel zerschlagen, von deren Wirken für Sitte und Sicherheit Gefahren erkannt oder vermutet wurden. Die Wendung gegen die Bacchanalien im Jahre 186, das Vertreiben von Chaldäern und Juden 139, die zunächst wohl instinktiven Reserven gegenüber den zumeist von Sklaven, Freigelassenen, Händlern und anderen Angehörigen der unteren Bevölkerungsgruppen verehrten orientalischen Kulte, aber auch das rigorose Einschreiten gegen die Welt der têtes coupées und der abstoßenden Monstergottheiten im „keltoligurischen" Bereich und gegen jene der Druiden gehören in diesen Zusammenhang. Innerhalb eines weiteren Rahmens entspricht diesen Normen auch die Stellung zu Juden- und Christentum.

Rein äußerlich betrachtet, erfuhren die traditionellen italischen und griechischen Religionsvorstellungen in der Kaiserzeit die höchste Steigerung und die weiteste Expansion. Doch nicht selten sind alle diese einer polytheistischen Grundkonzeption verhafteten Kulte lediglich formalistisch vollzogen worden, und gerade die Vielzahl der Götterbilder und Tempel darf nicht dazu verleiten, eine entsprechend tiefe Religiosität zu unterlegen. Indifferenz, Fatalismus, Skepsis, naive oder reflektierte Hingabe an Astrologie, Magie, philosophische Systeme oder populär-philosophische Strömungen füllten die immer breiter aufklaffenden Lücken zwischen Kultformen und Glaubensinnigkeit. Obwohl im Bereich der Religion selbst viele alte Gottheiten auch weiterhin in den großen, klaren und geschlossenen Formen verehrt worden sind, gewannen hier allmählich andere Entwicklungen die Oberhand.

Bei Griechen wie Römern war die Überzeugung verbreitet, daß die Götter, die im Ausland unter fremden Namen begegneten, von den eigenen nicht verschieden, sondern lediglich anders benannt seien. Im Prinzip ist jenes Verfahren, das Herodot in seinen griechischen Benennungen ägyptischer Gottesvorstellungen anwandte, auch von den Römern sowohl in ihrer Begegnung mit den griechischen als auch mit den „barbarischen“ Gottheiten, in der *interpretatio Romana,* weitergepflegt worden. Wie Caesars Äußerung über die gallischen Götter zeigt, wurde dabei von der Funktion des jeweiligen Gottes ausgegangen. Unter den Namen Mercurius, Hercules und Mars faßte später nicht nur Tacitus die germanischen Hauptgottheiten, sondern umgekehrt verehrten unter den gleichen Namen auch die germanischen equites singulares und andere germanische Soldaten in römischem Dienst ihre heimischen Götter. Wie die Weihungen von Soldaten aus Illyrien und dem Donauraum für Silvanus, Apollo und Diana belegen, war diese Reaktion keineswegs regional oder ethnisch begrenzt.

Der Prozeß der Benennung nichtrömischer Gottheiten mit lateinischen Namen wurde so nicht nur von den Römern vorangetragen, sondern ebenso von den Einheimischen selbst. Einfache Namensangaben, wie Ingirozoglezim in Mauretanien, Turmasgada in Dakien oder Ahoparaliomegus in Spanien, bilden allmählich die Ausnahme, die Regel dagegen die Verbindung des einheimischen mit dem römischen Gottesnamen wie in Mars Cocidius oder die ausschließliche Nennung des römischen Namens etwa im Falle von Silvanus für donauländische oder britannische Gottheiten. Dabei war die Identifizierung bestimmter einheimischer Götter mit römischen Gottesvorstellungen im einzelnen nicht immer einheitlich: der britannische Cocidius wurde ebenso als Mars Cocidius verehrt wie als Silvanus Cocidius, Brigantia als Victoria Brigantia oder als Nymphe Brigantia, der ligurische Vintius als Mars Vintius und als Vintius Pollux.

In einem größeren Zusammenhang stellen die Phänomene weit mehr dar als Fragen der Nomenklatur. Sie berühren sich mit der Vorstellung von einer letzten Einheit aller Götter, mit Versuchen, die Einzelgottheiten, sei es durch eine philosophische, sei es durch eine religiöse Konstruktion zu überwölben, und endlich mit der

Erscheinung des *Synkretismus.* Dessen Ausmaß dürfte bei einer Betrachtung des *Isiskultes* am deutlichsten zutage treten. Schon vor Herodot wurden Isis und Osiris mit Demeter und Dionysos identifiziert, Osiris ging zudem in dem von den Ptolemäern eingeführten Serapis auf und galt generell als Fruchtbarkeits- wie als Unterweltsgott. Gerade die eigenartige Elastizität und die Unbestimmtheit der ägyptischen Theologie erklären es nach Franz Cumont, daß die synkretistische Mannigfaltigkeit dort einen weiteren Raum gewann als anderswo. Die Fülle der Vorstellungen, die sich für die Griechen mit dem Namen der Göttin verbinden konnten, ist in den Isisaretalogien enthalten. Als myrionyma wurde sie mit ganzen Reihen von Gottheiten gleichgesetzt, bei Apuleius schließlich als deorum dearumque facies uniformis bezeichnet. Bei all dem ist Isis, die in Italien häufig als Venus verehrt wurde, ihres ursprünglichen ägyptischen Glaubensinhaltes weithin entkleidet worden, in Plutarchs Schrift nicht weniger als in den zahlreichen künstlerischen Darstellungen, wo gelegentlich Kopfschmuck und Sistrum die einzigen kennzeichnenden Attribute bilden und auch die Annäherung an den klassischen Aphroditetypus nicht fehlt.

Im Gegensatz zum übrigen Reich hat dieser Kult in Rom selbst verhältnismäßig spät seine offizielle Anerkennung gefunden. Noch um die Mitte des ersten Jahrhunderts v. Chr. wurde er wiederholt verfolgt, unter Augustus aus dem Pomerium verbannt und nach neuer Verfolgung unter Tiberius erst unter Caligula durch ein Isis- und Serapisheiligtum auf dem Marsfeld geehrt. Der volle Durchbruch erfolgte unter den Flaviern. Jetzt erschien Serapis als Zeus Serapis auf Münzen der alexandrinischen Reichsprägung. Domitian, der sich 69 in der Verkleidung eines Isispriesters hatte aus Gefahr retten können, ließ das römische Isis- und Serapisheiligtum prunkvoll wiederaufbauen, unter Caracalla wurde schließlich auch ein Isistempel auf dem Quirinal errichtet.

Wenn so auch die Widerstände in der Hauptstadt die Ausbreitung der Isisverehrung nicht aufhalten konnten, so lag der Grund dafür naturgemäß nicht in der Wandlung der speziellen ägyptischen Gottheit im Zuge hellenistischer Strömungen zur Mutter aller Kultur und zur Erlöserin aller Menschen, sondern im Charakter der *Mysterienreligionen,* denen sie neben der Großen Mutter, Mithras und einigen anderen orientalischen Kulten zugehört. Es war den Mysterienreligionen gemeinsam, daß sie allen Anhängern, und zwar gerade den Leidenden, Schwachen und Unterdrückten, die Reinigung ihres inneren Lebens und damit die Erlangung des Heils in Aussicht stellten. Sie bedienten sich dazu eines bestimmten

Einweihungsrituals und einer häufig geheimnisvollen Liturgie, welche auch die Sinne aufs stärkste beeindruckte. In einem meist fest umrissenen Kultus erlangte der Anhänger jeweils die Vereinigung mit dem betreffenden Gott, und die Kulthandlung ließ ihn im allgemeinen den Tod und die Auferstehung dieser Gottheit nacherleben. So gewährten diese Religionen nicht nur die Zusicherung ewigen Lebens nach dem Tode, sondern neuartige und erschütternde Glaubenserlebnisse, den Zauber geheimnisvoller, exklusiver Gottesdienste und den Vorzug der Innigkeit und Verläßlichkeit kleinerer Glaubensgemeinschaften.

Im Unterschied zur Isisverehrung sind für den *Mithraskult* griechische und hellenistische Einflüsse nur von sekundärer Bedeutung gewesen. Doch wie die Forschungen von Cumont und Saxl gelehrt haben, handelt es sich auch bei ihm um alles andere als einen homogenen Bestand. Wenn der Kult seinem Wesen nach immer, wie Cumont es formulierte, „ein chaldäisch imprägnierter Mazdaismus" geblieben ist, so hat er seine Abrundung zur Mysterienreligion in Kleinasien erfahren. Die Denkmäler zeigen den breiten religiösen und mythischen Hintergrund an, der auf Mithras bezogen und mit ihm verbunden worden ist: die vermutlich von iranischen wie babylonischen und orphischen Vorstellungen gestaltete Figur des Aion, babylonische Gestirnsymbolik, im Stierraub älteste Sagenbestandteile und in der Stiertötung kosmogonische oder soteriologische Auffassungen. Dennoch bewahrte der Mithraskult seinen prinzipiellen Dualismus und die Härte seines moralischen Imperativs, welche in erster Linie die Soldaten und Offiziere ansprach, die seine treuesten Diener wurden und die ihn vor allem in den Garnisonsorten, Kastellen, Lagern und Häfen, damit insbesondere im Grenzraum verbreiteten, während bezeichnenderweise die Kerngebiete des griechischen Reichsteiles von ihm kaum berührt worden sind. Es läßt sich schwer abschätzen, welchen Prozentsatz der Gesamtbevölkerung die Mysterienreligionen überhaupt erfaßten. Wenn für einige Städte im gallisch-germanischen Bereich ein Annäherungswert von 10 bis 15 Prozent geschätzt wurde, ein Wert, der sich gewiß nicht verallgemeinern läßt, so dürfte damit doch wenigstens die Größenordnung skizziert sein, welche die aktiven Anhänger der Kulte erreichten.

Angesichts der oben dargelegten allgemeinen Tendenzen der Zeit kann es nicht überraschen, daß selbst zentrale Vorstellungen und Riten der einzelnen Kulte auch von anderen übernommen wurden. So war das Taurobolium, die erregende rituelle Reinigung durch die Besprengung mit dem Blut eines frisch geschlachteten

Stieres, zwar ursprünglich mit dem Kybele-Kult verbunden, doch später ebenso mit jenem der als Venus Caelestis identifizierten Atargatis und selbst mit jenem des Mithras. Solche Gemeinsamkeiten stehen fest; die Kritik an den Vorstellungen einer gemeinsamen „Mysterientheologie“ und die Betonung der Verschiedenartigkeit der einzelnen Kulte, damit die primär differenzierende Interpretation, welche als forschungsgeschichtliche Reaktion nach Cumonts machtvoller Synthese die gegenwärtigen Forschungstendenzen bestimmt, darf sie nicht zu gering veranschlagen.

Innerhalb der großen synkretistischen Formenwelt der Kaiserzeit stellen die Mysterienreligionen freilich nur die lebendigsten Triebkräfte dar. Die synkretistischen Erscheinungen der antiken Religion haben, wie schon erwähnt, allgemein bereits lange vorher eingesetzt. Die Identifizierung des phrygischen Sabazios mit Zebaoth ist dafür eines der bekanntesten Beispiele. Doch naturgemäß steht die volle Ausbildung des Synkretismus mit den Gegebenheiten des Imperium Romanum in engstem Zusammenhang. Die Möglichkeit zur nahezu ungestörten Ausbreitung aller Kulte, die Vielzahl und Häufigkeit der Begegnungen, die Zunahme und Ausweitung des allgemeinen Verkehrs ließen den Prozeß geradezu zu einer allgemeinen Erscheinung werden. Die aus dem weithin verbreiteten Ungenügen an der konventionellen Religion zu erklärende Bereitschaft, sich fremden Vorstellungen hinzugeben, wenn sie nur persönliche Anhaltspunkte boten, umgekehrt die Vorteile, die neue Kulte gewannen, wenn sie Konzessionen an bereits vertraute Bilder duldeten, die vielen Abschleifungen der einst klaren und fest umrissenen Einzelgottheiten im Umsetzen ihrer Gehalte in immer neue Sprachen und für immer neue Kreise, die Konsequenz, daß sich ein fort und fort ergänztes, aufgespaltenes und neu gekoppeltes Pantheon schließlich berühren mußte mit übergreifenden oder monotheistischen Tendenzen, all dies war und wirkte nicht isoliert, sondern griff ineinander und prägte das religiöse Leben innerhalb des Imperium Romanum in jeder Höhenlage, auf der Ebene der sogenannten Hochreligion wie des alten Volksglaubens, der Philosophie wie der Popularphilosophie und der Astrologie.

Davon zeugt vielleicht am eindrucksvollsten der *Hermetismus*, eine Erscheinung, deren Resonanz zwar wohl nur sehr begrenzt gewesen ist, die aber anderseits als charakteristisch gelten darf in ihrer Verschränkung von ratio und Religion wie in ihrer Verflechtung ägyptischer Götterautorität mit griechischen, gnostischen und christlichen Vorstellungen. In den nach dem höchsten offenbarenden Wesen, dem Hermes Trismegistos, bezeichneten Schriften kamen in der Form von Offenbarungen durch altägyptische Göttergestalten philosophische Lehren zum Vortrag, welche ein Gedankengut formulierten, das sich aufs engste mit demjenigen der späten Stoa, der Pythagoreer und des Platonismus berührt. Wenn damit Schriften zur Astrologie und Magie vereinigt waren mit dem Ziel, gerade den weiten Bereich zwischen eigentlicher Religion und Philosophie auszufüllen, vielleicht sogar durch die sakrale Formung philosophischer Substanz – wenigstens in den Augen der Schöpfer – einen die Religionen übergreifenden Bau zu errichten, so dürfte in der neben Gnosis, Neuplatonismus und Christentum gewiß nur zweitrangigen Größe eine eben in Ansatz, Methode und Ziel doch ungewöhnliche Ausweitung der synkretistischen Strömungen zu erkennen sein. Wenn anderseits etwa von H. Gunkel auch das Christentum geradezu als synkretistische Religion verstanden werden konnte, so zeigt diese extreme Bewertung, wie mächtig und umfassend der Synkretismus gewesen ist. Diese These bildet den Gegenpol der modernen religionswissenschaftlichen Auffassungen, welche gerade das Absetzen des Christentums von seiner synkretistischen Umwelt und von der Gnosis betonen.

Daß schließlich ein Zusammenhang zwischen der Vielfalt der synkretistischen Erscheinungen und einem Zug zum *Monotheismus* immer vorhanden war, ist gewiß, wenn auch für die Art dieses Wechselverhältnisses im einzelnen keine schematische Anschauung gelten kann. Hat tatsächlich „der Drang zum Monotheismus einen allumfassenden Synkretismus hervorgerufen, der alle Götter, die eigenen wie die fremden, unter einen Hut brachte“ (Nilsson)? Den tiefen Zusammenhang zwischen Imperium Romanum und dem Monotheismus legte Erik Peterson in seiner Studie über den Monotheismus als politisches Problem weitausgreifend dar. Uns berühren hier gemäß seiner Interpretation vor allem die gegensätzlichen Einstellungen des Celsus und Euseb. Während Celsus die Auffassung vertrat, daß das Imperium Romanum gerade allen nationalen Besonderheiten und Kulten Raum gebe und sich somit seinem Wesen nach gegen das strikt monotheistische Christentum wenden müsse, hat sich für Euseb in konstantinischer Zeit die Perspektive völlig verschoben. In seiner Sicht hat das Reich des Augustus alle nationalen Einheiten nach und nach aufgehoben, es ergibt sich ein providentieller Zusammenhang des Kaiserreiches mit dem Erscheinen Christi. Der Monotheismus ist dem Reich metaphysisch zugeordnet. Damit war ein folgenschweres Bekenntnis zu den Wechselbeziehungen zwischen Reich und Frieden, Monarchie und Monotheismus abgelegt.

Das römische Kaisertum aber hat zunächst einen ganz anderen Weg eingeschlagen. Der Stoiker Marc Aurel ließ in der Not des Reiches an alle alten wie an die fremden Gottheiten appellieren. Wenn sich unter Aurelian die polytheistische Götterwelt um Sol kristallisierte, so auch deswegen, weil der solare Monotheismus für alle Schichten akzeptabel war, für die breiten, im Banne populärastrologischer Vorstellungen lebenden Kreise ebenso wie für die Anhänger der häufig in irgendeiner Weise mit Sol in Verbindung gebrachten alten Religionen und auch für die verschiedenen philosophischen Schulen, die sich alle mit einem solaren Prinzip am ehesten abfinden konnten.

Das Gesamtbild der politischen, wirtschaftlichen und geistigen Entwicklungen im Römischen Reich während der Kaiserzeit läßt sich wohl dahin zusammenfassen, daß parallel zu dem äußeren Wachstumsprozeß des Reiches eine schon für die römische Republik maßgebliche Grundhaltung weiter bestimmend blieb. Immer wirkte noch jene Bereitschaft, fremde Werte und Güter in sich aufzunehmen, die sich mit der Fähigkeit verband, sie organisch einzufügen und lange Zeit dem eigenen Wesen entsprechend zu formen, und jene dem Fremden gegenüber offene und nie auf systematische Nivellierung bedachte Verhaltensweise, die dadurch in der Lage war, eine Vielfalt von abgestuften Rechten und autonomen Bestandteilen zu umgreifen. Gewiß mündete der Prozeß der Romanisierung, wenn man ihn rein staatsrechtlich faßt, schließlich in die Einebnung aller Unterschiede in dem alten hohen Stufensystem zwischen Verbündeten und Peregrinen einerseits, römischen Vollbürgern anderseits. Doch faßt man den Begriff weiter und bezieht man die Ausbreitung der lateinischen Sprache, der städtischen Lebensform und der römisch-hellenistischen Kultur ganz allgemein in ihn mit ein, so läßt er sich in genereller Gültigkeit kaum mehr verwenden. Deshalb nicht, weil die Verbindung dieser Kräfte mit dem älteren Substrat in den verschiedenen Reichsteilen zu völlig verschiedenen Erscheinungen führte. Es muß mit Nachdruck darauf hingewiesen werden, daß gerade diese Vielfalt in der Kaiserzeit demonstrativ bejaht wurde, wie etwa die Münzzyklen Hadrians belegen. So sollen nach der Analyse der allgemeinen Faktoren im folgenden einige Beispiele solcher Entwicklungen innerhalb des Reiches aufgezeigt werden.

Im keltischen Bereich empfiehlt es sich, *Britannien* als Beispiel auszuwählen, ist doch hier die archäologische Erforschung seit Haverfield von einer ungewöhnlichen Intensität gewesen und die Wall-Pilgrimage auch heute noch nicht erloschen. In den unter Hadrian und Antoninus Pius ausgegebenen Provinzzyklen der römischen Reichsprägung fällt die auf Felsen sitzende und mit Schild, Waffen oder Feldzeichen ausgestattete Britannia durch den ganz militärisch bestimmten Charakter der Darstellung auf. Auch jede moderne Analyse der römischen Einflüsse in jenem Außenland des Reiches wird die ungewöhnlich starke Bedeutung der militärischen Impulse auf fast allen Gebieten zu unterstreichen haben.

Die Notwendigkeit und die Motive einer römischen Okkupation Britanniens mögen im Altertum so umstritten gewesen sein wie heute. Wahrscheinlich wirkten sehr verschiedenartige Triebkräfte zusammen: der Wille, dieses réduit des Keltentums, das stets offene receptaculum perfugarum und eine der letzten Basen der Druiden zu zerschlagen, der Ehrgeiz des Claudius, übertriebene Vorstellungen von den Bodenschätzen der Insel und möglicherweise falsche von ihrer Topographie, endlich wohl die Absicht, Gallien nicht auch noch am Kanal durch eine Militärzone oder eine starke Flotte sichern zu müssen, deren Kräfte das relativ ausgeglichene Verhältnis zwischen den großen Heeresgruppen des Reiches beseitigt hätten. Immerhin ist es aufschlußreich, daß die Problematik der Besetzung in neronischer Zeit ebenso empfunden wurde wie in den Tagen Appians, bei dem gerade die Fragen einer Ökonomie der Expansion vernehmbar werden.

Nach Caesars Vorstößen (55; 54) hatte sich in der augusteischen Epoche der römische Einfluß vor allem auf Klientelkönige gestützt. Dabei blieb es auch noch geraume Zeit nach der claudischen Invasion (43 n. Chr.) – Cogidumnus, der rex et legatus Augusti in Britannia, ist der bekannteste von ihnen –, bis diese schließlich nacheinander aufgesogen wurden, als das System seine entlastende und überleitende Funktion erfüllt hatte. Auf politischem Gebiet zeichnete sich die römische Herrschaft in diesem Raum gegenüber der Zersplitterung der belgischen und britischen Dynasten gerade durch Einheitlichkeit und Geschlossenheit aus. Auf Einheit wirkte diese Ordnung hier wie anderswo nicht nur in den okkupierten Territorien hin, wo mancherlei Gegensätze abgeschliffen wurden, sondern selbst noch darüber hinaus, weil sie auch die Gegner auf sich vereinigte. Zur Eroberung der Insel war Rom immerhin zum

Einsatz von etwa 40000–50000 Mann (einschließlich der gallischen und thrakischen Hilfstruppen) gezwungen. Die Besatzung wurde dann wiederholt durch Abkommandierungen geschwächt, unter Domitian um ein Viertel ihrer Gesamtstärke, unter Marc Aurel jedoch wieder durch starke sarmatische Reitereinheiten ergänzt. Doch würden diese für antike Maßstäbe beträchtlichen Kontingente das Ausmaß ihres Einflusses auf der Insel nicht erklären. Es kommt hinzu, daß diese Truppen Jahrzehnte hindurch in Bewegung blieben, daß ihre Marschlager und Kastelle fast das ganze Land überformten, bis sie schließlich in den großen systematischen Anlagen der Zernierung von Wales und in den Militärzonen des Hadrians- (122–128) und des Antoninuswalls (139–142) zur Ruhe kamen.

Die Auswirkung dieser Operationen ist kaum zu überschätzen, führte sie doch eine grundlegende Umschichtung der *Siedlungsstruktur* und auch eine Verlagerung der Siedlungskonzentration herbei. Zwar bestanden vor allem im Landesinnern, in den Bergregionen, im Innern von Wales wie in Schottland vorrömische Dörfer und Einzelsiedlungen nur wenig berührt weiter, doch wichtiger wurden jetzt die neuen Zellen, die sich bald an die Kerne der römischen Legionslager, Kastelle und Straßen anschlossen. Insbesondere in Nordengland entwickelten sich bei den Kastellen Dörfer (Vici), welche Handels- und Verwaltungsfunktionen in sich vereinigten. Bei den Legionslagern wurden aus den Canabae mit ihren Buden, Läden und Werkstätten Siedlungen mit kommunaler Selbstverwaltung. Hatten vorher die stark befestigten Höhensiedlungen der Hillforts die stärksten Akzente des Siedlungsbildes gesetzt, so nun die großen Talstädte, zu denen jetzt die Stammesvororte umgestaltet wurden, mit ihren Basiliken, Foren, teilweise gepflasterten Straßen, Amphitheatern und manchmal auch Theatern. Dazu kamen dann noch die vier Veteranenkolonien Camulodunum, Glevum, Lindum, Eburacum als die eigentlichen propugnacula imperii, ferner Londinium, das als Verwaltungs- und Handelsmittelpunkt, zeitweilig auch Münzstätte, deshalb eine erste Blüte erlebte, weil es zum erstenmal in seiner Geschichte eine betont überregionale Funktion ausübte, schließlich in einer besonderen Stellung Aquae Sulis (Bath) als bedeutendstes Heilbad der Insel. Aus dem Land sind auch mehrere hundert Villen bekannt, Gutshöfe sehr verschiedener Größenordnung, von denen einzelne, wie der berühmte von Lullingstone, es ermöglichen, die Entwicklung einer Siedlungszelle zu rekonstruieren vom Beginn der keltischen Lehmhütte an über das rechteckige Haus mit Steinfundament in immer komfortablerem Ausbau bis zur großen Anlage mit Mosaiken, Bädern und Hypokausten. Damit ist zugleich schon gesagt, daß sich nun auch die ganze Bauweise im Lande von Grund auf änderte. Ziegeleien nahmen ihre Produktion auf, der Steinbau drang weiter vor, und für die repräsentativen Monumental- und Sakralbauten wurde jetzt selbst Marmor aus Italien und Griechenland eingeführt.

Dennoch ist es ein besonderes Merkmal der englischen Entwicklung, daß der Urbanisierungsprozeß nach einem ersten Rückschlag (61) Extreme vermied. Wohl hat es auch in Britannien allzu große Städterahmen gegeben, die erst spät oder überhaupt nicht ausgefüllt wurden, aber insgesamt verlief die Bewegung nüchtern und stetig. Der Stammesadel war hier, wenn diese Verallgemeinerung erlaubt ist, stärker mit dem freien Lande verwurzelt als anderswo, das Verhältnis Land–Stadt ausgeglichener, die Blüte der städtischen Anlagen zwar bescheidener, doch auch, wie die Deutung der Funde von Verulamium zeigt, kontinuierlicher.

Auf *wirtschaftlichem Gebiet* wurden die schon vor der Besetzung dominierenden Exportzweige (Getreide, Vieh, Felle, Jagdhunde, Metalle) weiterentwickelt, doch vom Reichshaushalt aus beurteilt, waren die Gewinne nur mäßig. Nicht einmal in den Edelmetallen dürften sich die römischen Erwartungen erfüllt haben, obwohl die ersten Bleiminen schon wenige Jahre nach der claudischen Invasion in römischem Betrieb waren. Noch wesentlich geringer wurde die Ausbeute an Eisen, Kupfer und Gold. Auch andere britannische Spezialitäten, wie Regenmäntel und Austern, ließen die Provinz nicht reich werden. Demgegenüber hatte der Import in Wein, Sigillaten, Glas, Lampen, Öl, Silber- und Bronzegerät ein ziemlich beträchtliches Volumen und in einzelnen Warengattungen, wie Porphyr und Papyrus aus Ägypten, auch eine erstaunliche Reichweite.

In *kultureller Hinsicht* blieben die Auswirkungen der Romanisierung relativ bescheiden. Welches innere Verhältnis die Gutsbesitzer etwa zu den Themen der Mosaiken in ihren Villen besaßen, läßt sich schwer ausmachen. Hier mag vieles sehr oberflächlich geblieben sein. Ein in den Auswirkungen vergleichbares Gegenstück zu den gallischen Schulen kennen wir nicht, obwohl sich noch Gildas voll Stolz zum Latein als nostra lingua bekannte. Im Bereich der Kunst war der keltische Gegenpol gegenüber allen mediterranen Vorstellungen und Formen so stark ausgebildet und so resistent, daß er nie ganz aufgelöst werden konnte. In der Castorkeramik etwa, einer bodenständigen Sigillatanachahmung, spiegeln die stilisierten Pflanzen und Tiere und die „abstrakten“ Kurvenornamente unverkennbar keltische Kräfte wider, die anderseits, von den materiellen Schwierigkeiten einmal ganz abgesehen, Kopien von mythologischen Szenen und menschlichen Figuren nicht gelingen ließen. Ähnlich stark ist die Beharrungskraft keltischen Formengutes und keltischen Stils in der Ornamentik der Fibeln und des Metallschmucks; insgesamt wurden sie aber doch weithin überlagert von einer allgemeineren provinzial-römischen Formenwelt. Wenn man in einzelnen Kunstwerken, wie dem Minervaschild mit dem Gorgonenhaupt aus Bath, eine Synthese keltischer und mediterraner Züge erblicken will, so wird man doch einzuräumen haben, daß eine solche Synthese bei den diametralen Gegensätzen der künstlerischen Auffassungen nie voll gelingen konnte.

Im Bereich der *Religion* erwies sich der militärische Einfluß als ungewöhnlich stark. Wenn Legionen und Auxiliarverbände wie überall den eigentlichen Staatsgottheiten des römischen Pantheons, der kapitolinischen Trias insbesondere, Mars, Victoria, Minerva und dem numen Augusti opferten, so stellten diese selbstverständlichen Akte der Treue in religiöser Form lediglich eine Norm dar, zu welcher auffallende Sondererscheinungen hinzutraten. Denn gerade die Auxiliarverbände setzten auch auf britannischem Boden die Verehrung ihrer alten heimischen Gottheiten fort. Auf diese Weise erhielten nicht nur die Göttinnen und Götter aus dem gallisch-germanischen Bereich, wie Apollo Anextlomarus, Viradechthis und Harimella, sondern in den Matres Ollototae sive transmarinae auch solche aus dem spanischen, in der Dea Hammia und der Dea Syria solche aus dem syrischen Bereich auf der Insel ihre Heimstätte. Dabei läßt sich beobachten, daß selbst ausgesprochen „barbarische“ Gottheiten in geläufige römische Vorstellungen eintraten und in der Verehrung mit jener des numen Augusti verbunden wurden.

Bei anderen Gottheiten sind die ursprünglichen Übermittler dagegen weniger deutlich zu fassen, und so mögen die Weihungen an Mithras, Iuppiter Dolichenus, Herkules und Astarte nicht nur von Soldaten, sondern auch von orientalischen Kaufleuten stammen. Von all dem wurden die Einheimischen freilich nur wenig berührt. Schon in der ersten Phase der Besetzung hatte allerdings gerade eine religionspolitische Maßnahme die stärksten Affekte ausgelöst. Denn im Unterschied zu Gallien, wo die Einrichtung des offiziellen Provinzialkultes an der Ara Romae et Augusti in Lugdunum an eine ältere Tradition anknüpfen und auf der breiten

Grundlage der etwa 60 gallischen Stämme aufbauen konnte, bedeutete die zu vielen anderen Verpflichtungen noch zusätzliche Bürde des Kaiserkultes mit dem Bau des Claudiustempels und den aufwendigen Opfern und Spielen in Camulodunum die Überforderung eines relativ kleinen Personenkreises, dessen Erbitterung 61 in dem Boudicca-Aufstand aufging. Doch blieb dies ein Sonderfall. Grundsätzlich wurde die Verehrung der einheimischen Gottheiten Coventina, Mapomus, Cocidius, Belatucadrus und Brigantia, um nur die wichtigsten mit nicht nur lokaler Bedeutung zu nennen, nicht angetastet. Freilich zeigen sich hier ähnliche Entwicklungen wie bei den Heimatgöttern der Hilfstruppen. Auch hier kommt es zu Angleichungen an die hellenistische und römische Vorstellungswelt. So sind unter den Bildern oder mit den Zügen des Mars, Apollo, Silvanus und der Minerva immer wieder lokale Gottheiten verehrt worden, während gleichzeitig auch alte keltische Tempelformen mit römischen Elementen ausgestattet und erweitert oder mit römischen Dekorationen geschmückt wurden.

Dagegen ist die Ausbreitung des frühen *Christentums* in England nur in sehr wenigen Spuren zu fassen. St. Alban, der Märtyrer von Verulamium, gewinnt keine plastische Gestalt, sein Ansatz unter Decius ist hypothetisch. Auch die Kirchenbauten erreichen die Dimensionen Galliens, speziell Triers, bei weitem nicht. Und dennoch kommt diesem Christentum des Nordwestens eine besondere Bedeutung zu, strahlte es doch zuletzt aus bis nach Schottland und Irland. Für diese Insel beginnt mit der Mission des hl. Patrick 432 eine neue Epoche. Irische Mönche bewahren wenigstens Rudimente antiker Bildung und lassen zugleich die ornamentalen Spiralmotive keltischer Kunst in den Buchschmuck und die Initialenverzierung eingehen. So bildet sich hier eine ganz eigenartige Synthese bodenständiger Kunstformen und christlichen Inhaltes aus, in welcher weder das klassische noch das spätantike Element eine wesentliche Rolle spielen. Seit etwa 590 beginnt dann jedoch die große peregrinatio der irischen Mönche zum Festland – Columbans Kreis (Luxeuil, Bobbio) wird am berühmtesten –, die bis in den Norden des Frankenreiches und nach Bayern hineinreicht. Die irischen Mönche, die den christlichen Glauben zurücktragen oder neu beleben und die zugleich in den Evangeliaren und Psalterien Kleinode ihrer Kunst verbreiten, gestalten eine erregende Bewegung, über die sich bald eine legendäre Schicht breitet. Sie bewirkt, daß in der christlichen Vorstellungswelt des frühen Mittelalters auf eine wunderbare Weise gerade aus der fernen Barbareninsel die insula Sanctorum wurde.

Kehren wir noch einmal zu den Überlegungen vom Beginn dieses Abschnittes zurück, so bezeugen die Überreste der Militärbauten auf der Insel, die vom Schanzwerk des Marschlagers bis zu den steinernen Legionslagermauern von York und vom kleinen Posten bis zu den Kastellsystemen reichen, die Energien und die unnachgiebige Beharrlichkeit des römischen Einsatzes. Mehr noch, nach J. Richmonds treffendem Wort sind hier „die abstrakten Werte, die soviel zur Majestät und Herrschaft Roms beitrugen, fides, constantia und vor allem disciplina, in Holz und Stein eingegraben". Dem entsprach es auch, daß die wertvollste Gegengabe der Provinz wiederum militärischer Natur war. Obgleich genaue Zahlenangaben nur schwer möglich sind, läßt sich doch sagen, daß in der Kaiserzeit weit über 10000 Mann allein in den regulären römischen Auxiliarformationen dienten, Tausende in den Einheiten der sogenannten Numeri. Sowohl in Germanien als auch in Dakien zeichneten sich diese Soldaten aus, für die trotz der Erhebungen und Rückschläge doch Mommsens ehrendes Wort gelten darf: „In der späteren Kaiserzeit stand keiner treuer zu Rom als der britannische Mann!"

Aus dem geschlossenen Block der römischen Donauprovinzen, die dank der pax Augusta mit ihrer religiösen Toleranz, dem Ausbau der Fernverbindungen zum Westen und dem Austausch von Truppenteilen eine Art von „keltischer Renaissance" erlebten, schob sich nach 107 die Provinz *Dacia* als Abnormität des Reichskörpers weit über die Donau hinaus. Auch sie eine „provincia vigil" und ein Außenland des Imperiums, als hochragende Bastion in den weiten Ebenen des Donaubeckens, läßt sie sich wohl mit dem Gallien vorgelagerten Britannien vergleichen, nicht zuletzt deshalb, weil eine ungestörte wirtschaftliche Entwicklung in den Donaulanden so lange nicht möglich war, als hier ein starker Gegner in schwer zugänglichen Stellungen eine beständige potentielle Gefahr darstellte. Und eben dies war das Reich des Decebalus gewesen.

Ist so die ursprüngliche politische Organisation im Lande selbst durch eine ungleich stärkere Zentralisierung ausgewiesen als in Britannien, so bildeten umgekehrt auch hier die reichen Bodenschätze, insbesondere die Goldgruben bei Verespatak, einen nicht zu unterschätzenden Impuls für die Annexion des Landes. Die Beute und die Ausbeutung der Minen beeinflußten das Wirtschaftsleben des Gesamtreiches fühlbar, die chronische Währungskrise wurde beseitigt, der Goldpreis fiel um 3 bis 4 Prozent. Auch Dakien, das im übrigen lediglich Siebenbürgen und die

Kleine Walachei umfaßte, erlebte hauptsächlich am Karpatenrand sowie an Körös und Szamos den Ausbau eines Kastellsystems und eines Netzes sehr guter Straßen. Rom zog jedoch hier rücksichtslos die Konsequenz aus den langen und erbitterten Kriegen, die seit Domitian immer nur unterbrochen worden waren. Ein Großteil der Bevölkerung, die nach den verlustreichen Kriegen überhaupt noch übriggeblieben war, ist gemäß dem Grundsatz des debellare superbos entweder zur Auswanderung gezwungen, in die Sklaverei verkauft, bei den Spielen zugrunde gerichtet oder in römische Hilfstruppenteile vornehmlich an der Ostgrenze des Reiches gesteckt worden. Das Land selbst aber wurde systematisch neu besiedelt, und zwar so intensiv wie noch nie zuvor eine neuerrichtete Grenzprovinz. Aus den illyrisch-dalmatischen Nachbarlandschaften, selbst aus Galatien, Bithynien und Syrien wurden Kolonisten, Handwerker und Händler angelockt oder verpflanzt, wie die Piruster zum Goldabbau. Sarmizegetusa ist in eine colonia Ulpia verwandelt worden, in welcher sich Veteranen der Donaulegionen niederließen, zugleich aber mindestens zwei verschiedene Kaufmannsgesellschaften aus Palmyra bestanden.

Hier ist demnach die Neubesiedlung und die Erschließung einer Grenzprovinz in Reichsperspektiven erfolgt. Wie immer man den prozentualen Anteil der alten einheimischen Bevölkerung an der Gesamtzahl einschätzt, im Unterschied zu allen anderen Reichsprovinzen war er von sekundärer Bedeutung. Damit ist aber zugleich gesagt, daß der Romanisierungsprozeß grundsätzlich anders verlief als etwa in Britannien. Hier konnte keine einheimische Oberschicht assimiliert werden, sie war im Gegenteil aus verschiedenen ethnischen Elementen erst neu zu formen, und die lateinische Sprache wurde hier primär nicht etwa zum Bindeglied zwischen Römern und Einheimischen, sondern zwischen den verschiedenen heterogenen Gruppen aus dem Imperium auf dem Neuland.

Diese Tatsache zeigt sich nirgends so deutlich wie im Bereich der *Kulte.* Denn in Dakien überwiegen nicht die alten lokalen, in römisch-hellenistischen Formen, Benennungen und Verkörperungen aufgegangenen Gottheiten – solche sind im Gegenteil kaum greifbar –, sondern charakteristisch ist hier eine sehr bunte Götterwelt römisch-offizieller, donauländischer, aber auch in hohem Maße orientalischer Provenienz. Neben den Überresten der Heeresreligion und des Kaiserkultes finden sich Denkmäler des thrakischen Reitergottes und des germanischen Hercules Magusanus, des Malagbel aus Palmyra und des Azizos aus Edessa. Eigene neue und gemeinsame Vorstellungen sind dagegen in dieser Provinz nicht entwickelt worden.

In *wirtschaftlicher Hinsicht* erwies sich der Ertrag des Neulandes auf die Dauer als sehr begrenzt. Gewiß wurden die schon genannten Edelmetalle und dazuhin auch Salz abgebaut und vor allem die Täler von Marosch und Szamos agrarisch genutzt. Auch wurden von wendigen orientalischen Kaufleuten wie jenen Syrern, die den Weinhandel mit Thrakien besorgten, alle Handelschancen wahrgenommen, doch hielten sich die Investitionen innerhalb eines relativ schmalen Rahmens. Während aus Pannonien und Mösien billige Keramik einströmte, blieben die lokalen Produkte roh; zur Entwicklung wirklich leistungsfähiger Betriebe von qualitativ befriedigenden Erzeugnissen kam es nicht. Als die Provinz 271 geräumt wurde und das Imperium auf dem anderen Donauufer nur noch den alten Namen festhielt, fehlten für eine breite Kontinuität römischer Kräfte im Karpatenbecken alle Voraussetzungen. Denn zu einer wirklich homogenen und vitalen Gemeinschaft hatten sich die so mannigfaltigen Bevölkerungssplitter nicht zusammenschließen können. Alsbald von den Markomannen, Goten und vielen anderen Stämmen bedroht und überrannt, waren sie nicht in der Lage, sich aus eigener Kraft zu behaupten. So beendete ein strategischer Entschluß die Existenz der Provinz, die ein früherer geschaffen hatte.

In der aus dem Erbe des Königs Attalos III. von Pergamon hervorgegangenen Provinz *Asia,* die in der Kaiserzeit nicht nur den ganzen westkleinasiatischen Küstensaum und die vorgelagerten großen Inseln umspannte, sondern mit der Landschaft Phrygien weit ins Innere Kleinasiens hineingriff, traf die römische Herrschaft auf ganz anders geartete Voraussetzungen als in den Außenländern Britannien und Dakien. Die bunte Mischung der Bevölkerung war hier nicht das Resultat römischer Maßnahmen, sondern zahlreicher großer Völkerbewegungen und Herrschaftsbildungen in der Vergangenheit, nicht zuletzt aber auch einer blühenden Städtekultur und berühmter Kultzentren.

Daß diese Flur von *Städten,* von denen in der frühen Kaiserzeit über siebzig ihre eigenen Münzprägungen besaßen, erneut aufblühen konnte, ist Roms Verdienst gewesen. Die Anlage der caesarisch-augusteischen Kolonien Parium und Alexandreia Troas fällt dabei kaum ins Gewicht. Entscheidend war, daß die alten Poleis in dem zur Ägäis hin aufgeschlossenen Küstenstreifen neu belebt wurden und daß neue Städte jetzt selbst im phrygischen Hochland entstanden. Das Beispiel von *Ephesos,* welches neben Pergamon,

Kleinasien 14 n. Chr.
Reichsgrenze
Provinzgrenze
THRAKIEN
Schwarzes Meer
Marmara Meer
Ägäisches Meer
Mittelländisches Meer
PAPHLAGONIEN
PONTOS
BITHYNIEN
GALATIEN
KAPPADOKIEN
KOMMAGENE
MYSIEN
ASIEN
LYDIEN
IONIA
PHRYGIEN
LYKAONI
KARIEN
PISIDIEN
PAMPHYLIA
LYKIEN
KILIKIEN
SYRIEN
Kypros
Abonuteichus
Byzantion
Nikomedeia
Prusias-Kieros
Lampsakos
Nikaia
Prusa
Alexandreia Troas
Scepsis
Mt Ida
Hadriani
Mytilene
Pergamon
Smyrna
Philadelphia
Hermos
Maeander
Teos
Ephesos
Tralles
Samos
Miletus
Aphrodisias
Laodikeia
Hierapolis
Synnada
Apamea
Halicarnassos
Cos.
Rhodos
Attaleia
Aspendos
Side
Pessinus
Ankyra
Amaseia
Zela
Comana
Trapezus
Euphrat
Tyana
Anazarbus
Hieropolis Kastabala
Tarsos
Mallos
Corycus

Smyrna, Sardeis, Kyzikos, Tralles und Laodikeia am Lykos zu den Metropolen der Provinz zählte, mag diesen Prozeß der Regeneration und Hochblüte illustrieren. Die Stadt, die als „allgemeine Bank von Asien" wegen „der Internationalität ihres Verkehrs" gefeiert wurde, wucherte in der Kaiserzeit auf ein Areal von 700 Hektar aus und erreichte eine Bevölkerungszahl von schätzungsweise 500 000 Einwohnern. Während der ersten beiden Jahrhunderte n. Chr. folgte hier ein Großbau dem anderen: Anlagen am Hafenkai, Thermen, mehrere Gymnasien, ein von zweischiffigen Säulenhallen umrahmter, mit ganzen Reihen von Statuen und einer großen Sonnen- und Wasseruhr ausgeschmückter Marktplatz von 110 Meter Seitenlänge, ein Theater für 24 000 Zuschauer, unter Nero ein Stadion, unter Domitian ein Kaisertempel mit einer kolossalen Marmorstatue des Herrschers, unter Hadrian ein zweiter, welcher ebenfalls als Provinzialkultstätte ausgezeichnet wurde. Dabei profitierte die Stadt immer wieder von der Munifizenz reicher Bürger und Gönner. So stiftete ihr C. Iulius Celsus Polemaeanus eine Bibliothek mit prächtigem Marmorschmuck, an der durch zwei Generationen gebaut wurde, um den letzten Willen des toten Konsulars und Wohltäters getreulich zu erfüllen. Eine nicht geringere Großzügigkeit bewies in antoninischer Zeit P. Vedius Antoninus, der geradezu als zweiter Gründer der Stadt gerühmt wurde. Das Odeum und das Vediusgymnasium, dessen reicher klassizistischer Statuenschmuck teilweise noch erhalten ist, erinnern an ihn. Und nicht anders als hier in Ephesos war es in Pergamon, Smyrna, Milet und vielen weiteren Städten.

Aber gerade die Intensität dieses städtischen Lebens, mit seinem Ehrgeiz und den Rivalitäten mit den Nachbarstädten oder den Städten derselben Größenordnung in der Provinz, hielt die römische *Verwaltung* in Atem. Obwohl diese reiche Binnenprovinz in senatorischer Obhut stand, waren doch stets auch Vertreter der kaiserlichen Hausverwaltung in ihr anwesend. Immer wieder erreichten die Notrufe den Herrscher selbst, sooft dieser auch die Anliegen zuständigkeitshalber an den Senat verweisen mochte. Ein inschriftlich bekannter Prozeß aus Knidos lehrt, daß in strittigen Rechtsfällen selbst aus freien Städten an den Kaiser appelliert wurde, der für die Provinzialen gleich welcher Rechtsstellung so zur letzten Zuflucht geworden war. Die vom Kaiser immer wieder überwachte, stimulierte und ergänzte Provinzialverwaltung zeigte sich sehr rührig. Mißstände wie im Asylwesen oder in der Vergabe der Priesterstellen und in dem Finanzgebaren beim ephesischen Artemistempel wurden durch direkte Eingriffe des Herrschers oder des Statthalters beseitigt, obgleich im übrigen die städtische Autonomie möglichst weitgehend respektiert wurde. Die Selbstverwaltung der Gemeinden war indessen alles andere als vollkommen. Nicht wenige lebten stets von der Hand in den Mund, so daß bei den häufigen Erdbeben, Schwierigkeiten in der Getreideversorgung oder in der Baufinanzierung die Notrufe an den Statthalter oder Herrscher die Regel bildeten. Es ist im allgemeinen gewiß richtig, daß die Garantie des äußeren Friedens Roms wertvollste Leistung in diesem Raum war, aber anderseits erforderten die nicht geringen inneren Probleme einen beträchtlichen Verwaltungsdienst.

Soweit dieser wirksam und gerecht blieb, fehlte es indessen nicht an loyaler Anerkennung. Die rege Religiosität der Provinz verband sich schon unter Augustus mit der Dankbarkeit für dessen großzügige Wiedergutmachungspolitik, und beides fand seinen Ausdruck in der ungewöhnlich starken Aufnahme des *Kaiserkultes.* Pergamon blieb nicht lange alleiniger Mittelpunkt des 29 v. Chr. eingerichteten Roma- und Augustuskultes. Unter den großen Städten der Provinz entspann sich ein Wettstreit um den Vorrang im Provinzialkult und damit um die Ehre der titularen Neokorie. In denkbar stärkstem Kontrast zu Camulodunum wurde hier der Kaiserkult für die Gesamtprovinz nicht als Auflage empfunden, war vielmehr nach den hellenistischen Vorgängen selbstverständlich. Archiereus und Asiarch zu sein bedeutete den Höhepunkt des privaten Ehrgeizes. Daneben wurden von Rom aber auch die zahlreichen alten lokalen Kulte nicht beschnitten. Insbesondere die großen Zentren, allen voran das Artemision in Ephesos und das Asklepieion von Pergamon, sahen nun ihre letzte Blütezeit.

Gegenseitig bedingten sich die Blüte der Städte und die Prosperität der *Wirtschaft* des ganzen Landes. Die reichen Bodenschätze der Provinz, der phrygische Marmor, das Holz aus Mysien und Phrygien, Wein, Getreide, Oliven und Feigen von den Inseln, der Küstenzone und aus den Flußtälern gewannen nun ebenso unbeschränkte Absatzmärkte wie die zahlreichen Industriezweige, die Textilien von Milet, die Teppiche von Sardeis, Keramik von Samos, die Lederwaren aus dem Mäandertal, die Seide aus Rhodos. Zudem profitierten jetzt die Küstenstädte von ihrer bevorzugten Verkehrslage innerhalb des weiteren Rahmens des Imperiums und ebenso von dem wesentlich größeren Verkehrs- und Handelsvolumen. Die asiatischen Reeder beherrschten weithin den Seehandel, hielten den Linienverkehr mit Italien aufrecht und konkurrierten erfolgreich mit den Syrern.

Dennoch treffen wir Unzufriedenheit mit den bestehenden Verhältnissen sowohl beim städtischen Proletariat an als auch bei den Bewohnern jener Dörfer, die sich auf den Territorien der einzelnen griechischen Städte befanden, aber mit den Städtern rechtlich nicht gleichgestellt waren. Der Blüte der Städte steht, vor allem im Innern Kleinasiens, ein nur wenig berührtes bäuerliches Leben entgegen. Dieses wurde auch durch die neuen römischen Verwaltungssprengel kaum beeinflußt. Gewiß waren in der Gerichtsorganisation der Conventus Einheiten geschaffen worden, welche nicht nur im ganzen Land eine geordnete und zentral geleitete Rechtsprechung ermöglichten, sondern auch Zellen, die für andere Zwecke, wie Steuererhebung und Rekrutierung, in Anspruch genommen werden konnten, und gewiß gingen zahlreiche demoi oder ethne im Laufe der Zeit in Poleis oder kaiserlichen Gütern auf, doch darf dies alles nicht darüber hinwegtäuschen, daß das tägliche Leben der Bevölkerung in den bescheidenen Bauerndörfern und Hirtenhütten von dem Glanz der hellenistischen Stadtkultur nicht erhellt wurde.

Von der Verwaltung abgesehen, war die direkte Einwirkung Roms in diesem Raum politisch nicht systematisiert, sondern es überwog ganz die Privatinitiative. Die noch im ersten Jahrhundert n. Chr. bezeugten conventus civium Romanorum scheinen rasch hellenisiert worden zu sein; der Gebrauch von Lehnwörtern wie die Einführung römischer Spiele mit Gladiatorenkämpfen und Tierhetzen oder die bereitwilligen Opfer vor den römischen Gottheiten fallen gegenüber der Vitalität der griechischen Kräfte und dem bunten Reichtum ihrer Formen nicht ins Gewicht.

Im Grunde schirmte die römische Herrschaft in der Provinz Asia einen geradezu stürmischen Entwicklungsprozeß für alle ab, wozu keine der Metropolen des Landes auf die Dauer imstande gewesen wäre. Im Schlichten und heilsamen Kupieren griechischer Verfehlungen, der „Hellenika Hamartemata", übte Rom eine Ordnungsfunktion aus, welche die Entfaltung der vielen Individualitäten dieser Provinz erst gewährleistete. Gewiß war der römischen Provinzialverwaltung eine Tendenz zur Vereinheitlichung, zum Ausgleich und zu übergreifenden Bindungen eigen, doch ließ sie immer wieder den alten Traditionen ihren Lauf, wie nach dem gescheiterten Versuch des Prokonsuls Paullus Fabius Maximus, die verschiedenen Kalender in der Provinz zu vereinheitlichen. Es ist nicht der geringste Ruhm der römischen Herrschaft, daß das Imperium in dieser Provinz nicht möglichst viel römisch normieren wollte, sondern daß es die alten Kräfte des Landes hegte.

Wenn die Provinz Asia die wichtigste senatorische Verwaltungseinheit im Osten des Reiches darstellte, so war *Syria* das eindeutige Zentrum der kaiserlichen Administration und zugleich der Angelpunkt der Reichsverteidigung im ganzen Nahen Osten. Die syrischen Legionen deckten die Euphratgrenze, so daß sich der Vergleich mit Gallien anzubieten scheint. Doch prägen das historische und kulturelle Relief Syriens stärkere exogene Kräfte und ein ganzes Bündel mächtiger Substrate, für die es im Westen keine Analogien gibt. Als Pompeius im Jahre 64/63 die römische Provinz Syrien organisierte, bildeten im Gegensatz zu Asia nicht Dutzende von alten Poleis die Ansatzpunkte der primär immer auf städtischen Zentren aufbauenden Reichsverwaltung, sondern im wesentlichen die Rahmen der makedonischen und seleukidischen Neugründungen, die einen bereits weit fortgeschrittenen Vermischungsprozeß umspannten. Dominierte hier teilweise auch das Griechische, so herrschten auf dem Lande noch immer die herkömmlichen, semitischen und arabischen Sprachen und Dialekte vor. Zu diesen Gegensätzen zwischen einer bunten und dynamischen Stadtzivilisation und einer statischen Landbevölkerung kamen weiter die noch größeren Kontraste zu den Nomaden und Hirten in den Gebirgen, Steppen und Wüsten der Grenzräume. Endlich wurden aus Arabien, dem Zweistromland, dem Partherreich und Armenien direkt, aus Indien, Mittelasien und China indirekt fort und fort sowohl Waren als auch Kulturgüter nach Syrien hineingetragen, dort umgeschlagen und weitervermittelt, so daß, wie Franz Cumont treffend sagte, Syrien im Altertum jene Funktion der Vermittlung zwischen dem Osten und Europa zufiel, die später die Größe von Genua und Venedig ausmachte.

Auf die Entwicklung der Provinz von jenen ersten Brückenköpfen in den Städten Nordsyriens und an der phönizischen Küste, die durch ein differenziertes Netz von Klientelkönigreichen und -fürstentümern wie mehr oder weniger freien Tempelstaaten abgeschirmt waren, bis zur systematischen Ausweitung der direkten Verwaltung zum Euphrat und zu den Grenzstraßen hin, kann hier nicht näher eingegangen werden. Auf den Prozeß wirkten jedenfalls neben vielen inneren Aufgaben die römische Verwaltungsordnung in Kleinasien, die Auseinandersetzungen um Armenien und mit den Parthern, nicht zuletzt aber die leidvolle Geschichte der Juden und die Errichtung einer eigenen Provinz Arabia (106) mit ein. Da generalisierende Feststellungen bei der Verschiedenartigkeit der Einzelglieder der Provinz wenig besagen, seien hier die Wechselwirkungen der Kräfte an drei Plätzen skizziert, in der

Hauptstadt Antiocheia, der Karawanenstadt Palmyra und der Grenzfestung Dura-Europos am mittleren Euphrat.

Das von den Seleukiden zum Regierungszentrum ausgebaute *Antiocheia* war nach Rom und Alexandrien die drittgrößte Stadt des Reiches. Im vierten Jahrhundert n. Chr., in dem wir über die Stadtgeschichte verhältnismäßig gut informiert sind, wird ihre Bevölkerungszahl auf rund 500 000 Einwohner geschätzt, wobei die Griechen gegenüber den Syrern, Juden und Arabern, Persern und Armeniern in der Minderheit waren. Dieses bunte Gewimmel war berüchtigt durch seine Sittenlosigkeit wie durch seine Spottlust. Gedanken an diese Hauptstadt mögen auch Mommsens berühmtes Syrienkapitel bestimmt haben, in welchem die Syrer als „das verderbteste und das verderbendste Element in dem römisch-hellenischen Völkerkonglomerat" bezeichnet werden und das Nationallaster der „syrischen Spitzbüberei" gebrandmarkt ist, ein Kapitel, das von Anbeginn ganz unter dem Eindruck der römischen „wohlbegründeten Scheu vor den denationalisirenden Consequenzen dieser Eroberungen" steht.

Von den Bauten der Weltstadt kennen wir nur wenig, wissen jedoch von der breiten Hauptstraße, die zu beiden Seiten von gedeckten Hallen umsäumt war, ihrer ungewöhnlich reichen und guten Trinkwasserversorgung und ihrer berühmten nächtlichen Straßenbeleuchtung. Zur Stadt gehörte ein reicher Landbesitz. Wenn wir die bezeugten Verhältnisse der Spätzeit zugrunde legen, so ist in der Bevölkerung der relativ starke Anteil des mittleren und kleinen Bürgertums auffallend ($^{8}/_{10}$), das wohl seinen Verdienst in erster Linie aus Handel und Kleingewerbe schlug, da eigene große Herstellungsstätten für den Export bisher nicht nachgewiesen sind.

So bunt wie die Bevölkerung muß das religiöse Leben in der Stadt gewesen sein, über das wir freilich nur unzulänglich unterrichtet sind. Am bekanntesten ist das benachbarte Apollonheiligtum von Daphne, doch hatten in der hellenistischen Gründung fast alle griechischen Gottheiten ihre Tempel und Kulte, wie die großen nordsyrischen (z. B. Adonis) und selbstverständlich auch die jüdische Gottheit. Für die Ausbreitung und Frühgeschichte des Christentums ist es sehr bedeutsam geworden, daß die Stadt bald nicht nur eine judenchristliche, sondern auch eine heidenchristliche Gemeinde aufwies, mit welcher Pauli Wirken verbunden ist. Hier hat das Christentum die Verbindung zur griechischen Sprache geschlagen, hier kam es zu den ersten Reibungen zwischen Juden- und Heidenchristen, hier wohl haben die Christiani von der römischen Behörde ihren Namen erhalten, hier haben Männer wie

Babylas und Romanos ihren Blutzoll entrichtet, und hier spitzte sich auch unter Julian die Auseinandersetzung des Christentums mit dem Heidentum, in deren Verlauf der Apollontempel in Daphne in Flammen aufging, noch einmal in höchster Erregung zu.

Palmyra, die ca. 250 Kilometer südöstlich von Antiocheia gelegene Oasenstadt, in der zahlreiche Straßen zusammenliefen, verdankte ihre Blüte und ihren Aufstieg von einer bescheidenen Siedlung zum mächtigen Stadtstaat dieser Lagegunst und dem in römischer Zeit besonders regen Fernhandel. Im dritten Jahrhundert erhob sich hier am Rande der Wüste eine gewaltige Stadtmauer, in deren Ring zum Teil bis zu 37 Meter hohe Grabtürme einbezogen waren. Die eindrucksvollste Anlage der Stadt bildete der monumentale Tempel der palmyrenischen Trias – Bel und der beiden Begleiter des Sonnengottes Iarhibol und des Mondgottes Aglibol –, dessen Cella von einem Peristylhof von 200 Meter Seitenlänge umgeben war. Neben einem Heiligtum für Baal-Schamem schmückten die Stadt überwältigende Profanbauten. So erhoben sich längs der Hauptverkehrsachse ein wahres Kolonnadenspalier aus weißem Marmor, Ehrensäulen und mehrere Triumphbögen. Von den vielen offiziellen Großbauten sind das Rathaus, der große Marktplatz, eine umfangreiche Anlage für heiße Sulfurbäder und endlich eines der größten Theater des ganzen Nahen Ostens am auffallendsten gewesen.

Der inschriftlich erhaltene, aus dem Jahre 137 stammende Zoll- und Steuertarif nennt noch die Produkte, die damals in der Stadt umgeschlagen wurden: getrocknete Früchte, vor allem Datteln, purpurgefärbte Stoffe im Transitverkehr von Phönizien bis nach Persien, Parfüm, Olivenöl, Getreide, Felle und Bronzeplastiken. Auf diesen Handel gründete sich der große Reichtum der Stadt, der sich nun seinerseits wieder in den mannigfaltigen Äußerungen ihrer Kunst niederschlug. Neben den Wäldern korinthischer Säulen und den eigenartigen hochragenden Grabtürmen ist kennzeichnend eine üppige, oft freilich steife Ornamentik der Bauten, daneben Kalkreliefs mit häufig monotonem Faltenparallelismus. Besonders aus dem zweiten und dritten Jahrhundert sind dann zahlreiche Büsten erhalten, die häufig in Zusammenhang mit den Gräbern standen. Vor allem die vollen und schweren Frauenporträts sind schmucküberladen, Zeugen eines prunkenden Reichtums. Wenn Watzingers Deutung zutrifft, vollzogen die in ihrer Eigenart gebundenen Künstler hier am Rande des Reiches dennoch die Entwicklung der stadt- und reichsrömischen Kunst nach, findet der Stil der flavisch-trajanischen Zeit seinen Niederschlag in der schlichten Haarbehandlung und den weichen Gesichtsumrissen der palmyrenischen Büsten des ersten Jahrhunderts, erklären hadrianisch-antoninische Impulse dann die Lockenpracht und die Pupillenakzentuierungen seit der Mitte des zweiten Jahrhunderts. In den Katakomben der Stadt fanden sich auch Spuren von Wandmalerei, die stilistische Gemeinsamkeiten mit der Kunst von Dura-Europos zeigen und deshalb von Rostovtzeff einer mesopotamischen Kunstprovinz zugerechnet wurden, als deren Kennzeichen er die Nachwirkung einer Art von parthischer Koine erfaßte.

Die Bedeutung der Funde von *Dura-Europos,* jener Euphratfestung, die zu Beginn des dritten Jahrhunderts von den Seleukiden gegründet, um 100 v. Chr. in parthische, 165 n. Chr. in römische Hand fiel, liegt darin, daß sich hier über einen Zeitraum von rund sechs Jahrhunderten hinweg insbesondere auf religiösem Gebiete die Begegnung, Auseinandersetzung und wechselseitige Durchdringung einheimisch-orientalischer, hellenistischer, jüdischer, römischer und christlicher Kräfte verfolgen lassen. Die bis heute dort ausgegrabenen rund 20 Tempel und Kunstbauten umfassen solche für Zeus, und zwar für Zeus Kyrios, Zeus Megistos und Zeus Theos, und zwei für Artemis. Aber neben den durch die Legionäre verbreiteten Kulten des Mithras und des Iuppiter Dolichenus und neben den Heiligtümern orientalisierter griechischer Gottheiten steht die eindeutige Mehrzahl für die syrischen Götter, für Bel, Hadad und Atargatis sowie für lokale arabische Kamelreiter- und Pferdereitergötter. Eine Überraschung bedeutete die Entdeckung einer um 200 errichteten, mit Fresken alttestamentlichen Gehalts geschmückten Synagoge sowie eines ungefähr um 232 in eine christliche Kirche umgewandelten Privathauses, das gleichfalls Wandmalereien mit Szenen des Alten und des Neuen Testamentes aufwies. Trotzdem überwiegen die regionalen arabischen und palmyrenischen Kräfte und Vorstellungen. Ähnlich mögen sich die Verhältnisse auch an vielen anderen Plätzen im Ostteil des syrischen Landes gestaltet haben.

Zeigen so diese drei Beispiele das ungewöhnliche Ausmaß und zugleich die durchaus verschiedene Weise an, in welcher vorrömische Entwicklungen fortgesetzt und einheimische Vorstellungen bewahrt wurden, so ergibt sich ähnliches auch aus den systematischen Bestandsaufnahmen der Denkmäler und Funde. Im *wirtschaftlichen Sektor* gilt das für Asia Gesagte. Auch in Syrien blühte unter den stabilen Verhältnissen der ersten Jahrhunderte die Landwirtschaft in den ausreichend bewässerten Gebieten auf, das

Land selbst bildete mit seiner reichen Bevölkerung einen kaum zu sättigenden Absatzmarkt, dazu wurden Früchte und Wein weithin exportiert. Wenn bei den Manufaktur- und Industriewaren die einst von Sidon ausgegangene Glasherstellung auch längst kein syrisches Monopol mehr war, so wurden die syrischen Gläser doch immer noch bis nach Südrußland und Ägypten verhandelt. Purpur aus Tyros jedoch und die Seidenprodukte der phönizischen Hafenstädte, Leinenwaren und Metallerzeugnisse im weitesten Umfang stellten die wichtigsten Exportposten dar, zu denen dann aber auch die hohen Erträge aus dem Fernhandel traten. Ihm verdankten nicht allein die Hafen-, sondern auch die Karawanenstädte Petra, Gerasa, Bostra, Damaskus und Palmyra ihre ungewöhnliche Blüte. Die syrischen Kaufleute aber liefen im Reich allen Konkurrenten den Rang ab. Sie sind in Trier ebenso anzutreffen wie in Dakien, in Dalmatien wie in Südgallien und Spanien, und sie handelten keineswegs nur mit syrischen, sondern mit allen irgendwie ergiebigen Waren. Darüber hinaus wurden sie zu treuen Verbreitern ihrer heimatlichen Götter.

In das syrische Pantheon haben wir schon Einblick genommen und die Beharrungskraft der sehr verschiedenartigen Göttergruppen festgestellt. Sowohl die einst aus dem phönizischen Küstenbereich erwachsenen Fruchtbarkeits- und Vegetationsgottheiten (Balmarcodes, Marnas, Adonis) wie die zu Kastration und Tempelprostitution neigenden Kulte des Nordens (Atargatis, Hadad) und die harten Götter aus dem arabischen Wüstenstreifen (Iuppiter Damascenus, Iuppiter Dolichenus, Dusares, der Sonnengott von Emesa) behaupteten ihren Rang und wahrten trotz aller Angleichungen (z.B. in der Trias von Baalbek: Atargatis-Venus, Hadad-Iuppiter, Schamasch-Mercurius) die alte Substanz und die Unbedingtheit ihrer Anforderungen. Das kompromißlose Festhalten an mächtigen religiösen Vorstellungen war dabei durchaus nicht auf die jüdische und christliche Religion begrenzt, wie am besten die Verbreitung der syrischen Gottheiten (Adonis, Atargatis und andere) durch die syrischen Händler im ganzen Reich belegt. Freilich bargen hier wie in den Heimatgottheiten der verschiedenen Truppenteile die heimischen Götter zugleich die Erinnerung an das alte Land.

Aus dem Bereiche der *Philosophie,* für die der begriffliche Rahmen sehr weit zu spannen ist, sind neue schöpferische Leistungen aus dem syrischen Raum nicht zu verzeichnen, allerdings einige Gestalten zu nennen, welche für die Eigenart der syrischen Geisteswelt als typisch gelten können. So Nicomachus von Gerasa, der pythagoreische Interpret der Zahlensymbolik, Numenius von Apamea, der mit griechischer und jüdischer Weisheit jene der Brahmanen verband, beide aus dem zweiten Jahrhundert n. Chr.; aus dem dritten dann die Neuplatoniker Porphyrius und Iamblich. Neben solchen Versuchen der Synthese sehr heterogener Elemente und der Weiterentwicklung – faktisch oft Verflachung – griechischer Philosophie nahm immer noch die Astrologie einen sehr breiten Raum ein, wie etwa die Kompilation des Vettius Valens aus dem zweiten Jahrhundert lehrt. Nach wie vor genoß vor allem in Syrien das Wissen der Chaldäer hohe Autorität. So wurden mit ihrem Namen dann auch die um 200 verfaßten chaldäischen Orakel legitimiert.

Von allen *Literatur*gattungen war die Satire dem syrischen Klima am meisten gemäß, sie blühte seit Menipp, und diesem aggressiven Genos ist Lukian ebenso zugehörig wie der Assyrer Tatian. Als weitere syrische Domänen dürfen daneben der Roman (Iamblich, Heliodor) und die Rhetorik gelten, wobei die letztere allerdings erst im 4. Jahrhundert eine Spätblüte erlebte. Für alle diese Gestaltungen ist der römische Einfluß kaum nennenswert. Er hat sich jedoch im Recht in einer überraschend geschlossenen und auch fruchtbaren Weise Geltung verschafft. Denn in der augusteischen Veteranenkolonie Berytos entwickelte sich, greifbar seit dem dritten Jahrhundert, eine Rechtsschule, die bald zum Zentrum des Studiums im römischen Recht für den ganzen Nahen Osten wurde und die man auf Grund ihrer systematischen Studienordnung und Privilegien in der Spätantike als juristische Fakultät bezeichnen kann. Nicht zuletzt dank dieser Funktion hat die Kolonie Berytos im Gegensatz zu den übrigen (Heliopolis-Baalbek und Ptolemais Ake) römische Werte und römische Art auch erfolgreich demonstrieren können, anderseits sind die Beiträge eines Papinian und Ulpian aus der römischen Rechtswissenschaft nicht hinwegzudenken.

Im übrigen darf die Verbreitung der lateinischen Sprache während der Kaiserzeit nicht überschätzt werden. Da das Griechische offiziell als zweite Reichssprache galt, wurde die Ausbreitung des Lateins nicht forciert, und selbst die Auswirkung der Verwaltungs- und Heeressprache hielt sich in relativ engen Grenzen. Bei letzterer vor allem auch deswegen, weil die syrische Heeresgruppe immer stärker mit dem Lande verflochten war als die übrigen Heeresteile.

Ist so, aufs Ganze gesehen, Roms Herrschaft vornehmlich in den Städten kaum als tief eingreifend empfunden worden, so war ihre

Auswirkung in den Grenzräumen prägnanter. Die starke Zentralgewalt brachte gerade dort die fluktuierenden Nomadenzüge unter Kontrolle, dämmte Übergriffe ein und schuf mit den streckenweise bis in unser Jahrhundert nicht übertroffenen Bewässerungsanlagen, Wegebauten und Postensystemen die Voraussetzungen entweder für das Seßhaftwerden von Stämmen und Gruppen oder doch zumindest für einen periodisch geregelten Grenzverkehr. Die oft unscheinbaren Reste von Bewässerungsanlagen und Ölmühlen in Gebieten, die heute nicht mehr besiedelt sind, und die Luftaufnahmen der Straßenzüge, Wasserplätze und Kastelle werden wohl immer Bewunderung erregen, nicht minder als die großen Städte und Tempel am Rande der Wüste.

Diese Skizze der Entwicklung der römischen Provinz Syrien mag auch erklären, warum die Kontakte Roms mit seinen großen östlichen Nachbarn, vor allem mit dem parthischen und sassanidischen Reich, von römischer Sicht aus zu keiner Kulturbegegnung von jenem Format führten, wie dies einst bei Etruskern und Griechen der Fall war. Gerade deshalb, weil der kulturelle Primat der alten Kräfte in diesem Raum von Rom gewahrt wurde und weil die römisch-italische Basis für eine Symbiose mit den parthischen und orientalischen Vorstellungen und Formen zumeist viel zu schwach war, traten Umfang und Ergebnisse dieser Berührung zurück hinter dem Fortbestehen und der weiteren Entwicklung der vielfältigen syrisch-mesopotamischen und syrisch-iranischen Verbindungen. Partner der parthischen und später sassanidischen Kultur war eben nicht die geschlossene Einheit einer römischen Reichskultur, sondern dies blieb die Vielfalt der im syrischen Raum verwurzelten oder versammelten Kräfte. Damit sei keineswegs bestritten, daß das Römische Reich, insbesondere zur Zeit der Soldatenkaiser und in der Spätantike, in Zeremoniell und Bewaffnung auch auf persische Vorbilder zurückgegriffen hat, daß im künstlerischen Stil der östlichen Grenzräume Gemeinsamkeiten bestanden, wie Rostovtzeff für Dura-Europos zeigte, und daß auch sehr handfeste Handels- und Zollinteressen Parthisches und Römisches Reich verbunden haben. Aber von einer eigentlichen, tiefergreifenden Befruchtung der römischen Kultur durch die Parther wird man dennoch nicht sprechen wollen.

Ähnliches gilt auch für den Verlauf und die Stärke der Einflüsse von Rom nach dem Osten. Da seit Fr. Altheim hier, sicher weithin zu Recht, die Akzente neu gesetzt wurden, darf daran erinnert werden, daß ein solcher Austausch selbst im Bereich des Heerwesens stattfand. Wenn auch die Auffassung Herodians nicht mehr geteilt wird, daß gerade römische Überläufer für die Vermittlung der militärischen Kenntnisse verantwortlich zu machen seien, welche es später Parthern und Sassaniden erlaubten, ihrerseits zum Angriff überzugehen, so lassen sich doch Übernahmen von Rom nicht ausschließen. Rostovtzeff hat für die Kamelkataphrakten des Artabanos V. an das Vorbild römischer dromedarii gedacht. Insgesamt betrachtet, liegen aber auch hier die wichtigsten Beziehungen später, sie verbinden in Steuerordnung und Heereswesen erst das oströmisch-byzantinische mit dem spätsassanidischen Reich.

Roms Verhältnis zum Erbe Karthagos und die Gründung der Provinz *Africa* sind schon gestreift worden und damit der Beginn einer Entwicklung, die mit der Inbesitznahme Numidiens (46 v. Chr.) und der Annexion Mauretaniens (40 n. Chr.) zu einem ersten Abschluß geführt wurde. Trotz der phönizischen und karthagischen Einflüsse und der Machtbildung der numidischen und mauretanischen Könige fand Rom hier doch eine ganz andere Lage vor als etwa in Syrien. Hier gab es nur geringe Ansätze der Hellenisierung. Vornehmlich im Landesinnern stieß der römische Einfluß vielfach unvermittelt auf die Eingeborenen, für welche der Name Berber lediglich einen Sammelbegriff bildet. Die Kontraste zwischen den städtischen Zentren, wie Cirta, und den Marktflecken, wie Castellum Celtianum, einerseits und dem flachen Land, den Gebirgsregionen und Oasen anderseits sind hier noch größer gewesen als im syrisch-arabischen Gebiet. Die Gebirgsstämme des Rif, Aurès und vieler anderer natürlicher Rückzugsgebiete blieben stets Fremdkörper vor und in dem römisch besetzten Gebiet. Immer wieder flackerten dort Erhebungen auf. Gerade weil eine systematische Romanisierung jener Gegenden nie erreicht wurde, fanden hier Aufstände, wie derjenige des Tacfarinas unter Tiberius, und Einfälle, wie die der Gaetuler im Süden Mauretaniens, eine bereitwillige Resonanz. Eine ernste Gefährdung der römischen Herrschaft aber hatten die mauretanischen Stämme schon vor ihrer Unterwerfung nie bedeutet, höchstens einen Unruhefaktor. Die römische Annexion dieser Landstriche beruhte auf dem Verlangen nach einer geschlossenen Beherrschung der Mittelmeerküste und bezweckte insbesondere im Raum der Tingitana den Schutz des so rasch aufgeblühten spanischen Küstensaumes.

Dazu kam die Bedeutung der nordafrikanischen Provinzen als Kolonialgebiet im modernen Sinne des Wortes. Unter C. Gracchus, Marius, Caesar und vor allem unter Augustus, der allein in Mauretanien ein Dutzend Kolonien zur Versorgung von Veteranen und Entschädigung italischen Grundbesitzes gründete, waren Tausende von Römern und Italikern angesiedelt worden. Schon im ersten Jahrhundert v. Chr. eilte ihnen jene Welle von italischen Geschäftsleuten voraus, welche in den nicht zerstörten punischen Städten und in den Residenzen der Klientelstaaten die Handels- und Bankgeschäfte an sich zogen. Wenn in Mauretanien römische Kolonien schon vor der direkten politischen Beherrschung des Raumes bestanden und auch späterhin im ganzen römischen Nordafrika ihre ursprüngliche Schutzfunktion nie verloren, so sind sie doch auch hier die Zellen des Urbanisierungs- und Romanisierungsprozesses geworden. Die Fortschritte, die dieser Prozeß machte, lassen am besten die relativ zahlreichen Erhebungen stadtähnlicher Siedlungen in den Rang von Municipia und Coloniae im zweiten Jahrhundert erkennen.

Von ihm zeugen am eindrucksvollsten die Bauten der *Städte*. Die Veteranenstadt Thamugadi (Timgad) besaß ihr Forum mit Curia, Basilica, Kapitol, einen Trajansbogen, Thermen, die ein Areal von 4000 Quadratmetern einnahmen, und selbst eine öffentliche Bibliothek, deren Bestand auf rund 20000 Rollen geschätzt wird; Thysdrus ein Amphitheater für rund 60000 Zuschauer. Dabei konnte jüngst eine Analyse der Namensstatistik durch H. G. Pflaum für Cirta, die Hauptstadt Numidiens, eine verläßliche Vorstellung der Bevölkerungszusammensetzung einer afrikanischen Kolonie in der Kaiserzeit vermitteln. Ihr gaben das Gepräge eben nicht nur eine ganze Reihe von Senatorenfamilien, die zum Teil ihren Wohnsitz in einem der pagi hatten, 24 Ritter, sondern auch Sklaven und Freigelassene mit griechischen Namen, Bewohner mit Verbindungen nach Spanien, Noricum und besonders Syrien und endlich eine Vielzahl romanisierter Berber, die in punischen oder libyschen Beinamen oder solchen lateinischen cognomina, die lediglich Übersetzungen alter punischer Namen darstellen, zu fassen sind.

Die Bedeutung des *Großgrundbesitzes* für die Struktur der Landwirtschaft im römischen Nordafrika ist hinreichend bekannt. Durch die Einrichtung der Kolonien und die Abtrennung der saltus waren die alten Stammesgebiete praktisch zerschlagen und die Existenzmöglichkeiten der einheimischen Bevölkerung herabgedrückt worden. Und da Rom seine Hand auf die fruchtbarsten Landesteile – und auf das Wasser – gelegt hatte, waren die alten Besitzer fortan zur Arbeit auf den Großgütern gezwungen. Die damit bestehende Kluft wurde nie völlig überbrückt.

Auf der anderen Seite brachte die römische Kaiserzeit eine Epoche der intensivsten Bodennutzung, wie sie Nordafrika bis ins

19. Jahrhundert nicht wieder erlebt hat. Zum Teil griff die moderne Bewirtschaftung geradezu auf römische Anregungen zurück, wie etwa bei der Einrichtung der Olivenplantagen bei Sousse. Im Mittelpunkt der Kultivationsarbeiten standen neben dem Erosionsschutz durch teilweise tiefgestaffelte Mauersysteme naturgemäß die Bewässerungsanlagen, die von der systematischen Sammlung aller Regenfälle bis zu Kanalsystemen und einer genauen Verbrauchsregelung reichten. In dem Gebiet am Dschebel Hanout etwa konnte J. Baradez zeigen, daß die Niederschläge eines Areals von ca. 15000 Hektar Fläche gesammelt wurden, um ein Drittel dieser Fläche ausreichend zu bewässern. Dank solcher Voraussetzungen blühten die Getreide- und Olivenölerzeugung auf, daneben Obstkulturen und endlich die Schaf- und Pferdezucht. Die gleichen Produkte, dazu noch Sklaven und wilde Tiere für die Spiele sowie einige Spezialitäten, wie Thujaholz für Ziermöbel oder afrikanischer Marmor, der selbst für das römische Augustusforum Verwendung fand, wurden auch ausgeführt, während die afrikanischen Industriebetriebe nur wenige Verarbeitungszweige der heimischen Erzeugnisse umfaßten.

Das römische *Heer* bestand in Nordafrika lediglich aus einer Legion, deren Lager etappenweise von Amaedara über Theveste nach Lambaesis verschoben worden ist, während gleichzeitig das ganze Aurèsmassiv im Norden wie im Süden von römischen Straßen umfaßt wurde. Die Legio III Augusta rekrutierte sich zunächst vorwiegend aus dem Westen des Reiches, nach der Mitte des ersten Jahrhunderts dann auch aus dem griechischen Osten, während seit Hadrian rasch das afrikanische Element anwuchs, wobei der Anteil der Soldatenkinder aus Lambaesis immer größer wurde. Eine ähnliche Entwicklung läßt sich bei den noch wesentlich bunteren Gruppen der Hilfstruppenteile fassen, die in den mauretanischen Provinzen ca. 15000 Mann, überwiegend Kavallerieeinheiten, zum Teil mit einheimischer Bewaffnung und Ausrüstung, in sich vereinigten. Die Alen waren ursprünglich in Syrien, Kommagene, Thrakien, Spanien und Britannien aufgestellt und in den nordafrikanischen Grenz- und Gebirgsräumen mit Überwachungsaufgaben betraut oder zur Niederwerfung von Aufständen eingesetzt.

Ihren Rückhalt hatte die römische Grenzwehr in dem von J. Baradez erforschten System des *fossatum Africae,* einer Überwachungszone, die das ständig bebaute und besiedelte Land vom Nomadengebiet abgrenzte. Dabei waren römische Beobachtungstürme und Stützpunkte für die Patrouillen bis weit in die Wüste hinausgeschoben, während die Limitanei an dem durch Mauern verstärkten, zwischen vier bis zehn Meter breiten fossatum in einem Grenzstreifen siedelten, dessen Bewässerungssystem besonders stark ausgebaut worden war, um die Voraussetzung für eine kontinuierliche Bewachung zu gewährleisten. Parallel dazu ging auch hier die Anlage von zahlreichen Verbindungsstraßen, deren Netz die Forschungen von P. Salama freigelegt haben.

Die so gesicherten und durchdrungenen nordafrikanischen Provinzen haben nun ihrerseits einen nicht unansehnlichen Beitrag zur Entwicklung des Gesamtreiches geleistet. Dessen politisch-militärische Seite verkörpern schon vor den Severern mehrere Senatoren, Männer wie Lusius Quietus oder Q. Lollius Urbicus, die zu den höchsten militärischen Würden aufstiegen, und die berüchtigten mauretanischen Reiter, die sich vor allem in den Feldzügen Trajans einen gefürchteten Namen erwarben. Vom literarischen Beitrag eines Florus und Apuleius war bereits früher die Rede, indessen liegt die wichtigste Leistung der nordafrikanischen Literaturprovinz gerade nicht im profanen Bereich, sondern im religiösen, in den lateinischen Übersetzungen der urchristlichen Schriften und in den Werken eines Tertullian, Minucius Felix, Cyprian, Arnobius, Laktanz und Augustin, in denen sich zumeist das Pathos der afrikanischen Rhetorik mit der Glut und dem Ernst des neuen Glaubens verband. Während die lateinische Sprache des römischen Nordafrika im Lande selbst die arabische Eroberung nicht überlebte, überlebte sie so in den Schriften der Kirche.

6. Grenzen, Vorfeld und Umwelt des Reiches – Fernhandel und Fernwirkung

Jede Betrachtung der *Grenzen* des Römischen Reiches in der Kaiserzeit wird davon auszugehen haben, daß die Grenzlinien der römischen Besetzung und römischen Besiedlung, des Reichsgebietes und des Machtbereiches nicht zusammenfallen. Sie wird weiter berücksichtigen müssen, daß trotz des augusteischen consilium coercendi intra terminos imperii nach Ausweis der jüngsten Forschungen die Bedeutung einer linearen Grenzkonzeption vor allem für die Rhein- und Donaugrenze sehr einzuschränken und zumindest für die frühe Kaiserzeit durch die Vorstellung von zum Teil in die Tiefe des Vorfeldes offener Grenzkommandos zu ergänzen ist. Insbesondere im obergermanisch-rätischen Gebiet ist in claudischer und flavischer Zeit ein etappenweises Vorschieben von Stützpunkten die Regel und damit eine Organisation der Grenzzone, welche nicht durch geschlossene und starre Linien, sondern vielmehr durch die lockere Streuung der einzelnen Befestigungen an und um die Vormarschstraßen, durch Kastellgruppen und vorgeschobene kleinere Posten gekennzeichnet wird. Erst von der Zeit Domitians an ändert sich dieses Bild. *Limes,* der römische Begriff, der im militärischen Sektor zunächst Bahnen zur Erschließung unzugänglicher Räume, Verbindungs- und Vormarschstraßen bezeichnet hatte, wurde in jenem Augenblick, da sich Rom bewußt an vielen Grenzabschnitten weiterer Offensiven enthielt, zur Bezeichnung der Grenzüberwachungs- und Aufsichtslinie, die sich dann verfestigte.

Der Plan einer rein defensiven Grenzpolitik wurde vor allem seit Hadrian immer entschiedener verfolgt, wobei allerdings die Funktion und Struktur der Limites in den verschiedenen Grenzabschnitten keineswegs einheitlich waren. Im Gegensatz zu der tiefen Gliederung in Nordafrika, von der schon die Rede gewesen ist, herrschte in Britannien in beiden Anlagen der geschlossene Befestigungscharakter vor, und wieder andere Gesichtspunkte galten für Obergermanien. Hier war es vermutlich das Ziel der Vorverlegung des Limes (unter Antoninus Pius) in die Linie Walldürn–Lorch, das einmal besetzte Gebiet mit Hilfe einer möglichst kurzen Linie gegenüber dem freien Germanien abzugrenzen. Einer besonderen Defensivgunst bedurfte diese Linie nicht, weil ja am obergermanischen Abschnitt während des ganzen zweiten Jahrhunderts n.Chr. kein starker germanischer Druck zu befürchten war. Gerade in diesem Jahrhundert ist für Rom ganz allgemein eine auf Grund klarer und weitreichender Vorstellungen von Nachbarräumen, Bevölkerungsgruppierungen und Gefahrenzonen gewonnene Beurteilung der Lage und eine ausgewogene Durchführung der Grenzziehung charakteristisch. Das zeigt sich gerade am obergermanischen Sektor darin, daß die Linie des äußeren Limes zwar nicht so konsequent der Westgrenze des fränkischen Nadelwaldes folgte, wie dies einst Robert Gradmann angenommen hat, daß sie indessen den Kernraum dieses Waldgebietes doch ausschloß. Wenn die allerdings in mancher Hinsicht noch problematischen Fundkarten des freien Germaniens aus der Mitte des zweiten Jahrhunderts n.Chr. nicht trügen, so lagen massierte germanische Bevölkerungsteile erst wieder jenseits des Thüringer Waldes und in Böhmen, vom obergermanischen Limes somit durch ein tiefes, relativ schwach besiedeltes Vorfeld mit sperrendem Nadelwald getrennt.

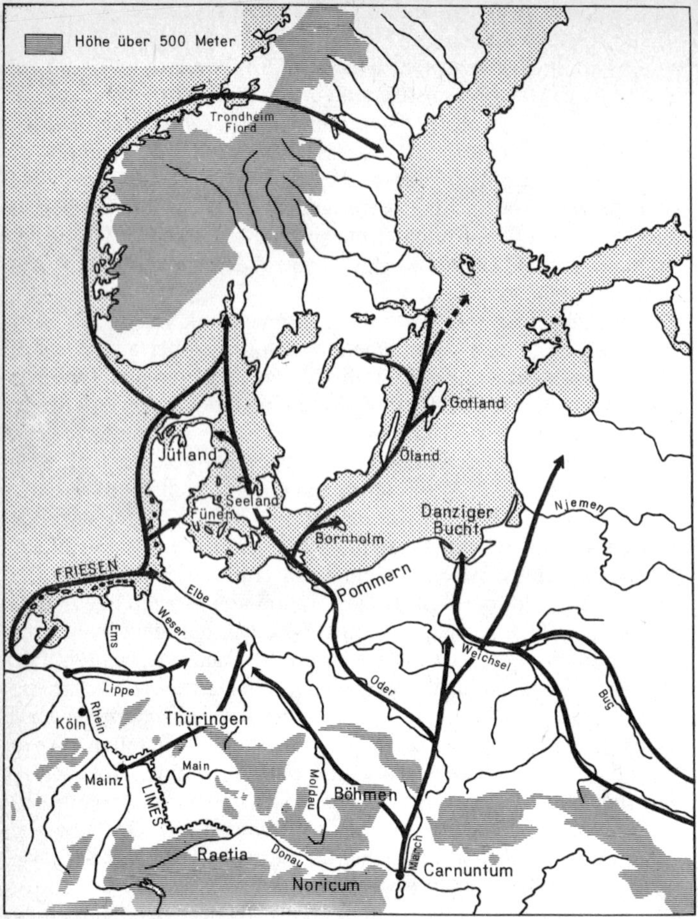

Römische Fernhandelswege in Europa

Überblickt man den Gesamtkomplex der Limites des Römischen Reiches, neben den wuchtigen und gedrungenen Anlagen in Schottland die herrischen Linien in Obergermanien und in Rätien, die Kastellketten um Dakien und die Wälle an der unteren Donau, die Stützpunktsysteme vom Euphrat bis nach Bostra und die erst in einigen Abschnitten intensiv erforschten Zonen des römischen Nordafrika, so wurden von den, grob gemessen, insgesamt etwa 16000 Kilometern des Gesamtumfanges des Reiches rund 1600 Kilometer durch geschlossene Limesanlagen, Wälle und Mauern und etwa 3000 Kilometer durch Stützpunktsysteme abgeschirmt. Das Ganze bildete damit eine der monumentalsten Grenzanlagen der Großreiche überhaupt. Bedingt lassen sich mit ihr lediglich die Große Mauer in China und der sogenannte Limes der Inkas vergleichen. Während die Limites des Imperium Romanum in einem riesigen, nach Westen gegen den Atlantik hin offenen Rechteck den Mittelmeerraum umspannen, erstreckte sich die *Große Mauer* als ungeheure Nordfront rund 5000 Kilometer vom Golf von Tschili bis an den Ostrand des Tarimbeckens, eine Front, deren Mittelabschnitt zwischen Ordos und Richthofengebirge zurückgedrängt wurde. An ihrem Beginn stehen mehrere regionale Schutzwälle chinesischer Markgrafen, die bis zur Mitte des ersten Jahrtausends v. Chr. zurückreichen. Unter der Ch'in-Dynastie sind diese Wälle dann gegen Ende des dritten Jahrhunderts v. Chr. miteinander verbunden und durchorganisiert worden. Unter dem *Limes des Inkareiches* faßt man eine Reihe von Einzelwerken, meist Bergfesten und Talsperren zusammen, welche den Ostabfall der südamerikanischen Ostkordillere und der Anden gegen die Waldländer des Innern absperren. Von Ekuador bis zum Südteil Boliviens, auf ungefähr 3500 Kilometer Länge, verstärkten diese Anlagen die Gebirgsmauern und schützten die alte Hochkultur der Inkas. Sie stammen wohl aus dem 15. Jahrhundert. Wenn wir die historische Situation am Baubeginn in Ostasien und Europa miteinander vergleichen, so sehen wir im Westen ein Reich auf dem Kulminationspunkt seiner Macht, das seine schützenden Arme um den annektierten Besitz gelegt hat, im Osten dagegen den Aufbau einer Rückendeckung mit dem Ziel, das Zentrum der eigenen Kultur, Nordchina, zu verteidigen und deren Ausbreitung nach Süden erst zu ermöglichen. Den Anstoß zum Bau der Wälle und Mauern haben in China die in den Steppen und Wüsten nicht faßbaren Nomadenhorden gegeben, die als eine nicht zu brechende Gefahr die Nordgrenze des ostasiatischen Ackerbaukulturraumes bedrohten. Der Inkalimes hinwiederum ist deshalb mit dem römischen vergleichbar, weil auch er wahrscheinlich am Ende der Expansion als Überwachungslinie und Schutzbarriere der Hochlandkultur der Inkas gegenüber den primitiven Waldkulturen errichtet wurde.

Im übrigen wirkte sich der Bau der Chinesischen Mauer auf die Geschichte des Römischen Reiches in zweifacher Weise mittelbar aus, durch ihren Einfluß auf den Verkehr und auf die Bevölkerungsbewegungen. Die verfallenen Lehmwälle, die südlich des Sulo-Ho den Westausläufer der Großen Mauer bilden, hatten nicht allein die Verbindungsstraßen nach Lou-lan und in die Großoasen des Tarimbeckens abzuschirmen, sondern auch die alte Seidenstraße, die über Kaschgar, den Pamir und durch Parthien nach Tyros führte. Auf dieser Straße begegneten sich durch fünf Jahrhunderte die Karawanen, die aus China Seide, aus dem Westen Glaswaren, Schmuck und Kleinplastiken brachten. Es war freilich nur ein seidener Faden, der Imperium und Chinesisches Kaiserreich miteinander verband, stets gefährdet und bedroht. Zu einer tieferen Kulturberührung ist es in der Antike nicht gekommen. Die zweite Fernwirkung der Großen Mauer war fühlbar. Durch die entschlossene Verteidigung ihrer Nordfront lösten die Chinesen gleichsam mehrere, in ihren Einzelheiten heute noch nicht völlig geklärte Kettenreaktionen aus. Zu Beginn des zweiten Jahrhunderts v. Chr. schlossen sich die Hunnen unter Maotun zu einem Großreich zusammen, ein Steppenvolk nach dem anderen kam in Bewegung. Die Tocharer beispielsweise zogen jetzt von den Ebenen nördlich des Kukunor über das Tarimbecken und Ferghana ins hellenistische Baktrien. Gegen die immer weiter nach Westen brandenden Wogen der Nomadenstämme wurden schließlich auch in Iran Dämme gebaut. Diese ganze Bewegung, die sich auf dem relativ einheitlichen, 7500 Kilometer breiten Streifen von Wüsten, Steppen und Grasland zwischen den Grenzgebirgen Chinas und den Karpaten abspielte, erfaßte endlich die Goten, Awaren und die westlichen Hunnen, die im Auslaufen dieser Stöße zuletzt auch über die römischen Limites hinweggedrängt wurden.

Indessen endet der *Radius der römischen Grenzpolitik* in der Kaiserzeit keineswegs an der Reichsgrenze. Wie einerseits die von Ernst Kornemann inaugurierten Untersuchungen der römischen Klientelrandstaaten und anderseits die von H. J. Eggers vorgelegten Kartierungen des römischen Imports im freien Germanien und eine Zusammenfassung von Gillam für das nicht besetzte Schottland zeigten, war der Grenze des Römischen Imperiums in Europa ein breiter Saum römischen Einflusses von im einzelnen verschiedenster Intensität vorgelagert. Zu den mannigfaltigen Zeugnissen des Ausgreifens der römischen Heeresleitung und der römischen Diplomatie über die Reichsgrenzen hinaus zählen nicht nur die Inthronisation von Vasallenkönigen, wie des Italicus bei den Cheruskern oder des Quadenkönigs unter Antoninus Pius, die Mobilisierung von Bundesgenossen jenseits der Grenzen, wie unter Domitian, und planmäßige Spezialistenhilfe, sondern auch die großzügige Ausgestaltung des Gesandtschaftswesens, dessen zielbewußter Ansatz zum Beispiel auf die germanische Oberschicht in der materiellen Komponente noch erstaunlicher ist als in den literarischen Bekundungen. Es zählt hinzu aber auch die Durchführung großer Umsiedlungsaktionen, in welchen nicht weniger prägnante Belege der Vorfeldordnung sichtbar werden als in dem vorübergehend frei gehaltenen römischen Glacis am Mittelrhein.

Dabei wirkte auf den ins Vorfeld hineinstrahlenden Assimilierungsprozeß nicht nur die römische Seite aktiv ein, sondern vielerorts trafen sich ihre Intentionen mit der Bereitschaft und den Wünschen der benachbarten Oberschichten. So haben C. Patsch und jüngst wieder E. Swoboda mit Recht darauf hingewiesen, daß die Ziegel-, Münz- und Keramikfunde in Transdanubien durchaus nicht immer von römischen Bauten stammen müssen, sondern weitaus wahrscheinlicher von solchen der benachbarten Fürsten und Aristokraten, die in nicht wenigen Fällen mit Rom durch Klientelverträge verbunden waren, welche auch das ius commercii einschlossen.

Dabei läßt sich die Auswirkung des *Handels* auf das Verhältnis zu den Nachbarn kaum überschätzen. Dies gilt hauptsächlich für den normalen Grenzhandel, der fast an der ganzen Reichsgrenze in Sigillatascherben, römischen Kupfermünzen und Fibeln sowie weniger wertvollen Kleinfunden des alltäglichen Bedarfs, aber eben in beträchtlichem Umfang, seinen Niederschlag hinterlassen hat. Dieser Grenzverkehr war landschaftlich sehr unterschiedlich geregelt. Während den als zuverlässig erwiesenen Hermunduren die römische Grenze praktisch offenstand, blieb der Verkehr der Tenkterer streng überwacht, und auch für die Markomannen hat Marc Aurel nach 173 die Plätze und Termine des Austausches festgelegt. Diese sachlichen und nüchternen Kontakte dürften in der Praxis das menschliche Verhältnis zu den Nachbarn nicht weniger tief bestimmt haben als die propagandistischen Vorstellungsbilder der besiegten barbarischen Nachbarn Roms. Diese Bilder zeigten allerdings nur den unter einem Tropaion kauernden Gefangenen, die Personifikationen der besiegten Gegner und den zu Füßen des Kaisers liegenden oder von ihm niedergerittenen Feind.

Im Gegensatz zu der allgemeinen Erscheinung des Nahhandels und des direkten Austausches war der *Fernhandel* an verhältnismäßig wenige wichtige Basen gebunden. Hiervon sind in erster Linie zu nennen Fectio nahe der Rheinmündung für den Export in die skandinavischen Länder und ins Mare Balticum, Vetera für den Landweg lippeaufwärts zur Weser, Mainz für die Straßenzüge durch die Wetterau bis nach Mitteldeutschland, Carnuntum für den Export nach Böhmen, Ostdeutschland und ins gesamte Ostseegebiet, Olbia für den ganzen östlich daran anschließenden Bereich, mehrere Städte Kleinasiens für den Handel mit dem Schwarzmeergebiet und Armenien, Antiocheia und Palmyra für den Verkehr mit dem Zweistromland, dem Partherreich, selbst China und Indien, die schon erwähnten arabischen Karawanenstädte für den Handel mit Arabia felix und Abessinien, Leptis, Oea und Sabrata für jenen ins Innere Afrikas, wohin auch Touggourt und die Hauptstützpunkte des fossatum Africae noch ausstreuten. Vor allem Bernstein, Elfenbein, Weihrauch, Pfeffer und Seide stellten die Hauptobjekte der römischen Handelsinitiative dar, die eben dadurch gekennzeichnet war, daß sie nicht den singulären Austausch anstrebte, sondern den regelmäßigen und kontinuierlichen Handelsverkehr organisierte. Die römische Handelsstation in Aricamedu an der Ostküste Südindiens, römische Münzfunde in der Provinz Shansi und bei Saigon, im Sudan wie bei Mogador, in Skandinavien wie in Island und Irland, die römischen Bronze- und Silbergeschirrsätze im germanischen Norden und die Kunstwerke des Hortes von Begram nördlich Kabul zeigen die faszinierende Spannweite an, in welcher Rom, wenn auch teilweise indirekt, gebend und nehmend wirksam war. Denn den römischen Funden in China entsprechen umgekehrt die chinesischen Bronzen vom Esquilin und aus Canterbury. Freilich ist die Frage nach der historischen Bedeutung der Funde aus dem römischen Fernhandel schwer zu beantworten. Sie einzig als Meilensteine für die Raubzüge der Barbaren ins Innere des Reiches zu interpretieren wäre doch wohl zu einseitig; wir möchten in ihnen eher ebenso begehrte wie vielfach mit Absicht gegebene Zeugnisse der Ausstrahlung römischer Lebensformen erblicken.

Ähnlich enge Grenzen der Interpretation gelten auch für die Fragen nach der Auswirkung der wechselseitigen Einflüsse zwischen dem Reich und den Grenzvölkern in der Kaiserzeit. Auf der Seite der Nachbarn wurde nachweislich lediglich die Lebenshaltung einer relativ schmalen Oberschicht stärker beeinflußt, wobei die Intensitätsskala im einzelnen zwischen oberflächlicher Berührung und bewußter Hingabe an alles Römische variiert. Doch spiegelt sich in dem taciteischen barbaros malle Roma petere reges quam habere auch die Erfahrung, wie rasch gerade die politischen Impulse immer wieder absorbiert wurden, obwohl anderseits Sueton von Augustus berichtet, daß er für die Klientelkönige wie für die Glieder des Reiches gesorgt habe. Die zweite Schicht, die dazuhin dann stärker von römischem Gut hätte durchdrungen werden können, stellen die in den römischen Hilfstruppenteilen oder Sonderformationen dienenden Gruppen dar. Doch handelt es sich dabei um einen Personenkreis, dessen professionell bescheidene Ansprüche auf kulturellem Gebiet tiefere Begegnungen und Auseinandersetzungen ausschlossen und selten zu mehr als einer Anpassung der äußeren Formen führten. Auf römischer Seite hingegen war der Organismus des Reiches in der frühen und mittleren Kaiserzeit noch lebendig genug, um die fremden Kräfte einzufügen und in Schranken zu halten. Die Reichsstruktur wurde durch sie eher ergänzt und gestützt als verändert. Gewiß sind die Aufnahme und der Gebrauch von exotischen Luxusgütern oft beredet und kritisiert worden, doch stellen sie nur besonders krasse Symptome der Lebenshaltung der führenden Schichten dar, Symptome einer Entwicklung, die sie nicht hervorgerufen, sondern lediglich akzentuiert haben.

7. Römisches Recht

Die zentrale Stellung des Rechts innerhalb des staatlichen Lebens war für die Römer eine Selbstverständlichkeit. Wenn über ihm anfänglich die Pontifices ihre Hände hielten, wenn die römischen Juristen in der Regel den politisch führenden oder aktiven Schichten angehörten und wenn nach dem Urteil des Pomponius plurimi et maximi viri die Rechtskunde praktizierten, so bezeugt dies alles, daß gerade die Rechtsgeschäfte ein besonders bevorzugtes Betätigungsfeld bildeten, welchem die römische Nobilität ebenso ihren Tribut entrichtete wie später die römischen Herrscher. Das römische Recht selbst, dessen Begriff beim Nichtfachmann primär Assoziationen an Rechtseinheit und an ein geschlossenes Rechtssystem, an die Kodifikationen des Zwölf-Tafel-Rechtes und der spätantiken Codices auslöst, bietet inhaltlich gerade nicht die Einheit eines Systems. Vielmehr ist es selbst in seiner klassischen Epoche aus durchaus heterogenen Bestandteilen zusammengesetzt: Neben Rudimenten des Zwölf-Tafel-Rechtes begegnen Schichten des späteren ius civile, neben durch leges und senatusconsulta gesetztem Recht steht anderes, das von den Kaisern durch Edikte und Konstitutionen geschaffen wurde. Bunt wie dieses Rechtsgewebe ist, verkörpert es doch beispielhaft den römischen Traditionssinn, die selbstverständliche Anerkennung des geschichtlich Gewordenen. Auch hier war die Autorität der Tradition nicht erstarrt, sondern sie blieb verbunden mit der Möglichkeit zur Weiterentwicklung. So konnte etwa das Edictum des Stadtprätors, das nach dem Zwölf-Tafel-Recht zu einem der wichtigsten Vehikel der Rechtstradition geworden war und die Summe der gültigen Rechtsgrundsätze im Privatrecht enthielt, zwar theoretisch von jedem Inhaber dieses Amtes modifiziert werden, es blieb jedoch lange Zeit hindurch praktisch unverändert, weil die Verbindlichkeit der Rechtstradition als Ganzes für jeden Römer außer Frage stand.

Der Verlauf der Rechtsentwicklung ist in den Jahrhunderten nach dem bereits früher erörterten Recht der Zwölf Tafeln (451/450), dessen Parallelen zum attischen Recht schon im Altertum gesehen wurden, nur schemenhaft zu erfassen. Träger der Entwicklung waren zunächst die Pontifices, die das Zwölf-Tafel-Recht im einzelnen interpretierten und die Rechtsformulare hüteten und ausarbeiteten. Im Prinzip war das Recht des Anfangs gleichbedeutend mit einem an die Gewohnheit gebundenen, grundsätzlich jedoch offenen Bestand von Fallentscheidungen. Die Rechtskunde wurde allmählich, meist in der Form von Gutachten und in Interessenvertretungen, von Angehörigen der Aristokratie wahrgenommen. Der sogenannten Kautelarjurisprudenz dagegen, welche durch die bindende Kraft der Prozeß- und Geschäftsformulare als wichtiges Element früher Rechtswissenschaft entstand, waren nie jene starken gesellschaftlichen und politischen Rückwirkungen im Rahmen der Klientel- und Gefolgschaftsverhältnisse eigen, welche gerade jene Gutachtertätigkeit auszeichnete.

Während zumeist von der Volksversammlung beschlossene Gesetze das gültige Recht ergänzten, führte wohl um die Mitte des dritten Jahrhunderts v.Chr. wiederum die Begegnung mit dem Fremden, die immer zahlreicher werdenden Rechtsstreitigkeiten römischer Bürger mit den peregrini, zur Ausbildung eines *ius gentium* im älteren Sinne, das heißt nicht nur der Institution des speziellen praetor peregrinus für diesen Zuständigkeitsbereich, sondern auch eines dazu geeigneten Verfahrens und geeigneter

Privatrechtssätze, welche schließlich für alle römischen Bürger geltend wurden. Anderseits hielt Rom stets am Personalitätsprinzip fest, das römische ius civile galt lediglich für römische Bürger. Wie wir bereits sahen, stellen Bürgerrechtspolitik und Ausbreitung des römischen Rechts im Grunde lediglich zwei Seiten eines identischen Prozesses dar.

Im übrigen hat die für die Entwicklung des römischen Rechts selbst so kennzeichnende Spannung zwischen dem Beharren auf althergebrachten Normen und einer fortschrittlichen Rechtsbetrachtung und Rechtsgesinnung wohl kaum je eine eindrucksvollere Form gefunden als die mächtige Antithese der vier Worte des summum ius summa iniuria, die so zwar erst bei Cicero als alltägliches Sprichwort erwähnt, indessen bereits vor Terenz formuliert wurde, nach Kant der „Sinnspruch der Billigkeit“ schlechthin, mit welchem das alte, von den Zwölf Tafeln abgeleitete ius civile in den Überspitzungen ad absurdum geführt worden ist. Das gegen jeden dogmatischen Rechtsformalismus gewendete Wort ist ein Beleg dafür, wie im Zusammenhang mit den Intentionen des Scipionenkreises einem neuen Streben nach aequitas zum Durchbruch verholfen wurde.

Eine mächtige Trias von Kräften hat dann seit der späten Republik das römische Recht allgemein fortgebildet, die Magistrate bis in die frühe Kaiserzeit in dem sogenannten ius honorarium, die Jurisprudenz, die seit dem Ende der Republik auf ihren klassischen Höhepunkt gelangte, und endlich in immer stärkerem Maße die kaiserliche Gesetzgebung. Von den persönlichen juristischen Interessen einzelner Herrscher ganz abgesehen, waren dabei Prinzipat und Rechtswissenschaft von Anfang an zusammengeführt. Die Kaiser wurden in weitestem Umfang als Gutachter oder Richter in Anspruch genommen, viele schwierige Rechtsprobleme wurden an sie zur Entscheidung herangetragen, es wuchsen ihnen damit juristische Aufgaben zu, denen ihre Fachkenntnis nicht genügen konnte und die ihre Arbeitskraft zu absorbieren drohten. Den Juristen aber boten das kaiserliche Regiment und die kaiserliche Verwaltung ungeahnte Wirkungs- und Entfaltungsmöglichkeiten. Dieses Aufeinanderangewiesensein zeigte sich schon unter Augustus, der einigen Juristen, offensichtlich Senatoren, das ius respondendi ex auctoritate principis verlieh und damit – wenn die moderne Deutung der Überlieferung richtig ist – das ius publice respondendi auf diese vom Herrscher privilegierten Spezialisten einschränkte. Es war die unmittelbare Auswirkung einer solchen Anerkennung, wenn alsbald in der Zusammensetzung des Juristenstandes wieder die Angehörigen senatorischer Provenienz überwogen, während im ersten Jahrhundert v. Chr. nach den Forschungen von W. Kunkel gerade das Vordringen von Personen aus dem Ritterstand und aus den italischen Landstädten zu beobachten war. Im übrigen wurde auch die klassische Phase der römischen Jurisprudenz nicht von Exponenten einer einseitigen Spezialisierung getragen, sondern gemäß den Prinzipien der römischen Verwaltungslaufbahnen von Männern, welche sich auch in der Praxis, als Offiziere, als Leiter schwieriger Verwaltungsressorts und als Provinzstatthalter, bewährt hatten.

Die Sonderstellung der römischen *Rechtswissenschaft* liegt darin begründet, daß in ihr erstmals das Recht um seiner selbst willen mit wissenschaftlichen Methoden gepflegt wurde. Dabei überwogen in den Fachschriften die Gutachtensammlungen, während die kommentierende Literatur erst den zweiten Rang einnahm. Aus dem Kreis der Fachjuristen ragen im zweiten Jahrhundert einzelne große Persönlichkeiten, wie der jüngere Celsus und Salvius Iulianus, hervor, und die römische Bevölkerung Nordafrikas wie die Syriens stellten jetzt führende Vertreter des römischen Rechts. Doch die These O. Spenglers von der generell aramäischen Herkunft der klassischen Juristen erwies sich als falsch. Gerade im Hinblick auf die Zusammensetzung des römischen Juristenstandes ist weit eher jene innere Geschlossenheit der Auffassungen hervorzuheben, die Savigny in einer berühmten Pointierung dahin zuspitzte, daß die einzelnen Juristen lediglich „fungible Personen" gewesen wären.

Auch die Beeinflussung des römischen Rechtes durch fremde Rechte war, soweit hier der gegenwärtige Forschungsstand überhaupt allgemeine Feststellungen zuläßt, aufs Ganze gesehen, relativ beschränkt. Sie ist am ehesten durch das griechisch-hellenistische Steuer- und Wirtschaftsrecht erfolgt, in den übrigen Rechtssparten dagegen als gering zu veranschlagen. Anderseits sind auch die Analysen der Vielfalt des Rechtslebens innerhalb des Römischen Reiches keineswegs abgeschlossen. Seit der klassischen Monographie von L. Mitteis über Reichsrecht und Volksrecht in den östlichen Provinzen des römischen Kaiserreichs (1891) wissen wir zwar, daß im ganzen griechischen Osten die vorrömischen Rechtstraditionen in den „Volksrechten" der hellenistischen Welt vor und neben dem römischen Recht selbst noch nach der Constitutio Antoniniana von 212 fortbestanden haben, daß das Reichsrecht nie aufoktroyiert wurde, sondern – vorangetragen durch Statthaltergerichte und Rechtsschulen wie Berytos – verhältnismäßig langsam Boden gewann. Doch die regional wahrscheinlich durchaus verschiedenartigen Verhältnisse in der Übernahme von Rechtsgrundsätzen und in der Anerkennung von Rechtsentscheidungen, sei es der eigenen Tradition, sei es der kaiserlichen Rechtsprechung, kurz das Verhältnis zwischen lokaler Rechtskontinuität und Aneignung des römischen Rechts, läßt sich wohl kaum auf einen Nenner bringen. Die gegenseitigen Überstrahlungen beider Pole stehen außer Frage.

Eine zusammenfassende Charakteristik der *Eigenart und der Prinzipien* des römischen Rechts kann an dieser Stelle lediglich in den Perspektiven von Rudolf v. Ihering, Fritz Schulz und Franz Wieacker erfolgen. Es wird dabei nicht überraschen, daß sich die Gesinnungsgrundlagen des römischen Rechts aufs engste mit jenen Werten und Kräften berühren, welche die moderne Begriffsforschung ganz allgemein als für das Römertum konstitutiv herausgearbeitet hat. Auch im Recht ist die Anerkennung von Bindungen erstaunlich komplex. Die verpflichtende Kraft der Tradition, taciteisch das quae converterentur in deterius mutari, ließ einerseits die Entscheidungen der veteres zu kanonischer Allgemeingültigkeit aufsteigen und verhinderte anderseits die Ausbildung systematischer Rechtskritik und Rechtspolitik. Der Begriff römischer fides band auch in seiner säkularisierten Form Denken und Handeln. Er forderte die volle juristische Anerkennung des Wortes ebenso wie die des formlosen Rechtsgeschäftes, er befestigte die Bindungen und Gelöbnisse, bis er schließlich in der Weiterentwicklung der bona fides zur fairen Beschränkung im Durchsetzen unbilliger Ansprüche führte. Selbst der römische libertas-Begriff war im Gegensatz zur Eleutheria in seinem Anspruch alles andere als absolut, aber doch auch stark genug, um in der Sphäre des Privatrechtes „so wenig als möglich Recht" und „so wenig wie möglich Gemeinschaft" (Schulz) zu fixieren. In anderen Bereichen griffen die Rechtsschranken freilich wieder ungewöhnlich weit aus und begrenzten, zumindest in der normensetzenden Theorie, den Krieg auf das bellum iustum.

In der *Rechtsgestaltung* ist die Kraft der Abstraktion immer wieder betont worden, und in der Tat muß die römische Fähigkeit, die juristischen und natürlichen Gegebenheiten abstrakt zu fassen, imponieren. Doch ist daneben bemerkenswert, daß immer wieder erforderliche Abstraktionen fehlen und statt dessen reine Aufzählungen begegnen. Die instinktive Abneigung gegen übersteigerte Abstraktionen und gegen ein Zuviel an Begriffsbestimmungen bewahrte die einfache Grundstruktur des Rechts, setzte in der kasuistischen Methode nicht vor, sondern bezog ein und behielt auch die ganz untheoretische Grundposition bei, die nicht von der Idee des Rechts, sondern von den Erfahrungen der Rechtsfälle ausging. Trotz solcher Einschränkungen aber konnte man die römische Jurisprudenz als eine „Scheidekunst" hohen Ranges interpretieren und in ihren konsequenten Unterscheidungen, wie zwischen Rechtslage und Tatbestand, Eigentum und Besitz, Verpflichtung und Erfüllung, dinglichem und obligatorischem Recht, einen bezeichnenden Ausfluß dieser Rechtsauffassung sehen.

Das römische Recht hat in den beiden Reichshälften durchaus verschiedenartige Auswirkungen erlebt. Während es im Westen zunächst breiteste Aufnahme fand, ist es dort in der Spätantike den Tendenzen des Vulgarismus erlegen. Es war gerade der Osten, der in einer klassizistischen Reaktion auf diese Entwicklung unter Justinian das klassische römische Recht in den großen Kodifikationen auffing und pflegend bewahrte. Erst die geistige Wiederentdeckung des Corpus Iuris um 1100 und die systematische Ausbildung eines neuen Juristenstandes, Leistungen, die mit dem Namen Bolognas verknüpft sind, schlossen den Kreis und eröffneten zugleich den neuen der Nachwirkung. Auf die Epoche der Glossatoren folgte im 15. und 16. Jahrhundert gerade in Deutschland eine umfassende Rezeption des römischen Rechts, die hier durch die Besonderheiten der Rechtslage begünstigt war. Es folgte im Zuge der humanistischen Strömungen, im Werk einer neuen Elite die „Elegante Jurisprudenz", die in Bourges ihr Zentrum und in Hugo Donellus eine ihrer bedeutendsten Erscheinungen aufwies. Die aus der Verbindung klassizistischer und romantischer Antriebe erwachsene historische Rechtsschule Friedrich Carl v. Savignys hat dann durch die Entwicklung der Pandektenwissenschaft noch einmal ein System geschaffen, das bis zur Entstehung der modernen Privatrechtsbücher eine übernationale, europäische Geltung gewann. Seitdem ist die Wirkung des römischen Rechts, nüchtern besehen, indirekt, historisch, Hintergrund der Rechtsphilosophie und des Rechtsvergleiches und damit Gegenstand einer Krise, deren Tiefe Paul Koschakers Alterswerk abgesteckt hat.

Fünfter Teil

Spätantike

1. Grundlagen

Da sich die Epoche der Spätantike in der geschichtlichen Überlieferung in einem ungewöhnlichen Reichtum von Personen, Tatsachen und Einzelheiten darbietet, der sich hier gar nicht wiedergeben läßt, muß an dieser Stelle eine knappe Skizze der Gesamtentwicklung als eine Art umgreifender Rahmen für die folgenden Darlegungen genügen.

Nach der Übergangsphase der severischen Dynastie (193–235) haben in der Zeit der *Soldatenkaiser* (235–284) neue Bevölkerungsschichten dem Römischen Reich ihr Gepräge gegeben, vornehmlich der Soldatenstand aus Illyrien und Pannonien, doch auch nordafrikanische und orientalische Kräfte. Die gleichzeitige innere Nivellierung des alten ständischen und rechtlichen Aufbaus des Imperium Romanum hatte trotz aller Abstriche, welche die moderne Forschung geltend gemacht hat, schon in der Constitutio Antoniniana von 212 mit der Zuerkennung des römischen Bürgerrechtes an nahezu sämtliche Bewohner des Reiches ihren sinnfälligen Ausdruck gefunden. Die unverhüllte Militärmonarchie der Soldatenkaiser wurde durch stärksten äußeren Druck, die Angriffe der Sassaniden, der Germanen, der arabischen und afrikanischen Nomaden, bedingt und durch sie zugleich nicht weniger gefährdet als durch die nicht abreißenden Ketten von Usurpationen im Innern, welche in den legendären dreißig Tyrannen zur Zeit des Kaisers Gallienus ihren Höhepunkt erreichten. Mit einem Maximum staatlicher Ordnungs- und Verwaltungsintensität, das zum Zwangsstaat führen mußte, mit weitgehender Lebensreglementierung und durch die Überführung der politischen und wirtschaftlichen Selbstverwaltung in die Haftpflicht der Beamten und der Korporationen versuchten diese Herrscher in immer neuen Anläufen und unter äußersten Anstrengungen alle Kräfte des Reiches zu mobilisieren. Selbst das Siedlungsbild änderte sich im

Laufe dieser Entwicklung grundlegend. An die Stelle der offenen Siedlungsweise in Kulturlandschaften, welche nur an den Rändern abgeschirmt waren, trat die Neugruppierung und Ballung der Siedlungen in Befestigungen und Schutzanlagen. In ganzen Netzen von Türmen, Warten und Kleinkastellen schoß eine Vielfalt oft engster Befestigungswerke auf, welche das Reichsgebiet tief durchdrangen. Trotz schwerster innerer Substanzverluste durch fortgesetzte Plünderungen und einen chronischen Währungsverfall und trotz erster territorialer Verluste in den agri decumates und in Dakien aber behauptete sich doch das Reich als Ganzes. Die Sonderreiche, Gallien, Palmyra und Britannien, die zeitweilig die Grenzwehr führten, konnten von Aurelian und Constantius Chlorus wieder eingezogen werden. Im Innern hatten dagegen die Belastungen und Zerstörungen dieser Jahrzehnte den wirtschaftlichen Ruin weiter Kreise, vornehmlich der Kleinbauern, Pächter, Handwerker und Kaufleute heraufgeführt, Austausch, Handel und Verkehr waren ins Stocken geraten, regionale Wirtschaftskörper mehr und mehr an die Stelle einer freizügig erfüllten Einheit getreten.

Inmitten einer so umfassenden Krise sind die Grundlagen der spätantiken Welt ausgebildet worden. Aus dem ständigen Ineinanderwirken äußerer und innerer Triebkräfte lassen sich hier jedoch nur wenige Erscheinungen näher kennzeichnen, welche, aufs Ganze gesehen, als repräsentativ für die Gesamtentwicklung gelten dürfen: erstens die Umgestaltung des römischen Heeres, zweitens das Phänomen der Sonderreiche und drittens – als bedeutsame innere Reaktion auf die Krise – die Restaurationspolitik des Decius, die sogenannte gallienische Renaissance und die Reichsordnung Diokletians.

Jede Beurteilung der neuen Rolle und des neuen Gesichtes des römischen *Heeres* im dritten Jahrhundert wird davon ausgehen müssen, daß es jene Disciplina Augusta, die Hadrian als göttliche Personifikation in die Fahnenheiligtümer der Armee hatte einziehen lassen, in einem Heere nicht mehr gab, das durch jahrzehntelange Kriege gegen Markomannen, Parther und Perser dezimiert, durch die Pest ausgezehrt und durch fortwährende Geschenke verdorben worden war. Commodus und andere nach ihm hatten sich von der Armee erpressen lassen. Nüchtern besehen, war das Heer in erster Linie zu einem Interessenverband geworden, welcher zunächst das Monopol der Prätorianer brach, die bisher in erster Linie von neuen Kaisererhebungen profitiert hatten, ein Interessenverband, welcher dann jahrzehntelang und häufig ohne jede Rücksicht auf Reichsnot und Soldatenpflicht seine Macht politisch mißbrauchte. Unter seinem immer drohenden Schatten vollzog sich die Abwehr der Invasionen, und erst als dieser gebannt war, das Heer aufgesplittert in verkleinerte Formationen und scharf überwacht im Netz rivalisierender Gewalten, gelang auch die endgültige Konsolidierung des Reiches.

Wenn M. Rostovtzeff in diesem neuen römischen Heer seiner Zusammensetzung und Haltung nach in erster Linie ein Bauernheer und eine Art Vollzugsorgan des Kleinbauerntums im Klassenkampf gegen die Städter gesehen hatte, so betonte demgegenüber Fr. Altheim in weitausgreifenden Synthesen den Vorrang der äußeren Faktoren für diese Entwicklung, die Veränderung in der Umwelt des Reiches insbesondere im Osten. In den von dem Reiternomadentum des eurasischen Steppengürtels stimulierten Bevölkerungsbewegungen und in der von den Parthern und Sassaniden schließlich systematisch ausgebildeten Waffe der Panzerreiterei erblickte er die eigentlichen Antriebskräfte für die Umwälzung auch des römischen Kriegswesens. Aus solcher Sicht ließen somit die Eigenart der Kampfesweise der Angreifer, insbesondere der Sassaniden, also die Attacken der Reiter, Panzerreiter und der massierte Angriff der Bogenschützen zu Fuß und zu Pferde, auf römischer Seite jetzt neue ethnische Gruppen in den Vordergrund rücken, Kelten vom Rhein, Illyrer von der Donau, Nomaden und Halbnomaden vom Rand der Sahara und aus der arabischen Wüste.

Ganz ohne Zweifel haben die schweren Kämpfe im Osten Entwicklungen der römischen Heeresorganisation beschleunigt, die im Prinzip bereits angelegt waren. Denn das Kavalleriegefecht war Rom schon in den Kriegen Caesars in Gallien und Britannien aufgezwungen und gelehrt worden, doch war es eine leichte Kavallerie, welche etwa bei Pharsalus die Entscheidung herbeiführte. Aber im Grunde war schon damit der Bann gebrochen, und eine Kataphrakteneinheit ist in der römischen Armee bereits unter Hadrian an der Donau bezeugt, ein neuer starker Verband wurde unter Severus Alexander aufgestellt. Orientalische Bogenschützen begegnen schon auf der Trajanssäule, später in dakischen Garnisonen, in Britannien und an der Donau, wo der Schatzfund von Straubing die prachtvollen und fremdartigen Paradehelme einer solchen Formation zutage gefördert hat.

Wenn neben Sonderformationen nun die *Kavallerie* als Ganzes erheblich an Bedeutung gewann, so war dafür allerdings nicht nur die Bewaffnung des Gegners, sondern nicht minder die strategische Lage maßgebend. Denn mit der Bindung des römischen Heeres an die limites des Reiches hatte hier eine bedenkliche Entwicklung ihren Anfang genommen. Die Grenzgarnisonen verwuchsen fortan in einem unaufhaltsamen Prozeß mit ihren jeweiligen Territorien. Das von Septimius Severus den Soldaten zuerkannte Recht zur Eheschließung und zur Führung eines regulären Haushaltes ist nur ein Schritt auf diesem Wege gewesen, wenn man sich auch davor hüten muß, sich die Grenztruppen samt und sonders schon für den Anfang des dritten Jahrhunderts einfach als eine bodenständige Miliz vorzustellen. Da aber gerade die römischen Legionen einmal an der Reichsgrenze festgelegt waren, verfügte das Reich anderseits praktisch über keine operative Reserve. Zum Abriegeln von feindlichen Einbrüchen wie für alle Gegenoffensiven war es daher notwendig, von ruhigen Grenzabschnitten entweder ganze Legionen abzuziehen oder – und dies weit häufiger – Detachements, die sogenannten Vexillationen. Mit Hilfe solcher Improvisationen aber war naturgemäß in der Krise des dritten Jahrhunderts auf die Dauer nicht auszukommen; Gallienus schuf deshalb ein mobiles Feldheer mit starken Kavallerieverbänden. Da dieses Feldheer aber fast stets unter den Augen des Kaisers focht und sein Einsatz in jedem Falle die Entscheidung der Kämpfe brachte, nahm es fortan den ersten Rang ein. Die Scheidung des römischen Heeres in die festgelegten Defensivkräfte minderer Qualität und in das mobile, schlagkräftige Feldheer, mit einem Wort: die spätantike römische Heeresorganisation hat hier ihren Ausgangspunkt. Allerdings war damit auch ein nicht ungefährlicher neuer Machtfaktor geschaffen, das Kavalleriekorps und seine Kommandeure rückten jetzt an die Stelle der Prätorianer und ihrer Präfekten. Aureolus, Aurelian und Probus haben von diesem Posten aus nach dem Purpur gegriffen.

Niemand wird auf Grund dieser Tatsachen innerhalb des römischen Heeres eine Gewichtsverschiebung zugunsten neuer Schichten und neuer Waffen leugnen wollen, die Frage bleibt nur, ob wir in ihr den letzten Grund für die Umwandlung der ganzen Staats- und Lebensordnung erblicken können. Einer solchen Wertung stehen schon im militärischen Bereich zwei Bedenken entgegen. Einmal verbietet doch wohl das numerische Verhältnis eine so weitreichende Schlußfolgerung, denn auch bei günstigster Schätzung dürften die neuen Verbände zusammengenommen noch nicht einmal ein Viertel der römischen Heeresstärke betragen haben, und zweitens widerspricht dem auch die zeitliche Zuordnung. Denn die so faszinierenden Reiterwaffen des Ostens waren ja nicht erst seit den Tagen der Sassaniden vorhanden, und doch hatten weder Carrhae noch die Begegnungen der ersten beiden Jahrhunderte n. Chr. auf Rom stärkere Rückwirkungen ausgelöst.

Die Randzone des Reiches und die Grenzprovinzen stellten einerseits ihre frischen Kräfte der Reichsverteidigung zur Verfügung, anderseits waren gerade ihre Räume auch den stärksten Belastungen ausgesetzt. Je geringer die Hilfe der zentralen Instanzen angesichts der zum Teil gleichzeitigen Drohungen und Gefahren an nahezu allen Fronten wurde, je öfter sich die Befehlshaber der gefährdeten Grenzabschnitte lediglich auf die eigenen Mittel verwiesen sahen, desto näher mußte hier die Versuchung liegen, auch eigene Wege zu gehen. So entstanden die Sonderreiche.

Die Begründung des *gallischen Sonderreiches* ist mit der Person des Postumus verbunden, der nach der Ermordung des Gallienussohnes Saloninus in Köln im Jahre 259 zunächst scheinbar lediglich die Reihe der Usurpationen um eine weitere verlängert hatte. Doch stellten sich Postumus von allem Anfang an zwei verschiedene Aufgaben. Auf der einen Seite hatte er auch weiterhin den Schutz Galliens gegen die Germanen zu übernehmen, und dies inmitten der Hochflut alamannischer und fränkischer Invasionen. Auf der andern Seite aber hatte sich Postumus gegen die Kräfte der legitimen römischen Regierung, also des Gallienus, zu behaupten. Diese Frontstellung, nach außen ebenso wie gegen Rom, hat für das gallische Sonderreich die weitere Entwicklung bestimmt, und sie erklärt zugleich die oft schwankende Reaktion der Zentralregierung, welche in einem solchen Verband die Gefahr des Gegenkaisers ebenso sehen mußte, wie sie dessen Leistung für das Gesamtreich zu würdigen hatte.

In der Abwehr der äußeren Gefahren gelangen Postumus ohne Zweifel wirksame Erfolge. Er konnte den Siegerbeinamen Germanicus maximus annehmen und sich in den Münzlegenden als restitutor Galliarum rühmen. Auf diese Leistungen für Gallien gründete sich so sein Ansehen in seinem Herrschaftsbereich, der ihm bis zuletzt auch die Treue gehalten hat. Denn obwohl die Erhebung des Postumus nur von einem Teil des römischen Rheinheeres ausging, stellte sich doch sogleich ganz Gallien auf seine Seite. Es zeigte sich, daß der Usurpator hier die alten gesamtgallischen Kräfte ebenso für sich einsetzen konnte wie die allgemeine instinktive Entschlossenheit der Provinzialen, sich in erster Linie auf die eigene Macht zu verlassen, da die Hilfe des Reiches oft genug ausblieb und die Zentralregierung dazuhin auch noch des öfteren die für die Grenzverteidigung benötigten Verbände abzog, um sie zur

Niederwerfung von Usurpatoren oder an anderen Grenzen einzusetzen.

Im Unterschied zu dem wenig später ausgebildeten palmyrenischen Sonderreich war die Basis des gallischen relativ einheitlich, und in dieser Geschlossenheit lag sowohl seine Stärke als auch die Gefahr einer dauernden Absplitterung vom Gesamtverband. Indessen darf man die Bedeutung der gallischen Traditionen für die Struktur und die Formgebung des Sonderreiches nicht überschätzen. Es ist gewiß richtig, daß sich im gallischen Raum noch immer starke Kräfte des Keltentums gehalten hatten, die sich insbesondere im Namengut, in der Religion und auch im künstlerischen Stil dieser Landschaften aufzeigen lassen. Aber aufs Ganze gesehen, treten sie doch zurück hinter der Beibehaltung der römischen Formen. Postumus bildete einen eigenen Senat. Er ernannte eigene Beamte mit römischen Titeln und, gemäß dem gültigen römischen Staatsrecht, genau bestimmten Funktionen. Er berief eigene Consuln, wobei er selbst das Consulat wiederholt bekleidete, und distanzierte sich damit zugleich durch eine eigene Jahreszählung von der Chronologie des Gesamtreiches. Die Residenz des gallischen Sonderreiches war wohl für einige Jahre Trier. Dort ist jedenfalls aus jenen Jahren eine Garde nach dem Vorbild der römischen bezeugt. Trier und Köln waren zudem die wichtigsten Münzstätten dieses Reiches, dessen künstlerisch hervorragende Goldprägung jene des Kernreichs zeitweilig sogar übertraf.

Im Laufe der Zeit gelang es Postumus, seinen Machtbereich über den gallischen Raum hinaus bedeutend zu erweitern. Die spanischen und auch die britannischen Provinzen haben ihn anerkannt. Es war zudem unausbleiblich, daß die Behauptung der eigenen Stellung gegen die Unterwerfungsversuche der Zentralregierung immer wieder auf den Griff nach der Gesamtherrschaft hinweisen mußte, so daß sich die Frage aufdrängt, warum Postumus auf diesem Wege nicht aktiver vorwärtsging. Doch waren nun seinen Möglichkeiten enge Grenzen gezogen, einmal durch die Aufgaben der Grenzverteidigung, zum andern in der zweiten Hälfte seiner Regierung durch den Zwang, sich gegen innere Gegner zu schlagen. Postumus konnte zwar Ende 268 Laelianus niederwerfen, doch wurde er kurz darauf selbst erschlagen, als er seiner Armee das Recht verweigerte, das „befreite" Mainz zu plündern. Damit aber hatte das gallische Sonderreich seinen Zenit überschritten. Nach den relativ kurzlebigen Regierungen des Marius, Victorinus und Tetricus konnte Aurelian schließlich im Jahre 273 in der Nähe von Châlons die Truppen des Sonderreichs besiegen, dessen Sache sein letzter Herrscher selbst verlorengegeben hatte.

Fast gleichzeitig hatte sich im Osten nach der Gefangennahme Valerians um *Palmyra* ein anderes Sonderreich gebildet. In dem Maße, in dem es Odaenathus, dem Fürsten von Palmyra, gelang, als corrector totius orientis die Lage im gesamten syrischen Grenzraum zu stabilisieren, überwucherten auch hier zuletzt die partikulären Interessen jene des Gesamtreiches. Diese Politik setzten dann Zenobia, die Witwe des Odaenathus, und ihr Sohn Vaballath zielstrebig fort. Die Macht Palmyras griff schließlich bis nach Ägypten und Kleinasien aus. Versucht man, den inneren Aufbau des palmyrenischen Sonderreiches zu analysieren, so wird man berücksichtigen müssen, daß die wenigen Jahre seiner Dauer zu einem Zusammenwachsen nicht ausreichen konnten. Man wird zum andern aber auch die Rolle des neuplatonischen Philosophen Cassius Longinus, der als Professor für griechische Rhetorik in der nächsten Umgebung Zenobias wirkte, nicht überschätzen dürfen. Von einem Versuch einer geistigen Eroberung der syrischen Vorländer kann wohl kaum ernsthaft die Rede sein. Letzten Endes war das palmyrenische Sonderreich eben doch nur ein Provisorium inmitten stärkster äußerer und innerer Wirren. Sobald es sich über den direkten Machtbereich der Stadt Palmyra hinaus nicht mehr auf die Autorität Roms berufen konnte, waren die ägyptischen, syrischen und kleinasiatischen Städte auf die Dauer nicht bereit, seine Oberhoheit anzuerkennen. Die innere Vielfalt und die lokalen kulturellen und politischen Traditionen erwiesen sich hier von allem Anfang an als wesentlich nachhaltiger und ablehnender, als dies etwa im gallischen Sonderreich der Fall gewesen war. Auch hier gelang es Aurelian, nach schweren Kämpfen reinen Tisch zu machen. In seinem Triumph des Jahres 274 schritt Zenobia neben Tetricus.

Die nahezu parallelen Abläufe der beiden großen Sonderreiche in West und Ost, mit welchen man auch noch das spätere britannische des Carausius und Allectus bedingt vergleichen kann, zeigen, daß es sich hier nicht um Zufälligkeiten isolierter Entwicklungen handelte, sondern um für ihre Zeit charakteristische Erscheinungen. Die Sonderreiche entstanden aus den Aufgaben der Abwehrkämpfe und Grenzverteidigung. In der Erfüllung dieser Aufgaben liegt hier wie dort ihre innere Rechtfertigung. Eine weitere Voraussetzung waren im Osten wie im Westen überragende Persönlichkeiten als Kristallisationspunkte der regionalen Kräfte. Fehlte eine solche Erscheinung oder wenigstens eine dynamische und rücksichtslose Natur an der Spitze der Sonderreiche, so begannen sich auch in ihnen sogleich die Rivalitätskämpfe des Imperiums in kleinerem Maßstab zu wiederholen. Im Gegensatz zu allen anderen Usurpationen der Zeit sind die Sonderreiche dann in einem ganz besonderen Maße raumgebunden geblieben. In dieser Raumgebundenheit lagen aber auch die Grenzen ihrer Expansionsmöglichkeiten begründet. Denn gerade weil die Sonderreiche sich in ihrer Konsolidierungsphase in erster Linie auf die einheimischen Traditionen stützen mußten, waren sie notwendig für die übrigen Reichsteile auch weithin abgestempelt als primär regionale Kräfte mit im Grunde illegitimen Ansprüchen. Und doch ist sowohl für das gallische als auch für das palmyrenische Reich das Bekenntnis zu den römischen Formen in Staatsaufbau, Recht, Verwaltung und Heer charakteristisch gewesen. Für den Westen läßt sich die neue Aktivität in der Verbindung regionaler und römischer Kräfte in einer typischen Münzreihe deutlich machen. Denn in einem großen Zyklus von Heraklesdarstellungen feierte Postumus nicht allein die speziellen Erscheinungen des Hercules Deusoniensis, also des Hercules von Deutz, und des Hercules Magusanus, des Hercules einer kleinen Moselstadt Magusa, sondern nach wie vor die alten gesamtrömischen Vorstellungen des Hercules Invictus, des Hercules Pacifer und des Hercules Romanus.

Es könnte nun scheinen, als wären die Kräfte der Sonderreiche durch ihren Überwinder Aurelian, den Restitutor Orbis, wie er gefeiert wurde, samt und sonders wieder aufgefangen und in den Gesamtverband eingebunden worden. Und doch ist die Bedeutungszunahme regionaler Organismen im Ganzen auch für die Folgezeit offensichtlich. Waren jetzt auch die von den Grenzräumen ausgehenden Ordnungsversuche vom Reichsganzen her zerschlagen worden, ein Schicksal, welches auch das britannische Sonderreich (286–296) schließlich teilte, so schuf doch später die Ordnung Diokletians von der Reichsspitze her eine neue Aufgliederung des Gesamtreiches, in deren Rahmen die erwähnten geographischen Großeinheiten zum Teil in den Abgrenzungen der Herrschaftsbereiche und der Diözesen wiederbegegnen.

Indessen war die vorübergehende Verselbständigung einzelner Grenzräume in der Gestalt der Sonderreiche nicht die einzige Reaktion auf die so umfassende innere und äußere Krise. Nicht geringe Teile der Bevölkerung des Reiches sind um die Mitte des dritten Jahrhunderts der Ansicht gewesen, daß alle Katastrophen der Zeit in der Preisgabe und im Verkümmern der alten römischen Sitten und Werte, der alten Ordnung, aber auch des alten Glaubens ihren letzten Ursprung hätten. Man braucht nur daran zu erinnern, daß Elagabal den Sonnengott seiner Heimat in der provozierendsten Weise an die Spitze des römischen Pantheons stellte und daß vor allem das für die Begriffe der Massen fremdartigste religiöse Element, das Christentum, sich immer stärker ausbreitete, um wenigstens einige der vielfältigen Impulse zu sehen, die eine Reaktion in altrömischem Sinne auslösen mußten. Mit der Erneuerung und Festigung der altrömischen Tradition aber hat als erster *Traianus Decius,* der aus Niederpannonien stammte, Ernst gemacht. Noch in seinem ersten Regierungsjahr (249) erließ Decius ein Edikt, welches von allen Bewohnern des Reiches den öffentlichen Vollzug von Opfern für die offiziellen Götter des römischen Staates forderte, und zwar in der Weise, daß dieser Opfervollzug erstmals in der Geschichte des Imperiums überwacht und durch Libelli testiert wurde. Für die Christen konnte es hier keinen Kompromiß geben, der Erlaß des Decius wurde zum Auftakt der systematischen Christenverfolgungen des dritten Jahrhunderts. Er leitet damit eine neue Phase im *Verhältnis des Römischen Reiches zum Christentum* ein.

Wie wir bereits sahen, hat das Römische Reich in der polytheistischen Umwelt ursprünglich allen fremden Religionen ein ungewöhnliches Maß von Toleranz entgegengebracht, selbst dem monotheistischen Judentum. Auch in den ersten Zusammenstößen des Reiches mit den Christianoi ging es für die römischen Behörden nicht in erster Linie um prinzipielle religiöse Fragen. Vielmehr ließen die Hinrichtung des Religionsstifters und die ständigen Unruhen um seine Gemeinden, die durch die unablässigen Streitigkeiten mit den Juden und durch die Rückwirkungen der Mission schließlich unter Claudius auch Rom selbst erfaßten, die Christen häufig als politische Verschwörer erscheinen. Die Religion selbst, die in einer für römische Begriffe abartigen Exklusivität auf ihrer monotheistischen Gottesvorstellung beharrte und ihren Anhängern die Teilnahme am offiziellen Staatskult untersagte, galt der breiten Masse als superstitio, als fanatischer und verbrecherischer Aberglaube. Aus halbverstandenen Schilderungen des christlichen Gottesdienstes und der christlichen Lehren und Ideale sind die abstrusesten Vorwürfe, wie Kindermord, Verzehren von Menschenfleisch, Unzucht in widerlichster Form, erhoben und weithin geglaubt worden.

Angesichts dieser grundsätzlichen Frontstellung verhielt sich der römische Staat zunächst erstaunlich passiv. Der später, seit Euseb, gegebene Kanon der *Christenverfolgungen* droht die historischen Entwicklungen zu verzerren, denn vor Decius hat es keine allgemeinen Christenverfolgungen gegeben, sondern lediglich einzelne Christenprozesse und Martyrien. Die neronische Verfolgung hatte ihren Ursprung in der besonderen stadtrömischen Situation nach dem Brande Roms. Die häufig angenommene Existenz eines Spezialgesetzes gegen die Christen im Sinne eines non licet esse Christianos, des sogenannten institutum Neronianum, ist nicht schlüssig beweisbar. Nero, „der Verächter aller Religionen", warf der öffentlichen Meinung mit teuflischem Geschick diejenigen als Opfer vor, die ohnehin des odium humani generis verdächtig waren. Auch für Domitian, den zweiten der kanonischen Verfolger, ist keine allgemeine Christenverfolgung bezeugt. Allerdings waren auch unter ihm die Christen in Rom gefährdet, wo einzelne seinem Vorgehen gegen die römische Aristokratie, die innere Opposition und verdächtige Verwandte zum Opfer fielen, und daneben in Kleinasien, wo der Kaiserkult neu belebt worden war. Wenn die Schriftsteller der christlichen Kirche mit zunehmender zeitlicher Distanz von dem Geschehen die Vorstellung einer domitianischen Verfolgung dann immer stärker vertieften, so hatte dies freilich eine gewisse innere Berechtigung darin, daß unter Domitian erstmals die absoluten politischen Ansprüche des römischen Kaisertums kraß hervortraten. Die bewußte Überhöhung des Kaisers mußte bei konsequenter Anwendung zum Zusammenstoß mit der christlichen Kirche führen. Jener prinzipielle Konflikt, der dann unter Decius und Diokletian offen ausbrach, war so schon unter Domitian theoretisch gegeben, doch wurde er noch nicht ausgetragen. Das bekannteste Zeugnis für diese eigenartige Passivität des römischen Kaisertums gegenüber einer unerlaubten Religion stellt der Briefwechsel des jüngeren Plinius mit Trajan dar. Wohl stand die Todesstrafe für die des Christentums Überführten fest, doch in dem rechtsverbindlichen Antwortschreiben des Kaisers wurde ein aktives Nachforschen nach Anhängern des christlichen Glaubens untersagt, und insbesondere sollten die anonymen Anzeigen grundsätzlich keine Beachtung finden: nam et pessimi exempli nec nostri saeculi est.

Auch Hadrians Verhalten gegenüber den Christen ist durch ähnlich aufgeklärte und humanitäre Züge bestimmt sowie durch das Bestreben, die Beschuldigungen und Anklagen von Christen aus den oft tumultuarischen Ausschreitungen in die sachliche und streng geordnete Sphäre der Gerichtsbarkeit zu überführen. Vom Ende des zweiten Jahrhunderts bis zur Mitte des dritten haben dann lediglich drei allgemeine amtliche Weisungen die Lage des

Christentums beeinträchtigt. Die erste ist ein Befehl Marc Aurels an die Statthalter, der eine schärfere Überwachung religiöser Unruhestifter anordnete, die zweite ist das umstrittene Verbot des Septimius Severus aus dem Jahre 202, zum Christentum überzutreten, die dritte der Befehl des Maximinus Thrax, die Kleriker hinzurichten, eine Anweisung, die außerhalb Roms jedoch nicht befolgt worden ist. Überdies war die Stellungnahme dieses Soldatenkaisers weitgehend politisch bedingt, denn sie richtete sich in erster Linie gegen den Anhang seines Vorgängers Severus Alexander, in dessen Umgebung sich unter zahlreichen Orientalen auch viele Christen befunden haben sollen. Eine ähnliche Aufgeschlossenheit und Toleranz gegenüber dem Christentum wie bei Severus Alexander begegnet dann auch bei Philippus Arabs wieder, der nach einem zeitgenössischen Gerücht – um mehr handelt es sich nicht – selbst Christ gewesen sein soll.

Die Reaktion gegen einen orientalischen Vorgänger und gegen eine orientalische Umgebung spielt gewiß bei Decius mit eine Rolle, dessen Restaurationspolitik neben den römischen Kräften vornehmlich den Genius Illyricus hinter sich wußte. In ihr trat nun der Antagonismus zwischen den sich immer weiter verhärtenden Tendenzen einer altrömischen Restauration und dem Christentum offen zutage. Zahlreiche Martyrien, wie das des heiligen Dionys in Paris oder jenes des heiligen Saturnin in Toulouse, sind später mit der Verfolgung des Decius verbunden worden, die freilich ihr Ziel völlig verfehlte. Das Christentum hat in den nächsten Jahrzehnten am meisten von der allgemeinen Notlage des römischen Kaisertums profitiert. Denn durch die andauernden Mißerfolge und Katastrophen mußten dessen Autorität ebenso erschüttert werden wie die Werte, die es vertrat oder die es restaurieren wollte. Die ernstesten Gefahren für die Entfaltung der christlichen Lehre zeichneten sich deshalb nicht zufällig unter jenen Herrschern ab, die in der Abwehr an den Grenzen und in der Bemühung um die Einheit des Reiches im Innern erfolgreich waren, d.h. unter Aurelian und Diokletian.

Dazu gehört jedoch nicht die sogenannte *gallienische Renaissance.* Bei Gallienus läßt sich in dem engen Verhältnis des Kaisers zu den eleusinischen Mysterien, zu Plotin und vielleicht auch zu Porphyrius eine umfassende neue Wertschätzung der hellenischen Kultur aufzeigen. Noch einmal leuchten im ganzen Bereich der Kunst griechische Formen auf. Ihren bezeichnenden Kontrast der Locken- und Bartmassen zu den weichen Gesichtern, ihre auffallend starke Plastizität und ihre Betonung der Empfindsamkeit hat man als „weiblich" bezeichnet. Auf jeden Fall liegt hier eine letzte große Reaktion gegen die machtvollen Unterströmungen der spätantiken Kunst vor, denen die Zukunft gehören sollte. Als Träger einer systematischen geistigen Regeneration aber waren die von Gallienus geförderten Kräfte kaum geeignet, und es ist zudem unbeweisbar, daß sie in dieser Weise genützt werden sollten.

Nach den großen Anläufen unter Aurelian und Probus hat erst die Reichsordnung *Diokletians* eine endgültige Lösung der Krise gebracht. Die Ordnung begann mit einem allmählichen Umbau der Reichsspitze. Seit 286 stand Maximianus Herculius als zweiter Augustus neben Diocletianus Jovius, seit 293 waren Galerius und Constantius Chlorus den beiden Augusti als Caesares beigeordnet. Durch diese Regelung war das römische Kaisertum der Tetrarchie ein sich selbst ergänzender Organismus geworden. Von allen Gruppeneinflüssen blieb es zunächst weitgehend unabhängig; das neue System brachte im Grunde auch die legale Vorwegnahme der Usurpationen. Denn trotz der Viergliedrigkeit war doch jeder Augustus und jeder Caesar im ganzen Reich anerkannt. Bei den Kaiseropfern wurden die Büsten aller vier Herrscher aufgestellt, alle Erlasse und Gesetze wurden in ihrer aller Namen erlassen, Münzen von allen für alle geprägt. Zugunsten des Systems wurden dabei bewußt dynastische Momente zurückgestellt und so bei der ersten großen kaiserlichen Wachablösung im Jahre 305 die Söhne des Maximianus Herculius und des Constantius Chlorus übergangen. Doch war es klar, daß eine so schematische Konstruktion genauso wie die Theorie des Adoptionssystems im zweiten Jahrhundert im Laufe der Zeit die stärksten Reibungen mit natürlichen Antrieben heraufbeschwören mußte.

Zieht man die Bilanz aus den Kriegen und militärischen Leistungen der ersten Tetrarchie, so fehlen ihr die Züge einer weitausholenden Expansion. Selbst dort, wo sich die römische Aktivität am stärksten entfaltete, gegen Persien, an der unteren Donau und gegen die Alamannen und Franken, sind die römischen Angriffe lediglich Mittel der strategischen Defensive mit dem einen Ziel, die defensiven Stellungen in den Grenzräumen zu verbessern. In den mannigfaltigen militärischen Aufgaben aber hatte die Ordnung der Tetrarchie selbst ihren Ursprung und ihre Berechtigung. Wie eindrucksvoll aber auch die Ergebnisse Diokletians und seiner Mitherrscher auf militärischem Felde waren, es wäre verfehlt, in dieser erneuten Behauptung des Reiches die eigentliche Leistung der Tetrarchie zu sehen. Sie liegt vielmehr in der davon ausgehenden inneren *Neuordnung des Staates*. Ihr haben wir uns kurz zuzuwenden, weil sie in einer ähnlichen Weise wie einst die augusteische die Fluchtlinien der folgenden Entwicklung abgesteckt hat.

Die wohl auffallendste Veränderung brachte die Politik Diokletians in der *Provinzialverwaltung.* Hier waren Tendenzen zur Verkleinerung der alten, großen provinzialen Verwaltungseinheiten und zur Trennung von Zivil- und Militärgewalt zwar schon seit geraumer Zeit zu beobachten, doch wurden die endgültigen Trennungsstriche erst unter Diokletian gezogen. In einem längeren Teilungsprozeß wurden die alten historischen Einheiten zerlegt, Gallien und die Rheinlande beispielsweise in nicht weniger als 15 neue Provinzen. Im Jahre 297 waren es im ganzen Reich rund 100 geworden. Die Unterscheidung zwischen kaiserlichen und senatorischen Provinzen, jene traditionelle Fiktion einer senatorischen Verwaltungshoheit, entfiel, auch Italien selbst wurde nun praktisch auf den Provinzialstatus heruntergedrückt. Diese Aufsplitterung zielte darauf ab, die Verwaltungsintensität ganz allgemein zu erhöhen, insbesondere aber die Rechtspflege zu verbessern, weil der Provinzialstatthalter fortan wieder in erster Linie mit der Rechtsprechung beschäftigt war. Sie erzwang jedoch ihrerseits die Errichtung neuer Mittelinstanzen, der 12 Diözesen, da es für die Zentralverwaltung unmöglich war, die Vielzahl der Provinzialbehörden direkt zu überwachen. Zur regionalen Aufsplitterung trat dann die sachliche. Wenn zuerst lediglich den senatorischen Provinzialstatthaltern ein dem Ritterstand entstammender Offizier als dux, als Militärbefehlshaber, beigegeben worden war, so führte Diokletian diese Trennung bald auch in den von Rittern verwalteten Provinzen ein. Lediglich in besonderen Krisengebieten war gerade umgekehrt als früher der Militärbefehlshaber auch zugleich Statthalter mit dem Titel dux et praeses.

Die unter Diokletian festzustellende erhebliche *Heeresvermehrung* findet in den großen Kriegen ihre Erklärung. Das gesamte Heer umfaßte jetzt mit seinen rund 60, in der Sollstärke zwischen 1000 und 2000 Mann schwankenden Legionen einschließlich der Hilfstruppen rund 500 000 Mann. Dabei waren in der Regel in den einzelnen Grenzprovinzen je zwei Legionen unter dem Kommando eines dux bereitgestellt. Außerdem wurde jetzt auch die endgültige Trennung zwischen den stationären Grenztruppen und der mobilen Feld- und Eingreifarmee vollzogen, dem bald so genannten comitatus, der etwa ein Drittel der gesamten Streitkräfte in sich vereinigte.

Das *Steuersystem,* das Diokletian antraf, war ebenso unwirksam wie korrumpiert, die Währung trotz Aurelians Reformversuch auch weiterhin durch eine fortschreitende Inflation zerrüttet. Angesichts dieser Sachlage und der ungeheuren Beträge, welche Kriege, Heere, die vier Hofhaltungen und die weithin aufgeblähten Behörden- und Beamtenapparate verschlangen, blieb nur eine einschneidende Neuregelung als Ausweg übrig. Diokletian setzte dabei schon beim System der Steuererhebung und des Steuereinzugs an. Von sämtlichen Steuerarten des Römischen Reiches hatte sich in den großen Krisen einzig die Naturalsteuer der annona als uneingeschränkt ergiebig erwiesen. Diese bislang von Fall zu Fall unregelmäßig eingetriebene und regional verschiedene Steuerart wurde jetzt in der sogenannten *capitatio-iugatio* systematisiert. Grundlage war einmal das iugum, das heißt ein Grundstück fruchtbaren Bodens mit jenem Flächeninhalt, welcher für eine Person, ein caput, den Lebensunterhalt bieten und von ihr auch allein bewirtschaftet werden konnte. Grundstück und Arbeitskraft zusammen bildeten so eine Steuerveranlagungseinheit, die ganz nach der Bonität der Böden gestaffelt war. Ein umfassender Reichscensus, der erstmals 297, seit 312 dann alle 15 Jahre stattfand, setzte dabei die Gesamtzahl der steuerpflichtigen Einheiten fest. Diese für das gesamte spätantike Leben einschneidenden Zyklen bezeichnete man als indictio, mit einem Begriff, welcher als chronologische Einheit bis ins Mittelalter nachwirkte. Das Steueraufkommen wurde im übrigen aber nicht den wirtschaftlichen Schwankungen überlassen, sondern der Bedarf von der Zentrale ermittelt und dann von oben her umgelegt.

Während sich dieses rigorose Steuersystem der capitatio-iugatio im großen und ganzen erfolgreich bewährte, war Diokletians Münzreform kein dauernder Erfolg beschieden. Das Scheitern des Versuches, die Währung auf eine dauerhafte Grundlage zu stellen, verschärfte nur die bereits bestehenden Spannungen zwischen Sach- und Geldwert und mündete in eine ernste Wirtschaftskrise. Diese führte ihrerseits zu dem Verzweiflungsschritt des *Höchstpreisediktes* von 301, dem umfassendsten Versuch staatlicher Wirtschaftslenkung aus dem Altertum, den wir kennen. Das durch zahlreiche Inschriften belegte Edikt ist im Eingang des Textes des langen und breiten begründet. Auf den Haßausbruch gegen die Schmarotzer der Volkswirtschaft, auf einen staatserzieherischen Appell, die Mahnung zur Besinnung und Mitarbeit, auf das Pochen auf Ehrfurcht wie auf Verständnis folgt ein „Verzeichnis der Preise, welche niemand beim Verkaufe überschreiten darf", und zwar bei Todesstrafe nicht, eine fast lückenlose Tabelle aller nur denkbaren Höchstpreise. Das Edikt, das zweifellos im ganzen Reich gelten sollte, ist zwar schon sehr bald gescheitert, aber wir haben in ihm eine besonders klare Form jener staatsdirigistischen Maßnahmen vor Augen, die für Diokletians Ära so kennzeichnend sind. Denn die Bindung der einzelnen Bürger an ihre Berufe, vornehmlich bei Spezialisten, dauerte in verschärfter Form an, so wie anderseits der Staat selbst nun vor allem im Osten des Reiches zu Rüstungszwecken und für Staatsaufträge Waffenfabriken, Webereien und Purpurfärbereien errichten ließ.

Nicht minder groß war Diokletians Sorge um das *Recht.* Rund 1200 Konstitutionen sind aus seiner Regierung erhalten. Sie zeigen in vielen Einzelheiten ein sehr entschiedenes Festhalten an den bereits klassisch gewordenen Normen und Traditionen. Besonders deutlich wird Diokletians Anliegen in seinem Versuch, das altrömische Eherecht wiederaufzurichten mit den betont strengen Strafen für Bigamie, Ehebruch und Verwandtenehen. Schon das Ehegesetz von 295 beruft sich ausdrücklich auf die religio und spricht es aus, daß „zweifellos die unsterblichen Götter nur dann wie bisher, so auch in Zukunft dem römischen Namen günstig und gnädig gesinnt sein werden, wenn wir uns davon überzeugt haben, daß alle Menschen unter unserer Herrschaft ein frommes, gottesfürchtiges, ruhiges und reines Leben, in allem nach der Sitte der Ahnen, führen".

So wird hier offensichtlich das Recht in Verbindung mit der Religion gesehen. Das konservative Festhalten an den urtümlich römischen Zügen und Werten kennzeichnet denn auch Diokletians *Religionspolitik.* Denn trotz der parallel zum Staatsaufbau vollzogenen Steigerung der Iuppiter- und Herkulesverehrung ist für Diokletian doch ein entschiedenes Bekenntnis zur Vielheit der alten Staatsgottheiten charakteristisch. Dem entspricht anderseits die konsequente Ablehnung aller diesen Vorstellungen feindlichen Kräfte. Schon in dem Manichäeredikt von 297 bekannte sich Diokletian ausdrücklich zur herkömmlichen religiösen Ordnung, die er als unanfechtbar und allgemeinverbindlich ansah. Als die Verbreitung der Lehre Manis vor allem in Afrika Unruhen ausgelöst hatte, wandte sich Diokletian deshalb rücksichtslos gegen diese Sekte. Ihre Führer und Schriften wurden verbrannt, über ihre Anhänger die Todesstrafe oder Zwangsarbeit verhängt. Es war ganz unausbleiblich, daß eine solche Haltung auch zu einer neuen Christenverfolgung führen mußte. Nach anfänglicher Zurückhaltung brachte hier das Jahr 299 die Wende. Zunächst erfolgte ein Opferbefehl an Hof, Heer und Beamtenschaft, und nach einer längeren Vorbereitung gingen dann seit dem Jahre 303 die einzelnen Edikte dieser Verfolgung durch das Reich.

Gleichzeitig distanzierte sich aber auch das *Kaisertum* selbst entschieden von der allgemeinmenschlichen Sphäre. Für die Untertanen war der Herrscher jetzt, wie manche Inschriften lehren, vielfach zum Gott geworden. Wie A. Alföldi in allen Einzelheiten aufgezeigt hat, haben insbesondere Insignien, Tracht und Zeremoniell die Scheidung vertieft. Schon Diokletian wird gelegentlich mit dem Nimbus, der strahlenden Lichtscheibe um den Kopf, abgebildet; Zepter und Globus gehören fortan zum feststehenden Kaiserornat. Schon längst hieß ja alles, was mit der Person des Kaisers zusammenhing, heilig. Doch nun wurde die Person des Kaisers inmitten des sacrum palatium abgeschlossen und praktisch unzugänglich. Von allen, die ihm nahten, ist als adoratio fortan der Kniefall und das Küssen eines Zipfels des Kaiserornates gefordert worden. Der Kaiser selbst aber thronte in prunkvollem Kaiserornat, der mit Edelsteinen übersät war, einem Ornat, dem Konstantin später dann noch das Diadem hinzufügte.

Angesichts solcher Formen, für die schon im Altertum die nahen Beziehungen zu persischen und hellenistischen Vorbildern erkannt wurden, müssen die starken Kontraste auffallen, die jener Zeit eigen sind; denn es läßt sich nicht übersehen, daß die Männer, die sich mit diesen Formen drapierten, illyrische Berufssoldaten waren, die Aurelius Victor als schwach an Bildung, aber vertraut mit der Not des Landlebens und des Kriegsdienstes (humanitatis parum, ruris tamen ac militiae miseriis imbuti) treffend charakterisiert hat. Wenn in der spätantiken Phase der römischen Geschichte und gerade auch in der diokletianischen Ordnung vieles starr, eng und verhärtet, aber auch fremdartig, barbarisch oder selbst in der Übersteigerung primitiv anmutet, so ist nicht zu verkennen, aus welchen Nöten diese Ordnung erwachsen und von welchen Männern sie geformt worden ist.

Nur ganz entfernt spielen in der Konstruktion der Tetrarchie vielleicht noch die Prinzipien der alten römischen Obermagistratur eine Rolle, für welche einst die Grundsätze der Kollegialität der Staatsleitung und der begrenzten Dauer der Amtsvollmacht gültig gewesen waren. In ihrem Grundgedanken und in ihrem Geist kann man die neue Ordnung nur als unrömisch bezeichnen, wenn man die Maßstäbe der alten Republik anwendet. Es hat seine Berechtigung, wenn Ernst Meyer die Kräfte römischer Staatsgedanken hier nicht mehr wirksam sieht oder Jacob Burckhardt das ganze System primär als das Ergebnis „einer durchgehenden, alle diese Verhält-

7 Uhr

8

9

10

11

12

13

14

15

16

17

18

19

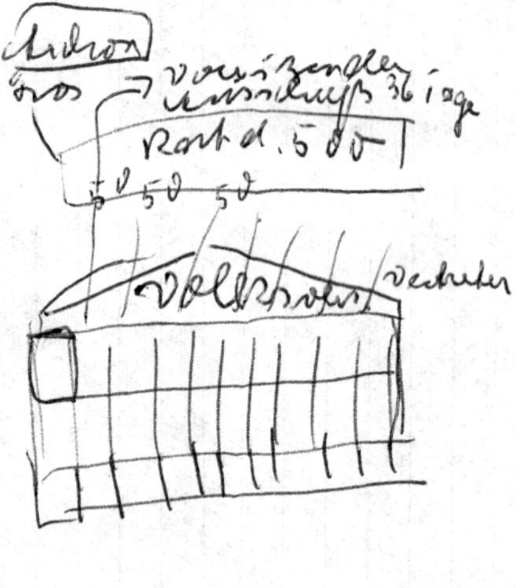
Rat d. 500
50 50 50

nisse beherrschenden religiösen Superstition" betrachtet. So besehen, läßt sich die Ausbildung der spätantiken Welt mit ihrer straffen Planung von Politik, Wirtschaft und Kultur weder als Endstufe eines organischen Wachstums noch lediglich als bloße Reaktion auf äußere Einflüsse begreifen. Die Übernahme fremder Formen und Waffenarten, die robuste Härte und Willenskraft der illyrischen Soldatenkaiser, die Notwehrpsychose eines militarisierten Staates und das immer stärkere Anschwellen religiöser Überzeugungen wirkten ineinander und bereiteten schließlich den Boden für eine ganz neue Geistes- und Lebenshaltung.

2. Kaisertum und Reich seit Konstantin d. Gr.

Als Diokletian am 1. Mai des Jahres 305 in Nikomedia nach einer schweren Krankheit freiwillig abdankte, galten noch seine letzten Maßnahmen der Fortsetzung des tetrarchischen Systems. Die beiden bisherigen Caesares, Galerius und Constantius Chlorus, wurden nun zu Augusti erhoben und gleichzeitig zwei neue Caesares ernannt, Severus für den Westen, Maximinus Daia, der Neffe des Galerius, für den Osten. Obgleich dieses System dann in Galerius einen tatkräftigen Verteidiger fand, ist es schon nach kurzer Zeit von den beiden übergangenen Kaisersöhnen aus den Angeln gehoben worden, von Konstantin, dem Sohn des Constantius Chlorus, und von Maxentius, dem Sohn des Maximianus Herculius. Auch das Eingreifen Diokletians auf der sogenannten Konferenz von Carnuntum vom November 308 konnte die längst zum Phantom gewordene alte Ordnung nicht mehr retten. Im Innern des Reiches gingen die Kämpfe weiter. 312 war Konstantin durch seinen Sieg an der Milvischen Brücke über Maxentius zum Herrn des Westens, 313 Licinius nach seinen Erfolgen über Maximinus Daia zum Herrscher des Ostens geworden. Da sich beide Seiten mit diesem Nebeneinander nicht zufriedengaben, brachen wohl schon im Jahre 316 neue Kämpfe aus. Endgültig entschieden wurde der Machtkampf zwischen Licinius und Konstantin dann allerdings erst am 18. September 324 in der Schlacht bei Chrysopolis, in der Konstantin die Alleinherrschaft über das Reich zufiel.

Die Umwandlung der tetrarchischen Ordnung in die Alleinherrschaft Konstantins war begleitet von neuen Abwehrkämpfen, insbesondere am Rhein und an der unteren Donau. 306, 310, 313 und 320 kam es zu Kämpfen gegen die Franken, die zuletzt nominell von Crispus, dem ältesten Sohn Konstantins, geleitet wurden. Aber auch an der unteren Donau blieb die Grenze nicht ruhig. Die Kriege, deren Dimensionen wir nur aus den ständigen Wiederholungen von Sarmaten- und Gotensiegen auf den Münzen sowie aus dem unablässigen Ausbau der Grenzbefestigungen erahnen können, zogen sich durch die ganze Regierung Konstantins hin, ohne daß es gelungen wäre, hier eine wirklich durchgreifende Abhilfe zu schaffen. An beiden Fronten nahm der Druck der germanischen Stämme zu. Die große Auseinandersetzung an der Ostgrenze des Reichs wird das nächste Kapitel im Zusammenhang darstellen; hier seien zunächst die Grundzüge der inneren Entwicklung aufgezeigt.

Die Tendenzen zur Überhöhung des Kaisers, die wir bereits bei Diokletian festgehalten hatten, verstärkten sich noch bei Konstantin d. Gr. Der Wille des Herrschers, seine absolute Macht zu demonstrieren, und seine Vorliebe für Prunk und Pracht wirkten dabei in eins. Erstmals bei der Feier seines 20jährigen Regierungsjubiläums im Jahre 325 trug Konstantin das Diadem, die alte, ursprünglich aus dem Bereich der orientalischen Priester- und Königsabzeichen stammende Binde, welche dann durch die hellenistischen Herrscher geradezu zu einem Sinnbild absoluten Königtums geworden war. Dabei ist die mit Perlen und Edelsteinen übersäte Binde nur das auffallendste äußere Merkmal jener neuen Formen gewesen, welche zu den „byzantinischen" schlechthin geworden sind. Auch für die alte Toga war nun die Zeit vorüber; an ihre Stelle trat die mit Schmuck überladene Tunica des Kaisers. Und selbst ins Gefecht zog der Herrscher jetzt in ausgesprochenen Prunkwaffen, in goldenem Panzer und mit einem reich geschmückten Helm. In Einzelheiten wird Konstantins Bildnis gerade in der Spätzeit an Alexander den Großen angenähert, aber seine Überhöhung noch viel weiter geführt. Auch sein Haupt wird mit dem Nimbus umgeben; Münzbilder stellen ihn auf einer von Elefanten gezogenen Quadriga dar, somit eingeschlossen in die alte Aeternitas-Symbolik. An Stelle der konkreten, längst in Superlativen verbrauchten Siegernamen wird Konstantin in den Legenden nicht selten als victor omnium gentium und als der rector totius orbis gefeiert. Diese starke Betonung der kaiserlichen Machtstellung mußte sich nun gegen Ende der Regierung Konstantins auch in einen betont christlichen Rahmen einfügen lassen, der kaiserliche Anspruch hatte sich jedenfalls mit mächtigen christlichen Vorstellungen zu verbinden. In dieser Synthese von römischen, absolutistischen und zum Teil orientalischen, hellenistischen und christlichen Elementen liegt die *Eigenart der neuen Kaiserideologie* begründet.

Wie Fr. Taeger aufgezeigt hat, gab es für die Deutung des Verhältnisses des Herrschers zur Gottheit in der Antike zwei diametral verschiedene Auffassungen. Nach der einen war der Herrscher selbst Gott, d.h. menschgewordener Gott, und somit im Bilde einer Gottheit zu verehren. Nach der zweiten Auffassung war der zur Macht Erhobene nicht selbst Gott, aber zu seiner Stellung durch eine besondere Gnade der Gottheit berufen, in diesem Sinne ein Auserwählter, ein besonders Gesegneter und deshalb auch als Träger eines besonderen persönlichen Charismas, einer besonderen göttlichen Kraft, verehrungswürdig. Während das Christentum die zuerst genannte Deutung des Herrschers ablehnen mußte, konnte es sich mit der zweiten abfinden. Auf diese Weise wurde es möglich, die Formen des alten Kaiserkultes umzuwandeln in eine auch für die christliche Bevölkerung annehmbare Herrscherverehrung.

Zunächst sind erhebliche Anstöße der seitherigen Herrscherverehrung beseitigt worden. In einem Reskript an die umbrische Stadt Hispellum hat Konstantin zwar den Bau eines Tempels für seine Dynastie erlaubt, jedoch nur unter der ausdrücklichen Auflage, daß er nicht durch Aberglauben verunreinigt werde. In der Kaisertitulatur ist später der Begriff invictus, welcher den Kaiser allzusehr an Sol invictus und an den alten Herkulesbereich heranrückte, im allgemeinen unterdrückt und durch victor ersetzt worden. Ebenso hat Konstantin selbst für sich die Bezeichnungen divus und divinus nicht anwenden lassen. Aber zu einer eindeutigen Trennung von den alten Vorstellungen ist es nicht gekommen; gerade Attribute des Sonnengottes, welcher im religiösen Selbstverständnis des Kaisers zeitweilig eine Schlüsselstellung einnahm, sind immer wieder auch auf Konstantin angewandt worden.

Gegen Ende der Regierung Konstantins trat dazu noch die Würdigung der Leistung des Kaisers für das Christentum durch die Christen, d.h. eine genuin christliche Herrscherverehrung. Einen Kulminationspunkt dieser Entwicklung bildet die Tricennalienrede des Euseb, in welcher der Bischof von Caesarea nichts Geringeres als eine theologische Begründung von Konstantins Kaisertum gibt. Er zögert nicht, Konstantin und dessen Hof mit dem himmlischen Hof Gottes zu vergleichen und das irdische Regierungszentrum als ein Abbild des himmlischen zu interpretieren. Als die hehrste Aufgabe des Herrschers aber wird es erachtet, daß er die Menschen zu Gott hinleite.

Die Erhöhung und Absonderung galt auch für die kaiserliche Familie, für Crispus und die Söhne Faustas, Konstantin II., Constantius II. und Constans. Sie galt nicht weniger für die Damen des kaiserlichen Hauses. Die uns erst vor kurzem wiedergeschenkten Deckengemälde des Trierer Palastes zeigen die Welt des kaiserlichen Reichtums und der Lebensfreude, wie es uns das Bild der Prinzessin mit ihrem Schmuckkasten deutlich macht. Doch auch hier begegnet, wie überhaupt an diesem Hofe, eine tiefe Kluft zwischen Idealbild und Wirklichkeit. Während im Palast in Trier Panegyriker die Allmacht der kaiserlichen Majestät priesen, konnten sich wenige Tagesmärsche weiter im Osten die fränkischen Invasoren versammeln, unbekümmert um den Pomp des angeblichen victor omnium gentium. Nicht anders aber war es im Innern der Paläste selbst bestellt. Denn die Pracht der Farben, das Spiel der Eroten mit Blumen und Girlanden und der schwelgerische Prunk boten zugleich den Rahmen für stärkste persönliche Spannungen, Intrigen und Rivalitäten und die Kulisse der Katastrophen der Fausta und des Crispus.

Diese Herrscherideologie ist dann von *Constantius II.* noch vertieft worden. Wenn in der Übernahme der alten Sonnenwagensymbolik durch ihn die Vorstellung des Kaisers als Weltherrscher von neuem belebt wird, so ist dies nur ein Glied einer Kette. Neben den immer häufiger werdenden und immer stärker erstarrenden en-face-Darstellungen des Kaiserbildes auf den Münzen und Medaillons gehören die Idealisierung des Porträts mit dem aufwärts, in den Himmel gerichteten Blick und die aus einer Wolke den Kaiser mit dem Diadem krönende Gotteshand mit zu den charakteristischen Ausdrucksformen dieser Regierung. Die allgemeine Verhärtung und Versteifung der kaiserlichen Majestät hat nun nicht allein zu einem neuen Selbstverständnis des Kaisers geführt, der sich jetzt als aeternitas mea und als dominus totius orbis bezeichnet, sondern auch zu einem neuen Verhältnis zur Umwelt des Reiches. Seite an Seite mit der Verstärkung der universalen Vorstellungen, mit der Überhöhung und Heiligung des Kaisers begegnen uns die von verachtender Grausamkeit gezeichneten Bilder des Barbarensiegers. Der niedergeschlagene und zusammengerittene Barbar, der in der Wirklichkeit so oft siegte und plünderte, gehört in der Ideologie untrennbar zu dem triumphierenden Kaiser, als materies vincendi und als Attribut des universalen Siegers. Es ist aber verfehlt, aus solchen Darstellungen auf die Psychologie der Herrscher und auf ihre Einstellung gegenüber den Barbaren Rückschlüsse ziehen zu wollen, befinden wir uns doch mitten in einer Epoche neuer Wertschätzung aller germanischen Kräfte, ihrer unbeschränkten Übernahme in römische Dienste, und zwar eben nicht mehr nur in untergeordneten Rängen, sondern jetzt auch in den höchsten Stellen der Heermeister.

Sosehr sich nun auch die Idee des neuen Kaisertums von der Wirklichkeit entfernte, so wurde sie doch für die Herrscher selbst zu einer neuen Realität. Am entschiedensten lebte sie wohl *Theodosius d. Gr.* vor. Wir besitzen aus der Zeit nach der Katastrophe von Adrianopel in der 15. Rede des Themistios den „skandalösen Text" eines Panegyrikers, welcher die Haltung des Kaisers mitten im Zusammenbruch feiert. Er zeigt mehr als widerliche Schmeichelei vor defätistischer Tatenlosigkeit. Denn wenn hier von einem Kaiser die Rede ist, der umgeben von sich immer wieder erneuernden Sturmfluten wie auf einer Insel die Majestät seines Kaisertums demonstriert, so handelt es sich gerade bei Theodosius nicht um ein gekünsteltes Thronen in einer Welt von Trugbildern. Man wird vielmehr in diesem ganz bewußten „Weiterregieren, als wäre nichts geschehen", die Konsequenz in der Haltung des Herrschers nicht verkennen dürfen. Denn für den Spanier, der je länger, desto mehr aufging in seiner Stellung als christlicher Herrscher, gab es in dem Augenblick, als er erkannte, daß man mit den Goten nicht mehr fertig würde, nur noch den einen sinnvollen Weg, sich über sie zu stellen und trotz aller militärischen Ohnmacht des Reiches die Majestät und den Glanz des Kaisertums unbeirrt und scheinbar unbeeindruckt von allem Geschehenen weiterzutragen.

Der Ansatz zu dieser Entwicklung des Kaisertums war bei Konstantin d. Gr. begleitet von einer Reihe von weiteren Maßnahmen, die hier indessen nur gestreift werden können. Der römische *Senat* ist von Konstantin formell zunächst durchaus respektiert worden, bis es aus religiösen Gründen zu stärkeren Reibungen kam. Politisch war der Senat freilich alles andere als souverän, sondern bereits in jene Rolle gedrängt, die er dann seit Konstantin zu Ende spielte, nämlich ein Hort der geistigen Bildung und ein Sammelbecken heidnisch-religiöser Aktivität zu sein. Aus der Versammlung des provinzialen Großbürgertums und der Würdenträger des Reiches wurde so wiederum eine Institution, die primär stadt-römisch gebunden und geistig in stärkstem Maße konservativ orientiert war. Freilich erlebte der senatorische Hochadel teilweise auch eine neue Würdigung. Bewährte Senatoren wurden nun zu patricii ernannt und damit in den kleinen Kreis einer mit dem Kaiserhaus in engem Verkehr stehenden Adelsschicht erhoben. Aber auch in wirtschaftlicher Hinsicht wurde die außerordentliche Stellung des senatorischen Hochadels lange nicht angetastet. Diesem Verhalten Konstantins ist es zuzuschreiben, daß die immer stärker auf ihre geistigen Traditionen zurückverwiesene Schicht in ihrem reichen Großgrundbesitz auch die Mittel behielt, um ihren Bildungsidealen zu leben. Der letzte einigermaßen wichtige Beamte, der diesem Personenkreis entnommen und in gewisser Beziehung sein profilierter Exponent wurde, war der *praefectus urbi,* der Stadtpräfekt. Ihm oblag die Verwaltung und Jurisdiktion in der Hauptstadt, er hatte zugleich die Standesgerichtsbarkeit über die Senatoren wahrzunehmen, und insbesondere durch die fast ständige Abwesenheit Konstantins von Rom hat gerade dieses Amt mit am meisten an Ansehen gewonnen. Sein Inhaber wurde der Herold der konservativ-stadtrömisch orientierten Kräfte und der römischen Tradition überhaupt, eine Aufgabe, die vor allem seit jenem Augenblick, da Rom seinen Gegenpol in Konstantinopel erhielt, nur noch an Bedeutung gewann. Die mit der Neugründung selbst beginnende Entwicklung wird später zu würdigen sein.

Im *Heerwesen* behielt Konstantin prinzipiell die diokletianische Ordnung bei. Lediglich bei den Kommandospitzen kam es zu einer folgenschweren Neuregelung. Nachdem die alten Gardepräfekten im Zuge der Neuordnung der Privinzialverwaltung zu den höchsten Zivilbeamten geworden waren, schuf Konstantin die Stellen der Heermeister, und zwar zunächst nach Waffengattungen getrennt, je eines magister equitum und eines magister peditum. Diese Posten der Infanterie- und Kavalleriebefehlshaber bildeten die wichtigsten militärischen Kommandostellen und Machtpositionen der Spätantike. Die Stellen wurden später noch weiter aufgegliedert, sie umfaßten allmählich Verbände aller Waffengattungen. Ihre Inhaber kommandierten somit die Heeresgruppen des Römischen Reiches, und diese Heermeister waren später oft genug Germanen, die von dieser Position aus die Geschicke des Staates leiteten.

Konstantin hat von Anfang an in weitem Umfang auf germanische Hilfstruppen zurückgegriffen. Schon seine Erhebung in Britannien wurde von dem Alamannenkönig Erocus mitgetragen, welcher dort Hilfstruppenteile seiner Stämme befehligte. Das Heer, das an der Milvischen Brücke die Entscheidung errang, umfaßte ebenfalls britannische und germanische Kontingente. Bei dieser hohen Einschätzung der schlagkräftigen germanischen Verbände ist es geblieben, und noch im Jahre 332 wurden die Rheinlande vom Dichter Porphyrius als die große Rekrutierungsbasis gerühmt. Wenn das römische Heer der konstantinischen Zeit in so starkem

Maße auf germanische Verbände angewiesen war, so war dies freilich eine Begleiterscheinung der allgemeinen staatlichen Prinzipien. Denn in einem Staatsorganismus, welcher so sehr darauf bedacht war, große Bevölkerungskategorien in ihren Berufen, Ämtern und zum Teil auch schon an ihren Wohnsitz zu binden, schieden relativ große Personengruppen als Spezialisten für den Wehrdienst aus. So konzentrierte sich die römische Rekrutierung innerhalb des Reiches auf die Soldatenfamilien, die in hohem Grade begünstigt wurden, aber dafür praktisch auch verpflichtet waren, in ihren Söhnen wieder Rekruten zu stellen. Die Rekrutierung konzentrierte sich weiter auf Bauern und auf Personen ohne festen Wohnsitz, während die städtische Bevölkerung des Reiches, insbesondere die Mitglieder der Korporationen, nicht mehr herangezogen werden konnte. Diese Einschränkung im Innern mußte die Blicke der zuständigen Militärs zwangsläufig auf die Grenzräume lenken. Dort bot sich ein weites und ergiebiges Reservoir, einmal bei den auf den Reichsboden herübergenommenen barbarischen Grenzstämmen, zum andern bei den Völkern jenseits der Grenzen. Die Heranziehung dieser Gruppen brachte im Prinzip keineswegs etwas Neues. Was jedoch neu war und verhängnisvoll werden konnte, das war das Ausmaß dieser Eingliederung germanischer Elemente.

Derselbe starre Druck, der schon die diokletianische Steuerordnung kennzeichnete, lastete unvermindert auch auf der gesamten *Wirtschafts-* und *Sozialordnung* des Reiches. Bereits im dritten Jahrhundert waren die Ansätze der Berufsbindung zu erkennen, die Regierung Konstantins hat diese Praxis noch weiter verschärft. Da an die Stelle der ursprünglichen Verfahrensweise des römischen Staates, die durch ein Minimum staatlicher Eingriffe und ein Maximum von Freiheit charakterisiert war, nun das Gegenteil trat, konnte dieses starre staatliche Zwangssystem, das durch die Schwerfälligkeit der technischen Mittel niemals elastisch arbeiten konnte, überhaupt nur dann wenigstens einigermaßen funktionieren, wenn insbesondere in den Schlüsselpunkten der Wirtschafts- und Steuerordnung möglichst wenig oder am besten überhaupt kein Wechsel eintrat. Das Resultat dieser Entwicklung war die Zwangsverpflichtung erstens der städtischen Oberschicht, zweitens der Spezialisten und drittens der coloni, der Pächter.

Die städtische Oberschicht, deren Angehörige den Stand der Curialen bildeten und als Stadträte fungierten, war allmählich in einer solchen Weise überfordert worden, daß sie nur noch mit Hilfe von Zwangsmaßnahmen in ihren Bürden festgehalten werden konnte. Diese einst den ganzen Urbanisierungsprozeß weithin tragende Schicht wurde inzwischen nicht allein zu den normalen Steuern und zum aurum coronarium herangezogen, einer Abgabe, welche in immer dichterer Folge zu Ehren des Kaisers beim Regierungsantritt und allen Regierungsjubiläen fällig war; sondern die Schicht war für die Gesamtsumme der Gemeindesteuern und auch für das Funktionieren der öffentlichen Dienste voll haftbar. In diesen Stand wurden Begüterte unter Konstantin nahezu strafversetzt, denn die Zugehörigkeit zum Stadtrat wurde erblich, d. h., es gab gar keine Möglichkeit mehr, dieser Belastung der Familie zu entkommen. Ähnliches galt für die wichtigsten Berufsgruppen der Verkehrs- und Versorgungsbetriebe. Seefahrer, auch Binnenschiffer und Bäcker waren die ersten, die so gebunden wurden, 322 wurde aber auch allen Kolonen verboten, ihren Arbeitsplatz zu verlassen. Die Bindung dieser Pächter an die Güter war damit so eng geworden, daß man mit Fug und Recht von Hörigkeit sprechen kann. Dieses Verhältnis hat denn auch die Institution der Sklaverei, jedenfalls in ihrer wirtschaftlichen Bedeutung, völlig zurückgedrängt.

Konstantins folgenschwerster Schritt, die enge Verbindung des *Christentums* mit dem römischen Staat, ein Schritt, in dem persönliche religiöse Erfahrungen die denkbar größten politischen Auswirkungen erlangten, kann hier nur kurz berührt werden. Wenn es J. Burckhardt noch kategorisch ablehnte, ein Bild von den „Übergängen" der religiösen Ansichten Konstantins zu entwerfen, so hat sich die Forschung gerade in den letzten Jahrzehnten sehr eingehend mit dieser Entwicklung beschäftigt und dabei im einzelnen aufgezeigt, daß man bei Konstantin nicht von einer Bekehrung im Sinne von Paulus oder Augustin sprechen kann. Sie zeigte, daß ein folgerichtiger Weg von monotheistischen Tendenzen des Anfangs zur Hinwendung zum Sonnengott führte und von den unbestimmten Abstracta des einen Gottes zu Christus. Anderseits offenbart auch Konstantins Verhältnis zum Heidentum jenen Mangel an Konsequenz, den man seiner Stellung gegenüber dem Christentum vorwarf. Blieb es hier bei einer allgemeinen Toleranz, so haßte der Kaiser doch alles, was nur entfernt nach Polytheismus, blutigen Opfern, Haruspizin und Verehrung von Götterbildern aussah. Dagegen haben neuplatonische Philosophen, wie Sopatros, Hermogenes und Nikagoras, der zugleich in die eleusinischen Mysterien eingeweiht war – diese, wenn man so will, „aufgeklärten" Heiden –, lange Zeit die Gunst und das Vertrauen des Kaisers besessen.

Konstantin hat sich selbst als Diener des Höchsten verstanden und voll Stolz darauf gepocht, daß Gott gerade seinen Dienst in Anspruch genommen habe. Er war daneben überwältigt von der Kraft und Macht der christlichen Kirche, die er nicht nur für die christliche Religion, sondern darüber hinaus auch für das Reich selbst für notwendig erachtete. Die Nobilitierung der Bischöfe, ihre Annäherung an den privilegierten Adel, und die Anerkennung der Kleriker als Korporation waren die äußeren Folgen dieser Überzeugung.

Niemand wird behaupten wollen, daß Konstantin sein Ziel, die Festigung des Reiches durch eine religiöse Erneuerung mit Hilfe der christlichen Kirche, erreicht habe. Es ist freilich eine moderne Erwartung, daß das Christentum die Sozial- und Wirtschaftsordnung des Römischen Reiches hätte ändern und neu formen sollen. Für ein solches Unternehmen waren lediglich Keime vorhanden. Wohl hat die Kirche begonnen, die Freilassung der Sklaven zu empfehlen, aber nur ganz allmählich, weil man die Stellung des Menschen im Glauben für ungleich wichtiger erachtete als die im Leben. Es ist für die geschichtliche Wirkung der christlichen Kirche sodann entscheidend geworden, daß sie gerade in den ersten Jahrzehnten ihrer Bindung an den Staat alle ihre Energien auf die Klärung der Glaubensfragen gelenkt, somit nach innen und nicht nach außen gerichtet hat, auf Fragen dogmatischen Charakters, in welche sie auch den Kaiser und damit die Reichsgeschichte aufs schwerste verstrickte.

Weiten wir den Blick ins Allgemeine, so sind die Verbindung des römischen Staates mit dem Christentum wie die unten zu besprechenden Reaktionen von der Eigenart spätantiker Geisteshaltung geprägt. Deren Besonderheit liegt, wenn wir Überlegungen Fr. Taegers aufgreifen, darin, daß die klassische Diesseitsorientierung des antiken Menschen, seine Bejahung der Daseinsfülle, sein Streben nach Lebensharmonie und nach dem rechten Maß in allen Dingen nun zurücktreten hinter seiner Jenseitsbezogenheit. Selbst der menschliche Körper wird nun nicht mehr als Widerschein des Göttlichen, sondern ganz materiell verstanden; Staat und Gesellschaft sind nicht mehr autonomer Selbstzweck, sondern Werkzeug Gottes. Der Sinn des Lebens wird nicht mehr im Diesseits gesucht, der Mensch fühlt sich als Glied einer transzendenten Ordnung, welche sich erst im Jenseits erfüllt.

Will man das erstaunliche Beharrungsvermögen der heidnischen Kräfte im vierten und noch im fünften Jahrhundert verstehen, so muß man sich vor Augen führen, daß das Christentum im Augenblick seines Sieges die Religion einer Minorität war und daß es sich gegenüber einer in sich geschlossenen, in Jahrhunderten gewachsenen heidnischen Ordnung von Religion, Staat und Gesellschaft durchzusetzen hatte. Noch Konstantin tolerierte, wie erwähnt, ein geläutertes Heidentum, erst seine Söhne und Theodosius haben die letzten Konsequenzen gezogen. Noch immer dachte auch im vierten Jahrhundert wohl mindestens die Hälfte der Reichsbewohner in heidnischen Bildern, feierte heidnische Feste, lebte nach weithin heidnischen Sitten und war erfüllt von den Elementen einer durch und durch heidnischen Bildung. Ja gerade die Erfolge des Christentums führten auf der Gegenseite zu einer Neubesinnung auf die alten Werte, und hierin, in dieser Sorge um das Alte und nicht in den politischen Anläufen Julians und später des Eugenius, sollten die heidnischen Kreise die wichtigsten Ergebnisse erzielen.

Durch *Julian* wurde im Grunde alles noch einmal belebt, was von den traditionellen heidnischen Vorstellungen noch vorhanden war, und zugleich philosophisch durchdrungen. Der „Hellenismus" Julians in der Form, wie er den Kaiser selbst erfüllte, ist so ein eigenartiges mixtum compositum von vergröberten neuplatonischen Vorstellungen, wiedererweckten und neu bezogenen Elementen der alten polytheistischen Götterwelt und den Eindrücken magischer und mystischer Erlebnisse gewesen. Dies alles wurde nun kombiniert mit Bestandteilen christlicher Liturgie und Organisation und mit nicht wenigen Forderungen der christlichen Sittenlehre verknüpft. So beschaffen, war diese geistige Bewegung viel zu kompliziert, um allgemeine Überzeugungskraft zu erlangen. Für die breite Masse wurde Julians Restauration gleichbedeutend mit der Rückkehr der alten Götter, gleichgültig, was nun der einzelne darunter verstand. Gegner Julians aber wurde allmählich jeder, der sich der Verehrung der alten Götter in den Weg stellte, nicht nur die Christen, sondern beispielsweise auch die Kyniker.

Die Religionspolitik Julians hatte mit der Proklamation der Toleranz begonnen. Es mochte scheinen, als würde auch seine Regierung wie jene Konstantins d. Gr. zunächst durch eine Periode des Nebeneinanders der Religionen gekennzeichnet werden. Doch dazu kam es nicht. Denn einmal war der Kaiser, wie alle Fanatiker, ein Mann, der nicht warten konnte, zum andern verschärften seine Parteigänger durch radikale Maßnahmen die Lage. Auch die starken christlichen Gemeinden im ganzen Nahen Osten nahmen die fortlaufenden Herausforderungen nicht einfach hin. Während einzelne Bischöfe zur Zurückhaltung mahnten, gingen christliche

Extremisten zum Gegenangriff über. Auf der einen Seite wurden christliche Kirchen, auf der andern Statuen und Tempel zerstört. Die Wogen des Glaubenshasses waren nicht mehr zu bändigen. Juden verbrannten zwei christliche Kirchen in Damaskus, in Heliopolis tötete man Nonnen, in Phrygien und in Kappadokien brannten heidnische Tempel ab. Während Julian jedoch die christlichen Übergriffe unnachsichtlich bestrafte, sah er bei der Gegenseite untätig zu. Die Fieber der Erregung nahmen vollends zu, als Julian 362 in Antiocheia weilte und das Apolloheiligtum in Daphne in Flammen aufging. Durch die Ausführungen eines Erlasses vom Juni 362, in welchem angeordnet wurde, daß niemand mehr die antiken Autoren interpretieren dürfe, der nicht selbst an die alten Götter glaube, wurde schließlich die christliche Rhetoren- und Lehrerschicht ausgeschaltet.

Selbst wenn man die persönliche Integrität dieses Kaisers anerkennt, wird man sich des Eindruckes nicht erwehren können, daß er in Wirklichkeit besser in die Reihen der Asketen und Frommen der Wüste gepaßt hätte. Auch wer einräumt, daß die Kräfte des Heidentums noch nicht erloschen waren, daß Julian somit kein von vornherein zur Erfolglosigkeit verurteilter Phantast war, wird sich sagen müssen, daß die lebendigeren religiösen Kräfte nun einmal im anderen Lager standen. Vor allem aber war ein Hellenismus, der sich christlicher Formen und Institutionen bediente und der intolerant wurde, auch nach den Kriterien der eigenen Traditionen eben kein Hellenismus mehr. Jenes komplizierte persönliche Zwittergebilde vollends, das sich Julian selbst als seine geistig-religiöse Welt geschaffen hatte, konnte niemals weitere Bevölkerungskreise erfüllen. Wenn Julian so verzweifelt gegen die Zeit gekämpft hat, so einfach deswegen, weil die Zeit des Heidentums zu Ende ging. Sein Ringen und Um-sich-Schlagen gehört schon zur Agonie einer sterbenden Welt.

Die historisch stärksten Wirkungen von Julians Vorgehen liegen so in den Reaktionen, die er auslöste. Denn gerade sein Radikalismus stachelte nun auch die Vorkämpfer der Gegenseite zu gleicher Aggressivität an. Die Epoche des Nebeneinander der alten und der neuen Religion war endgültig vorüber. Zehn Jahre nach Julians Tod beginnt im Westen des Reiches die von ähnlicher Passion erfüllte Missionstätigkeit des heiligen Martin von Tours, das Zerstören heidnischer Heiligtümer wie das Vernichten des Kybeleheiligtums in Autun und jenes der Dea Bibracte auf dem Mont Beuvray, damit eine Mission völlig neuer Art, welche durch ein leidenschaftliches Vorgehen gegen das Heidentum gekennzeichnet ist. Handelt es sich dabei zunächst immer noch lediglich um die Haltung einzelner, so wird gegen Ende des Jahrhunderts, unter Gratian, vor allem aber unter Theodosius, die Kompromißlosigkeit zum Prinzip erhoben. Man kann letzten Endes das Handeln aller dieser Personen und Herrscher nicht voneinander trennen. Nur wer Spiel und Gegenspiel der Kräfte, die Maßnahmen Konstantins d. Gr. und die seiner Söhne und die Julians und die des heiligen Martin und die des Eugenius und Theodosius insgesamt und in ihrer wechselseitigen Abhängigkeit überblickt, wird dem historischen Prozeß gerecht. Denn allen diesen Herrschern und den großen Einzelnen der Zeit ist die Aufgeschlossenheit für religiöse Erlebnisse oder das, was sie für religiöse Erlebnisse hielten, gemeinsam wie auch die Überzeugung, daß das Römische Reich in erster Linie durch die Entfaltung religiöser Kräfte behauptet und erneuert werden müsse. Innerhalb dieses Rahmens aber stehen sich selbst Julian und Constantius II. näher, als man oft sieht, näher auch in ihrer nervösen Sensibilität wie in ihrem moralischen und religiösen Rigorismus.

Unter den gleichen Gesetzen standen die Bemühungen um die Bewahrung der alten Kultur. Für die heidnische *Literatur* ist zunächst das Sorgen um die alten und reinen Texte charakteristisch, im Zusammenhang damit die Mühe um das rechte Verständnis, die sich in einer ganzen Reihe von Kommentaren und Interpretationen niederschlägt, und endlich das Festhalten der alten Form in Dichtung und Prosa, wobei – fast möchte man sagen – der Inhalt hinter der formalen Beherrschung zurücktritt. Der Kreis um die beiden Dioskurengeschlechter des späten heidnischen Rom, der Symmachi und Nicomachi, bemühte sich so um Livius und Vergil, die schon jetzt zum Rang von Klassikern aufgestiegen waren. Von *Q. Aurelius Symmachus,* der sich in dem berühmten Streit um den Victoria-Altar einen Namen gemacht hat, sind eine ganze Reihe von Reden, Briefen und Relationen an den Kaiser erhalten, bei denen man allerdings nach E. Nordens Vorgang wohl eher die Gesinnung als den literarischen Wert rühmen möchte...

Da uns die Annalen des Nicomachus Flavianus lediglich dem Namen nach bekannt sind, ist das Werk des *Ammianus Marcellinus,* des aus Antiocheia stammenden griechischen Offiziers, zum bedeutsamsten Geschichtswerk der Epoche geworden. Mommsen hat in ihm „das eitle Bemühen um Allwissenheit, wie es der Fluch aller encyclopädischen Bildung ist und vor allem der Fluch jener unseligen, auch auf dem geistigen Gebiet in der Trümmerwelt einer größeren Vergangenheit kümmerlich hausenden Generation war“, scharf kritisiert und zugleich „die Hoffart des Griechen, statt seiner eigenen vielmehr die vornehme Sprache des Hofes und des Reiches zu reden, die der Schriftsteller trotz eifrigster phraseologischer Beflissenheit dennoch zu handhaben nie vermocht hat". Aber er hat gleichzeitig auch betont, daß hier „ein ehrenhafter, frei und hoch denkender Mann, und „weitaus der beste Geschichtsschreiber" der Epoche sprach, der trotz seiner Verehrung eines alten und vergangenen Rom doch auch Gesellschafts- und Zeitkritik übte und das Antiquierte und den Verfall der arroganten und leeren Senatorenhöfe mit rhetorischer Lust schilderte. Ammians Werk gewinnt erst dann seinen vollen Rang, wenn man es mit der ungefähr gleichzeitigen Breviarienliteratur eines Eutrop und Rufius Festus vergleicht oder mit den kurzgefaßten Kaiserdarstellungen eines Aurelius Victor und mit der *Historia Augusta,* jener Sammlung von Biographien der Kaiser des zweiten und dritten Jahrhunderts, die vorgeblich von sechs Verfassern in konstantinischer Zeit geschrieben sein soll, in Wirklichkeit jedoch vermutlich in theodosianische Zeit oder gar erst in jene Stilichos gehört. Rückwärtsorientierung, Spiel mit Zeit und Tradition und zugleich die Sucht nach Effekten um jeden Preis, auch um den der Wahrheit, sind kaum anderswo so konzentriert zu finden wie gerade in ihr.

Zu einer echten Spätblüte kam es dagegen im Bereich der *Philologie.* Hier verfaßte Aelius Donatus einen großen Terenzkommentar und eine Grammatik, die lange in Benutzung blieb. Donats Schüler Servius verdanken wir den wichtigsten Vergilkommentar, in dem Zirkel um ihn ist zudem auch der fast schon verschollene Juvenal wiederentdeckt worden. Das für alle genannte Tendenzen am meisten charakteristische Werk sind dann jedoch die Saturnalien des *Macrobius* (um 400). Typisch ist dieses Werk einmal durch die Wahl einer traditionsreichen Form, des Dialogs, aber auch durch dessen zentrales Thema, die Rechtfertigung Vergils, und zugleich das Bemühen, ihn richtig zu verstehen. In anderer Weise beispielhaft für den Geschmack und die Bestrebungen jener Autoren ist die zu Anfang des fünften Jahrhunderts von dem Afrikaner Martianus Capella verfaßte Satura de nuptiis Mercurii et Philologiae, eine menippeische Satire, in welcher die sieben freien Künste, Grammatik, Dialektik, Rhetorik, Geometrie, Arithmetik, Astronomie und Musik, allegorisch drapiert, besungen werden. Das merkwürdig bunte, im Stil an Apuleius angelehnte Buch hat jahrhundertelang in keiner west- und mitteleuropäischen Klosterbibliothek gefehlt.

Dagegen tritt die große *Dichtung* völlig zurück. Eine gewisse Höhe gewinnt sie noch einmal bei Claudian, einem aus Alexandrien stammenden Griechen, der um die Wende vom vierten zum fünften Jahrhundert in Rom und Mailand lebte, einem Mann, der in vielfacher Hinsicht mit dem Historiker Ammianus Marcellinus zu vergleichen ist. In den Bearbeitungen mythologischer Themen, Hochzeitsgedichten und einem Epos über den Gotenkrieg des Jahres 402 sind klare Bilder mit starken sinnlichen Empfindungen erfüllt und dabei rhetorisch akzentuiert. Vor allem aber ist Claudian zum Sänger Stilichos geworden, so wie einst Ennius den Scipio gerühmt hatte. In einem großen Gedicht, das Stilichos Konsulat besingt, feiert Claudian auch die *Roma aeterna,* „die große Stadt, das Höchste, was auf Erden den Äther umfängt", „die Mutter der Waffen und Gesetze". Gerade jetzt, da Rom die empfindlichsten Rückschläge hinzunehmen hat und schließlich selbst fällt, verdichtet sich die Idee der Roma aeterna zu einer gewaltigen Abstraktion. Claudians glänzendes Bild der römischen Geschichte, des Ruhmes der Stadt und ihrer Leistung wie ihres Bundes mit den Göttern, ist eben auch zugleich eine wirklichkeitsferne Schilderung der Idee Rom, die in den vielen und alten Topoi der laudes Romae ihre Wurzel hat. Im poetischen Gehalt freilich reichen nur wenige andere Werke des Zeitalters an Claudian heran, vielleicht noch am ehesten das Gedicht des Rutilius Namatianus de reditu suo.

Ein weiteres Merkmal für die Lage der heidnischen Literatur in der Spätantike bildet der ganz allgemeine Rückgang der griechischen Sprachkenntnisse bei den Gebildeten innerhalb des Reiches, der bereits seit der Mitte des dritten Jahrhunderts einsetzt. Schon Augustin und später Gregor d. Gr. konnten so gut wie kein Griechisch mehr. Mit den griechischen Vorbildern aber fehlte der lateinischen Literatur ein Lebenselixier. So entwickelte sich eine eigene Übersetzungsliteratur, der Marius Victorinus, Rufinus von Aquileia und der heilige Hieronymus wichtige Beiträge zollten. Vorauszuverweisen ist in dieser Linie aber auch schon auf Boethius, der zu Anfang des sechsten Jahrhunderts den ganzen Platon und Aristoteles ins Lateinische übertragen wollte.

Für den Raum der *griechischen Literatur* selbst ist der Vorrang der Rhetorik zu betonen und auf die Werke des Libanios und Themistios wenigstens hinzuweisen. Sucht man dagegen im Bereich der heidnischen Kultur eine Erscheinung, welche wenigstens annähernd der gesellschaftlichen Rolle und den Impulsen der spätrömischen Aristokratie auf der geistigen Ebene entspricht, so wird man einzig den Neuplatonismus nennen können, jene letzte große und nach wie vor lebendige philosophische Richtung, welche in sich den resignierten Glauben an die alten Götter ebenso einbezog wie die christlichen Zweifler. Er vor allem ist oft zur Durchgangsstation der regsten Geister beider Fronten geworden, wie am sinnfälligsten Augustins Weg zeigt.

Eine wahre Zitadelle des Heidentums aber war noch immer der gesamte Bereich der *Bildung*. Auch die christlichen Herrscher haben, sehr im Gegensatz zu den Maximen eines Tertullian, die Bedeutung der Bildung nie grundsätzlich in Frage gestellt. Constantius II. sprach etwa von der litteratura quae omnium virtutum maxima est. Auf heidnischer Seite führten dabei nicht allein die Reaktionen auf das Christentum zur Pflege der alten Literatur und der alten Bildung, sondern in gleichem Maße auch die gesellschaftlichen Veränderungen im Staate selbst. Denn naturgemäß wandten sich die alte Adelsschicht und die Vertreter der Bildung um so entschiedener diesen Bastionen der alten Kultur zu, je mehr der Staat beherrscht wurde von den Un- oder Halbgebildeten, den germanischen Heermeistern, den arrivierten Berufssoldaten und den großgewordenen Subalternbeamten und Höflingen.

Fassen wir zusammen, so ist die Epoche der Spätantike im Bereich der heidnischen Literatur alles andere als eine Zeit echter Neuschöpfungen. Das wirklich Neue gehört dem christlichen Bereich an, bedient sich wohl der lateinischen Sprache und der antiken Form, gehört aber doch bereits nicht mehr recht eigentlich zu dieser antiken Welt, sondern steht an der Schwelle ihres Ausgangs, so Ambrosius und Augustin, so Boethius. Im Bewahren und in der Pflege der klassischen Autoren, die ohne jene Bestandsaufnahme für uns zum Teil verloren wären, liegt wohl die eigentliche Leistung der Adelsgeschlechter und literarischen Zirkel beschlossen, während in ihren Werken selbst das rein formale Element triumphiert. Viele Briefe, Reden und Gedichte erscheinen gekünstelt, gestelzt, von effektvollem Pathos gestaltet und eingeschnürt in das Korsett erstarrter literarischer Gattungsprinzipien. Die Rhetorik hatte die gesamte Literatur überwuchert und durchsetzt mit alten Bildern und Topoi, die man häufig genug einfach nebeneinanderreihte.

Es gibt eine Gruppe von Kunstdenkmälern, in welcher sich die retrospektiven heidnischen Tendenzen in besonders klarer Weise verdichten, die sogenannten *Kontorniaten*. Auf Grund ihrer Bilder hat A. Alföldi diese Medaillen einst als eine Art heidnischer Gegenpropaganda definiert. Ihr Bildgut umfaßt nicht in erster Linie Aktuelles, sondern es ist bewußt aus den glänzenden Erinnerungen des Vergangenen zusammengesetzt. Da tauchen die alten Kaiser wieder auf, darunter häufig auch Nero, die großen Repräsentanten der heidnischen Literatur, wie Homer und Vergil, und immer wieder auch die alten Götter, die Kulte und endlich die Spiele, das populärste, wirksamste und die Massen noch immer im Bann haltende Lebenszeichen der heidnischen Welt.

Zuletzt ist die *Bedeutung des germanischen Faktors im Reich* noch kurz zu würdigen. Schon bald nach der Schlacht bei Adrianopel (378) entbrannte innerhalb des Reiches die Diskussion um die richtige Politik gegenüber den Germanen. Es war Theodosius' Lösung gewesen, notgedrungen das Ausmaß der germanischen Kräfte im römischen Verband aufzublähen, den Germanen in den Grenzlandschaften, aber auch im Innern des Reiches in weitem Umfang Siedlungsboden zu überlassen und germanischen Führern auch fortan den Zugang zu den höchsten militärischen Kommandostellen zu öffnen. Faktisch bedeutete der Friedensschluß von 382 mit dem westgotischen Fürsten Fritigern die de-iure-Anerkennung eines germanischen Staates südlich der Donau, der wohl theoretisch Teil des Römischen Reiches war, aber eben doch alle früheren Verhältnisse umstülpte. Denn jetzt bestand ein Klientelstaat, sofern man den Begriff überhaupt noch anwenden kann, nicht mehr wie früher im Vorfeld, sondern innerhalb der eigenen Grenzen. Mit der Hereinnahme so starker barbarischer Bevölkerungsgruppen in das Reich war auch das Gleichgewicht zwischen den germanischen Hilfstruppen und den römischen Kernformationen endgültig beseitigt, und der Verzicht auf die Unterordnung der germanischen Verbände unter die römischen Kader brachte eine schwere Hypothek für die Zukunft. Optimisten mochten darauf pochen, daß das Römische Reich schon die verschiedensten ethnischen Gruppen in sich eingeschmolzen hatte, und sie mochten zum Teil geltend machen, daß immerhin die Möglichkeit einer Assimilierung bestand, wenn die Goten seßhaft blieben, in römischen Formen lebten und mit ihrem Christentum Ernst machten. Themistios hat die Politik des Theodosius als konsequente Erfüllung der universalen Aufgaben des römischen Kaisertums gedeutet.

Doch fehlten auch andere Stimmen nicht, welche im letzten die völlige Vernichtung aller Eindringlinge wünschten, so Ammianus Marcellinus und Synesios von Kyrene. Im Osten ist so – wie J. Straub erläuterte – in der Reaktion auf Adrianopel die tödliche Gefahr des germanischen Elementes am Ende doch wesentlich früher erkannt worden als im Westen. Unter dem Eindruck solcher Appelle bäumte man sich denn auch dort zu einer letzten Anstrengung auf, die zum Sturz des gotischen Heermeisters Gainas führte. In dem von den germanischen Vorstößen in der Folgezeit weit stärker betroffenen Westen aber war ein solches Vorgehen illusorisch. Hier taktierte man von Fall zu Fall, hoffte auf die alte germanische discordia und konnte auch tatsächlich immer wieder Germanen gegen Germanen ausspielen. Zu einer wirklichen inneren Reform ist es jedoch inmitten der häufig von Apathie und Resignation beherrschten Westprovinzen nicht mehr gekommen.

Bereits Sulpicius Severus mußte konstatieren, daß die „germanischen Völker eingemischt in unsere Heere, Städte und Provinzen in unserer Mitte leben", ohne die römische Kultur anzunehmen. Die Hoffnung auf eine allmähliche Assimilierung der eingedrungenen germanischen Massen erwies sich als vergeblich. Es gab zwar noch einige Beurteiler, wie Orosius, die in solcher Lage auf eine Missionierung der Germanen setzten, doch wurde diese nie systematisch und mit politischen Fernzielen betrieben und war außerdem noch dadurch erheblich erschwert, daß die meisten germanischen Christen als Arianer diskreditiert blieben.

Die drei wichtigsten geschichtlichen Potenzen der Reichsgeschichte, Heidentum, Christentum und Germanentum, haben so im Laufe des vierten und fünften Jahrhunderts eine durchgreifende Veränderung ihres Standortes erfahren. Das Heidentum und damit auch die alten Reichsvorstellungen schwanden als Realitäten dahin und vermochten sich ungebrochen lediglich noch im réduit der Bildung zu bergen. Im Grunde bewirkten diesen Prozeß von innen das Christentum, von außen die Germanen. Die politischen Restaurationsversuche der heidnischen Kräfte unter Julian und Eugenius scheiterten schon in den Ansätzen. Am Ende brachen die sterilen Relikte einer großen Tradition zusammen.

Auch das Christentum ist dann durch den Fall Roms in eine schwere Krise geführt worden. Doch sie brachte auf die Dauer die Trennung seines Geschichtsdenkens von der direkten Beziehung auf das Römische Reich und ergab zudem in Augustins Werk von der Gottesbürgerschaft eine neue Deutung für das Verhältnis des Christen zum weltlichen Staat. Der Einfluß des Christentums auf die Germanen erwies sich zunächst als sehr begrenzt. Die arianische Glaubensrichtung lähmte auch noch die politischen Projekte Theoderichs, und nur dort, wo es gelang, die Germanen dem orthodoxen Katholizismus zuzuführen, wie später bei den Franken, wurde der germanische Faktor auch politisch für die Kirche zukunftsträchtig.

Ergänzen wir diese Perspektiven durch drei historische Querschnitte, so ergab sich für Konstantin die Behauptung des Imperiums, die Anerkennung, ja die Zubilligung einer Vorzugsstellung für das Christentum und ein noch immer maßvoller Einsatz der Germanen im Dienste des Reiches. Schon unter Theodosius aber wurde das Imperium zu einem Staatsverband, in welchem das Christentum im Innern eine dominierende Stellung gewann und der übersättigt war mit Germanen, deren Bewegungen bereits der Kontrolle der Zentralgewalt entglitten. Im fünften Jahrhundert vollendete sich dann die Dekomposition des Imperiums. Die inzwischen verfestigten Germanenreiche auf einstigem Reichsterritorium entwickelten wohl noch Kümmerformen des antiken Lebens, aber die Macht des alten Imperiums verengte sich mehr und mehr, die Absetzung des letzten weströmischen Kaisers 476 hat fast nur noch symbolischen Wert.

Geht man von den geschichtlichen Hauptlinien der Spätantike aus, von der Auseinandersetzung der alten, heidnisch-antiken Traditionen mit den Kräften des Christentums, von der Verteidigung eines erstarrten, zum System erhärteten, absolutistischen Staates gegen Feudalisierungstendenzen im Innern und übermächtige Invasionen von Germanen, Hunnen und schließlich Arabern, vom Durchbruch neuer Vorstellungswelten und seelischer Ausdrucksformen, so ist festzustellen, daß die für die Epoche bestimmenden Kräfte schon in Symptomen des zweiten Jahrhunderts zu ahnen sind. Für jenes Maximum an Freiheit, für Selbstverwaltung und Initiative des Großbürgertums, somit für alle entscheidenden Werte und Kräfte noch der römischen Kaiserzeit, war schon kein Raum mehr, als die Epoche einsetzte. Der Weg zur Nivellierung und Intoleranz war bereits zur Zeit der Severer und Soldatenkaiser beschritten, also lange, ehe das Römische Reich unter christlichem Zeichen stand. In der Reichsverteidigung und in der Politik waren nach den römisch-patrizischen, den italischen und den provinzialen Führungsschichten schließlich auch die Repräsentanten des Berufssoldatentums verbraucht. Die germanischen Heermeister des späten vierten und des fünften Jahrhunderts sind so die letzten in der ethnisch und geistig immer weiter von Rom wegführenden Kette gewesen, die das Reich gehalten hat. Gleichzeitig damit schwand auch die harmonische Zusammenfassung griechischer und römischer Kräfte in *einem* Reiche dahin. Je mehr sich der lateinische Westen mit dem Germanenproblem zu befassen hatte, desto enger schlossen sich in Byzanz christliche und griechische Kräfte zusammen und fanden in Politik und Kultur Lösungen und Formen, welche im Westen auf die

Dauer weder von den altrömischen noch von den germanischen Partnern übernommen werden konnten.

Wie schon in der Zeit der Soldatenkaiser, so fehlten auch in der Spätantike die Impulse zu neuen, weitgespannten Expansionen auf politischem oder wirtschaftlichem Gebiet. Das Reich selbst stand praktisch ununterbrochen in der Defensive, ja es kämpfte mehr als einmal um seine nackte Existenz. Die Diskrepanz zwischen dem universalen Anspruch in der Ideologie und der verzweifelten Notwehr auf den letzten Bastionen in der Wirklichkeit kommt neben der Entfaltung der Romidee auch darin zum Ausdruck, daß gerade jetzt für Stadt, Staat und Kaiser die Begriffe der perpetuitas und der aeternitas verbraucht wurden. Selbst im inneren Bereich könnte man von einer Art von Wechselbeziehung zwischen den beiden Erscheinungen sprechen, daß je mehr der Kaiser auf der einen Seite abgeschlossen und überhöht wurde, desto stärker auf der andern gerade die Korruption des aufgeblasenen Verwaltungsapparates wuchs und daß damit zugleich die Organe der Zentralverwaltung selbst den Nährboden für das Eindringen feudaler Zellen bereiteten.

Es wird einer gewissen Aufgeschlossenheit für eine nach anderen Maßstäben lebende Welt bedürfen, um dem unbeirrten Festhalten der alten Werte auf seiten der heidnischen Senatoren oder Julians ebensowenig die Anerkennung zu versagen wie dem Kaiser Theodosius, dem nach der Niederlage einzig das Gebet zur Zuversicht neuen Wagnisses verhilft. In dem Ringen um die rechte pietas werden wir auf beiden Seiten die letzten Beweggründe finden, damit eine urrömische und eine christliche Auffassung. Denn einzig durch seine pietas vermag auch der imperator christianus nach Augustin zum felix imperator zu werden. So sehen wir uns denn am Ende auf einen neuen Lebenspol und auf einen neuen Lebenskanon verwiesen.

Die wichtigsten Aussagen über diese Beziehungen aber gestattet jene Quellengattung, die so spät erst ihre Würdigung fand und von welcher dennoch der Weg zum Verständnis der ganzen Spätantike ausging, die spätantike *Kunst.* Wenn sie – nach den Analysen G. Rodenwaldts und B. Schweitzers, denen hier gefolgt wird – einen dualistischen Charakter zeigt, die Identität von Kunstform und Natürlichkeit aufgibt, die klassische, ganz körperlich verstandene Formenwelt abbaut, so drückt sie doch auch in ihren Zielen und Mitteln am eindrucksvollsten ein Feld neuer Werte aus. Denn die – am klassischen Schönheitsideal gemessen – häßlichen und ungestalten Körper der spätantiken Figuren sind eben deshalb vernach-

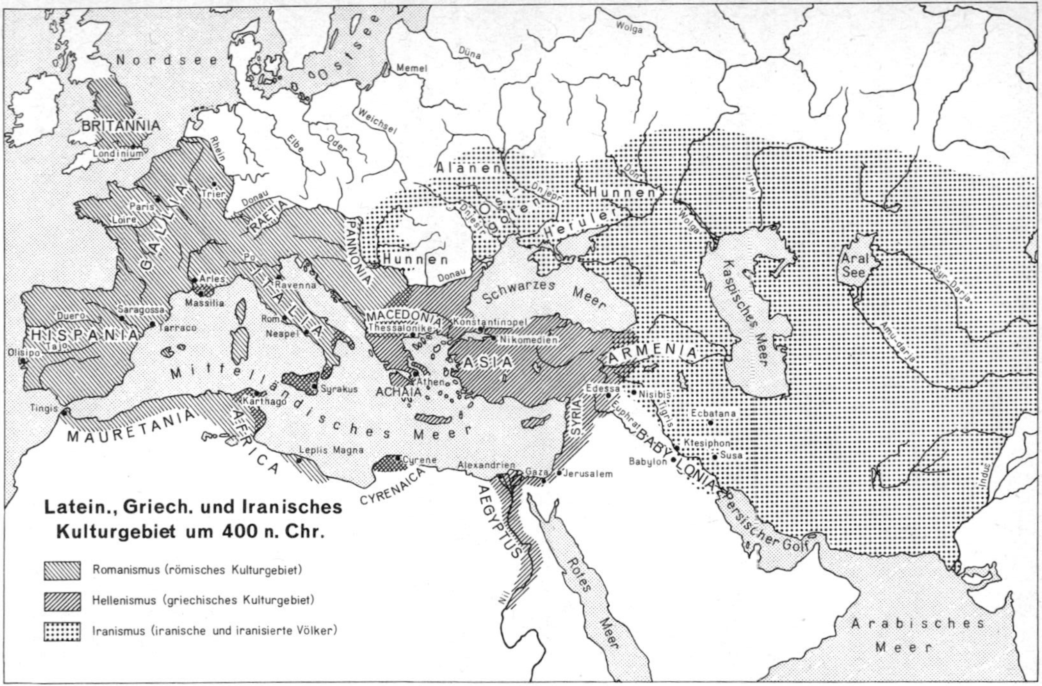

Latein., Griech. und Iranisches
Kulturgebiet um 400 n. Chr.
Romanismus (römisches Kulturgebiet)
Hellenismus (griechisches Kulturgebiet)
Iranismus (iranische und iranisierte Völker)
Nordsee
Ostsee
BRITANNIA
Londinium
GALLIA
Paris
Loire
Trier
Rhein
Donau
RAETIA
Elbe
Oder
Weichsel
Memel
Düna
Wolga
HISPANIA
Duero
Tajo
Olisipo
Saragossa
Tarraco
Arles
Massilia
Po
Ravenna
ITALIA
Rom
Neapel
Syrakus
PANNONIA
Hunnen
Donau
Alanen
Ostgoten
Dnjestr
Dnjepr
Don
Heruler
Hunnen
MACEDONIA
Thessalonike
Konstantinopel
Nikomedien
ASIA
ACHAIA
Athen
Schwarzes Meer
ARMENIA
Kaspisches Meer
Ural
Wolga
Aral See
Syr-Darja
Amu-darja
Edessa
Nisibis
Tigris
Euphrat
Ecbatana
Ktesiphon
Susa
Babylon
BABYLONIA
Persischer Golf
Indus
Arabisches Meer
SYRIA
Jerusalem
Gaza
Alexandrien
AEGYPTUS
Nil
Rotes Meer
Mittelländisches Meer
Karthago
AFRICA
Leptis Magna
Cyrene
CYRENAICA
MAURETANIA
Tingis

lässigt, weil alle Energien auf den seelischen Ausdruck konzentriert werden. Von hier aus aber ist es nur noch ein Schritt von der Person zum Symbol. Im einzelnen stehen viele Mittel der Plastik, die Frontalität der Darstellung, symmetrische Reihung, Bedeutungsmaßstab der Proportionen in einer langen Tradition. Doch ihr Zusammenwirken ist neu und charakteristisch wie die Tatsache, daß jetzt an Stelle der bloßen Betrachtung von den Kunstwerken selbst eine neue Beziehung des Beschauers erzwungen wird, die des Verehrenden. Auf der anderen Seite hat sich gerade in der Spätantike noch einmal die Architektur zu einer die anderen Kunstgattungen umgreifenden Blüte erhoben und in den christlichen Basiliken, den Bauten Ravennas und Konstantinopels die Gehäuse einer neuen Gesinnung errichtet.

3. Rom und die Parther – Sassanidisches und Spätrömisches Reich

Roms Kontakte mit den *Parthern* sind bereits wiederholt gestreift worden. Doch um die Entwicklung der Beziehungen zwischen den benachbarten Großreichen im Zusammenhang darzustellen, ist es notwendig, hier nochmals zurückzugreifen und den Blickpunkt zu wechseln. Seit etwa 250 v. Chr. hatte sich eine neue Macht in die hellenistische Ordnung des alten persischen Reichsgebietes eingeschoben. Im Zuge eines größeren Nomadenvorstoßes waren die Parner unter der Führung des Geschlechts der Arsakiden aus dem Raum nördlich der Gebirge von Chorasan in die seleukidische Satrapie Parthien eingedrungen. Sie erhielten nach dem neuen Land ihren Namen und dehnten ihre Herrschaft von dort in unablässiger Expansion nach Westen, Süden und Osten aus. Die Defensive der Seleukiden war zunächst durch innere Wirren, später durch den Kampf gegen Rom beeinträchtigt. Von ihnen wie von dem griechisch-baktrischen Reich im Osten und den nomadischen Nachbarn im Norden mußten die Parther wohl Rückschläge hinnehmen, doch konnten sie ihre Machtstellung, zu der Mithridates I. (ca. 160–137) den Grund gelegt hatte, auf die Dauer behaupten. Unter Mithridates II. (123–87), der sich bereits als „König der Könige" bezeichnete, erstreckte sich das parthische Reich vom Euphrat bis nach Baktrien.

Die Parther haben in der *Gestaltung ihres Reiches* ihren ursprünglichen Lebensstil und ihre einstige Zugehörigkeit zur Welt der Nomaden nicht verleugnet. Jagd und Kampf zu Pferde, mit einem Wort das Reiterleben, bestimmten ihr Weltbild, ihre Organisationsformen, ihren Heeresaufbau. Eine lockere Zusammenfassung des weiten Länderkomplexes war für die Parther die einzige Möglichkeit, um ihrer Herrschaft Dauer zu verleihen. Die bodenständigen iranischen, hellenistischen und orientalischen Kräfte, die die Parther innerhalb ihres Reichskörpers antrafen, ließen sich von den Nomaden nicht absorbieren. Als verhältnismäßig dünne Grundherrenschicht hatten sie deshalb einen ausgesprochenen Feudalstaat errichtet. In ihm spielten mächtige Adelsgeschlechter, wie das Haus der Suren in Ostiran, als Vasallen und zugleich erbliche Inhaber der wichtigsten Staatsämter die führende Rolle. Insbesondere auf dem Wege über die beiden Ratsgremien des Reiches, den Rat der Vettern des Königs und den Rat der Weisen und Magier, machte die Aristokratie ihren Einfluß geltend. Eines der Hauptprobleme des parthischen Reiches war die Sicherung der Kontinuität der Macht, die schon bald in Frage gestellt war, als sich aus dem Erbfolgerecht des regierenden Hauses immer neue Erbstreitigkeiten ergaben. Der rückschauende Betrachter gerät leicht in Versuchung, das parthische Königshaus insgesamt mit den altiranischen Königsvorstellungen zu verbinden, und dies um so mehr, als die parthischen Herrscher einen solchen Anschluß wiederholt selbst propagierten. Wieviel jedoch Königskult und Königslegenden während der verschiedenen Abschnitte der parthischen Geschichte im politischen Alltag bedeutet haben, läßt sich nur schwer abschätzen. Die Realität der altiranischen Königsvorstellung mag für die Frage der Kontinuität der parthischen Herrschaft zumindest zeitweilig von geringerer Bedeutung gewesen sein als die der in sich verhältnismäßig einheitlichen Wahl- und Ratskörperschaften. Der Großteil der Reichsbevölkerung bestand aus hörigen Bauern, die jedoch offensichtlich im allgemeinen gerecht behandelt wurden. Unter den rund 50000 parthischen Kriegern, die zur Zeit des Antonius gegen Rom kämpften, soll nur ein verschwindender Bruchteil von Freien gewesen sein. Ein stehendes Reichsheer besaß der parthische Staat nicht. Die Armee setzte sich vielmehr aus Aufgeboten der Vasallen zusammen; der parthische Feldherr Surenas warf bei Carrhae rund 10000 eigene Leute in die Schlacht. Das Heer bestand in seinem Kern aus schwerer Panzerreiterei (cataphracti), in seiner Masse aus leichter, von den Bauern und Hirten gebildeter Kavallerie, deren wichtigste Waffe der Bogen war (sagittarii).

Bereits während des Aufbaus ihrer Machtstellung erwiesen sich die parthischen Herrscher als weitsichtige Politiker. In Iran wie in

Medien verzichteten sie großenteils auf eine unmittelbare Beherrschung der bestehenden Feudalstaaten und begnügten sich stattdessen mit der Anerkennung ihrer Oberhoheit. Nicht anders verhielten sie sich gegenüber den griechischen Städten, welche für die parthischen Könige stets ein willkommenes Gegengewicht gegen die Feudalherren bildeten. Demonstrativ bezeichnete sich schon Mithridates I. als Philhellene. In Seleuceia am Eulaios (Susa) und gewiß auch in anderen griechischen Städten galt griechisches Recht. Seleuceia am Tigris, das mit rund einer halben Million Einwohnern – neben Griechen besonders Syrern und Juden – zu den Weltstädten zählte, behielt weitgehend seine Selbständigkeit und schüttelte dennoch wiederholt seine Bindungen an das parthische Reich ab. Griechisch war von den Parthern neben dem Aramäischen teilweise als Amtssprache anerkannt. Die arsakidische Zentralverwaltung bemühte sich überdies in den offiziellen Verlautbarungen um einen reinen, attizistischen Stil. Griechisch waren die Legenden der parthischen Münzen, und auch in Kunst und Architektur sind die griechischen Anregungen nicht abgestoßen worden.

Besonders die parthische *Kunst* zeigt das Nebeneinander der verschiedensten Einflüsse in jener Welt, die Mommsen einst schlechthin als „Bastardzivilisation" bezeichnet hat. Allerdings ist eine zusammenfassende Deutung trotz der jüngsten Bemühungen von D. Schlumberger, R. Ghirshman und vielen anderen Gelehrten deshalb erschwert, weil erstens das parthische Reichsgebiet ungleichmäßig erforscht ist – wichtigste archäologische Fundplätze liegen an seiner Peripherie, wie Dura, Hatra, Palmyra im Westen, Nisa im Norden – und weil sich zweitens die Kunst der sogenannten parthischen Koine nicht auf das parthische Reich beschränkt. Werke aus Nordwestindien, Südrußland, Syrien bezeugen zumindest ihren Einfluß, der zum Teil als Übernahme durch verwandte iranische Stämme erklärt wird. Seit M. Rostovtzeff gilt das Prinzip der Frontalität als bestimmender Wesenszug in der Darstellungsweise der parthischen Kunst, ein Prinzip, das wohl schon aus der nomadischen Heimat stammt. Formen des nomadischen Tierstils und auch der medisch-kimmerischen Kunst der Luristan-Bronzen ergänzen diese Komponente, die sich im späteren parthischen Reichsgebiet mit iranischen, hellenistischen und orientalischen Motiven und Formen verband. In der Malerei lassen sich neben rein hellenistischen Vorbildern auch griechisch-baktrische aufzeigen, während in den monumentalen Skulpturen der achämenidische Einfluß überwiegt. Auf den Münzen wie auf den Reliefs werden die Tendenzen zur linearen Darstellungsweise im Laufe der

Entwicklung immer stärker, die Schematisierung und Erstarrung der Bilder nimmt zu. Besonders im Westen stumpfen die hellenistischen Formen rasch ab, während im Osten die benachbarten Kunstprovinzen der griechisch-baktrischen und der griechisch-indischen Kunst aufblühten, die ihrerseits wieder auf die parthische zurückstrahlten.

Eine charakteristische Architekturleistung der Zeit sind die neuartigen Formen der parthischen Paläste, wie derjenigen von Assur und Hatra, mit ihren Tonnengewölben und reichgeschmückten Stuckfassaden. Der Themenkreis der bildenden Künste ist verhältnismäßig eng eingegrenzt auf Jagd und Kampf des Reiters, Krönung und Opfer des Herrschers und verwandte Szenen. Das Fresko von Dura-Europos, das einen Reiter auf der Jagd nach Wildeseln zeigt, und die Graffiti der Elchjagd und des Panzerreiters sind dafür prägnante Beispiele. Neue Städte haben die Parther nur in Ausnahmefällen angelegt. Am Tigris gründeten sie in der Nachbarschaft der griechischen Handelsstadt Seleuceia ihre Lagerstadt und spätere Residenz Ktesiphon mit einem kreisförmigen Grundriß, wie er auch in Hatra und Schiz anzutreffen ist. In Alexandreia Margiane (Merw) wurde das Zentrum der von Antiochos I. wiederaufgebauten Stadt mit seinem geometrischen Grundriß auch von den Parthern erhalten, aber durch einen weiten äußeren Befestigungsring geschützt.

Auf solche Weise hat das parthische Reich die Ausbreitung einer hellenistisch-iranischen Mischkultur begünstigt, deren Einfluß noch im Heiligtum der Ku-shan-Schahs von Surch-Kotal im Norden des Hindukusch aus dem zweiten Jahrhundert n. Chr. zu fassen ist. Doch selbst mit dem Fernen Osten haben die Parther über die Seidenstraße Austausch betrieben. Um 120 war erstmals eine von Chang Ch'ien geleitete chinesische Gesandtschaft im Westen erschienen, und etwas später entwickelte sich dann auch ein für beide Seiten ersprießlicher Handel, in dem China vor allem Seide gab und dafür insbesondere Stahl von Merw und schwere Pferde aus Media Atropatene erhielt. Das Auftreten von Bestandteilen der parthischen Sprache im Armenischen und von parthischen Fremdworten im Mandäischen läßt daneben die nachhaltigen Einflüsse der parthischen Staats- und Gesellschaftsstruktur auf andere Nachbarräume erkennen.

Obwohl die Grenzen des parthischen Feudalstaates stets auch im Norden durch nachstoßende nomadische Stämme und im Osten zuerst durch das griechisch-baktrische, später durch das Reich der Ku-shan gefährdet waren, wurde die *Auseinandersetzung mit Rom* zum beherrschenden Grundzug der parthischen Geschichte. Die Verlegung der Hauptstadt von Arsak nach Hekatompylos noch unter Tiridates I., von dort nach Ekbatana und zuletzt nach Ktesiphon am Tigris zeigt die Verlagerung des politischen Schwerpunktes ganz offenkundig an. Zunächst war der Aufbau der parthischen Herrschaft durch Roms Vorgehen gegen die Seleukiden nur begünstigt worden. 92 nahm eine parthische Gesandtschaft mit Sulla Verbindung auf, und zu einer erneuten Fühlungnahme mit Rom kam es dann während des Armenienfeldzuges des Lucullus, 69. Drei Jahre später zeichnete sich unter Pompeius und Phraates III. vorübergehend sogar eine Zusammenarbeit der Römer und Parther gegen Armenien ab. Allein als sich Tigranes von Armenien den Römern unterwarf, wurden die Parther von ihnen wieder zurückgestoßen.

Die römische Politik verfolgte so in der spätrepublikanischen Zeit gegenüber Parthien offensichtlich keine klare Linie. Über den wiederholten inneren Wirren nach dem Tode Mithridates' II. hat Rom die Stärke der Parther allem Anschein nach völlig verkannt. Allerdings haben die Bürgerkriege auf römischer Seite kontinuierliche Einsätze an dieser Front auch nicht gestattet. Eine endgültige offensive Lösung der parthischen Frage versuchte als erster Triumvir Crassus. Sein Vorstoß endete 53 in der Katastrophe von Carrhae, als die römischen Legionen unter dem Pfeilhagel und den Kavallerieattacken der vom Dröhnen der Kriegspauken aufgepeitschten Parther zugrunde gingen. Erst jetzt hatte man in Rom einen Blick für die Größe der parthischen Macht gewonnen, und man konnte von Glück sagen, daß das Mißtrauen des parthischen Königs gegen Surenas, den Sieger von Carrhae, und gegen den Prinzen Pacorus die parthischen Gegenangriffe nicht zur vollen Entfaltung kommen ließ. Aber die Beziehungen zwischen den beiden Reichen wurden jetzt auch noch dadurch kompliziert, daß nun die politischen Opponenten auf beiden Seiten die benachbarte Großmacht für ihre Interessen einzusetzen suchten. So gewann Mithridates III. römische Unterstützung gegen seinen Bruder Orodes II. (56–37), der junge Labienus später parthische gegen Marcus Antonius. Vor allem für die parthische Aristokratie wurde es allmählich eine Selbstverständlichkeit, bei allen Thronwirren römische Hilfe in Anspruch zu nehmen.

Obwohl die letzten Ziele von Caesars geplantem Partherkrieg nicht schlüssig auszumachen sind, eröffnen schon seine Vorbereitungen eine Phase neuer Kämpfe. Allerdings lag die Initiative dabei zunächst ganz auf parthischer Seite. Zwischen 41 und 39 überschwemmten parthische Heere unter Labienus und Pacorus Kleinasien und Syrien. Die Lage wurde zwar 38 durch den fähigen Emporkömmling P. Ventidius wiederhergestellt, doch politisch und militärisch sind seine Siege zunächst nicht ausgenutzt worden. Die Entscheidung gegen das parthische Reich behielt sich Marcus Antonius selbst vor. Allein auch seine Offensiven, zu denen angeblich 100000 Mann bereitgestellt waren, scheiterten in den Jahren 36 und 34. Dem parthischen König Phraates IV., der zuvor seine Macht im Innern mit beispielloser Grausamkeit befestigt hatte, verliehen diese Erfolge ein überragendes Ansehen; Rom konnte in den folgenden Bürgerkriegsjahren nicht daran denken, den Kampf wiederaufzunehmen.

Über den schweren Niederlagen des Crassus und des Antonius änderte sich Roms Einstellung zum parthischen Reich von Grund auf. Hatte man in ihm zunächst nur eines jener hellenistischen Königreiche des Nahen Ostens erblickt, wie man sie der Reihe nach niederwarf, so war das parthische Reich jetzt das einzige benachbarte Großreich geblieben, mit dessen Existenz man zumindest vorläufig rechnen mußte. Für die Vorstellungen vieler Römer war dieses Reich im Osten das letzte Hindernis vor der Vollendung der römischen Weltherrschaft. Doch selbst die äußerliche Wiederherstellung des römischen Prestiges gelang ihm gegenüber nicht ohne massivsten Druck. Die Rückgabe der bei Carrhae verlorenen Feldzeichen und Gefangenen hatte schon Marcus Antonius 37 angestrebt, Augustus 30 erneut gefordert, aber erst 20 durch eine militärische Demonstration erreicht. Doch wie alle von parthischer Seite aus eingegangenen Verträge, so darf auch derjenige des Jahres 20 in seiner Bedeutung nicht überschätzt werden. Phraates IV. beugte sich den denkbar stärksten äußeren und inneren Pressionen. Die Römer hatten Armenien zurückgenommen, das – wie schon früher erwähnt wurde – stets den Zankapfel zwischen den beiden Reichen bildete. Ein starkes römisches Expeditionsheer unter Tiberius stand an der parthischen Grenze. Im Innern des Reiches hatte die Opposition gegen die Willkür des Königs zuletzt so sehr an Boden gewonnen, daß sich dieser in eine militärische Auseinandersetzung in jenem Augenblick nicht einlassen durfte. Verständlicherweise sind die Ergebnisse dieses Jahres von Augustus glorifiziert worden. Die Erwartungen der öffentlichen Meinung, die uns zum Teil in der augusteischen Dichtung noch greifbar sind, waren jedoch viel weiter gegangen. Es bedurfte geraumer Zeit, bis man sich in Rom mit der diplomatischen an Stelle der militärischen Lösung der parthischen Frage abfand und die politische Stilisierung der Vorgänge durch Augustus teilte. Eine prinzipielle Entspannungspolitik zwischen den beiden Großmächten war damit jedoch nicht eingeschlagen, eine gleichberechtigte Anerkennung des parthischen Reiches gerade deshalb erschwert, weil Augustus das Nachgeben der Parther überbetonen mußte. Die beiderseitige Zurückhaltung, welche die Euphratgrenze erhärtete und die vorübergehende Oberhoheit Roms über den armenischen Pufferstaat anerkannte, blieb so nur von kurzer Dauer. Beide Reiche haben auf wiederholte Einmischung in Armenien nicht verzichtet, Rom auch nicht auf die Unterstützung parthischer Prätendenten. Dazu bot sich vor allem deswegen mehrfach Gelegenheit, weil der alternde Phraates IV. seine Söhne und Enkel selbst zu den Römern ins Exil gesandt hatte, um die Nachfolge des Kindes der ehemaligen römischen Sklavin Musa zu sichern. Vorübergehend kamen auf diese Weise zwar romanisierte parthische Prinzen auf den Thron, wie Vonones und Meherdates, doch konnten sich diese nie für längere Zeit halten.

Die wiederholt mit Rom über Armenien abgeschlossenen Kompromisse hatten das Ansehen des in Parthien regierenden Hauses zuletzt völlig untergraben. So kam schließlich mit Artabanos III. (12–38 n. Chr.) die weibliche Linie der arsakidischen Dynastie zur Regierung. Der neue Herrscher versuchte, durch eine systematisch betriebene Hauspolitik die Feudalstruktur des Reiches zugunsten einer stärkeren Verflechtung umzubauen und erzielte hierbei auch einige Erfolge. Als er jedoch 35 auf Armenien übergriff und Tiberius provozierte, gab ihm der gealterte Kaiser einen Denkzettel seiner ungebrochenen Fähigkeiten. Während im Norden römische Verbündete, Iberer und Albaner, angriffen, ging ein römisches Heer unter L. Vitellius gegen den Euphrat vor, und als sich jetzt auch noch die Opposition im Innern erhob, blieb Artabanos zunächst nur die Flucht. Nach dieser Lektion über die direkten und indirekten Mittel, die der römischen Reichspolitik zur Verfügung standen, konnte er sich nur langsam wieder in Parthien durchsetzen.

Unter Vologaeses I. gewannen dann im parthischen Reich die iranischen Kräfte wieder an Boden. Auf den Münzen wurde an Stelle der griechischen die Pahlavi-Schrift verwandt und der Feueraltar abgebildet. Gleichzeitig begann die Sammlung des Avesta. Trotz dieser Strömungen ist es unter Nero nach langen Kämpfen schließlich zu einer Bereinigung der armenischen Frage in der Form gekommen, daß Tiridates, ein Bruder des Vologaeses, 66 in Rom zum König von Armenien gekrönt wurde, so daß man euphemistisch von einem römisch-parthischen Kondominium über Armenien sprechen kann.

Das faszinierende Schauspiel der Krönung des Königs von Armenien in Rom beeindruckte die Hauptstadt noch weit stärker als einst die Rückgabe der Feldzeichen und Gefangenen unter Augustus. Jetzt bot sich tatsächlich die Möglichkeit zu einem dauerhaften freundschaftlichen Verhältnis der beiden Großmächte und zu einer Neuorientierung ihrer Außenpolitik. Diese war nicht zuletzt durch die Gefahr der Alaneneinfälle aus dem Norden, von denen bald beide Reiche betroffen wurden, nahegelegt. Doch eine enge und beständige Zusammenarbeit kam auch diesmal nicht zustande, 75 erbaten die Parther vergeblich römische Hilfe gegen diesen Feind. Mißtrauen und Reibungen verstärkten sich wieder. Beide Seiten lauerten fortan auf Schwächungen des Gegners und ließen dabei keine Chance ungenützt.

Als sich der parthische Großkönig Chosroes des Gegenkönigs Vologaeses II. zu erwehren hatte, eröffnete Trajan im Jahre 114 eine umfassende Offensive. 115 wurde Ktesiphon eingenommen, die römischen Truppen erreichten den Persischen Golf. Die Auflösung des parthischen Reiches schien sich zu vollenden, da brach im Rücken der römischen Invasionsarmee ein furchtbarer jüdischer Aufstand aus, Trajan mußte sich zurückziehen und die Eroberungen aufgeben. In Parthien setzte sich Vologaeses II. durch, und Vologaeses III. (148–192) gelang es dann, die Kräfte des Reiches erneut zusammenzufassen und zu beleben. Er nützte nun seinerseits den römischen Thronwechsel von 161 zu Einfällen in Armenien und Syrien aus, die Rom einen weiteren Partherkrieg aufzwangen.

Trotz des Versagens des Kaisers Lucius Verus, der ihn nominell führte, glückte die von dem tüchtigen Avidius Cassius geleitete römische Offensive. Ktesiphon wurde 165 erneut eingenommen, und nur der Ausbruch der Pest in den römischen Verbänden bewahrte die Parther diesmal vor dem Zusammenbruch. Die inneren Rückwirkungen der parthischen Niederlagen waren ohnehin schwerwiegend genug. Die Vasallen gingen jetzt ihre eigenen Wege, das Ansehen der arsakidischen Dynastie nahm zusehends ab. Das parthische Reich war nun so geschwächt, daß es aus den römischen Bürgerkriegen 175 und 193 kein Kapital schlug, 194 die Errichtung der römischen Provinz Mesopotamia durch Septimius Severus und 198 in einem neuen Partherkrieg noch einmal die vorübergehende Besetzung von Seleukia, Ktesiphon und Babylon hinnehmen mußte. Selbst Caracalla, der 216 in Alexanderpose ins parthische Reich einfiel, nachdem er zuvor eine Tochter des Großkönigs zur Frau gefordert hatte, glückten beschämende Erfolge. Als ein Jahr später dann endlich sein Nachfolger Macrinus bei Nisibis geschlagen wurde und sich den Frieden von Artabanos V. (215–224) erkaufen mußte, da kam dieser letzte arsakidische Triumph schon zu spät, um das Schicksal der Dynastie noch zu wenden.

Dieser Überblick über die wichtigsten Etappen der römisch-parthischen Beziehungen zeigt, daß die Politik zwischen den beiden benachbarten Großreichen nicht, wie man erwarten könnte, durch feste Prinzipien bestimmt wurde. Die Uneinheitlichkeit und die jähen Wechsel in den beiderseitigen Beziehungen finden ihre Erklärung auf parthischer Seite durch die häufigen inneren Wirren und durch die periodischen Kämpfe um die Nachfolge. Auf römischer Seite ergaben sie sich aus einer im allgemeinen realistischen Hinnahme des starken Nachbars, die freilich nicht hinderte, immer wieder in dessen innere Schwierigkeiten einzugreifen und in einer Reihe von Fällen, unter Crassus, Caesar, Marcus Antonius, Trajan, Marcus Aurelius, Septimius Severus und Caracalla, dessen völlige Niederwerfung zumindest zu versuchen. Die Triebkräfte zur Beseitigung des Nachbarreiches waren im römischen Imperium wesentlich stärker als bei den Parthern, deren weiteste Vorstöße in Kleinasien und an der syrischen Küste ausliefen, die jedoch eine Vernichtung des gesamten Römischen Reiches nicht grundsätzlich erstrebten.

Der politische Gegensatz zwischen dem Imperium Romanum und dem parthischen Feudalreich war, insgesamt betrachtet, nicht so scharf ausgeprägt wie derjenige zwischen Rom und Karthago. Die Entfernung des Kriegsschauplatzes und die weitgehende Isolierung der beiden Großmächte durch ein Vorfeld von Klientelstaaten erweckte schon aus äußeren Gründen in Rom nur in Ausnahmefällen, wie nach der Katastrophe des Crassus, die leidenschaftliche und unerbittliche Entschlossenheit des Kampfes bis zum Äußersten der Zeit Hannibals. Der politische Alltag in den Beziehungen zwischen Rom und den Parthern war durch die Prestigekämpfe um Armenien ausgefüllt, in denen nicht selten beide Großmächte ihre Anhänger aus der Kontrolle verloren. Und die Beziehungen wurden wiederholt vergiftet durch die an Rom angelehnten Prätendenten, deren Erfolglosigkeit den freundschaftlichen Kontakt zwischen den beiden Reichen zur Ausnahme werden ließ.

Der römischen Parthienpolitik fehlt in der Regel der in sich geschlossene, große Zug. Wie in der Bekämpfung des Nachbars, so blieb es auch in der Zusammenarbeit mit ihm bei Anläufen. Eine wirkliche Gemeinschaft aber haben die beiden Nachbarreiche nicht gebildet, eine gemeinsame Verantwortung erst recht nicht empfunden, obwohl beide die hellenistischen Kräfte im syrischen Vorfeld anerkannten, und sich, wie schon oben geschildert wurde, kulturell in einer ausgesprochenen Vermischungszone begegnet sind.

Nach dem Verlust von Mesopotamien an die Römer, nach den wiederholten Zerstörungen von Ktesiphon und in schweren inneren Auseinandersetzungen hatte die Dynastie der Arsakiden zuletzt ihre Autorität weithin eingebüßt. Gleichzeitig erneuerten sich alte politische und religiöse Kräfte, die den Primat der Parther in Frage stellten. Unter dem Eindruck ihrer Mißerfolge mußte die Tradition des Achämenidenreiches vornehmlich in der Landschaft Persis die politischen Ressentiments gegen die herrschende Dynastie beleben. Parallel dazu erstarkte die zoroastrische Religion. Während im Partherreich als Ergebnis einer toleranten Religionspolitik ein weitgehender Synkretismus orientalischer und hellenistischer Gottheiten zu beobachten war, wobei besonders der Sonnengott Mithra und die Fruchtbarkeitsgöttin Anahita im Vordergrund standen, lebte im Iran die Verehrung Ahuramazdas noch in jener Form fort, die ihr Zarathustra gegeben hatte. Beide Elemente, die altpersische Tradition und die Lehre Zarathustras, sollten nun durch das Haus der *Sassaniden* zu weitreichender Wirkung gelangen.

Der Ausgangspunkt der Sassaniden war Istachr, eine kleine Stadt westlich von Persepolis, in welcher Sasan zu Beginn des dritten Jahrhunderts n. Chr. als Oberpriester eines Anahitatempels und als Stadtkönig wirkte. Sein Sohn Papak usurpierte eines der kleinen Fürstentümer der Gegend, dessen Sohn Ardaschir bemächtigte sich schließlich dieser Herrschaft nach ziemlich undurchsichtigen Auseinandersetzungen. Allein Artabanos V. erkannte die Usurpation nicht an und beauftragte seine Vasallen mit der Niederwerfung dieser Erhebung. Es kam zu jahrelangen Kämpfen, in denen es bald um mehr ging als um die Herrschaft in dem kleinen Fürstentum. Auf der Ebene von Hormizdaghan, deren Lage nicht bekannt ist, kam es am 28.4. 224 zur entscheidenden Schlacht, in welcher Artabanos V. angeblich von Ardaschir mit eigener Hand getötet wurde.

Ardaschirs Kampf hatte sich in erster Linie gegen die Dynastie der Arsakiden gerichtet, die ihm deshalb auch einen kompromißlosen Widerstand leistete. Unter der Führung des arsakidischen

Königs von Armenien verbanden sich ihre alten Anhänger zu einer nicht ungefährlichen Koalition, die selbst römische und skythische Hilfe anrief. Doch sie vermochte das Blatt nicht mehr zu wenden. 226 ließ sich Ardaschir zum König krönen, nach einer problematischen Überlieferung soll er eine arsakidische Prinzessin zur Frau genommen haben. Große Felsreliefs in der Nähe von Firuzabad und bezeichnenderweise auch in Naqsch-i-Rustam, der traditionellen Grabstätte der achämenidischen Herrscher, verkündeten Selbstverständnis und Programm der neuen Herrschaft. Ein in seiner Technik mit parthischen Werken eng verwandtes Relief von Firuzabad stellt den überwundenen Artabanos V. auf eine Ebene mit Ahriman, dem Widersacher Ahuramazdas. Das Relief von Naqsch-i-Rustam zeigt Ahuramazda und Ardaschir zu Pferde, wobei der Gott an Ardaschir den Ring der Herrschaft überreicht. Eine Inschrift in sassanidischem und parthischem Pahlawi sowie in griechischer Sprache nennt Gottheit und Herrscher mit Namen. Ganz eindeutig verbindet sich Ardaschir in diesen Werken mit achämenidischer und zoroastrischer Tradition, nur kam er schon hier in Einzelheiten der Formen doch nicht ohne die von den Parthern vermittelten Gestaltungen aus. In ähnlicher Weise gilt dies auch für den Stadtgrundriß und den Palast von Firuzabad, in umfassenderer noch für den *Aufbau des sassanidischen Staates*. Hier mußten zunächst viele Grundzüge des feudalen Gefüges der Vorgänger übernommen werden, und erst allmählich gelang es den Sassaniden, den Einfluß der Zentralgewalt zu straffen und zu verstärken.

Die oberste Schicht der Gesellschaftspyramide des sassanidischen Reiches bildete die kleine Gruppe des Hochadels der Vasallenkönige, in die jetzt auch Nebenlinien der neuen Dynastie aufgenommen wurden. Auf der zweiten Stufe standen die privilegierten Familien der „Großen und Mächtigen", auf der dritten die „freien Männer" des niederen Adels und der kleinen Grundbesitzer, die häufig auch als Bürgermeister und Steuerbeamte fungierten, auf der untersten schließlich die Kleinbürger, Handwerker, Kaufleute und die Masse der Bauern, die zumeist nur dem Namen nach frei waren. Neben dieser horizontalen Aufgliederung des Reiches bestand jedoch auch die alte vertikale der Verwaltung in vielen Linien weiter. Die Satrapien wurden von hohen Würdenträgern aus dem Hochadel oder von Mitgliedern der königlichen Familie geleitet, in den kleineren Verwaltungsbezirken bestimmte der niedere Adel. Die üblichen Übertragungen europäischer Kategorien des Feudalwesens und des Rittertums auf die Erscheinungswelt der sassanidischen Kultur ziehen mancherlei Mißverständnisse nach sich. Immerhin dürften im sogenannten Feudalsystem der sassanidischen Welt ethische Bindungen an den jeweiligen „Lehensherrn“ existiert haben, Bindungen, die für das Gesamtgefüge der sassanidischen Gesellschaft eine ähnliche Bedeutung besaßen wie jene des Rittertums für die europäische Kultur des Mittelalters. Für das parthische Reich ist Vergleichbares dagegen nicht bekannt.

Wenn so das sassanidische Reich keineswegs als eine Neuschöpfung gelten kann, so wurden die übernommenen alten Formen doch von einer ganz neuen Dynamik erfüllt. Diese läßt sich nun nicht allein ableiten aus der Strahlungskraft so mitreißender Herrschergestalten, wie es Ardaschir I. (224–241) und Schapur I. (241–272) zweifellos waren, sondern sie ist mit die Folge der Wiederbelebung der zoroastrischen Religion. Die charakteristischen Feuerheiligtümer, in welchen das Element in seiner Eigenschaft als Sohn des obersten Gottes gefeiert wird, verbreitete Ardaschir weithin, der Feueraltar wurde zum stereotypen Bild der sassanidischen Münzrückseiten. Als wichtigstes Ereignis aber ist eine neue Kodifikation der heiligen Schriften der Anhänger Zarathustras im Avesta zu nennen. Allem Anschein nach hat Ardaschir die bereits unter den späten Arsakiden vereinigte Sammlung vervollständigt und den neuen Kanon verbreiten lassen. Im Laufe der Zeit wurde die Zusammenarbeit des sassanidischen Herrscherhauses und der zoroastrischen Priesterschaft immer enger, so daß man fortan mit einiger Berechtigung von einer sassanidischen Staatskirche sprechen kann. Das wichtigste Zeugnis dafür ist die Inschrift des Oberpriesters Karder an der Kaba-i Zerduscht bei Persepolis, die den Aufstieg Karders vom einfachen Priesterlehrer bis zum Obermagier, zum Mobadan-Mobad, feiert und als Leistungen nicht nur die Austreibungen von Buddhisten, Juden und Christen meldet, sondern gleichlaufend mit den Offensiven des sassanidischen Heeres auch die Anlage von Feueraltären des zoroastrischen Kultes.

Politisch haben die Sassaniden das Bekenntnis zur achämenidischen Tradition sehr ernst genommen. Die römische Vorherrschaft im Nahen Osten wurde von ihnen nicht mehr anerkannt, statt dessen der eigene Anspruch auf Weltherrschaft erhoben und als Nahziel die Wiederherstellung der historischen Grenzen des Achämenidenreiches angestrebt. Geführt von großen Herrschern, brachten die Sassaniden die römische Herrschaft in den Ostprovinzen wiederholt zum Einsturz. Die Höhepunkte ihrer machtvollen Offensiven liegen in den fünfziger und sechziger Jahren des dritten Jahrhunderts, das heißt in einer Zeit, da sich das Römische Reich in

Kleinasien und am Schwarzen Meer bereits gegen die tiefen Vorstöße der Germanen zu wehren hatte.

Eine ähnliche Aktivität entfalteten die Sassaniden aber auch im Osten ihres Reiches. Schon Ardaschir wandte sich gegen die Stämme, die sich auf dem Boden der Ostprovinzen des alten persischen Reiches niedergelassen hatten. Schon er zog nach Merw und Balch und in das Land Chorasan südlich des Aralsees, schon ihm huldigten der Schah der Ku-shan und Fürsten der Saken. Schapur I. nannte sich dann bereits in seiner offiziellen Titulatur „König der Könige von Iran und Nicht-Iran", und in einer Siegesinschrift des Großkönigs Narse (293–302) erscheinen schließlich nach alter Vorstellung die Könige der vier Weltgegenden zur Huldigung vor dem Herrscher der Sassaniden, neben dem Caesar von Rom der Schah der Kus-han, jener von Choresm und jener der Saken. Wenn unter demselben Herrscher, der von Galerius entscheidend besiegt wurde, ein persischer Unterhändler die Gleichberechtigung des sassanidischen und Römischen Reiches in das berühmte Bild von den beiden Leuchten, den beiden Augen der Welt faßte, so bedeutet dies von sassanidischer Seite aus bereits ein Zugeständnis in einer Notlage.

Diese sassanidische Weltreichspolitik war undenkbar ohne eine starke Armee. Hier wurde die traditionelle parthische Waffengattung der Panzerreiterei zu neuem Elan beflügelt. Der kombinierte Masseneinsatz von Lanzen- und Bogenkataphrakten wurde mit aufeinanderabgestimmten Attacken schwerer und leichter Kavallerie verbunden und ließ deshalb auch die Reiterformationen zur angesehensten Truppe werden. Allerdings erklären Kampftechnik und Ausrüstung allein die Erfolge dieser Truppen nicht, mindestens ebenso schwer wiegt der fanatische Kampfgeist des von ritterlichen Herrschern geführten Heeres.

Ihre bdeutsamsten Erfolge verdankt die neue Weltmacht *Schapur I.*, der zugleich ihren imperialen Stil am weitesten vorantrieb. Nach Siegen über Gordian III. und einem günstigen Friedensabschluß mit Philippus Arabs konnte Schapur 256 Antiocheia einnehmen und 260 eigenhändig den römischen Kaiser Valerian gefangensetzen. In der dreisprachigen Inschrift der sogenannten Res gestae divi Saporis an der Kaba-i Zerduscht gibt der Großkönig eine stolze Rechenschaft über seine Kriege gegen Rom, und hier bringt er auch zum Ausdruck, daß er als göttliches Werkzeug handelte und daß er seine eigenen Leistungen von den Nachfolgern als vorbildlich verstanden wissen will. Seinen Triumph über Valerian hat Schapur in mehreren großen Felsreliefs verewigen lassen und dem historischen Ereignis damit, wie man gesagt hat, einen „magischen Ausdruck“ verliehen. In unserem Zusammenhang ist das halbkreisförmige, an einem Flußlauf in der Nähe von Bischapur angebrachte Relief am wichtigsten. Denn in ihm führen vier lange Reliefstreifen auf die Triumphalszene in der Mitte zu, Streifen, welche lange Reihen sassanidischer Adelsreiterei, römische Gefangene und römische Kriegsbeute abbilden. Es war daher naheliegend, in der Komposition dieser Streifen die Arbeit römischer Gefangener zu sehen und hinter diesem Werk das Vorbild der Trajanssäule zu vermuten.

In seinem Tatenbericht rühmte sich Schapur selbst der Deportationen römischer Bürger und der Ansiedlung der Gefangenen. Diese mußten ihm unter anderem in der Landschaft Susiana eine neue Stadt, „die Waffen des Schapur“, Gundeschapur, anlegen und an der Bewässerungsregulierung mitarbeiten, wovon heute noch der römische Staudamm am Karun zeugt. Einflüsse aus dem Westen finden sich selbst in Schapurs neuer Residenz in der Persis, der von Gräben und Mauern umfaßten, durch Festung und Fluß gesicherten Stadt Bischapur, die nach dem Schema des Hippodamos angelegt ist. Der Palast, dessen Mittelraum eine 25 m hohe Kuppel trägt, läßt römisch-hellenistische Anregungen sowohl im Rankenschmuck und in den Mäanderfriesen der Stuckdekorationen als auch in den Mosaikstreifen des Fußbodens erkennen. Bei diesen sind die Verbindungen mit römischen Werkstätten Antiocheias und Nordafrikas offenkundig. Allerdings handelt es sich dabei um keine schematische Kopie, sondern in vielen Einzelheiten des Porträts, der Haartracht und Kleidung sind die abgebildeten Gestalten des Hofes, Harfenspielerin, Tänzerin, Dame mit Blumenstrauß und Kranzflechterin, in iranischer Weise stilisiert.

In vielfältigen monumentalen Formen hat Schapur I. so die Macht der neuen Dynastie verkündet, am strengsten wohl in der ca. 7 m hohen Kolossalstatue der Grabgrotte bei Bischapur, unverkennbar aber auch in der Aufnahme der Goldprägung, die es unter den Parthern nicht gegeben hatte. Doch erschöpfte sich Schapurs Wirken nicht in der Demonstration der Macht, der aufgeschlossene und tolerante Herrscher ließ griechische und indische Werke über Philosophie, Medizin und Astronomie übersetzen.

In einer gewaltigen Anstrengung hatten die ersten Sassaniden damit die Kräfte Irans mobilisiert und nicht zuletzt aus ihren großen Erfolgen gegen Rom auch die eigene Stellung gestärkt und behauptet. Allein schon unter Schapurs Söhnen kam es wieder zu inneren Schwierigkeiten und außenpolitischen Rückschlägen.

Damals standen die innere Stabilität und die Leistungsfähigkeit des Römischen und des Sassanidischen Reiches jeweils unter umgekehrten Vorzeichen. In den Jahrzehnten, da die Erhebung der Sassaniden ihren Höhepunkt erreichte, war das Imperium der Auflösung nahe. Nun, da sich die römischen Kräfte seit Aurelian zu festigen begannen, war das sassanidische Reich in seiner Abwehrstärke bereits wieder durch innere Wirren geschwächt. 283 führte eine römische Offensive unter Kaiser Carus zur erneuten Einnahme von Ktesiphon, und nach ersten Mißerfolgen glückte Galerius und Diokletian 298 ein voller Sieg. Das oft umstrittene Nisibis wurde von den Römern eingenommen und blieb jetzt über ein halbes Jahrhundert, bis zu Jovian, in ihrem Besitz. Unter dem überwältigenden Eindruck der römischen Erfolge in Mesopotamien und Armenien konnte Diokletian den Frieden diktieren. Obwohl Narse fünf seiner Westprovinzen verlor und erst recht seinen Einfluß auf Armenien, war das römische Diktat als Ganzes weniger durch Expansionsbestrebungen gekennzeichnet als durch das Ziel, den Grenzschutz im Osten umfassend zu ordnen. Die gesamte mesopotamisch-persische Grenze ist jetzt von Rom erneut stark befestigt worden. Im Norden waren die Sassaniden nun planmäßig vom Araxestal zurückgeschoben, der traditionellen Einfallspforte nach Armenien, und in ähnlicher Weise auch vom Kaukasus, in dem allein römischer Einfluß gelten sollte.

Die Sassaniden sahen sich zunächst außerstande, die Scharten auszuwetzen. Als Schapur II. (309–379) seine Herrschaft konsolidiert hatte, lebten die Kämpfe gegen Rom wieder auf. Inzwischen war jedoch Konstantin d. Gr. zum Schutzherrn der Christen und Armenien ein christliches Königreich geworden, so daß die politischen Gegensätze durch religiöse vertieft wurden. Christenverfolgungen wurden jetzt für geraume Zeit in den sassanidischen Grenzgebieten zur Regel. 334 führten sassanidische Reiterverbände den römischen Vasallenkönig in Armenien als Gefangenen fort, Rom hatte sein Gesicht verloren. Die noch von Konstantin d. Gr. eingeleiteten Gegenmaßnahmen kamen jedoch nicht mehr zur Entfaltung, und auch unter Constantius II. sah sich Rom neuen sassanidischen Angriffen ausgesetzt. Nisibis hielt zwar wiederholten Belagerungen stand, aber 359 ging Amida verloren, und auch Julians Perserkrieg scheiterte schließlich 363 vor Ktesiphon. Armenien wurde vorübergehend sassanidisch, in der Teilung von 384 erhielten die Sassaniden noch immer vier Fünftel des Landes zugesprochen, doch war die christliche Bevölkerung nicht mehr für den Osten zu gewinnen. Der mit einer Jüdin verheiratete Yezdegerd I. (399–420) lenkte wenigstens für einige Zeit gegenüber dem Christentum ein, denn inzwischen waren den Sassaniden im Nordosten und Osten neue Gefahren erwachsen. Um die Mitte des vierten Jahrhunderts hatten sie den Stamm der Hephthaliten im Nordosten ihres Reiches angesiedelt, und fortan rissen die Kämpfe mit diesem immer weiter ausgreifenden Gegner nicht mehr ab. Der äußere Druck auf das sassanidische Reich wurde nun immer stärker, denn zu der Front im Westen gegen Rom und jener im Osten gegen die Hephthaliten kam bald im Norden eine weitere gegen die Hunnen und andere Steppenvölker, im Süden schließlich die zuletzt gefährlichste gegen die Araber hinzu.

Schon Bahram V. Gor (420–438) war überhaupt nur mit fremder Hilfe, der des arabischen Vasallen von Hira, auf den Thron gelangt. Dennoch konnte er sich gegen die Hephthaliten wie gegen Byzanz durchsetzen. 422 schloß er mit Byzanz einen Frieden ab, in welchem beide Seiten den religiösen Minderheiten Toleranz gewährten. Die Christen des sassanidischen Reiches erhielten jetzt in ihrem Katholikos ein offiziell anerkanntes Oberhaupt. Wenn die Gestalt Bahrams V. im übrigen die Nachwelt faszinierte, weil dieser Herrscher ein großer Nimrod, Dichter, Freund der Musik und der Frauen in einer Person war, so ist er zugleich der erste Repräsentant der spätsassanidischen Kultur und eines neuen königlichen Lebensstils, auf den unten zurückzukommen ist.

Unter Yezdegerd II. (438–457) wurden noch einmal die wiederaufgelebten armenischen Wirren unterdrückt, doch im Osten brach die sassanidische Herrschaft jetzt zusammen. Für rund ein halbes Jahrhundert waren nun die Hephthaliten im Besitz der Osthälfte des Reiches. Peroz (459–484) wurde von ihnen zum Großkönig erhoben und ging in den Kämpfen gegen sie unter, als er versuchte, sich von ihnen unabhängig zu machen. Die Macht des Großkönigs hatte ihren Tiefstand erreicht. In dem nicht von den Hephthaliten beherrschten Gebiet drohten die Ansprüche des Adels und der sozialrevolutionären Bewegung der Mazdakiten das sassanidische Reich aufzulösen. Mazdak, ein ideal gesinnter, hoher iranischer Priester, hatte zu Beginn der Regierung Kavadhs I. (488–497, 499–531) großen Zulauf erhalten, als er seine radikalen Gleichheitsforderungen erhob und für den Besitz von Land, Habe und Frauen gleiche Rechte für alle geltend machte. Die religiösen Bindungen der Bewegung traten bald zurück, die soziale Revolution entglitt Mazdaks Führung und tobte sich in chaotischen Zuständen aus. Die alte Klassenordnung des sassanidischen Reiches wurde in diesen Wirren zerstört. Kavadh hatte sich der Bewegung zunächst offensichtlich angeschlossen, doch wurde er abgesetzt und konnte erst mit hephthalitischer Hilfe zurückkehren und zuletzt auch die soziale Revolution niederwerfen. Noch Kavadh leitete eine umfassende Neuordnung des sassanidischen Reiches ein, die dann sein Sohn *Chosroes I.* (531–578) zum Abschluß brachte, eine Neuordnung, die den Grund zur Spätblüte der sassanidischen Macht legte. Nach einer neuen Landvermessung, Bestandsaufnahme der Bevölkerung, Zählung der Dattelpalmen und Ölbäume wurde eine neue Steuerordnung festgesetzt. Die neue Grundsteuer (Charadsch) richtete sich nicht mehr wie früher nach den Schätzungen der jeweiligen Ernte, sondern nach festen Sätzen, die alle Getreide- und Obstarten erfaßten, nicht jedoch Gemüse und Baumwolle. Ihr Satz war für die Vermessungseinheit (garib) bei Weingärten beispielsweise achtmal so hoch wie bei Ackerland. Wie N. Pigulewskaia, Fr. Altheim und R. Stiehl gezeigt haben, wurde hier das Prinzip des capitatio-iugatio-Systems Diokletians übernommen, allerdings in weitgehender Vereinfachung.

Die gesellschaftliche Ordnung restaurierte Chosroes nicht einfach in den alten Zügen, sondern schnitt sie stärker auf die Interessen des Königs zu. Von ihm abhängige Grundbesitzer lösten die unabhängige und geschlossene alte Grundherrenschicht auf. In das alte Feudalheer wurde ein neues Ritterheer eingefügt, das sich aus dem niederen Adel zusammensetzte und mit königlichen Ausrüstungsbeihilfen direkt an den Herrscher gebunden war. Durch Vergabe von kleineren Lehen wurden einerseits aktive Soldaten angesiedelt, anderseits militärische Pflichten erblich übertragen. Auch hier sind die Wechselbeziehungen zu den spätrömischen Institutionen offenkundig.

Ähnlich wie im spätrömischen Reich trug so auch im spätsassanidischen des Chosroes I. ein rational konzipiertes Staatsfundament die verstärkte Kuppel der absoluten Herrschaft. Chosroes' Palastbau von Taq-i Kisra in Ktesiphon mit dem 30 m breiten und 43 m hohen Liwan, dessen Fassade noch heute steht, skizziert den Rahmen, den die neue Stellung des Königtums forderte, und läßt die höfische Atmosphäre ahnen, in der Zeremoniell und Erziehung zu neuer Bedeutung gelangten. Die spätsassanidische Kultur, die Altheim mit Recht von der frühsassanidischen entschieden trennt, erhielt ihr Gepräge von einem neuen, spielerischen, hochzivilisierten Lebensstil. Kunsthandwerk, Teppichweberei, Buch- und Miniaturmalerei, Musik und Tanz traten in den Vordergrund, während bezeichnenderweise das Felsrelief seine Funktion als wichtigste und repräsentative Kunstgattung verloren hatte. Eine Trinkschale Chosroes' I., in deren Mitte ein Bergkristallmedaillon mit dem Bild des Königs von Rubinen umschlossen ist und die durch die Einlagen von weißem, rotem und grünem Glas in Gold einen eigentümlich buntschillernden Reiz entfaltet, die sogenannte Tasse Salomos, gilt als charakteristisches Prunkstück der sassanidischen Metallarbeiten jener Epoche. Große Silberschalen, die als Tafelgeschirr oder zu Geschenkzwecken Verwendung fanden, zeigen häufig Thron- und Jagdszenen, deren Motive zum Teil mit jenen der Reliefs verwandt sind. Daneben begegnen Bankettszenen oder majestätische Fabeltiere. Große silberne Trinkgefäße haben die Gestalt eines Pferde- oder Gazellenkopfes, auf den mächtigen Silberkaraffen erscheint das Bild der Tänzerin. Neben solchen Meisterwerken der Goldschmiede und Graveure stehen nicht geringere Leistungen der Seidenweberei. Die Sassaniden siedelten wiederholt syrische Fachkräfte um und machten rasch den oströmischen Werkstätten Konkurrenz. Nach den einfacheren geometrischen Mustern und Ornamenten des Anfangs zeigen die sassanidischen Seiden bald figürliche Darstellungen, Fabelwesen, Tierköpfe, Vögel, symmetrisch einander gegenübergestellte Löwen, selbst reitende Bogenschützen, Jagd- und Schlachtszenen, wobei die Motive in der Regel in Medaillons oder Kreise eingefaßt sind. Die zunehmende Bedeutung der dekorativen Künste läßt sich daneben besonders in den Stuckverzierungen und in der Stuckplastik fassen; der Motivreichtum dieser Plastik ist nicht minder eindrucksvoll als die Qualität ihrer Einzelleistungen.

Doch der Glanz des höfischen Lebens mit Jagden und Ritten, Polo und Schachspiel, Musik und Tanz lähmte Chosroes' Energien nicht. Mit türkischer Hilfe wurden im Osten die Hephthaliten geschlagen, im Westen 540 Antiocheia zerstört und Byzanz im Frieden von 562 zu hohen Zahlungen verpflichtet. Allein schon unter Chosroes' Sohn Hormizd IV. (578–590) folgten schwere Rückschläge, die freilich Chosroes II. (590–628) noch einmal auffangen konnte. Er hatte sich nur mit byzantinischer Unterstützung durchsetzen können, wandte sich darnach jedoch wie einst Peroz alsbald gegen die bisherigen Freunde. Die sassanidisch-byzantinische Auseinandersetzung trieb damit einem letzten Höhepunkt entgegen. Sassanidische Heere stießen nun weiter denn je nach Süd- und Nordwesten vor. Schon 610 standen sie am Bosporus, 614 raubten sie Jerusalem aus, 616 Ägypten. Sie verheerten ganz Kleinasien und rannten sich erst an Konstantinopel fest. Aber unter Kaiser Heraklius (610–641) ging das Byzantinische Reich dann zu einem machtvollen Gegenangriff über. Zug um Zug wurden die Sassaniden bis vor Ktesiphon zurückgeworfen, wo Chosroes' Sohn die Niederlage besiegelte. Doch nicht Byzanz, sondern die Araber versetzten dem sassanidischen Reich dann nach langen inneren Wirren den Todesstoß. 637 und 642 wurden die sassanidischen Heere von ihnen endgültig geschlagen, der letzte sassanidische Herrscher Yezdegerd III. (632–651) schließlich auf der Flucht bei Merw ermordet.

Wie das Reich der Parther, so hat auch das neupersische der Sassaniden eine ungewöhnlich weitgespannte Ausstrahlungskraft besessen, die vornehmlich in den verschiedensten Kunstgattungen noch greifbar ist. So sind beispielsweise einige Archäologen der Ansicht, daß noch im zehnten Jahrhundert die Tonnengewölbe der dreischiffigen Basiliken Katalaniens Einflüsse sassanidischer Architektur zeigen. Bogenstellungen und Nischenformen, Rankenornamente, Friese und Kapitelle der romanischen Kunst spiegeln direkt oder indirekt sassanidische Vorbilder wider. Besonders die byzantinischen Kunsthandwerker und Maler gerieten fort und fort in den Bann der sassanidischen Darstellungen und fanden etwa für die Maiestas-Domini-Szene hier den wirkungsvollen Vorwurf. Speziell in Antiocheia sind die Wechselwirkungen zwischen spätrömischer und sassanidischer Kunst immer denkbar eng gewesen. Dort griffen die Mosaikkünstler Motive der sassanidischen Seiden auf, wie das eines mit flatternden Bändern geschmückten Löwen. Aber auch in Sogdiana, Choresmien und im Tarimbecken, in der Kunst der Steppennomaden und noch in den Stoffen des Schatzes von Schosoin, den im achten Jahrhundert die japanische Kaiserin Komyo stiftete, sind sassanidische Anregungen verarbeitet worden. Mit am meisten trugen jedoch die Araber zur weiteren Verbreitung der sassanidischen Kunstformen bei, denen sie keine eigenen entgegenzusetzen hatten. So bilden sassanidische Geschichtserzählungen den Hintergrund für Firdusis Buch der Könige, manichäische Miniaturen den der islamischen Buchmalerei, um nur zwei besonders wichtige Verbindungen zu nennen.

4. Entstehung und Entwicklung des frühbyzantinischen Reiches bis zu Heraklius

Schon seit dem zweiten Jahrhundert, seit der ambulanten Regierung Hadrians, verlor die Stadt Rom mehr und mehr ihre Funktion als ständiges und alleiniges Regierungszentrum. Die weitere Entwicklung wird markiert durch die peripheren Hauptstädte der Sonderreiche und darnach durch diejenigen der tetrarchischen Ordnung, als Trier, Mailand, Serdica, Nikomedia und Antiochia für lange Zeit zu Aufenthaltsorten der Augusti und Caesares wurden, damit die zentrale Stellung Roms aufspalteten und seinen Vorrang usurpierten. Konstantin d. Gr. hatte schon früh Nikomedia kennengelernt, die Stadt, die der Tetrarchie Diokletians so viel verdankte; dann folgte die Lebensphase, da Trier zum Mittelpunkt seiner Regierungstätigkeit wurde. Denn obwohl ganz Gallien und Britannien seit Constantius Chlorus einer letzten Blütezeit entgegengingen, von der viele Städte, wie Arles, die Gallula Roma, oder die Bildungszentren Autun und Bordeaux, profitierten, hatte doch Trier den größten Gewinn. Durch günstige Verkehrsverbindungen zu allen wichtigen Teilen von Konstantins Regierungsbereich ebenso ausgezeichnet wie durch seine Frontnähe, erhielt das spätrömische und das christliche Trier damals seine Prägung. Die Aula Palatina, die konstantinische Doppelkirchenanlage unter dem Dom und der Palast der Helena verdanken dieser neuen Funktion Triers ihre Entstehung, und auch dann, als die politischen Entwicklungen Konstantin selbst an andere Grenzen führten, blieb Trier als die Residenz des Crispus und als Sitz des praefectus praetorio die wichtigste Stadt im ganzen Nordwesten des Reiches. So ist es nur zu begründet, wenn jenes schematische Stadtbild, das die Trierer Münzstätte in einem berühmten Goldmedaillon ausprägte, die gloria Augustorum feiert.

Doch schon die früher skizzierten politischen Entwicklungen, die Auseinandersetzung mit Maxentius und Licinius und die immer dringender werdende Aufgabe der Grenzverteidigung an der Donau, erzwangen eine Verlegung von Konstantins Hauptquartier in andere Städte. Nach 312 ist in der dem Kampf mit Licinius vorausgehenden Phase längere Zeit Serdica sein Regierungssitz gewesen. Die Auseinandersetzung mit Licinius ließ Konstantin dann die strategische, handels- und verkehrspolitische Bedeutung von Byzanz persönlich erleben. Noch im Jahre 324 setzten in der Stadt erste Bau- und Wiederherstellungsarbeiten ein, und 326 begann hier eine kaiserliche Münzstätte mit ihrer Tätigkeit. Wahrscheinlich haben die Enttäuschungen Konstantins während seines Aufenthaltes im Jahre 326 in Rom dann, wie Zosimos es berichtet, den unmittelbaren Anstoß zu dem Entschluß gegeben, hier eine neue Hauptstadt als Rivalin Roms zu schaffen. Jedenfalls ist jetzt für *Konstantinopel* ein erheblich erweiterter Mauerring errichtet worden, der nun eine Fläche umfaßte, welche viermal so groß war wie die seitherige, auf Septimius Severus zurückgehende Stadtanlage. 328 erfolgte die Konsekration, am 11. Mai 330 die feierliche Einweihung der neuen Stadt, und dieses Datum wurde in der Zukunft als eigentlicher Geburtstag Konstantinopels festlich begangen.

Jahrelang konzentrierte sich damals die offizielle Bautätigkeit des Reiches auf die Konstantinsstadt, und die fast unbegrenzten Mittel des Staates stampften innerhalb weniger Jahre repräsentative Großbauten, Plätze, Denkmäler, Kirchen und Hallen aus dem Boden. Der alte architektonische Mittelpunkt der severischen Anlage, ein von vier Hallen umgebener großer Markt, das Tetrastoon, wurde von Grund auf umgestaltet. An ihm, der jetzt in Augusteion umbenannt wurde, erhoben sich bald zwei große neue Tempel, der eine für Rhea, die Schutzgöttin Konstantinopels, der andere für die Tyche Roms. Zwischen Augusteion und Marmarameer aber erstreckte sich der Kaiserpalast, der an das große, nun vollendete Hippodrom angrenzte. Im Westen, im neuen Teil der Stadt, wurde dagegen ein rundes Konstantinsforum neu geschaffen. In der Mitte des Platzes erhob sich jene berühmte Porphyrsäule, die eine mächtige Kaiserstatue trug, eine teilweise vergoldete Bronzefigur, welche allem Anschein nach den Kaiser mit der Strahlenkrone zeigte. In den Grundstein der Säule aber wurden christliche Reliquien eingeschlossen, und nach einer späteren Überlieferung genoß Konstantin hier nach seinem Tode kultische Verehrung. Im Bereich der religiösen Denkmäler läßt sich zunächst keine Politik der Ausschließlichkeit nachweisen. Gewiß wurden christliche Kirchen erweitert, wie die der Irene beim Augusteion, oder neu geplant, wie die Sophienkirche, doch ist der heidnische Kult daneben nicht eingeschränkt worden. Er erhielt sogar, wie wir sahen, neue Mittelpunkte.

Aber nicht allein durch diese Bauten, sondern in gleicher Weise durch die innere Organisation der Stadt suchte Konstantin die Neugründung in jeder Weise Rom ebenbürtig zu machen. Auch die neue Stadt wies ja sieben Hügel auf, und auch sie wurde in 14 Stadtbezirke eingeteilt. Den alten Stadtrat von Byzanz verwandelte Constantius II. in einen Senat, in den die angesehensten Zeitgenossen berufen wurden. Der alte Archon der Stadt erhielt nun den Titel eines Prokonsuls und war in diesem Rang den benachbarten Statthaltern von Achaia und Asia gleichgestellt. 359 wurde er zum Stadtpräfekten und damit auch titular auf die gleiche Stufe erhoben wie der römische praefectus urbi. Zugleich wurde das Territorium Konstantinopels rechtlich aus dem Verband der

Diözese und der Provinz ausgegliedert und von allen Steuern befreit. Wie die Römer, so erhielten bald auch die Einwohner Konstantinopels eine kostenlose Getreideversorgung von kaiserlicher Hand. Auf jede nur denkbare Weise versuchte Konstantin die neue Stadt zu füllen und anziehend zu machen. Vornehmen Römern, auf deren Anwesenheit der Kaiser Wert legte, wurden neue Häuser gebaut, und wer fortan im Nahen Osten kaiserliche Domänen pachten wollte, hatte in Analogie zu älteren römischen Maßnahmen nun den Besitz eines Hauses in Konstantinopel nachzuweisen. Mit Hilfe der später ausgebauten Universität und einer neuen Bibliothek sollte die Stadt zugleich als Bildungszentrum dienen. Hemmungen kannte man für das große Ziel nicht. Rücksichtslos und systematisch wurden in den benachbarten Provinzen die Tempel geplündert, Denkmäler abgebaut, Metalldächer wieder eingeschmolzen, wie der gewiß unverdächtige Zeuge Euseb meldet.

Der Kaiser selbst bezog hier 330 seine Residenz, und ganz im Westen der Stadt, bei der Apostelkirche, schuf er ein Mausoleum für seine Dynastie. Sosehr die Stadt aber auch an Rom angeglichen und obwohl sie offiziell als eine deutéra Róme, ein zweites Rom, bezeichnet wurde, nichts war sie tatsächlich weniger als dies. Denn in ihren Mauern verbanden sich hellenistische Kräfte mit christlichen und spätrömischen Formen. Jene Romäer, die den von dieser Stadt ausgehenden byzantinischen Staat trugen, die Romaioi, wie sie sich selbst hießen, mochten sich zwar als christliche Römer fühlen – doch in republikanischem Sinne waren sie längst keine Römer mehr. Von römisch-republikanischer Tradition war Konstantinopel nicht belastet, und nur deshalb konnte die neue spätrömische Hauptstadt ihre Funktion erfüllen.

Nach dem Tode Konstantins d. Gr. war die neue Stadt zunächst jedoch nur eine der Hauptstädte des Reiches. Sie erlebte 337 das Blutbad an den Nebenbrüdern und Neffen Konstantins d. Gr., dann das früher beschriebene, schon „byzantinische“ Kaisertum Constantius' II. Sie sah 347 Julian als Studenten in ihren Mauern und feierte Ende 361 den Einzug des heidnischen Herrschers. Waren ihre Blicke in diesen Jahrzehnten in erster Linie auf die fernen Kämpfe gegen die Sassaniden gerichtet, so änderte sich ihre Situation mit einem Schlage, als 376 die Westgoten in der Gegend von Silistria die Donau überschritten, die ganze Balkanhalbinsel durchstreiften, am 9. August 378 bei Adrianopel Kaiser Valens eine vernichtende Niederlage zufügten und darnach bis vor die Tore von Konstantinopel vordrangen. Jetzt war die Stadt zum großen Bollwerk der römischen Herrschaft im Osten geworden, und mit Theodosius kam nun auch der Kaiser in ihre Mauern, der ihrer Geschichte die entscheidende Wendung geben sollte.

Nach dem Auffangen der Goteneinfälle, dem Untergang des Magnus Maximus 388, dem Tode Valentinians II. 392 und der Katastrophe des letzten heidnischen römischen Kaisers Eugenius am Frigidus 394 war die Herrschaft des *Theodosius* im Gesamtreich unbestritten und schon damit die Verlagerung des politischen Schwergewichts nach dem Osten weitergetrieben. Von nicht geringerer Bedeutung wurde für das spätere Byzantinische Reich die Religionspolitik dieses Kaisers. Denn seine Aufgaben gegenüber der christlichen Kirche hat Theodosius von Anfang an als vorrangig angesehen, und seinem Kampf gegen das Arianertum ist denn auch der größere Erfolg nicht versagt geblieben. So kam nun die Entwicklung, die Konstantin d. Gr. im Prinzip angelegt hatte, zu einem folgerichtigen Abschluß. Ende Februar 380 zog Theodosius durch einen staatlichen Erlaß den Schlußstrich unter die arianische Glaubensweise. Diese Linie hat der Kaiser auch später kompromißlos verfochten und den offenen Einsatz der staatlichen Gewalt im Raum der Kirche nie gescheut. Sogleich nach seinem Einzug in Konstantinopel verhalf er dem Bischof der Nicaener, Gregor von Nazianz, zu seinem Recht und zur Apostelkirche, obwohl es die überwiegende Mehrheit der Bevölkerung der Stadt mit Gregors Rivalen Demophilos hielt, der vertrieben wurde. Im Januar 381 sind dann auch die Durchführungsverordnungen zu dem Erlaß des Vorjahres ergangen. Die Gottesdienste aller nichtorthodoxen christlichen Gruppen wurden verboten, ihre Kirchen den nicaenischen Gruppen übergeben. Christliches Gottesbekenntnis mußte offiziell Bekenntnis zur Glaubensformel von Nicaea sein. Nach diesen Vorbereitungen ließ Theodosius dann auf den Mai 381 in Konstantinopel ein Konzil einberufen, das als das zweite ökumenische der Orthodoxie bezeichnet wurde und eine folgenschwere Rangerhöhung des Bischofs von Konstantinopel auf Kosten der alten Metropolitensitze Alexandrien und Antiocheia brachte. In den folgenden Jahren wurden die staatlichen Zwangsmaßnahmen gegenüber allen Häretikern noch verschäft. Hand in Hand damit gingen erste Erlasse gegen die Heiden, insbesondere gegen deren Orakel. Theodosius hat auch für seine Person die Hoheit der Kirche in geistlichen Fragen anerkannt. Wohl das erregendste kirchliche Ereignis jener Jahre aber war die Demütigung des christlichen Kaisers Ende 390 in Mailand, als der Herrscher öffentlich wegen des Massakers seiner Truppen in Thessalonike Kirchenbuße leistete. Noch wichtiger als der Vorgang selbst, der die Legende aufkommen ließ, Ambrosius habe dem Kaiser mit dem Bischofsstab den Zutritt zur Kirche verwehrt, sind die Konsequenzen der vollständigen Unterwerfung gewesen. Denn als eine Art tätiger Reue und Buße wird man die radikalen Wege bezeichnen müssen, die der Kaiser jetzt beschritt. Anfang 391 wurden alle heidnischen Zeremonien in Rom untersagt, das Betreten der Tempel verboten, das Verbot heidnischer Kulte bald darnach auch auf Ägypten ausgedehnt. Für den demütigen, sensiblen Theodosius war es eine Selbstverständlichkeit, die Macht und die Mittel seines absoluten Kaisertums als eine Art von Exekutivorgan der orthodoxen Kirche einzusetzen. Hierin ist er vielleicht noch stärker als Konstantin d. Gr. zu einem Vorläufer der byzantinischen Kaiser geworden.

Als nach dem Tode des Theodosius seine beiden Söhne Arcadius und Honorius nach seiner Weisung in den beiden Reichshälften die Regierung übernahmen, war auch diese Teilung keineswegs als eine Trennung des Reiches in zwei souveräne und unverbundene Staaten gedacht, sondern als eine Aufgaben- und Verwaltungsteilung in demselben Sinne, wie sie das Reich nun schon seit Jahrhunderten in der Herrschaft von mehreren Augusti erlebt hatte. Dennoch bahnte sich jetzt eine Entwicklung an, die zur faktischen Reichsteilung führen sollte. Da in Konstantinopel ein Kristallisationskern der Kräfte der östlichen Reichshälfte vorhanden war, verfestigten sich hier die eigenständigen Bestrebungen. Die Bindungen zwischen den beiden Teilen wurden immer schwächer, das Zusammenwirken gegen die großen äußeren Gegner eine Ausnahmeerscheinung. Über bedrängenden Thronwirren und Machtkämpfen, Verstrickungen in theologische Spannungen und näherliegenden diplomatischen oder militärischen Aufgaben war man im Osten froh, der eigenen Sorgen Herr zu werden und, wie Justinians Restaurationspolitik dann zeigen sollte, bereits zu schwach, um vom Osten her auf die Dauer die Probleme des Gesamtreiches zu lösen.

Obwohl die Regierung des *Arcadius* (395–408) zunächst durch Auseinandersetzungen mit Stilicho, dem Regenten des Westens, durch die Rivalität der maßgeblichen Höflinge, den Kampf gegen die immer weiter gesteckten Ansprüche des Großgrundbesitzes, das sogenannte Patroziniumsunwesen, und auch durch das Einschreiten gegen die Ausweitung der Rechte der Kirche ausgefüllt war, glückte ihr im Jahre 400 unter der Leitung der Kaiserin Eudoxia ein entscheidender Schlag gegen die Germanen. In einem Gotenblutbad schlimmster Art brach die Vorherrschaft des germanischen Heermeisters Gainas zusammen, die antigermanische

Partei triumphierte auf der ganzen Linie. Im Osten hatte man seit Adrianopel jahrzehntelang geschlossene germanische Verbände im Lande gesehen und erlebt, wie wenig zuverlässig diese Germanen im Reichsdienst waren. Der Widerwille gegen die „Barbaren" war in den Zentren der hellenistischen Kultur des Ostens vielleicht noch stärker als im Westen, die Erregung über die fremden Heermeister tief. Jetzt entlud sich der Haß auf die Germanen in grausamster Form.

Die Überwindung der germanischen Infiltration war im Osten deswegen möglich, weil die Fluten der germanischen Völkerwanderung sich inzwischen in anderen Bahnen bewegten und die Kernräume des oströmischen Reichsteils nicht mehr berührten. Da es zudem auch an der persischen Front für einige Zeit ruhig blieb, fand man in Konstantinopel nach der Katastrophe des Gainas die erforderliche Atempause, um jene Heeresorganisation durchzuführen, die unter anderen auch Synesios von Kyrene gefordert hatte, als er Arcadius zur Beseitigung des Einflusses der Barbaren im Reich und zur Mobilisierung der eigenen Kräfte aufrief. Mit der Entfernung der germanischen Verbände aus dem Heer nahm die oströmische Regierung freilich eine Einbuße seiner Schlagkraft in Kauf, die erst wieder ausgeglichen werden konnte, als die Isaurier an die Stelle der Germanen traten.

Als nach dem Tode des Arcadius 408 sein siebenjähriger Sohn *Theodosius II.* folgte, besaß der junge Kaiser in Anthemius, dem Leiter der Regierungsgeschäfte, einen treuen Sachwalter der Reichsinteressen. In ständiger Ausweitung und Erhärtung ihres Einflusses hatten sich die Großgrundbesitzer des Ostens das Privileg der Autopragie gesichert, d.h. das Recht der direkten Steuerablieferung an die kaiserliche Kasse, das staatliche Kontrollmöglichkeiten weithin ausschloß. Hiergegen machte Anthemius Front, allerdings erfolglos. Am Ende des Jahrhunderts war die Autopragie weiter verbreitet als zuvor. Es scheint, daß dieser weitsichtige Politiker auch die an der unteren Donau drohenden Gefahren nicht verkannte, denn er entfaltete dort eine lebhafte Bau- und Rüstungstätigkeit. Das größte Monument in diesem Zusammenhang ist die große theodosianische Mauer um Konstantinopel, mit deren Bau 413 begonnen wurde.

Der schwache Kaiser kam aus den Fittichen des Anthemius unter die seiner eigenen Schwester Pulcheria, die einen ausgeprägten Machtwillen mit fanatischer religiöser Strenge verband. Der kaiserliche Hof schien zum kaiserlichen Kloster zu werden, gegen Ketzer und Heiden ging die Regentin mit harter Hand vor, 416 ist Heiden ganz allgemein die Übernahme von Staatsämtern untersagt worden. Pulcheria wurde schließlich von der Frau des Kaisers, Eudocia, der Tochter eines athenischen Rhetors, abgelöst, von einer Griechin, die auch als Kaiserin die Werte nicht vergaß, mit denen sie in ihrer Jugend in Berührung gekommen war. Weit folgenreicher als die Gedichte, die die Kaiserin selbst verfaßte, wurde die Tatsache, daß wohl dank ihrer Initiative die Hohe Schule in Konstantinopel ausgebaut wurde. Zehn griechische, zehn lateinische Grammatiker, fünf griechische und drei lateinische Rhetoren, ein Philosoph und zwei Juristen bildeten künftig den Lehrkörper der Universität, in dem so das griechische Element bereits die Führung übernahm.

Als einen verantwortlichen Minister hatte sich Eudocia den aus Ägypten stammenden Griechen Cyrus herangezogen, der sich gewiß nicht zuletzt durch seine Bildung und durch seine Gedichte empfohlen hatte, der sich anderseits aber auch um den Ausbau Konstantinopels große Verdienste erwarb. Unter seiner Leitung ist 439 die 5,5 km lange theodosianische Mauer vollendet worden, die bezeichnenderweise jetzt auch die Seeseite der Stadt am Goldenen Horn und am Marmarameer zu schützen hatte, da man Plünderungsfahrten der Vandalen selbst hier befürchtete. Die Durchführung des Mauerbaues gibt Aufschluß über die wichtigsten Organisationen der Stadt. Denn wenn einst die aurelianische Mauer Roms von den Korporationen als den eigentlichen Bürgerverbänden errichtet worden war, so griff man in Konstantinopel jetzt dazu auf die Demen zurück. Ursprünglich vier Zirkusparteien – die Weißen, Roten, Blauen und Grünen, deren Farbe mit jener der die Rennen bestreitenden Gespanne identisch war –, waren sie anfangs eine Art Vereine, welche den allerdings nicht geringen Apparat für Rennen und Spiele zu bestreiten hatten. Mit der Zeit wurden diese leistungsfähigen Organisationen aber auch zu offiziellen Aufgaben herangezogen, zur Verteidigung, nun zum Mauerbau. Im Laufe des fünften Jahrhunderts erhielten die Organisationen der Demen öffentlich-rechtlichen Status, sie wurden zu den leistungsfähigsten Verbänden des öffentlichen Lebens. Da die blaue Zirkuspartei, die veneti, schließlich die weiße aufsog, wie anderseits die grüne, die prasini, die rote, so standen sich hier in einer Art Zweiparteiensystem zwei markante Pole der öffentlichen Meinung gegenüber, deren Auseinandersetzung sich lange als der eigentliche Pulsschlag des politischen Lebens bemerkbar machte.

Die bedeutendste innenpolitische Leistung der Regierung Theodosius' II. liegt auf dem Gebiet des Rechts. Zu Beginn des fünften Jahrhunderts gab es in der Rechtspraxis nur noch wenige Spezialisten, die in der Lage waren, die Gesamtheit des gültigen Rechtes zu übersehen, d. h. sowohl die Gutachten und Fachschriften der klassischen Juristen als auch die immer weiterwuchernden kaiserlichen Rechtsentscheidungen, die responsa und constitutiones. Da in der Prozeßpraxis die Anwälte den Richtern die in Frage kommenden Rechtsquellen nachzuweisen hatten, ertönte immer lauter die Forderung nach einer Zusammenfassung des gültigen Rechts. Ihr entsprachen bis zu einem gewissen Grade schon die sogenannten Zitiergesetze des vierten und fünften Jahrhunderts, deren erste bereits unter Konstantin d. Gr. ergingen, Gesetze, die Richtlinien für die Gültigkeit der fachjuristischen Schriften erließen. Das wichtigste der späteren ist eine gemeinsame Konstitution Valentinians III. und Theodosius' II. aus dem Jahre 426, die sich vor allem zu den klassischen Autoritäten Papinian, Ulpian, Paulus und Gaius bekannte. Eine parallele Arbeit für die Kaiserkonstitutionen war freilich noch immer zu leisten, obwohl es auch hierfür nicht an früheren Ansätzen fehlte. So hatten schon unter Diokletian Gregorius und Hermogenian den Inhalt der wichtigsten Kaisergesetze in zwei codices konzentriert. 429 bestellte nun Theodosius II. eine Kommission, welche eine Sammlung der Konstitutionen aller legitimen Kaiser seit dem Jahre 312 in die Wege zu leiten hatte. 438 wurde der Codex Theodosianus zuerst im Osten publiziert, dann auch von Valentinian III. anerkannt, so daß die Sammlung am 1. 1. 439 im ganzen Reich in Kraft trat.

Fand die große Rechtseinheit des Römischen Reiches in der theodosianischen Kodifikation einen großartigen Ausdruck, so machten sich im weiteren Rechtsleben doch bald gegenläufige Kräfte bemerkbar. Einmal wurden nicht mehr alle neuen Gesetze in beiden Reichshälften publiziert, somit auch nicht mehr in beiden Teilen gültig, zum andern wurde die Monopolstellung der lateinischen Sprache in der kaiserlichen Rechtsprechung allmählich beseitigt. Der schon erwähnte Cyrus ist der erste Stadtpräfekt von Konstantinopel und praefectus praetorio Orientis gewesen, der Gerichtsurteile in griechischer Sprache verkündete.

Auf außenpolitischem Gebiet war die oströmische Regierung in der ersten Hälfte des fünften Jahrhunderts mit den gefährlichsten Entwicklungen an den Reichsgrenzen nicht nur durch massierte militärische Einsätze, sondern durch diplomatische Mittel, durch Nachgeben und schlimmstenfalls durch hohe Tributleistungen fertig geworden. Der zum Heermeister in Illyricum ernannte Westgotenkönig Alarich hatte sich seit 401 Italien zugewandt. 435

mußte sich Ostrom gegenüber den Hunnenkönigen Bleda und Attila unter anderem zu jährlichen Tributzahlungen in Höhe von 700 Pfund Gold verpflichten. Doch trotz dieses Nachgebens hielten die Vorstöße der Hunnen an. So große Plätze wie Viminacium, Sirmium, Ratiaria, der Hafen der Donauflotte, fielen vorübergehend in ihre Hand, selbst Philippopel und Markianopel im Binnenland. Der Druck der Hunnen hörte jedoch überraschend im Jahre 450 auf, als Attila seine Kräfte nach Westen warf, die Ödlandzone räumte und selbst die römischen Gefangenen ohne Lösegeld entließ.

Da auch die Sassaniden in jenen Jahrzehnten keine größeren Feldzüge gegen die römischen Ostgebiete unternahmen, gingen die stärksten Erschütterungen des Reiches von den theologischen Streitigkeiten aus. Wirren um Johannes Chrysostomus hatten bereits zu Anfang des Jahrhunderts gezeigt, daß sich in den Ostgebieten Glaubensabweichungen in der Regel mit kirchlichen Rechts- und Disziplinarfragen und persönlichen Affekten verbanden. Im großen Streit um die Natur Christi und damit um den Rang der Gottesmutter wurde der Kampf um die Dogmen auch zu einem Kampf der Patriarchen. Aus den dogmatischen Schulgegensätzen entwickelte sich beinahe ein religiöser Bürgerkrieg, als sich der 428 zum Bischof von Konstantinopel ernannte Nestorius eindeutig auf die Seite der antiochenischen Theologie der Zweinaturenlehre, der späteren Dyophysiten, stellte. Gegen ihn erhob sich neben der Kaiserschwester Pulcheria alsbald der Patriarch Cyrillus von Alexandrien, der sich nicht zuletzt auf die mit allen Mitteln kämpfenden ägyptischen Mönche stützen konnte.

Der Sieg der monophysitischen Alexandriner schien bereits festzustehen, als 450 Theodosius II. starb und seine Schwester Pulcheria sich wieder in den Vordergrund drängte. Sie heiratete nun den zum Augustus erhobenen *Marcian* (450–457). Um diesen Bund auch kirchlich zu weihen, ließ sich Marcian vom Patriarchen von Konstantinopel krönen, und dieser Vorgang wurde seither auch dem byzantinischen Kaiserzeremoniell eingegliedert, ohne daß allerdings die oströmische Kirche jemals Rechtsansprüche daraus abgeleitet hätte. Da sich der neue Kaiser und Pulcheria sehr bald vom Monophysitismus distanzierten, bröckelte dieser Block ab. 451 wurde ein viertes ökumenisches Konzil nach Chalkedon einberufen, in welchem die Legaten Papst Leos zwar den Ehrenvorsitz führten, die Geschäftslenkung jedoch in den Händen kaiserlicher Kommissare lag. In dem berühmten 28. Kanon wurde dabei der Ansatz von 381 zielstrebig ausgebaut, dem römischen Papst zwar noch ein Ehrenrang eingeräumt, im übrigen jedoch die Gleichstellung der Patriarchen von Konstantinopel und Rom verkündet.

Bei Kaiser Marcian war das oströmische Reich noch einmal in feste Hände gekommen. Seine kurze Regierung wird durch außenpolitische Beschränkung und energische innere Restauration gekennzeichnet. Seine Zurückhaltung gegenüber Hunnen, Ostgermanen und den seit 429 in Nordafrika vordringenden Vandalen war vermutlich das Ergebnis einer äußerst realistischen Kräftebeurteilung des alten Offiziers. Nur im Norden von Armenien, gegenüber den Lazi, eröffnete Marcian eine erfolgreiche Offensive; mit Teilen der nach Attilas Untergang wieder selbständig gewordenen ostgermanischen Stämme erreichte er den Abschluß eines Foedus. Der Fortfall der ungeheuren Tribute an die Hunnen gestattete ein Moratorium für Steuerschulden und selbst den Verzicht auf eine von Konstantin eingeführte Sondersteuer für Senatoren, die collatio glebalis. Im übrigen wurde gespart, wo es nur anging. Hatte Marcian eine korrumpierte Finanzverwaltung angetreten und keine Reserven vorgefunden, so hinterließ er neben einem von den gröbsten Mißständen gesäuberten Apparat einen Kassenbestand von immerhin sieben Millionen Solidi.

Die goldene Zeit der Eunuchen und Hofschranzen war unter Marcian vorüber, es gab nur einen Mann, welcher über ungewöhnlichen Einfluß verfügte, Aspar, ein alanischer Heermeister, der an der Erhebung Marcians mitbeteiligt gewesen war. Auf sein Betreiben wurde nach Marcians Tod ein thrakischer Offizier, *Leo I.* (457–474), zum Kaiser ausgerufen. Wenn Aspar gehofft hatte, in Leo eine bequeme Strohpuppe zu finden, so wurde er bald eines Besseren belehrt. Jahrelang arbeiteten Kaiser und Heermeister gegeneinander und versuchten immer wieder, die ostgermanischen Foederaten gegen den inneren Widersacher auszuspielen. Aspar stützte sich dabei vornehmlich auf einen ostgotischen Verwandten seiner Frau, Theoderich den Schieler, und auf ein großes Korps von Eigensoldaten, auf die von Heerführern jetzt häufig formierten Buccellarii. Wollte Kaiser Leo seine Selbständigkeit erlangen, so mußte er sich gegen Aspars persönliche Streitmacht ein Gegengewicht schaffen. Dazu boten sich lediglich die kleinasiatischen Hausräuber des Byzantinischen Reiches, die Isaurier, an. Unter Führung des Zeno wurden sie als neue Garde, als excubitores, in Leos Dienst genommen. Durch diese scheinbar zweitrangige Maßnahme konnte sich Leo tatsächlich frei machen und den Kurs der oströmischen Politik wechseln. Hatte sich das Ostreich unter Marcian und Aspar gegenüber dem Westen und den Vandalen weitgehend zurückgehalten, so folgte jetzt eine Phase starker Aktivität. Auf die Bitte des damaligen germanischen Machthabers in Italien, Ricimer, stellte Leo 467 dem Westen in der Person von Marcians Schwiegersohn Anthemius einen neuen Kaiser zur Verfügung und darüber hinaus auch ein ansehnliches Hilfskorps. Der Einsatz im Westen erreichte 468 seinen Höhepunkt in dem Versuch, mit der von Leos Schwager Basiliskus kommandierten Expedition in Zusammenarbeit mit Westrom die Vandalen Geiserichs niederzuwerfen. Allein das Unternehmen endete in einer völligen Katastrophe. Vorübergehend kehrte Aspar noch einmal in seine alte Stellung zurück, wurde dann jedoch 471 in einer letzten Woge antigermanischer Affekte ermordet. Im oströmischen Reich rissen auch unter *Zeno* (475–476, 476–491) die inneren Wirren nicht ab. Es versteht sich von selbst, daß einer so erschütterten Regierung, die sich täglich neu zu behaupten hatte, ein nochmaliges Eingreifen im Westen nicht möglich war. So begnügte man sich, die germanische „Waltung" des weströmischen Reiches unter Odoakar dadurch anzuerkennen, daß man ihn als magister militum per Italiam bestätigte. Damit hatte man allerdings auch nicht mehr als das Gesicht gewahrt, in einer im Grunde ganz ähnlichen Weise wie im Falle Attilas, wo man die Tribute als Vergütung für einen Foederaten deklarierte.

War mit Aspars Sturz der germanische Einfluß im Innern des byzantinischen Staates endgültig ausgelöscht, so ließ im Laufe der achtziger Jahre auch die äußere Gefahr von dieser Seite nach. Zu Beginn des Jahrzehnts verstarb in Theoderich dem Schieler ein besonders gefährlicher Gegner, und 488 brach auch Theoderich d. Gr. mit seinen ehemals in Pannonien ansässigen Ostgoten auf, um Odoakars Herrschaft in Italien zu zerschlagen. Allerdings zeigte sich bald, daß man im Innern den Teufel mit Beelzebub ausgetrieben hatte: die Isaurier blieben eine schwärende Wunde, bis sie 498 von Kaiser *Anastasios I.* (491–518) niedergeworfen und teilweise nach Thrakien umgesiedelt wurden. Der einstige Hofbeamte war zunächst ein nicht weniger erfolgreicher Finanzverwalter und Reorganisator als Marcian. Er schaltete die Prätorianerpräfekturen stärker in die Steuerverwaltung ein, preßte die Bauern aus, während er die Belastungen des Bürgertums und Handels senkte. Auf die Dauer wurde er jedoch damit denkbar unpopulär, die Aufstände rissen zuletzt nicht ab und gipfelten 513–515 in den Erhebungen des thrakischen Befehlshabers Vitalianus, der sich zur Belagerung von Konstantinopel anschickte. Die Behauptung in diesen Wirren war der letzte große Erfolg des Anastasios. Zu seinem Nachfolger erhoben die excubitores den Makedonen *Justin* (518–527), der seine Regierung mit einer kompromißlosen inneren Reorganisation eröffnete und zur Verfolgung der Monophysiten antrieb. Noch zu seinen Lebzeiten wuchs die Macht seines Neffen *Justinian I.* (527–565), der den Osten dann zu einer neuen Anspannung aller Kräfte beflügelte. Unterstützt von der ehrgeizigen und unnachgiebigen Kaiserin Theodora und einer Reihe von hervorragenden Mitarbeitern, wie den Feldherrn Belisar und Narses, dem Quaestor Tribonianus und dem Prätorianerpräfekten Johannes von Kappadokien, ging Justinian an den Ausbau der Macht des Reiches im Innern und an die Wiederherstellung der alten mediterranen Reichseinheit. 533 landete Belisar in Afrika, der Vandalenkönig Gelimer wurde geschlagen, damit die Scharte von 468 an den verhaßten vandalischen Arianern, die den Seeverkehr mit dem Westen gelähmt hatten, ausgewetzt.

535 entbrannte der Kampf gegen die Ostgoten in Italien. Belisar konnte Sizilien und Dalmatien besetzen lassen, doch dann wurde der Widerstand zäher, um Rom kam es zu einem langwierigen Abnutzungskrieg. Die Unterwerfung des Witiges 540 in Ravenna stellte sich als Scheinerfolg heraus, durch Totila mußte Byzanz schwere Rückschläge hinnehmen, bis Narses 555 das Ringen schließlich erfolgreich beenden konnte. Fast gleichzeitig hatte Justinian auch im Südosten von Spanien wieder Fuß gefaßt. Diese Offensive im Westen war freilich nur möglich durch eine hinhaltende Verteidigung gegen die Sassaniden. Hier loderten zu Beginn der Regierung Justinians vom Kaukasus bis ins Zweistromland Kämpfe auf, die erst 532 im Abschluß eines ewigen Friedens mit Chosroes I. erloschen. Doch gingen die Sassaniden schon 540 zu einer neuen Serie von Einfällen über, fielen im Kaukasus, in Armenien und Syrien ein, nahmen Antiocheia und konnten erst durch Tributzusicherungen zum Waffenstillstand und 562 auch zu einem neuen Frieden gebracht werden.

Zwangsläufig wurde dagegen die Balkanfront vernachlässigt. Wie zuvor die Germanen, so überschwemmten jetzt die Slawen und Bulgaren die ganze Balkanhalbinsel. Auf den tiefen Vorstoß der Sklawinen aus der Walachei und der Anten aus Bessarabien konnte Justinian im Jahre 540 nur mit verstärktem Festungsbau antworten. Ein Jahr zuvor war schon eine Offensive gegen die Gepiden gescheitert, die neben den Langobarden die gefährlichsten germanischen Nachbarn im Vorfeld blieben. Doch 552 konnte Justinian zwischen ihnen vermitteln, und seine Freundschaft mit den Langobarden machte sich bezahlt, da sie ihm Hilfstruppen für den Entscheidungskampf gegen die Ostgoten in Italien zur Verfügung stellten.

Aber auch auf innerpolitischem Gebiet trugen die gewaltsamen Anstrengungen dieser Regierung ihre Früchte. Im Codex Iustinianus ließ der Kaiser erstmals 529, in einer vervollständigten Ausgabe 534, alle seit Hadrian verfügten und noch gültigen kaiserlichen Constitutiones vereinigen, die Sammlung 533 durch die Digesten oder Pandekten, die für verbindlich erklärten Schriften der Rechtsgelehrten, ergänzen. Die Kodifikation wurde daneben erschlossen durch die Institutiones, eine Einleitung in das Studium des Rechts, und schließlich abgerundet durch die Novellen, die nach der Kodifikation erschienenen Erlasse. Wie diese Kodifikation, so künden auch die repräsentativen Bauten der Hauptstadt, die 532–537 errichtete Sophienkirche und die 536–550 erneuerte Apostelkirche mit ihren fünf Kuppeln wie in Ravenna die prachtvollen Mosaiken von San Vitale von dem majestätischen Willen dieses Herrschers.

Doch so viele Kuppeln der alten Reichstradition Justinian auch errichtete, in seiner Regierung gab es Spannungen genug. Sein Versuch, die Demen politisch auszuschalten, führte zu dem Nikaaufstand von 532, der gerade noch im Blut erstickt werden konnte. In Prokops Geheimgeschichte ist das Kaiserpaar verteufelt. Trotz einer vorsichtigen Annäherung an die Monophysiten gelang die Ausräumung des alten Streites in der Kirche nicht. Die Grenzen der kaiserlichen Macht im Felde des Glaubens treten hier deshalb so stark hervor, weil Justinian selbst in Einzelfragen der christlichen Lehre Entscheidungen fällte, kirchliche Versammlungen leitete, selbst theologische Traktate schrieb und Kirchenlieder dichtete.

Auch die zunächst faszinierenden Erfolge bei der Wiederherstellung der römischen Herrschaft im Westen erwiesen sich als schwaches Stückwerk. In Afrika rissen die Kämpfe gegen die Mauren nicht ab, in Italien fielen 568 die Langobarden ein, die spanischen Besitzungen gingen 585 an die Westgoten verloren. Die Lage verschärfte sich vollends, als Justinians Neffe *Justin II.* (565–578) die Tributzahlung an die Sassaniden einstellte und damit einen rund zwanzig Jahre andauernden Krieg auslöste, in dem wieder einmal Armenien das Hauptkampffeld abgab und 573 selbst die römische Hauptfestung Dara-Anastasiopolis an die Sassaniden verlorenging. 591 konnte Kaiser *Maurikios* (582–602) zwar mit Chosroes II. einen neuen Frieden abschließen, aber inzwischen waren auf der Balkanhalbinsel die Awaren als neue Angreifer erschienen. Maurikios, der im Westen in den Exarchaten Ravenna und Karthago durch die Vereinigung der zivilen und militärischen Gewalt die letzten byzantinischen Brückenköpfe stabilisiert hatte, trieb Truppen und Bevölkerung auch an der Donau zu höchsten Anstrengungen an. Wiederholt konnte er die Donau überschreiten, doch die Kämpfe zogen sich jahrelang hin und überforderten die ohnehin zuletzt widerwilligen Bürger. 602 wurde in einer grauenhaften Revolution *Phokas* auf den Thron getragen. Es folgte ein Terrorregiment ohne Gnade, in dem schließlich chaotische Zustände herrschten, als nicht nur die bisher führenden Kreise dezimiert, sondern zugleich auch noch Monophysiten und Juden verfolgt wurden. In das anarchische Reichsgebiet stieß auch noch Chosroes II. als angeblicher Rächer des Maurikios vor. Die Todeskrise des frühbyzantinischen Reiches endete erst, als im Oktober 610 *Heraklius,* der Sohn des Exarchen von Karthago, mit seiner Flotte in Konstantinopel landete und daranging, eine neue Ordnung zu errichten.

Die hier skizzierte Phase der frühbyzantinischen Geschichte wird in ihrem Ablauf im Innern gestaltet durch den Widerstreit germanischer und isaurischer Kräfte sowie durch die ständige Erhitzung der monophysitischen Opposition. In der äußeren Politik erhält sie ihr Gepräge durch das Widerspiel jener politischen Tendenzen, die einmal zum Rückzug auf die eigentliche oströmische Sphäre drängten und dabei dennoch die Idee eines universalen Römischen Reiches nicht preisgaben. Denn ideologisch war, wie Franz Dölger gezeigt hat, das Verhältnis Ostroms zur Tradition des Römischen Reiches erstens durch eine legitimistische Grundauffassung bestimmt, das heißt durch die Überzeugung, daß das Byzantinische Reich die geradlinige Fortsetzung des Römischen darstelle. Zweitens aber herrschte die Idee einer renovatio des Römischen Reiches, das heißt die Überzeugung, gegenüber dem alten und verbrauchten Rom nun selbst das neue und lebenskräftige, wohl eine deutéra, aber zugleich die néa Róme zu bilden.

Wenn der byzantinische Staat, wie oft wiederholt wurde, im Grunde eine Synthese römischer, griechischer und christlicher Elemente darstellt, so war eine gleichartige Synthese im Westen nicht nachzuvollziehen und vollends unmöglich, als die römischen Kräfte im Osten in immer weiterem Umfang von den griechischen überlagert wurden. In seiner reinen Erscheinungsform wird das Byzantinische Reich zunächst durch die praktisch absolute Macht des Herrschers gekennzeichnet, durch das eindeutige Übergewicht der Zentralinstanzen und der Bürokratie, durch den engen Bund zwischen Staat und Kirche. Wenn man sich angewöhnt hat, die Erscheinung des byzantinischen Kaisers mit dem Begriff des Caesaropapismus zu charakterisieren, so wird man damit der inneren Geschlossenheit der byzantinischen Ideenwelt ebensowenig gerecht wie mit der allzu vereinfachenden Gegenüberstellung von Kaiser und Patriarch. Denn die Fiktion einer völligen Trennung von säkularen und geistlichen Prinzipien war in Wirklichkeit gerade nicht vorhanden. Wie es H. G. Beck ausgedrückt hat, begegnet uns „bei Kaiser und Patriarch der eine selbe Geist, hèn pneuma, nur die Gaben, die charísmata, sind verschieden".

In diesem ganz von der Spitze her geformten Staat kam es zur Perfektion der Verwaltung, Diplomatie und Technik, wurde die diokletianisch-konstantinische Reichsordnung zu Ende geführt. Der Senat von Konstantinopel verfügte praktisch nur über eine beratende Funktion in Rechts- und Verwaltungsfragen. Ihm fiel jedoch – zusammen mit den Heerführern – im allgemeinen die Initiative zu, wenn die Thronfolge nicht geregelt war. Auch die Demen besaßen noch ein Akklamationsrecht bei der Kaiserwahl. Neben diesem die Hauptstadt beherrschenden Spannungsfeld standen jedoch auch andere Gegensätze. Wenn dem Westen das Byzantinische Reich in seiner Andersartigkeit oft so homogen erschien, so wurde die Struktur der byzantinischen Herrschaft doch stets belastet durch die große Spannung zwischen dem griechisch geprägten oder zumindest überformten Zentrum und dem griechischen Westen auf der einen und dem durch nationale und religiöse Momente dazu in Gegensatz stehenden ägyptisch-syrischen Bereich auf der anderen Seite.

5. Niedergang und Auflösung der römischen Herrschaft im Westen

Das politische Geschehen im Westteil des Römischen Reiches wurde seit Konstantin d. Gr. durch den an Rhein- und Donaugrenze zunehmenden Druck bestimmt, den die Gegenmaßnahmen des konstantinischen Hauses wohl noch auffangen, aber nicht mehr abstellen konnten. Nach schweren Abwehrkämpfen gegen die Sarmaten an der Donau wurde schon Kaiser Constans der germanischen Einfälle am Niederrhein nur dadurch Herr, daß er eine größere Anzahl von Franken auf linksrheinischem Gebiet, in Toxandrien, ansiedelte. Die germanische Front blieb erst recht in

Bewegung, als in den folgenden Jahrzehnten römische Herrscher wiederholt fränkische und alamannische Verbände zum Eingreifen einluden, um Usurpatoren am Rhein zu fesseln. Trotz aller Abwehrerfolge wurde so die römische Verteidigung am Rhein auch von innen her aufgelöst, 353 durch Decentius, 355 unter Silvanus und 360 durch Constantius II.

Selbst die Feldzüge Julians, die 357 in der Schlacht bei Straßburg ihren Höhepunkt fanden, dürfen in ihren Ergebnissen nicht überschätzt werden. Wohl gelang es, die römischen Stellungen am Oberrhein zurückzugewinnen, indessen war es für eine restlose Vertreibung der inzwischen auf dem linken Ufer des Niederrheins seßhaft gewordenen Germanen längst zu spät. Auch Julian dürfte Kriegsgefangene auf gallischem Boden als sogenannte Laeten oder gentiles angesiedelt haben. Es handelte sich bei dieser Bevölkerungskategorie um eine Art abhängiger Wehrbauern, die im Bedarfsfall Kriegsdienst zu leisten, im übrigen aber durch ihre Steuern die Gemeinden, denen sie zugewiesen waren, zu entlasten hatten. Solange die Laeten straff überwacht und beaufsichtigt wurden, konnte sich die Institution durchaus bewähren; schwand jedoch die römische Autorität, so bildete sich eine zusätzliche Gefahr.

Nach dem früher besprochenen Zwischenspiel von Julians Kaisertum erhielt die römische Grenzverteidigung dann noch einmal durch *Valentinian I.* starke Impulse. Archäologische Untersuchungen haben vornehmlich auf Schweizer Boden die Kette jener Warten und Kleinkastelle wieder sichtbar gemacht, mit denen der Kaiser nach Ammianus Marcellinus die ganze Rheinlinie sichern ließ. An taktisch und geographisch hervorragend geeigneten Plätzen erhoben sich die Befestigungen bald auf Aussichtspunkten, bald in Schutzlagen. Immer wieder waren sie mit dem offenkundigen Ziel gebaut, Talausgänge, Flußmündungen, Straßenübergänge, Brücken und Furten zu überwachen und zu sperren. Sie beschränkten sich dabei nicht allein auf das linke Rheinufer, sondern bezogen noch immer rechtsrheinische Brückenköpfe mit ein, so bei Wiesbaden, Altrip und Altbreisach, wo sie die Flußläufe von Main, Neckar und Dreisam abdeckten. Nach ähnlichen Prinzipien wurden die römischen Grenzbefestigungen daneben auch an der Donau ausgebaut.

Es ist ein bezeichnendes Symptom für die Lage des Reiches, daß Valentinians Fürsorge für die Ödlandschaften bereits Teile der Poebene umfassen mußte. In solchen Wüstungen betrieb der Kaiser eine systematische Binnenkolonisation, und die Siedler, meist

Veteranen, aber teilweise auch germanische Kolonen, wurden durch Steuererleichterungen, Abgabenfreiheit sowie durch die Überlassung von Haustieren und Samen in jeder nur denkbaren Weise unterstützt. Wenn so das in der Armee bereits alltägliche Nebeneinander von Germanen und Reichsbürgern auch hier seinen Niederschlag fand, so hat doch kaum ein Herrscher auf die Beachtung der Grenzen dieser Infiltration so großen Wert gelegt wie gerade Valentinian. Während die Ehen von Römern und Römerinnen mit jenen Germanen, welche in der Rechtsstellung von peregrini bereits für immer in den Reichsverband aufgenommen waren, nach wie vor gestattet wurden, ist durch ein Gesetz vom Jahre 370 die Eheschließung mit Barbaren im Grenzraum verboten worden.

In Gegenangriffen und Offensiven, die sich rund zehn Jahre hinzogen und die 368 auch nochmals tief in das rechtsrheinische Vorfeld führten, hat Valentinian so die Lage am Rhein stabilisiert. Bei den Vorbereitungen zu einem Angriff auf die Quaden, der auch der Donaufront Entlastung bringen sollte, starb der pannonische Soldatenkaiser im Jahre 375. Seine Härte, die oft genug zur Grausamkeit entartete, sowie sein ausgesprochen militärischer Sinn und seine Begabung für Technik und Befestigungsbau waren Vorzüge, die man in diesem Augenblick nicht hoch genug einschätzen konnte. Aber sie reichten nicht aus, um die Lage an den Grenzen und im Innern des Reiches zu meistern. Denn die Reichweite dieser auch terrorisierenden Persönlichkeit war beschränkt. Der Herrscher verstand es nicht, sich jene Transmissionen zu schaffen, die seinen Willen auch in die entfernteren Provinzen übertragen hätten. So wurde er abhängig von Generalen und Würdenträgern, die sein Vertrauen oft nicht wert waren. Valentinian hielt und förderte nicht nur Männer wie Jovinus und Theodosius, deren Leistungen in Gallien und Britannien für sich selbst sprachen, sondern auch so unwürdige Erscheinungen wie Romanus in Afrika und Maximus in Rom. Wenn der hohe Einsatz der Reichsverteidigung und der Offensiven schließlich Stückwerk blieb, so haben Valentinians Feldherren und Truppen wenigstens die Macht des spätrömischen Staates im Norden und Westen noch einmal demonstriert.

Unter der Herrschaft Gratians überstürzten sich dann die Ereignisse. Das Jahr 378, das Jahr von Adrianopel, sah zum letztenmal einen römischen Kaiser auf rechtsrheinischem Boden. Der Brennpunkt der römischen Defensive hatte sich jetzt naturgemäß an die Donau verlagert, wo die Einbrüche nicht mehr abgeriegelt werden konnten. An eine systematische Säuberung der römischen Provinzen war erst recht nicht mehr zu denken, zu überlegen blieb lediglich, in welcher Form der Druck der großen Invasion aufzufangen war. Jedenfalls gestatteten Gratian und Theodosius die Ansiedlung von Vandalen und Goten auf römischem Boden, aber auch hier entglitt den römischen Behörden bald jede Kontrolle.

Gleichzeitig hielt am Niederrhein die Expansion der Franken an. Zu Beginn des fünften Jahrhunderts war im Hauptteil der Provinz Germania secunda die militärische Organisation Roms bereits zusammengebrochen. Lediglich im Norden Belgiens zeichnet der sogenannte limes Belgicus in der Linie Boulogne-Bavai-Tongern die letzte, einigermaßen systematisch überwachte römische Nordgrenze Galliens ab und in ihr zugleich die spätere romanisch-germanische Sprachgrenze. Die Usurpation des Magnus Maximus vom Jahre 383 löste von Britannien bis nach Rätien neue Grenzwirren aus, weitere die Erhebung des Arbogast und Eugenius im Jahre 392, die von Theodosius dann zwei Jahre später niedergeworfen wurde.

Die römische Grenzverteidigung war so schon weithin aus den Angeln gehoben, als *Stilicho* nach dem Willen des Theodosius im Westen die militärische Leitung übernahm. Der Sohn eines Vandalen, der selbst jedoch schon das römische Bürgerrecht besessen hatte, hatte sich unter Theodosius bis zum magister utriusque militiae emporgedient. Er war mit der Nichte des Theodosius verheiratet und verstärkte seine verwandtschaftlichen Verbindungen zum Kaiserhaus bald auch dadurch, daß er seinen Schützling, den jungen Kaiser Honorius, mit seinen Töchtern nacheinander verheiratete. An der Treue Stilichos zur kaiserlichen Familie und zum Reich war nicht zu zweifeln; wenn überhaupt jemand entschlossen war, die Politik des Theodosius im Sinne des Reichsganzen fortzusetzen, so er. Aber zu allen Gefahren von außen kamen bald interne Kämpfe hinzu, die über ein Jahrzehnt die Zusammenarbeit der beiden Reichshälften lahmlegten. Dabei ging es einmal um persönliche Ansprüche, zum andern um Reibungen, die sich in der Frage der endgültigen Zugehörigkeit der beiden Diözesen Dakien und Makedonien entzündeten. Diese beiden Diözesen waren nach Adrianopel vorübergehend zum Osten geschlagen worden, um die Einheitlichkeit der Verteidigung sicherzustellen, inzwischen aber wieder an den Westen gegeben worden. Jetzt forderte Konstantinopel die Gebiete erneut, und nach längerem Hin und Her konnte der Hof des Arcadius diese Forderung auch gegenüber Stilicho durchsetzen. Die damit gewonnene innere Abgrenzung der beiden Reichshälften auf der Balkanhalbinsel sollte alsbald zu einer der wichtigsten Kulturgrenzen in Europa werden. Denn die von Belgrad saveaufwärts verlaufende Grenze, die dann über die Drina bis Skutari zieht, ist nahezu identisch mit der späteren lateinisch-griechischen Sprachgrenze geworden.

Inmitten dieser Auseinandersetzung zwischen Ost- und Westrom vollzog sich der Aufstieg *Alarichs.* Stilichos Abwehr war zunächst durch die Erhebung des Gildo in Nordafrika gelähmt, welche die Getreidelieferungen für Italien unterband. Als sich Stilicho dann nördlich der Alpen befand, um in Noricum und Rätien eingedrungene Alanen und Vandalen zurückzuschlagen, drang in seinem Rücken Alarich mit seinen Westgoten bis in die Gegend von Mailand vor. Nach einem Sieg über die alanischen und vandalischen Invasoren machte Stilicho diese zu Foederaten des Reiches und setzte sie zusammen mit seinen eigenen Verbänden gegen Norditalien in Marsch. Der offenkundige Mangel an Truppen, der aus diesem Vorgehen spricht, zeigte sich auch in anderen Maßnahmen. Denn selbst aus den keineswegs ganz konsolidierten römischen Stellungen in Britannien und an der Rheinfront wurden nun starke Abteilungen abgezogen und wohl im gleichen Zusammenhang auch die gallische Präfektur von Trier nach Arles verlegt. Der römische Rückzug aus Nordwesteuropa war damit eingeleitet.

Bei Pollentia und Verona errang Stilicho 402 eindrucksvolle Erfolge über Alarich, doch lag ihm nur daran, die Goten aus Italien wieder abzuschieben, um sie allenfalls von illyrischen Siedlungsräumen aus gegen Ostrom zu verwenden. Noch immer führte Stilicho damit die Politik des Theodosius weiter, welche gegenüber den ins Reich eingedrungenen Germanen die halsbrecherische Methode anwandte, den einen Verband gegen den anderen auszuspielen, um sie alle gegenseitig aufzureiben. Mit den Siegen über Alarich hatte Stilicho indessen nicht mehr errungen als eine Atempause. Durch die Vorstöße der Hunnen nach Osteuropa waren neue Bevölkerungsteile in Bewegung geraten, Ende des Jahres 405 hatten vor allem ostgotische Scharen unter Radagais die Donau überschritten und den Vormarsch auf Italien angetreten. Wiederum gelang es Stilicho, der Flut bei Florenz und Fiesole Einhalt zu gebieten. Doch während hier die Deiche geflickt wurden, waren sie an anderer Stelle endgültig geborsten. Alanen, Vandalen, Quaden und Gruppen zahlreicher anderer Stämme überschritten Ende des Jahres 406 wahrscheinlich im Raum von Mainz den Rhein. Eine nennenswerte Grenzverteidigung trafen sie nicht an, der Strom der Invasoren ergoß sich über den ganzen Westen Galliens, eine Stadt fiel nach der anderen, Trier, Straßburg, Reims und Amiens – um nur wenige zu nennen. Auch die Burgunder und Alamannen vom mittleren und unteren Main kamen nun in Bewegung, die Völkerwanderung ging einem ersten Höhepunkt entgegen.

In Gallien landete während dieses Zusammenbruchs Konstantin III., ein in Britannien zum Kaiser ausgerufener Usurpator, der auf der Insel alles an sich gezogen hatte, was noch Uniform trug und mit dem Abzug des Heeres der römischen Herrschaft in Britannien endgültig die Stützen wegnahm. Er fand in Gallien rasch Anerkennung und erzielte auch eine vorübergehende Beruhigung der Lage, nachdem er einen Teil der Eindringlinge geschlagen, die Alamannen zur Rückkehr an ihre alten Sitze, die Burgunder zur Ansiedlung am Niederrhein gezwungen hatte. Konstantin III. ließ die Alpenpässe abriegeln und setzte sich auch in Spanien durch.

Gleichzeitig hatte aber auch Alarich seine Scharen wieder in Bewegung gebracht. Als Stilicho riet, die von ihm geforderten Entschädigungen zu zahlen, entluden sich 408 bei Pavia die alten Ressentiments gegen den Heermeister und seine germanischen Anhänger. Stilicho und seine Familie wurden erschlagen. Wenn es auch teilweise verständlich erscheinen mag, daß man auf römischer Seite die Schuld am Versagen der Abwehr vornehmlich den germanischen Söldnern, Foederaten und dem Heermeister zuschob, so war Stilicho doch die einzige große Gestalt jener Jahre auf weströmischer Seite gewesen. Er gehört in die Reihe Silvanus, Merobaudes, Bauto und Arbogast, das heißt in die Reihe jener germanischen Heermeister, auf deren Hilfe das spätrömische Reich nicht verzichten konnte. Man nahm bei diesen militärischen Führern den Abstammungsmakel in Kauf, wenn die Erfolge für sie sprachen. Politischen Einfluß gewannen jene Männer, wie zum Beispiel Arbogast, naturgemäß deswegen, weil die Militärpolitik die Lebensader des Reiches war. In ihrer Position traten sie somit an die Stelle der Prätorianerpräfekten des ersten bis dritten Jahrhunderts.

Nach Stilichos Sturz und der anschließenden Ermordung vieler germanischer Soldatenfamilien fand Alarich kaum Gegenwehr, als er Ende 408 mit seinen Goten in die Halbinsel einfiel. Von der Stadt Rom wurden zunächst hohe Abfindungen erpreßt, am 24. August 410 wurde die alte Hauptstadt schließlich eingenommen und ausgeraubt. Auch die Schwester des Kaisers, Galla Placidia, fiel dabei in die Hand der Goten. Obwohl der Fall Roms im ganzen Reich Erschütterung auslöste, änderte sich an der politischen Lage in Italien nur wenig. Von der Plünderung der Halbinsel konnten die Goten auf die Dauer nicht leben, ein Versuch, nach Afrika überzugehen, scheiterte schon in den Vorbereitungen. Die Goten wandten sich wieder nach Norden, Alarich starb Ende 410, sein Schwager Athaulf, der ihm nachfolgte, entschloß sich 412 im Einvernehmen mit dem in Ravenna eingeschlossenen weströmischen Kaiserhof, in Gallien einzugreifen. Hier war die Lage turbulenter denn je. Die Eindringlinge des Jahres 406 hatten sich 409 den Eintritt nach Spanien erkämpft und waren dort zumindest vorübergehend seßhaft geworden. Angeblich durch das Los fiel Galläcien den Sueben und der asdingischen Gruppe der Vandalen, Lusitanien und die benachbarten Teile der Carthaginiensis den Alanen, die Baetica den silingischen Vandalen zu. In Gallien selbst war 411 die Herrschaft Konstantins III. nach schweren Kämpfen zusammengebrochen, doch nur um der neuen Usurpation des reichen Galliers Jovinus Platz zu machen, der sich für seine Pläne die Unterstützung der Burgunder und Alanen zu sichern wußte. Gegen ihn zog Athaulf erfolgreich zu Felde, aber als die Regierung von Ravenna ihre Versprechungen nicht einhalten konnte, griffen die Goten zur Selbsthilfe. Ihr Angriff auf Marseille scheiterte; Narbonne, Toulouse und Bordeaux fielen vorübergehend in ihre Hand. Anfang 414 feierte Athaulf in Narbonne seine Eheschließung mit Galla Placidia.

An einer berühmten Stelle hat Orosius den Wandel der Auffassungen Athaulfs so charakterisiert, daß er zunächst „brennend darnach strebte, den römischen Namen auszulöschen und das ganze römische Reich zu einem einzigen Reich der Goten zu machen, auf daß Gotia sei und heiße, was Romania gewesen, und Athaulf werde, was Augustus war. Aber nachdem er durch mancherlei Erfahrung zu der Erkenntnis gekommen sei, daß einerseits die Goten wegen ihrer zügellosen Wildheit in keiner Weise Gesetzen gehorchen könnten, man aber anderseits dem Staat die Gesetze, ohne die kein Staat existieren könne, auch nicht nehmen dürfe, habe er sich anders entschlossen. Nun wolle er darnach trachten, sich durch die völlige Wiederherstellung und die Erhöhung des römischen Namens mit Hilfe der Goten Ruhm zu erwerben.“ Auch wenn man diese Äußerung nicht überbewerten darf, ist doch so gut wie sicher, daß sich Athaulf tatsächlich an römische Formen anlehnen wollte. Allein seine Pläne konnten nicht ausreifen, unter der Blockade, die der weströmische Heermeister Constantius leitete, mußten sich die Goten nach Spanien zurückziehen. 415 fiel Athaulf einem Mordanschlag zum Opfer. Nach einer Verständigung mit der weströmischen Regierung und nachdem Athaulfs Nachfolger Vandalen und Quaden besiegt hatte, wurden

den Goten endgültige Siedlungsräume im südwestlichen Gallien, in den Landstrichen zwischen Loire, Garonne und dem Pyrenäenvorfeld zugewiesen. Bordeaux, Poitiers und Toulouse waren die wichtigsten Städte in ihrem Gebiet, während die weströmische Regierung den ganzen Küstensaum zwischen Spanien und Gallien in ihrer direkten Verwaltung behielt.

Der umschriebene Raum des später so genannten Tolosanischen Reiches wurde jedoch den Westgoten nicht geschlossen und keineswegs zu souveräner Stellung überlassen, sondern dies erfolgte in den römischen Rechtsformen der sogenannten Hospitalitas. Nach einem Gesetz des Arcadius vom Jahre 398 waren die Grundbesitzer verpflichtet, bei militärischer Einquartierung den ihnen zugewiesenen Zwangsgästen ein Drittel ihres Hauses zu überlassen. Handelte es sich um Foederaten, um rechtlich voll anerkannte und verbündete Hilfstruppen des Reiches, so wurde das Teilungsprinzip in der Regel dahin erweitert, daß diesem Personenkreis auch ein Drittel des Grundes und Bodens zur Nutzung und damit oft zu dauerndem Besitz zugewiesen wurde. Mit Hilfe dieses Verfahrens, das seinem Wesen nach zu den Sachforderungen des spätantiken Staates gehörte, wurde nun auch die Ansiedlung der Westgoten gelöst. Allerdings verschoben sich dabei die Besitzverhältnisse zugunsten der Westgoten; allmählich besaßen diese rund zwei Drittel der Felder und die Hälfte der Weiden und Wälder, dies außerdem steuerfrei.

Belastet wurden mit dieser Regelung vornehmlich die reichen gallischen Großgrundbesitzer, die oft Güter von mehreren tausend Hektar Fläche besaßen, Güter, die über mehrere Gemeinden verstreut waren und durch Kolonen, hörige Pachtbauern, genutzt wurden. Durch die Flucht freier Leute in die gesicherte Hörigkeit der großen Aristokraten hatten sich dabei häufig Ansätze einer halbfeudalen Struktur herausgebildet. Daneben standen für die Ansiedlung der Westgoten jedoch auch umfangreiche Territorien zur Verfügung, die im Zuge der germanischen Einfälle und der Bürgerkriege zu Ödland geworden waren.

Die Westgoten wurden in den genannten Landstrichen nach Sippenverbänden verteilt, ihr überwiegender Teil bebaute das Land, ihre Adligen führten das Leben von Großgrundbesitzern. Der westgotische König in Toulouse hatte den Oberbefehl über alle Goten inne und auch die oberste Gerichtsbarkeit, obwohl die Unterführer der Goten nun zu römischen Offizieren geworden waren. Für alle Einheimischen war daneben nach wie vor die römische Verwaltung mit ihren römischen Beamten zuständig. In dieser

Lösung ist die erste große germanische Gruppe im Westen des Reiches in organisierter Weise aufgefangen worden. Auch für sie galt die Problematik der theodosianischen Politik. Theoretisch bestand zwar die Möglichkeit einer Anpassung und Einschmelzung der Germanen nach wie vor, doch dazu wären konsolidierte Verhältnisse erforderlich gewesen. Die Entwicklung verlief jedoch in ganz anderer Richtung. Je schwächer die römischen Wurzeln im Westen wurden, desto stärker bildeten sich die germanischen Keime aus, und das Westgotenreich wuchs in seiner Flankenstellung zu einer beherrschenden Macht heran. In Aquitanien konnte es sich bis zum Jahre 507 halten.

Parallel mit dieser Neuordnung änderte sich die Gestalt des römischen Gallien von Grund auf. Denn die Zerstörung Triers, die Verlegung der gallischen Präfektur nach Arles und der Sitz der weströmischen Regierung in Oberitalien bezeichnen einen völligen Wandel der Lage. Das Westreich verzichtete nun offenkundig auf die Verteidigung Galliens am Rhein. Es kämpfte nicht mehr von grenznahen gallischen und germanischen Positionen um die Rheinlinie, sondern es beschränkte sich darauf, von Oberitalien aus die Alpen zu verteidigen. Gallien wurde im Rahmen einer solchen Konzeption wieder zum Vorfeld Italiens, im Zuge eines rückläufigen Prozesses erfolgte eine Konzentration in vorcaesarischen Linien. Verteidigt wurde Gallien selbst von Foederaten, im Norden von den Franken und den Burgundern, im Südwesten von den Westgoten, und außerdem von dem Befehlshaber des gallischen Feldheeres, dem magister equitum Galliarum. Unter seinem Kommando operierte in der Zukunft ein mobiles und wenigstens noch einigermaßen kampfbereites römisches Heer auf sich immer weiter verengendem Raum.

Im weströmischen Reich ist dank den Bemühungen des zuletzt zum Mitherrscher des Honorius erhobenen Constantius III. vorübergehend eine gewisse Stabilisierung erreicht worden, die nach dem Tode des Constantius im Jahre 421 rasch wechselnden Konstellationen wich, bis schließlich der sechsjährige Neffe Theodosius' II., *Valentinian III.*, mit oströmischer Hilfe 425 zum Augustus des Westens erhoben wurde. Auch in seiner langen Regierungszeit (425–455) stellt jedoch die Kontinuität der nominell regierenden Dynastie nicht einen Ausdruck gesicherter Herrschaft dar. Häufig genug bestand die Tätigkeit der römischen Regierungsspitze darin, die verschiedenen Kräfte gegeneinander auszuspielen. Der Aufstieg des Aetius, der wichtigsten Persönlichkeit jener Jahrzehnte im Westen des Reiches, ist nichts anderes als eine Kette innerer

Machtkämpfe gewesen. Zu Beginn der Regentschaft, die Galla Placidia für Valentinian III. führte, mündete eine Auseinandersetzung zwischen dem Heermeister Felix, dem maßgebenden Vertreter der weströmischen Regierung, und dem comes Africae Bonifatius, der den Gehorsam verweigerte, in eine tödliche Krise. Nachdem ein erstes Expeditionskorps der Zentralregierung von Bonifatius geschlagen war, entsandte Felix eine neue, vorwiegend aus Westgoten gebildete Armee; Bonifatius rief dagegen die Hilfe der Vandalen an.

Wenn nun die Dinge einen ganz anderen Verlauf nahmen, als Bonifatius geplant hatte, dem es gewiß fern lag, die Vandalen zu den Herren Afrikas zu machen, so trug daran der in diesem Augenblick bei den Vandalen erfolgte Regierungswechsel die Schuld. Denn 428 war der alte vandalische König Gunderich verstorben und an seine Stelle sein Halbbruder *Geiserich* getreten, der Sohn einer Sklavin, eine ungewöhnlich skrupellose und starke Persönlichkeit, der Mann, der bis 477 in Afrika seinen Willen diktieren sollte. Aszendenz und Tatendrang dieses Herrschers steigerten sich gegenseitig. Weil Geiserich kein reiner Abkömmling des Königsgeschlechtes war, mußte er sich durch seine Erfolge stärker legitimieren als jeder andere, und da er dies konnte, waren seine Bindungen an den vandalischen Adel keine Fessel. Er erhärtete ganz im Gegenteil die Macht und das Ansehen des vandalischen Königtums gerade auf Kosten des Adels. Dazuhin hat wohl auch kaum einer der germanischen Könige des fünften Jahrhunderts Gegner und Partner so hemmungslos überlistet und getäuscht wie Geiserich, kaum einer seine Ziele so konsequent verfolgt wie er und kein anderer die katholische Kirche im Sinne der arianischen Konfession seines Stammes so systematisch zu zerschlagen versucht.

Im Mai 429 hatte Geiserich mit einer auf rund 80000 Köpfe geschätzten Gefolgschaft die Straße von Gibraltar überschritten. Es nützte nichts, daß die weströmische Regierung in letzter Stunde durch Zugeständnisse an Bonifatius die Entwicklung aufzuhalten suchte. Die römischen Truppen vermochten den Vormarsch der Vandalen an der Nordküste Afrikas nicht zu hindern. Weder ein Führungswechsel, der nach der Ermordung des Felix vorübergehend Aetius und dann Bonifatius an die Spitze brachte, noch oströmische Unterstützungen änderten etwas an dem neuen Kräfteverhältnis in Nordafrika. Der Vertrag von Hippo, in dem sich Geiserich 435 bereit erklärte, die Vandalen in den Provinzen Mauretanien Sitifensis und Numidia sowie in der Nordwestecke der

Provinz Africa proconsularis zu konzentrieren, den Rest des besetzten Landes aber wieder zu räumen, bedeutete für Geiserich nur eine kurzfristige Atempause. 439 besetzte er in einer Art Blitzkrieg die alte Provinz Africa proconsularis samt Karthago und rüstete offensichtlich bereits zur Invasion Italiens. Nach einer Landung auf Sizilien konnte Geiserich dann 442 die Bedingungen eines neuen Friedens diktieren. Diesmal sicherte der Vandale seinem Volk die reichsten Kulturlandschaften Afrikas, Africa proconsularis und die Byzakene, während er auf die mauretanischen und numidischen Gebiete verzichtete. Er sagte zwar die für Rom lebenswichtigen Getreidelieferungen für die Zukunft zu und gab zudem seinen Sohn Hunerich als Geisel, aber er hatte zugleich den Mantel des Foederatenverhältnisses abgeworfen und seine Anerkennung als Souverän durchgesetzt.

Auf weströmischer Seite erkämpfte sich inzwischen Aetius 433 mit Hilfe hunnischer Scharen seine volle Rehabilitierung und unterdrückte dann jahrelang in Gallien Aufstände der Bagauden sowie Unruhen der Westgoten, Franken und Burgunder. 440 wurden die Alanen in die Räume um Valence und Orléans umgesiedelt, 443 die Neuansiedlung der geschlagenen Burgunder in der Provinz Sapaudia (Savoyen) vollzogen. Gleichzeitig hatte sich Aetius bereits im Innern des Landes nach allen Seiten zu wehren. Während er 446 gegen die ripuarischen und salischen Franken Erfolge errang, die in ein neues Bündnis mündeten, vermochte er sich in den Randgebieten, wie in der durch einen schweren Aufstand erschütterten Aremorica, bereits nicht mehr durchzusetzen.

Von einer geschlossenen Behauptung der alten Provinzen des Westens konnte so keine Rede mehr sein. Als erstes war Britannien für immer verlorengegangen, im Grunde schon unter Konstantin III., als das Gros der intakten römischen Verbände die Insel verließ, offenkundig jedoch um die Mitte des fünften Jahrhunderts, als das Reich auf die verzweifelten Hilferufe der Vorposten jenseits des Kanals keinen Entsatz mehr zu entsenden vermochte. In Gallien und Spanien aber bildeten sich innerhalb des Reichskörpers die neuen germanischen Großmächte der Westgoten im Südwesten Galliens und der Franken im Nordosten immer klarer aus. Zunächst waren diese beiden politischen Kräftefelder noch durch eine Art von Kordon voneinander getrennt, durch die seit rund 450 unabhängig gewordene Aremorica, durch den Rest des noch immer römischen Gebietes – den später als „Reich des Syagrius" bezeichneten Raum zwischen Normandie, Somme und Loire – und das seit 443 gleichfalls rasch ausgreifende Burgunderreich. Aber auf lange Sicht wurde die Entwicklung durch die Vorstöße der Franken und Westgoten diktiert. Beim vorläufigen Abschluß ihrer Bewegungen zu der Zeit, als der Ostgote Theoderich im Auftrag des Kaisers Italien beherrschte, sahen sich die Westgoten auf Spanien und den gallischen Brückenkopf zurückgeworfen, während die Franken unter Chlodwig bis an den Fuß der Pyrenäen vorgestoßen waren und das Burgundische Reich ebenso umschlossen wie den Mittelmeersaum.

Innerhalb weniger Jahrzehnte änderten sich somit die Möglichkeiten römischer Politik in Westeuropa von Grund auf. Wenn Aetius noch um die Mitte des fünften Jahrhunderts die römische Souveränität in einigen Teilen Galliens und Spaniens aufrechterhalten konnte, so schmolz die Reichweite des direkt beherrschten und organisierten Raumes gegen Ende des Jahrhunderts immer weiter zusammen. Er verschmolz zuletzt mit dem Radius des mobilen gallischen Feldheeres, das seinen aussichtslosen Kampf zu Ende zu führen hatte. Im Einfluß auf das germanische Staatensystem, in dem Versuch, hier ein gewisses Gleichgewicht der Kräfte aufrechtzuerhalten, lagen dann die letzten politischen Einwirkungsmöglichkeiten, die Theoderich noch zu nutzen versuchte.

Den letzten großen Erfolg der römischen Politik und des Aetius stellte die Behauptung gegen die *Hunnen* dar. Die Auswirkungen ihres Vorstoßes in das Vorfeld der unteren Donau haben wir schon kennengelernt, wie die Tatsache, daß Hunnen in einer ganzen Reihe von Fällen in römischen Diensten standen. Theodosius setzte hunnische Haufen bereits 388 gegen den Usurpator Maximus ein, Valentinian II. ließ sie gegen die Juthungen in Rätien fechten. Stilicho wie Rufinus hielten sich hunnische Leibwachen, und vornehmlich Aetius selbst hat sich anfangs nur mit hunnischer Hilfe halten können. Als 435 in einem großen Bagaudenaufstand praktisch das ganze Territorium von der Bretagne bis nach Tours und Orléans gegen Westrom revoltierte, bot Aetius wiederum starke hunnische Verbände auf, die den Aufstand niederschlugen, dann allerdings 439 vor Toulouse von den Westgoten aufgerieben wurden.

Das Verhältnis der Hunnen zu Westrom wandelte sich jedoch, als Attila im Frühjahr 451 eine ganze Lawine von Stammesteilen, Ostgoten, Alanen, Skiren, Rugier, ripuarische Franken, mit seinen eigenen Scharen gegen den römischen Westen vortrieb. In letzter Stunde brachte die römische Diplomatie ein Defensivbündnis mit den Westgoten gegen die Hunnen zustande. Zu den weströmischen Streitkräften, die durch Kontingente aus Italien verstärkt waren, traten Burgunder, Alanen, romfreundliche Franken, selbst Sachsen und Bagauden. Bis vor Orléans war Attila schon vorgestoßen, als endlich die Truppen des Aetius und des Westgotenkönigs Theoderich erschienen und ihm auf die Katalaunischen Felder folgten. In dem verlustreichen entscheidenden Treffen erlitt zwar der alte Westgotenkönig den Tod, doch die Angriffskraft der Hunnen wurde gebrochen, Aetius hatte sich behauptet. Allerdings fand Attilas nächster Vorstoß 452 in Oberitalien kaum Gegenwehr. Aquileia wurde ebenso erstürmt wie Mailand und Ticinum. Doch schließlich zogen sich die Hunnen über Noricum nach Pannonien zurück, und mit dem überraschenden Tode Attilas im Jahre 453 begann sich ihre Macht aufzulösen.

Aber auch im Westen überstürzte sich jetzt das Geschehen. 454 wurde Aetius während einer Unterredung vom Kaiser niedergeschlagen, ein halbes Jahr später auch Valentinian III. ermordet. Beide Ereignisse gehören in den Zusammenhang der großen inneren Krise des Reiches, welche die äußere begleitete. Denn der Reichsfeldherr, der das Ansehen des weströmischen Staates nach außen so überzeugend wahrte, identifizierte sich gleichzeitig völlig mit den Interessen der Großgrundbesitzer und der Senatsaristokratie, jener kleinen Schicht, die auch jetzt noch in erster Linie an ihre eigenen Belange, Reichtümer und Güter dachte, die Ämter an sich zog und zugleich die Wirkungsmöglichkeiten der zentralen Reichsverwaltung und des Kaisers abschnürte. Wie Salvians Schilderung zeigt, durchlebte der römische Westen während des fünften Jahrhunderts auch eine schwere innere Krise, die durch den völlig einseitig auf Kolonen und einfache Bürger verteilten Steuerdruck ausgelöst wurde. Valentinian III. führte dagegen einen verzweifelten Kampf, um durch Erlasse und Verordnungen seine kaiserlichen Rechte zu wahren. Er sah die Mißstände der Korruption und Unterdrückung klar genug und sah auch in einem guten Beamtentum das Heilmittel gegen den inneren Auslaugungsprozeß der staatlichen Macht, doch vermochte er die Entwicklung nicht mehr aufzuhalten.

Mit dem rasch aufeinanderfolgenden Abgang von Attila, Aetius und Valentinian III. trat die Geschichte des Westreiches in eine neue Phase ein, in eine Folge sehr kurzlebiger Regierungen, in denen die Kaiser im allgemeinen bedeutungslos, die Heermeister allmächtig waren. Politisch markiert die erneute 14tägige Plünderung Roms durch die Vandalen Geiserichs im Jahre 455 einen weiteren Tiefpunkt in der Reichsgeschichte. Von den neun Herrschern, welche das weströmische Reich zwischen 455 und 476 erlebte, fand nur einer, Olybrius, im Jahre 472 einen normalen Tod, sechs endeten durch Gewalt, zwei wurden abgesetzt. Im Grunde verkörperten sich in diesen Herrschern nur die widerstreitenden Gruppen und Mächte: die Einflüsse des noch immer periodisch in den Westen übergreifenden oströmischen Kaisertums, der Heermeister, die das Diadem nicht selbst tragen konnten, und der sich dagegen entfaltenden Opposition. Weder der 476 von Odoakar abgesetzte junge Kaiser Romulus Augustulus noch der sich bis 480 in Dalmatien an die Fiktion seiner Ansprüche klammernde Kaiser Nepos waren persönlich so stark, daß sie sich auf die Dauer hätten durchsetzen können. Die folgende Entwicklung kann am ehesten ein Vergleich der drei Heermeister und Regenten Ricimer, Odoakar und Theoderich zeigen.

Flavius *Ricimer,* der das Geschehen im Westteil des Reiches zwischen 461 und 472 weitgehend bestimmte, war der Sohn eines suebischen Fürsten und einer Tochter des Westgotenkönigs Wallia. Er hatte seine militärische Karriere noch unter Aetius begonnen und schließlich vom oströmischen Kaiser Leo I. die Anerkennung als oberster Heermeister im Westen erhalten. Ricimer hat die weitere Ausbreitung der germanischen Staaten im Westen nicht zu hindern vermocht, ja er hat sie durch den sprunghaften Wandel seiner politischen Kombinationen eher noch begünstigt.

Bei *Odoakar* liegen die Dinge schon anders. Als Sohn eines Skirenkönigs geboren, war Odoakar 476 von seiner Gefolgschaft, die wie er selbst seit geraumer Zeit in römischem Sold stand, zum König ausgerufen worden, nachdem ein Usurpator die Forderungen dieser germanischen Söldner nicht erfüllt hatte. Infolge dieser Vorgänge kam es zur Ermordung des Usurpators und zur Absetzung des jungen Romulus. Nun wäre wohl die Bühne frei gewesen für einen neuen Herrscher von Odoakars Gnaden, doch der Skire dachte nicht daran, das Spiel mit den kaiserlichen Puppen fortzusetzen. Er strebte statt dessen eine neue Regelung an, in welcher er selbst als eine Art Statthalter des fernen oströmischen Kaisers den westlichen Reichsteil verwalten konnte. Eine Senatsgesandtschaft überbrachte deshalb nach Konstantinopel mit der Bitte um Anerkennung zugleich die nun im Westen entbehrlichen alten Kaiserinsignien. Tatsächlich ging Zeno auf diese Vorstellungen ein und ernannte Odoakar zum patricius.

Odoakars Herrschaftsgebiet umspannte noch Italien, Sizilien und Noricum, nach dem Tode des Nepos dazuhin auch wieder Dalmatien. An den alten Organisations- und Verwaltungsformen hat sich unter ihm kaum etwas geändert, selbstverständlich aber auch nicht an der beherrschenden Rolle der Germanen in der Armee. Odoakars Regelung wies freilich zwei schwache Punkte auf: Sie setzte einmal ein gutes Verhältnis zum Osten voraus – und als es hier zu Spannungen kam, mußte Odoakar mit der Erhebung seines Sohnes Thela zum Kaiser in überholte Formen zurücklenken. Zweitens hätte die Politik Odoakars eine nennenswerte und zuverlässige Gefolgschaft erfordert – und diese konnten seine Söldner ebensowenig abgeben wie einst Ricimers Buccellarii.

Gerade in diesen beiden Punkten unterschied sich *Theoderich* von ihm. Der vorübergehend in Konstantinopel als Geisel aufgewachsene junge Amaler verfügte als König eines geschlossenen germanischen Wandervolkes bei seinem Eindringen in Italien 489 über die starke persönliche Gefolgschaft ebenso wie über die Anerkennung Konstantinopels. Oströmischer patricius war Theoderich von Anbeginn an, und anders als Odoakar hat er sich seine Königswürde dann 497 auch von Anastasius bestätigen lassen. Theoderich hat als einziger der Germanenkönige und Heermeister in einer systematischen Weise versucht, die Interessen des Reiches mit jenen der Germanen in einer echten Symbiose zu verbinden. Er ist der einzige, der in großen Horizonten plante, etwa in seinem Bündnissystem der germanischen Staaten, das dann an Chlodwig zerbrach, und auch der einzige, dessen staatsmännische Verantwortung über die Grenzen des eigenen Herrschaftsgebietes hinauswirkte.

Theoderichs Politik beruhte im Innern auf durchgehender Scheidung zwischen gotischen Soldaten und römischer Verwaltung, im Äußeren auf einem durch dynastische Bande verklammerten Gleichgewichtssystem germanischer Staaten. Doch Erfolg und Dauer konnte diese Politik deshalb nicht haben, weil sich weder das oströmische Kaisertum mit dem nahezu unabhängigen rex noch die katholische Kirche mit dem arianischen Regenten, noch die römischen Patrioten mit dem Barbaren, noch die germanischen Könige mit den disziplinierenden Forderungen von Theoderichs System abfinden wollten. Als Theoderich 528 starb, war die historische Entscheidung schon längst gegen seine Konzeption gefallen.

6. Schlußbetrachtung

Blicken wir zurück auf das große Kontinuum der römischen Geschichte, so kommt ihr schon allein durch ihre Dimension eine besondere Würde zu. Als eine mehr als ein Jahrtausend umfassende, in sich geschlossene historische Formation stellt sie die mächtigste überschaubare Einheit innerhalb der abendländischen Kulturkreise dar. Sehen wir von den vielen späteren direkten politischen Berufungen auf das alte Imperium Romanum ab, von Phänomenen wie der translatio imperii und der Bedeutung des Romgedankens im Mittelalter, überhaupt von der Tatsache, daß schon die Idee des Römischen Reiches neue staatliche Ordnungen zu erhöhen vermochte, so sammelten sich die fortwirkenden Kräfte der römischen Geschichte, wenn wir vereinfachend zusammenfassen, zu einer römisch-republikanischen, römisch-imperialen und römisch-christlichen Tradition.

Die livianische Überzeugung, daß „kein Staat größer, reiner und an guten Vorbildern reicher gewesen ist“ als Rom, diese Überhöhung der großen exempla der römischen Republik, blieb lange Zeit gültig. Römische und damit römisch-republikanische Tugenden und Maximen wurden verklärt, in freilich sehr verschiedenartiger Weise, bei Corneille, Bossuet und Montesquieu. Die häufig mißverstandene Libertas des römischen Volkes beflügelte den Geist der italienischen Republiken und der Französischen Revolution. Hatte schon Polybios die Staatskunst des frühen Rom und das Machtgebilde der Republik gewürdigt, so diente römische Geschichte vollends seit Machiavelli als Modellfall politischer Erfahrungen. Für Mommsen wurde die Geschichte der römischen Republik dann in erster Linie Prototyp der Geschichte einer nationalen Einigung.

Das Imperium der Kaiserzeit trat dagegen in den neueren Jahrhunderten – im Unterschied zu seiner politischen Strahlkraft – in den Forschungen und Darstellungen lange Zeit zurück. Es wurde verdeckt von den stärker anziehenden großen Problemkreisen der Republik und des Untergangs der antiken Welt. Im 19. Jahrhundert sind jedoch nach Hegels Verdikt des „ganz auf die Herrschaft und Militärgewalt“ gestellten „römischen Prinzips“ gerade zwei der großen deutschsprachigen Historiker, die in ihrer Gegenwart selbst den Widerstreit partikularer und auf Vereinigung zielender Faktoren miterlebten, diesen beiden Aspekten auch bei der Bewertung des Römischen Reiches gerecht geworden. Ranke und Burckhardt sprachen wohl von der Zerstörung der Nationalitäten, gebrochener Originalität und aufgeopferter Freiheit. Aber sie würdigten nicht weniger „die Sammlung der Resultate allen antiken Lebens zu einer ganzen Civilisation“ und „die Bildung einer consistenten Kulturwelt“. Im Hinblick darauf hat Ranke die universalhistorische Aufgabe des römischen Kaisertums darin gesehen, „den entgegengesetzten Weltkräften Widerstand zu leisten und zugleich im Innern noch weiteren Entwicklungen Raum zu geben". Das Römische Reich war für ihn „die Mitte der gesamten Geschichte".

Für einen kurzen Augenblick mochte es unter Konstantin d. Gr. scheinen, als würden Römisches Reich und christliche Kirche zur Deckung kommen, so daß Euseb glauben konnte, daß sich nun das christlich gewordene Römische Reich bis an das Ende der Welt erstrecken würde. Doch setzte dagegen schon bald ein Rückschlag ein. Das Christentum ließ das Römische Reich als Stufe hinter sich und griff über dessen Grenzen hinaus. Aber es verband dann mit der alten Vorrangstellung Roms die Vorrangstellung des Papsttums. So führte die Parallelität der universalen Ansprüche gerade im Rahmen des vorwaltenden europazentrischen Geschichtsbildes zur Umwandlung alter Vorstellungen. Die Auffassung einer providentiellen Funktion des Römischen Reiches für die Ausbreitung des Christentums wirkte in der Kirchengeschichte bis in unser Jahrhundert nach, und erst die Ansätze zu einer neuen ökumenischen Sicht lösen hier die alten Bindungen und Proportionen immer stärker auf.

Bei der Bewertung der römischen Leistung ist in dieser Darstellung die römische Fähigkeit zur Kontaktbildung und die fortgesetzte organische Bewältigung der einzelnen politischen und kulturellen Berührungen hervorgehoben worden, insbesondere der römische Vorzug, diese Berührungen mit dem Fremden zu immer neuen schöpferischen Synthesen zu führen. Auf solche Weise konnte sich Rom gegenüber den überlegenen Kräften der Etrusker behaupten, konnte es in der Begegnung mit dem Griechentum die Frucht jener humanitas erringen, die mehr in sich barg als ein bloßes Bildungsideal. Die römische Staatsordnung als die höchste Leistung Roms wurde hier verstanden als Ergebnis der Selbstverantwortung einer freien Bürgergemeinde, welche zugleich ein hohes Maß von Bindungen anerkannte – Bindungen gegenüber den Göttern, aber auch gegenüber den Schwächeren, ja Unterworfenen – und von Verpflichtungen gegenüber den Partnern. So blieb es zwar immer bei der Behauptung der eigenen Art und bei der Behauptung der römischen Suprematie, aber eben auf die Dauer nicht bei der Härte bloßer Ausbeutung. Das Römische Reich wurde zur una cunctarum gentium in toto orbe patria, zum Inbegriff verantwortlicher staatlicher Ordnungsmacht, wurde über alle früheren und gleichzeitigen staatlichen Ordnungen erhöht.

Auf diese Weise durchdrang Rom mit seiner staatlichen Verwaltung und Ordnung den geschlossenen antiken Orbis, der mit dem Bereich der Kulturmenschheit schlechthin gleichgesetzt wurde. Ungeachtet der Stimmen derer, die wußten, daß diese Gleichsetzung in Wirklichkeit nicht berechtigt war, überwog sie in den geistigen Vorstellungen der Reichsangehörigen. Das Imperium Romanum wurde lange Zeit nicht nur als die Mitte seiner Welt, sondern als die Welt generell verstanden. Umfang und Kohärenz, Dauer und Leistung der Ordnung des Römischen Reiches aber waren zur Zeit seiner Blüte so überwältigend und in Krisen so verpflichtend, daß eine politische Transzendenz zunächst nicht zu erwarten war, um so weniger, als das imperium sine fine von den Göttern stammte.

Anhang

Literaturverzeichnis

I. WERKE ZUM GESAMTBEREICH

F. E. Adcock, Römische Staatskunst (Göttingen ²1967).
F. Altheim, Römische Religionsgeschichte I, II (Baden-Baden 1951/53).
A. Aymard – J. Auboyer, Rome et son Empire (Paris ⁵1967).
Abriß der Geschichte antiker Randkulturen. Hrsg. *W.-D. v. Barloewen* (München 1961).
H. Bengtson, Grundriß der römischen Geschichte mit Quellenkunde. I. Republik und Kaiserzeit bis 284 n. Chr. (München ²1970).
Cambridge Ancient History VII–XII (Cambridge 1928/39).
K. Christ, Römische Geschichte. Einführung, Quellenkunde, Bibliographie (Darmstadt 1973).
M. Gelzer, Kleine Schriften I–III (Wiesbaden 1962/64).
P. Grimal, La Civilisation Romaine (Paris 1960).
A. Heuß, Römische Geschichte (Braunschweig ³1971).
Propyläen Weltgeschichte IV: Rom. Die römische Welt. Hrsg. *G. Mann* und *A. Heuß* (Berlin 1963).
Historia Mundi III–IV (München 1954/56).
H. Kähler, Rom und seine Welt (München 1958/60).
G. Kaschnitz v. Weinberg, Römische Kunst I–IV (Reinbek 1961/62).
F. Klingner, Römische Geisteswelt (München ⁴1961).
C. Koch, Religio (Nürnberg 1960).
Th. Kraus, Das römische Weltreich. Propyläen Kunstgeschichte II (Berlin 1967).
K. Latte, Römische Religionsgeschichte (München 1960).
E. Meyer, Römischer Staat und Staatsgedanke (Zürich ³1964).
E. Norden, Die römische Literatur (Leipzig ⁶1961).
A. Piganiol, Histoire de Rome (Paris ⁵1962).
F. Taeger, Das Altertum II (Stuttgart ⁶1958).
H. Temporini (Hrsg.), Aufstieg und Niedergang der Römischen Welt. Geschichte und Kultur Roms im Spiegel der neueren Forschung (Berlin 1972ff.).
J. Vogt, Orbis (Freiburg 1960).
G. Wissowa, Religion und Kultus der Römer (München ²1912).

II. WERKE UND STUDIEN ZU DEN EINZELNEN TEILEN

1. Die Anfänge der römischen Herrschaft (bis 201 v. Chr.)

A. Alföldi, Die trojanischen Urahnen der Römer (Basel 1957).
Ders., Early Rome and the Latins (Ann Arbor 1965).

P. de Francisci, Primordia Civitatis (Rom 1959).
E. Gjerstad, Early Rome (Lund 1953, 1956, 1960, 1966).
A. Momigliano, An Interim Report on the Origins of Rome, in: Journal of Roman Studies 53 (1963) S. 95–121.
Th. Mommsen, Römische Geschichte I–III (Leipzig 1854/56).
H. Müller-Karpe, Vom Anfang Roms, in: Mitt. DAI Rom. 5. Erg.-H. (Heidelberg 1959).
Ders., Zur Stadtwerdung Roms, in: Mitt. DAI Rom. 8. Erg.-H. (Heidelberg 1962).
A. Piganiol, La Conquête Romaine (Paris [5]1967).
J. Vogt, Römische Geschichte I, Die römische Republik (Freiburg [4]1959).
R. Werner, Der Beginn der römischen Republik (München 1963).

F. Altheim, Italien und Rom I, II (Amsterdam-Leipzig 1941).
L. Banti, Die Welt der Etrusker (Stuttgart [2]1963).
K. Kraft, Der goldene Kranz Caesars und der Kampf um die Entlarvung des „Tyrannen“, in: Jb. f. Num. u. Geldgesch. 3/4 (1952/53) S. 7–97.
M. Pallottino, Die Etrusker (Frankfurt/Main 1965).
H. H. Scullard, The Etruscan Cities and Rome (Ithaca 1967).
E. Badian, Foreign Clientelae (264–70 B. C.) (Oxford 1958).
J. Bleicken, Das Volkstribunat der klassischen Republik (München [2]1968).
W. Dahlheim, Struktur und Entwicklung des römischen Völkerrechts im 3. und 2. Jahrhundert v. Chr. (München 1968).
A. Heuß, Die völkerrechtlichen Grundlagen der römischen Außenpolitik in republikanischer Zeit, in: Klio-Beiheft 31 (1933).
W. Hoffmann, Rom und die griechische Welt im 4. Jahrhundert, in: Philologus Suppl. XXVII, 1 (Leipzig 1934).
P. Lévêque, Pyrrhos (Paris 1957).
E. T. Salmon, Samnium and the Samnites (Cambridge 1967).
Ders., Roman Colonization under the Republic (London 1969).

K. Borst, Der Turmbau von Babel I (Stuttgart 1957) S. 153ff.
K. Büchner, Lateinische Literatur und Sprache in der Forschung seit 1937 (Bern 1951) S. 185–198.
H. Fuchs, Rückschau und Ausblick im Arbeitsbereich der lateinischen Philologie, in: Museum Helveticum 4 (1947) S. 157–170.
R. Heinze, Vom Geist des Römertums (Darmstadt [3]1960).
H. Jucker, Vom Verhältnis der Römer zur bildenden Kunst der Griechen (Frankfurt a. M. 1950).
K. Meister, Die Tugenden der Römer, in: Heidelberger Universitätsreden 11 (Heidelberg 1930).
R. Schottländer, Römisches Gesellschaftsdenken. Die Zivilisierung einer Nation in der Sicht ihrer Schriftsteller (Weimar 1969).
J. H. Waszink, Zum Studium griechischer Einflüsse in der lateinischen Literatur, in: Antike und Abendland 9 (1960) S. 109–122.

A. E. Astin, Scipio Aemilianus (Oxford 1967).
R. M. Errington, The Dawn of Empire. Rome's Rise to World Power (London 1971).
St. Gsell, Histoire ancienne de l'Afrique du Nord (Paris 1913/28).
A. Heuß, Der erste punische Krieg und das Problem des römischen Imperialismus, in: HZ 169 (1949) S. 457–513.
Ders., Hannibal (Göttingen 1962).
Ch. Julien – Ch. Courtois, Histoire de l'Afrique du Nord (Paris 1956).

W. Hoffmann, Die römische Politik des 2. Jahrhunderts und das Ende Karthagos, in: Historia 9 (1960) S. 309–344.
O. Meltzer – U. Kahrstedt, Geschichte der Karthager (Berlin 1879–1913).
A. J. Toynbee, Hannibal's Legacy. I, II (London 1965).
J. Vogt (Hrsg.), Rom und Karthago (Leipzig 1943).
B. H. Warmington, Carthage (London 1960).

2. Die Einbeziehung des hellenistischen Ostens

S. Accame, L'espansione romana in Grecia (Rom 1961).
E. Badian, Rom und Antiochos d. Gr., in: Die Welt als Geschichte 20 (1960) S. 203–225.
Ders., Roman Imperialism in the Late Republic (Oxford [2]1968).
H. Bengtson, Griechische Geschichte. Von den Anfängen bis in die römische Kaiserzeit (München [4]1969).
J. Deininger, Der politische Widerstand gegen Rom in Griechenland 217–86 v. Chr. (Berlin 1971).
T. Frank, Roman Imperialism (New York 1914).
L. Hahn, Rom und Romanismus im griechisch-römischen Osten mit besonderer Berücksichtigung der Sprache bis auf die Zeit Hadrians (Leipzig 1906).
M. Holleaux, Rome, la Grèce et les monarchies hellénistiques (Paris 1921).
Ders., Études d'épigraphie et d'histoire grecques. Ed. L. Robert, I–VI (Paris 1938/68).
D. Magie, Roman Rule in Asia Minor I, II (Princeton 1950).
M. Noth, Geschichte Israels (Göttingen [4]1959).
J.-R. Palanque, Les Impérialismes antiques (Paris 1948).
M. Rostovtzeff, Die hellenistische Welt I–III (Stuttgart 1955/56).
A. Schulten, Geschichte von Numantia (München 1933).
H. Simon, Roms Kriege in Spanien 154–133 v. Chr. (Frankfurt a. M. 1962).
G. H. Stevenson, Roman Provincial Administration (Oxford [2]1949).
H. E. Stier, Roms Aufstieg zur Weltmacht und die griechische Welt, in: Arbeitsgem. f. Forschung des Landes Nordrhein-Westfalen, Geistesw., Abh. 11 (Köln 1957).
É. Will, Histoire politique du monde hellénistique (323–30 av. J.-C.) I, II (Nancy 1966, 1967).

E. Badian, From the Gracchi to Sulla, in: Historia 11 (1962) S. 197–245.
K. Bringmann, Untersuchungen zum späten Cicero (Göttingen 1971).
P. A. Brunt, Italian Manpower 225 B. C.-A. D. 14 (Oxford 1971).
Ders., Social Conflicts in the Roman Republic (London 1971).
F. R. Cowell, Cicero and the Roman Republic (London 1964).
H. Drexler, Zur Frage der „Schuld" des Tiberius Gracchus, in: Emerita 19 (1951) S. 51–103.
D. C. Earl, Tiberius Gracchus. Collection Latomus 66 (Bruxelles 1963).
M. Gelzer, Pompeius (München [2]1959).
Ders., Caesar (Wiesbaden [6]1960).
H. Haffter, Römische Politik und römische Politiker (Heidelberg 1967).
R. Harder, Die Einbürgerung der Philosophie in Rom, in: Kleine Schriften (Hrsg. W. Marg) (München 1960) S. 330–353.
A. Heuß, Der Untergang der römischen Republik und das Problem der Revolution, in: HZ 182 (1956) S. 1–28.
P. Jal, La guerre civile à Rome (Paris 1963).

D. Kienast, Cato der Censor (Heidelberg 1954).
Chr. Meier, Res publica amissa (Wiesbaden 1966).
E. Meyer, Caesars Monarchie und das Principat des Pompeius (Stuttgart ³1922).
H. D. Meyer, Cicero und das Reich (Diss. Köln 1957).
J. van Ooteghem, Caius Marius. Acad. Royale de Belg., Cl. d. Lettres. Mém. (Bruxelles 1964).
W. Schmitthenner, Politik und Armee in der späten römischen Republik, in: HZ 190 (1960) S. 1–17.
H. H. Scullard, From the Gracchi to Nero (London ³1970).
R. Seager (Hrsg.), The Crisis of the Roman Republic (Cambridge 1969).
R. E. Smith, The Failure of the Roman Republic (Cambridge 1955).
E. M. Štaerman, Die Blütezeit der Sklavenwirtschaft in der römischen Republik (Wiesbaden 1969).
H. Strasburger, Caesar im Urteil der Zeitgenossen (Darmstadt ²1968).
R. Syme, The Roman Revolution (Oxford ²1952).
F. Vittinghoff, Römische Kolonisation und Bürgerrechtspolitik unter Caesar und Augustus, in: Abhdlg. d. Akad. d. Wiss. u. Lit. Mainz, Geistes- u. sozialwiss. Kl. 1951, 14 (Wiesbaden 1952).
J. Vogt, Ciceros Glaube an Rom, in: Würzburger Studien zur Altertumswissenschaft 6 (Stuttgart 1935).
Ders., Struktur der antiken Sklavenkriege, in: Abhdlg. der Akad. d. Wiss. u. Lit. Mainz, Geistes- u. sozialwiss. Kl. 1957, 1.
H. Volkmann, Sullas Marsch auf Rom (München 1958).
St. Weinstock, Divus Iulius (Oxford 1971).
W. L. Westermann, The Slave Systems of Greek ans Roman Antiquity (Philadelphia 1955).
K. D. White, Roman Farming (London 1970).
Ch. Wirszubski, Libertas as a Political Idea at Rome during the Late Republic and Early Principate (Cambridge 1950).

J. Bayet u. a., L'influence grecque sur la poésie latine de Catulle à Ovide, in: Entretiens sur l'Antiquité Classique II (Vandœuvres-Genève 1956).
W. Kroll, Die Kultur der ciceronischen Zeit I, II (Leipzig 1933).
V. Pöschl, Grundwerte römischer Staatsgesinnung in den Geschichtswerken des Sallust (Berlin 1940).
O. Regenbogen. Lukrez, in: Neue Wege zur Antike II, 1 (Leipzig 1932).
W. Schmid, Lukrez und der Wandel seines Bildes, in: Antike und Abendland 2 (1946) S. 193–219.
B. Schweitzer, Die Bildniskunst der Römischen Republik (Leipzig 1948).
R. Syme, Sallust (Berkeley 1964).
O. Weinreich, Römische Satiren (Zürich 1949).
Ders., Catull (Reinbek 1960).

3. Reich und Kultur des Augustus

C. Becker, Das Spätwerk des Horaz (Göttingen 1963).
J. Béranger, Recherches sur l'aspect idéologique du Principat, in: Schweiz. Beitr. z. Altert. 6 (Basel 1953).
G. W. Bowersock, Augustus and the Greek world (Oxford 1965).
H. Buchheim, Die Orientpolitik des Triumvirn M. Antonius (Heidelberg 1960).
J. M. Carter, The Battle of Actium (London 1970).

J. Deininger, Die Provinziallandtage der römischen Kaiserzeit von Augustus bis zum Ende des 3. Jh. n. Chr. (München 1964).
D. Earl, Augustus und seine Zeit (Wiesbaden 1969).
E. Fraenkel, Horaz (Darmstadt 1963).
Ders., Die klassische Dichtung der Römer, in: W. Jaeger, Das Problem des Klassischen in der Antike (Darmstadt [2]1961) S. 47–73.
R. Heinze, Die augusteische Kultur (Leipzig 1930).
Ders., Virgils epische Technik (Leipzig [4]1928).
P. Herrmann, Der römische Kaisereid (Göttingen 1968).
W. Hoffmann, Livius und die römische Geschichtsschreibung, in: Antike und Abendland 4 (1954) S. 170–186.
F. Klingner, Virgil (Stuttgart 1967).
H. D. Meyer, Die Außenpolitik des Augustus und die augusteische Dichtung (Köln 1961).
V. Pöschl, Die Dichtkunst Virgils (Wien 1949).
Ders., Die römische Auffassung der Geschichte, in: Gymnasium 63 (1956) S. 190–206.
A. v. Premerstein, Vom Werden und Wesen des Principats (München 1937).
G. Rodenwaldt, Kunst um Augustus (Berlin 1943).
P. Sattler, Augustus und der Senat (Göttingen 1960).
W. Schmitthenner (Hrsg.), Augustus (Darmstadt 1969, Wege der Forschung, 128).
R. Syme, Livy and Augustus, in: Harvard Studies in Class. Philology 64 (1959) S. 27–87.
D. Timpe, Untersuchungen zur Kontinuität des frühen Prinzipats (Wiesbaden 1962).
W. Weber, Princeps I (Stuttgart 1936).
L. Wickert, princeps, in: RE XXII, 1998–2296 (1954).

4. Die politische und geistige Durchdringung des orbis terrarum im Kaiserreich – Römisches Recht

E. Albertini, L'Empire Romain (Paris [4]1970).
A. Alföldi, Die monarchische Repräsentation im römischen Kaiserreiche (Darmstadt 1970).
J. P. V. D. Balsdon, Life and leisure in ancient Rome (London 1969).
Congress of Roman Frontier Studies 1949, ed. *E. Birley* (Durham 1952).
K. Christ, Zur Herrscherauffassung und Politik Domitians, in: Schweiz. Ztschr. f. Gesch. 12 (1962) S. 187–213.
J. Gagé, La Théologie de la Victoire Impériale, in: Revue Historique 171 (1933) S. 1ff.
A. Garzetti, L'Impero da Tiberio agli Antonini (Rom 1960).
M. Hammond, The Antonine Monarchy, in: Papers and Monogr. American Acad. Rome XIX (Rom 1959).
U. Kahrstedt, Kulturgeschichte der römischen Kaiserzeit (Bern [2]1958).
P. Kneißl, Die Siegestitulatur der römischen Kaiser (Göttingen 1969).
Th. Mommsen, Römische Geschichte V (Leipzig [1]1885, [9]1921).
H. Nesselhauf, Die Adoption des römischen Kaisers, in: Hermes 83 (1955) S. 477–495.
M. Rostovtzeff, Gesellschaft und Wirtschaft im römischen Kaiserreich I, II (Leipzig 1930).
Carnuntina, Hrsg. *E. Swoboda,* in: Röm. Forsch. in Niederösterreich 3 (Graz 1956).

D. van Berchem, Zur römischen Kolonisation in der Schweiz, in: Jb. d. Schweiz. Ges. f. Urgesch. 46 (1958) S. 13–23.
H. Callies, Die fremden Truppen im römischen Heer des Prinzipats und die sog. nationalen Numeri, in: 45. Ber. RGK. (1964) S. 130–227.
H. Chantraine, Freigelassene und Sklaven im Dienste der römischen Kaiser (Wiesbaden 1966).
K. Christ, Einleitung zum Neudruck von H. Delbrück, Geschichte der Kriegskunst. ³I (Berlin 1964).
H. Drerup, Architektur als Symbol, in: Gymnasium 73 (1966) S. 181–196.
G. Forni, Il reclutamento delle Legioni da Augusto a Diocleziano (Milano 1953).
T. Frank, An Economic Survey of Ancient Rome I–VI (Baltimore 1933/40).
J. Gagé, Les classes sociales dans l'Empire romain (Paris 1964).
M. Hammond, The Composition of the Senate A. D. 68–235, in: JRS 47 (1957) S. 47–81.
F. Heichelheim, Wirtschaftsgeschichte des Altertums I, II (Leiden 1938).
Fr. Kiechle, Sklavenarbeit und technischer Fortschritt im römischen Reich (Wiesbaden 1969).
D. Kienast, Untersuchungen zu den Flotten der römischen Kaiserzeit (Bonn 1966).
J. Klose, Roms Klientel-Randstaaten am Rhein und an der Donau (Breslau 1934).
K. Kraft, Zur Rekrutierung der Alen und Kohorten an Rhein und Donau (Bern 1951).
S. J. De Laet, Portorium (Brugge 1949).
R. Mac Mullen, Roman Imperial Building in the Provinces, in: Harvard Studies in Class. Philology 64 (1959) S. 207–235.
Ders., Enemies of the Roman Order (Cambridge, Mass. 1966).
D. Nörr, Imperium und Polis in der hohen Prinzipatszeit (München ²1969).
J. H. Oliver, The Ruling Power, in: Transact. Am. Philos. Soc. N. 43, 4 (Philadelphia 1953) S. 871–1003.
H. G. Pflaum, Les carrières procuratoriennes équestres sous le Haut-Empire Romain. I–IV (Paris 1960/61).
R. Syme, Colonial Elites (London 1958).
F. de Visscher, L'Expansion de la cité romaine et la diffusion du Droit Romain, in: Museum Helveticum 14 (1957) S. 164–174.
H. Volkmann, Die römische Provinzialverwaltung der Kaiserzeit im Spiegel des Kolonialismus, in: Gymnasium 68 (1961) S. 395–405.
G. R. Watson, The Roman Soldier (Bristol 1969).
G. Webster, The Roman Imperial Army (London 1969).
Z. Yavetz, Plebs and Princeps (Oxford 1969).
Ders., Enemies of the Roman Order (Cambridge, Mass. 1966).
E. A. Baumann, Beiträge zur Beurteilung der Römer in der antiken Literatur (Diss. Rostock 1930).
G. W. Bowersock, Greek Sophists in the Roman Empire (Oxford 1969).
K. Christ, Germanendarstellung und Zeitverständnis bei Tacitus, in: Historia 14 (1965) S. 62–73.
H. Fuchs, Der geistige Widerstand gegen Rom in der antiken Welt (Berlin 1938).
A. H. M. Jones, The Greeks under the Roman Empire, in: Dumbarton Oaks Papers 17 (1963) S. 1–20.
E. Meyer, Pausanias, Beschreibung Griechenlands (Zürich-Stuttgart 1954) S. 10–52.
F. Millar, A Study of Cassius Dio (Oxford 1964).
J. H. Oliver, Marcus Aurelius. Aspects of Civic and Cultural Policy in the East (Princeton 1970).
J. Palm, Rom, Römertum und Imperium in der griechischen Literatur der Kaiserzeit (Lund 1959).

M. Pohlenz, Die Stoa, I, II (Göttingen 1955, ²1959).
A. N. Sherwin-White, The Letters of Pliny (Oxford 1966).
Ch. G. Starr, Civilization and the Caesars (New York 1954).
W. Steidle, Sueton und die antike Biographie, in: Zetemata 1 (München ²1963).
R. Syme, Tacitus I–II (Oxford 1958).
G. Walser, Rom, das Reich und die fremden Völker in der Geschichtsschreibung der frühen Kaiserzeit (Wiesbaden 1957).
K. Ziegler, Plutarchos von Chaironeia, in: RE XXI 636–962 (1951).

P. Bieńkowski, De simulacris barbararum gentium apud Romanos (Krakau 1910).
P. v. Blanckenhagen, Elemente der römischen Kunst am Beispiel des flavischen Stils, in: Das neue Bild der Antike II (Leipzig 1942) S. 310–341.
A. C. Levi, Barbarians on Roman Imperial Coins and Sculpture, in: Num. Notes and Monographs 123 (New York 1952).
A. Schober, Zur Entstehung und Bedeutung der provinzial-römischen Kunst, in: Öst. Jahresh. 26 (1930) S. 8–52.
J. M. C. Toynbee, The Hadrianic School (Cambridge 1934).

R. Étienne, Le culte Impérial dans la Péninsule Ibérique d'Auguste à Dioclétien (Paris 1958).
K. Prümm, Religionsgeschichtliches Handbuch für den Raum der altchristlichen Umwelt (Rom 1954).
F. Taeger, Charisma II (Stuttgart 1960).
J. Bayet, Histoire politique et psychologique de la Religion Romaine (Paris 1957).
F. Cumont, Die orientalischen Mysterienreligionen im römischen Heidentum (Leipzig ³1931).
A. J. Festugière, La Révélation d'Hermès Trismégiste I–IV (Paris 1943/54).
K. Latte, Synkretismus, in: RGG² 952–959 (Tübingen 1931).
M. P. Nilsson, Geschichte der griechischen Religion II (München ²1961) S. 569ff.
A. D. Nock, Conversion (Oxford ²1952).
E. Peterson, Der Monotheismus als politisches Problem (Leipzig 1935).
M. J. Vermaseren (Hrsg.), Études préliminaires aux religions orientales dans l'Empire Romain (Leiden 1962ff.).
G. Wissowa, Interpretatio Romana, in: Archiv f. Religionswissenschaft 19 (1918/19) S. 1–49.

E. Birley, Roman Britain and the Roman Army (Kendal 1953).
M. P. Charlesworth, The lost Province or the worth of Britain (Cardiff 1949).
W. Delius, Geschichte der irischen Kirche (München 1954).
S. Frere, Britannia (London 1967).
D. Hafemann, Beiträge zur Siedlungsgeographie des römischen Britannien, in: Akad. Mainz, Mathemat. Naturwiss. Kl. Abh. 1956, 3.
M. Koch, Sankt Fridolin und sein Biograph Balther (Zürich 1959).
I. A. Richmond, Roman Britain (Aylesbury 1955).
Ders., Roman Britain and Roman Military Antiquities, in: Proceed. British Academy (1955) S. 297–315.
Roman and Native in North Britain, ed. *I. A. Richmond* (Edinburgh 1958).
J. M. C. Toynbee, Art in Roman Britain (London 1962).

J. Carcopino, Points de vue sur l'impérialisme Romain (Paris 1934).
F. Cumont, Comment la Belgique fut romanisée (Bruxelles 1914).
L. Harmand, L'Occident Romain (Paris ²1969).

F. Koepp, Die Römer in Deutschland (Bielefeld [3]1926).
H. J. Kellner, Die Römer in Bayern (München 1971).
H. Nesselhauf, Umriß einer Geschichte des obergermanischen Heeres, in: Jb. RGZM 7 (1960) S. 151–179.
H. v. Petrikovits, Das römische Rheinland, Archäologische Forschungen seit 1945, in: Arbeitsgem. f. Forschung Nordrhein-Westfalen 86 (Köln 1960).
A. Schober, Die Römerzeit in Österreich und in den angrenzenden Gebieten von Slowenien (Wien [2]1953).
F. Staehelin, Die Schweiz in römischer Zeit (Basel [3]1948).

A. Alföldi, Der Untergang der Römerherrschaft in Pannonien (Leipzig 1924, 1926).
Ders., Zu den Schicksalen Siebenbürgens im Altertum (Budapest 1944).
G. Daicoviciu, Istoria Romániei. I, 255ff. (Bukarest 1960).
A. Dobó, Die Verwaltung der römischen Provinz Pannonien von Augustus bis Diocletianus (Amsterdam 1968).
M. Pavan, La provincia romana della Pannonia superior (Rom 1955).

G. Downey, A History of Antioch in Syria (Princeton 1961).
B. M. Felleti Maj, Siria, Palestina, Arabia Settentrionale nel periodo Romano (Rom 1950).
A. H. M. Jones, The cities of the eastern Roman provinces (Oxford [2]1971).
U. Kahrstedt, Das wirtschaftliche Gesicht Griechenlands in der Kaiserzeit (Bern 1955).
J. Keil, Ephesos (Wien [4]1957).
P. Lambrechts, Le commerce des Syriens en Gaule du Haut-Empire à l'époque mérovingienne, in: L'Antiquité classique 6 (1937) S. 35–61.
M. Rostovtzeff, Caravan Cities (Oxford 1932).
Ders., Syrie romaine, in: Revue Historique 175 (1935) S. 1–40.
H. Seyrig, Antiquités Syriennes I–V (Extraits de Syria 1931–1957) (Paris 1934/58).

A. Ch. Johnson, Egypt and the Roman Empire (Ann Arbor 1951).

G. Charles Picard, Nordafrika und die Römer (Stuttgart 1962).
V. E. Nash-Williams, Roman Africa. A. Background-Sketch of the Roman Occupation of Wales, in: The Bulletin of the Board of Celtic Studies 16 (1955) S. 135–164.
H. G. Pflaum, Nordafrika und die Römer, in: Annales Univ. Sarav. Philos.-Lettr. V (1956) S. 37–49.
P. Romanelli, Storia delle Province Romane dell'Africa (Rom 1959).
P. Salama, Les voies romaines de l'Afrique du Nord (Alger 1951).
Ch. Saumagne, La Numidie et Rome (Paris 1966).
B. H. Warmington, The North African Provinces from Diocletian to the Vandal Conquest (Cambridge 1954).

C. H. V. Sutherland, The Romans in Spain (London 1939).
L. C. West, Imperial Roman Spain (Oxford 1929).
F. J. Wiseman, Roman Spain (London 1956).
Les Empereurs Romains d'Espagne. (Colloques Internationaux du Centre National de la Recherche Scientifique) (Paris 1965).

A. Alföldi, The Moral Barrier on Rhine and Danube, in: Congress of Roman Frontier Studies 1949 (Durham 1952) S. 1–16.
St. Bolin, Fynden av romerska mynt i det fria Germanien (Lund 1926).

M. P. Charlesworth, Trade-Routes and Commerce of the Roman Empire (Cambridge 1924).
Ders., Roman Trade with India. A Resurvey, in: Studies in Roman Economic and Social History in Honour of A. Ch. Johnson (Princeton 1951) S. 131–143.
K. Christ, Römer und Barbaren in der hohen Kaiserzeit, in: Saeculum 10 (1959) S. 273–288.
Le rayonnement des civilisations grecque et romaine sur les cultures périphériques. (Huitième Congrès international d'archéologie classique. Paris 1963) I, II (Paris 1965).
H. J. Eggers, Der römische Import im freien Germanien (Hamburg 1954).
J. Guey, Trésors de monnaies romaines en Europe Orientale, in: Mél. d'Archéol. et d'Histoire d'École Franc. de Rome 67 (1955) S. 189ff., 68 (1956) S. 139ff.
L. Lesschi, Rome et les Nomades du Sahara Central, in: Études d'Épigraphie, d'Archéologie et d'Histoire Africaines (Paris 1957) S. 74ff.
H. v. Petrikovits, Reichs-, Macht- und Volkstumsgrenze am linken Niederrhein im 3. und 4. Jahrhundert n. Chr., in: Festschrift A. Oxé (Darmstadt 1938) S. 220–240.
E. Swoboda, Der pannonische Limes und sein Vorland, in: Carnuntum-Jahrbuch 1959 (1961) S. 17–30.
M. Wheeler, Rome beyond the Imperial Frontiers (London 1954).

J. Bleicken, Senatsgericht und Kaisergericht (Göttingen 1962).
R. v. Ihering, Geist des römischen Rechts auf den verschiedenen Stufen seiner Entwicklung ($^{6-8}$1923/26).
J. H. Kelly, Princeps iudex (Weimar 1957).
P. Koschaker, Europa und das römische Recht (München ^{3}1958).
W. Kunkel, Herkunft und soziale Stellung der römischen Juristen (Weimar 1952).
Th. Mommsen, Römisches Staatsrecht I–III (Leipzig ^{3}1887).
F. Schulz, Prinzipien des römischen Rechts (Berlin ^{2}1954).
Ders., Geschichte der römischen Rechtswissenschaft (Weimar 1961).
J. Stroux, Römische Rechtswissenschaft und Rhetorik (Potsdam 1949).
F. de Visscher, Nouvelles Études de droit Romain public et privé (Milano 1949).
L. Wenger, Von der Staatskunst der Römer, in: Münchener Universitätsreden 1 (München 1925).
Ders., Die Quellen des römischen Rechts, in: Denkschriften d. Österr. Akad. d. Wiss. 2 (Wien 1953).
F. Wieacker, Vom römischen Recht (Stuttgart ^{2}1961).

5. Spätantike

F. Altheim, Der Niedergang der alten Welt I, II (Frankfurt 1952).
W. J. de Boone, De Franken (Groningen 1954).
K. Christ, Antike Münzfunde Südwestdeutschlands I, II (Heidelberg 1960).
H. Dannenbauer, Die Entstehung Europas I (Stuttgart 1959).
E. Demougeot, La formation de l'Europe et les invasions barbares (Paris 1969).
A. H. M. Jones, The Later Roman Empire 284–602. A Social, Economic and Administrative Survey I–III (Oxford 1964).
H. Koethe, Zur Geschichte Galliens im 3. Viertel des 3. Jh. n. Chr., in: 32. Ber. RGK. (1942) S. 199ff.
L. Schmidt, Geschichte der deutschen Stämme bis zum Ausgang der Völkerwanderung (München ^{2}1934ff.).
O. Seeck, Geschichte des Untergangs der antiken Welt I–VI (Berlin $^{2/3}$1920/21).

E. Stein, Histoire du Bas-Empire I, II (Bruges 1959, 1949).
F. de Visscher, La Constitution Antonine (212 a. J.-C.) et la persistance des droits locaux, in: Cahiers d'Histoire mondiale 2 (1955) S. 788–811.
J. Vogt, Der Niedergang Roms (Zürich 1965).
G. J. Wais, Die Alamannen in ihrer Auseinandersetzung mit der römischen Welt (Berlin ³1943).
F. Wieacker, Recht und Gesellschaft in der Spätantike (Stuttgart 1964).
E. Zöllner, Geschichte der Franken bis zur Mitte des 6. Jahrhunderts (München 1970).

A. Alföldi, Studien zur Geschichte der Weltkrise des 3. Jahrhunderts n. Chr. (Darmstadt 1967).
M. Rosenbach, Galliena Augusta (Tübingen 1958).

A. Champdor, Les ruines de Palmyre (Paris 1953).
J. Gagé, La montée des Sassanides et l'heure de Palmyre (Paris 1964).
I. A. Richmond, Palmyra under the Aegis of the Romans, in: JRS 53 (1963) S. 43–54.
A. N. Sherwin-White, The Roman Citizenship (Oxford 1939) S. 276–281.
C. Watzinger in: RE 18 (1949) Sp. 262–277.

P. R. Coleman-Norton, Roman state and Christian church. A collection of legal documents to A. D. 535. I–III (London 1966).
W. H. C. Frend, Martyrdom and Persecution in the Early Church (Oxford 1965).
J. Molthagen, Der römische Staat und die Christen im 2. und 3. Jahrhundert (Göttingen 1970).
J. Moreau, Die Christenverfolgung im Römischen Reich (Berlin 1961).
H. Rahner, Kirche und Staat im frühen Christentum (München ²1961).
J. Speigl, Der römische Staat und die Christen (Amsterdam 1970).
J. Vogt, Zur Religiosität der Christenverfolger im Römischen Reich, in: SB. Heidelberger Akad. d. Wiss., Phil.-Hist. Kl. 1962, 1.

A. Alföldi, A Conflict of Ideas in the Later Roman Empire (Oxford 1952).
F. Altheim, Geschichte der Hunnen I–V (Berlin 1959/62).
F. Altheim – R. Stiehl, Ein asiatischer Staat I (Wiesbaden 1954).
J. Bidez, Julian der Abtrünnige (München 1940).
J. Burckhardt, Das Zeitalter Constantins d. Gr. (Leipzig ²1880).
A. Christensen, L'Iran sous les Sassanides (Kopenhagen ²1944).
R. Ghirshman, Iran. Parther und Sassaniden (München 1962).
Laqueur, Koch, Weber, Probleme der Spätantike (Stuttgart 1930).
S. Lauffer, Diokletians Preisedikt (Berlin 1971).
A. Lippold, Theodosius d. Gr. und seine Zeit (Stuttgart 1968).
A. Maricq, Res gestae Divi Saporis, in: Syria 35 (1958) S. 295–360.
S. Mazzarino, La democratizzazione della cultura nel „Basso Impero", in: XI Congrès Internat. des Sciences Historiques, Rapports II (Stockholm 1960) 35–54.
J. Moreau, Constans, Constantinus II., Constantius, in: Jb. f. Antike u. Christentum 2 (1959) S. 160ff.
A. Piganiol, L'Empire chrétien (Paris 1947).
M. Rostovtzeff, Res gestae divi Saporis and Dura, in: Berytus 8 (1943) S. 17ff.
J. Straub, Vom Herrscherideal der Spätantike (Berlin 1939).
O. Treitinger, Die oströmische Kaiser- und Reichsidee nach ihrer Gestaltung im höfischen Zeremoniell (Jena 1938).
J. Vogt, Constantin d. Gr. und sein Jahrhundert (München ²1960).

K.-H. Ziegler, Die Beziehungen zwischen Rom und dem Partherreich (Wiesbaden 1964).

N. H. Baynes – H. St. L. B. Moss, Byzantium (Oxford 1948).
L. Bréhier, Le monde Byzantin I–III (Paris 1947/50).
F. Dölger, Byzanz und die europäische Staatenwelt (Ettal 1953).
W. E. Kaegi, Byzantium and the Decline of Rome (Princeton 1968).
G. Ostrogorsky, Geschichte des byzantinischen Staates (München ³1963).
G. Paris, Romani, Romania, Lingua Romana, Romancium, in: Romania 1 (1872) S. 1–22.
B. Rubin, Das Zeitalter Justinians I (Berlin 1960).
A. A. Vasiliev, History of the Byzantine Empire (Wisconsin ²1952).

M. T. W. Arnheim, The Senatorial Aristocracy in the Later Roman Empire (Oxford 1972).
A. Chastagnol, Le sénat romain sous le règne d'Odoacre (Bonn 1966).
R. Delbrueck, Spätantike Kaiserportraits (Berlin 1933).
R. Mac Mullen, Soldier and Civilian in the Later Roman Empire (Cambridge, Mass. 1963).
A. Momigliano, An Unsolved Problem of Historical Forgery: the Scriptores Historiae Augustae, in: Secondo contributo alla storia degli studi classici (Rom 1960) S. 105–134.
P. Petit, Libanius et la vie municipale à Antioche au IVe Siècle après J.-C. (Paris 1955).
A. Riegl, Spätrömische Kunstindustrie (Wien ²1927).
G. Rodenwaldt, Zur Kunstgeschichte der Jahre 200 bis 270, in: Jb. DAI 51 (1936) S. 82–113.
Ders., Zur Begrenzung und Gliederung der Spätantike, in: Jb. DAI 59/60 (1945/5) (1949) S. 84ff.
B. Schweitzer, Die spätantiken Grundlagen der mittelalterlichen Kunst (Leipzig 1949).
K. F. Stroheker, Germanentum und Spätantike (Zürich 1965).
Ders., Der senatorische Adel im spätantiken Gallien (Tübingen 1948).
E. A. Thompson, The Historical Work of Ammianus Marcellinus (Cambridge 1947).

A. Cameron, Claudian (Oxford 1970).
J. Gaudemet, L'Église dans l'Empire Romain (IVe–Ve Siècles) (Paris 1958).
R. Klein, Symmachus (Darmstadt 1971).
F. G. Maier, Augustin und das antike Rom (Stuttgart 1955).
H.-I. Marrou, St. Augustin et la fin de la culture antique (Paris ²1949).
A. Momigliano (Hrsg.), The Conflict between Paganism and Christianity in the Fourth Century (Oxford 1963).
F. Paschoud, Roma aeterna (Neuchâtel 1967).
J. Straub, Heidnische Geschichtsapologetik in der christlichen Spätantike (Bonn 1963).

H. Aubin, Vom Altertum zum Mittelalter (München 1949).
K. Christ (Hrsg.), Der Untergang des Römischen Reiches (Darmstadt 1970, Wege der Forschung, 269).
D. Claude, Geschichte der Westgoten (Stuttgart 1970).
Ch. Courtois, Les Vandales et L'Afrique (Paris 1955).
H. J. Diesner, Das Vandalenreich (Stuttgart 1966).

W. Enßlin, Theoderich d. Gr. (München ²1959).
P. Hübinger, Spätantike und frühes Mittelalter (Wiesbaden 1959).
Ders. (Hrsg.), Zur Frage der Periodengrenze zwischen Altertum und Mittelalter (Darmstadt 1969, Wege der Forschung, 51).
Ders. (Hrsg.), Kulturbruch oder Kulturkontinuität im Übergang von der Antike zum Mittelalter (Darmstadt 1967, Wege der Forschung, 201).
Ders. (Hrsg.), Bedeutung und Rolle des Islam beim Übergang vom Altertum zum Mittelalter (Darmstadt 1968, Wege der Forschung, 202).
F. Lot, La fin du monde antique et le début du moyen age (Paris ²1951).
S. Mazzarino, Das Ende der antiken Welt (München 1961).
St. J. Oost, Galla Placidia Augusta (Chicago 1968).
H. Pirenne, Mahomet et Charlemagne (Paris 1937).
A. Graf Stauffenberg, Macht und Geist (München 1972).
K. F. Stroheker, Um die Grenze zwischen Antike und abendländischem Mittelalter, in: Saeculum 1 (1950) S. 433ff.
G. Tellenbach, Germanentum und Reichsgedanke im frühen Mittelalter, in: Hist. Jb. 62–69 (1949) S. 109–135.
Ders., Römischer und christlicher Reichsgedanke in der Liturgie des frühen Mittelalters, in: SB. Heidelberger Akad. d. Wiss., Phil.-Hist. Kl. 1934/35, 1.
E. A. Thompson, The Visigoths in the Time of Ulfila (Oxford 1966).
Ders., The Goths in Spain (Oxford 1969).
L. Varady, Das letzte Jahrhundert Pannoniens (Amsterdam 1969).
M. A. Wes, Das Ende des Kaisertums im Westen des Römischen Reiches (s'Gravenhage 1967).

6. Schlußbetrachtung

K. Christ, Von Gibbon zu Rostovtzeff (Darmstadt 1972).
G. Freitag, L. v. Ranke und die Römische Geschichte (Diss. Marburg 1965).
W. Goez, Translatio imperii (Tübingen 1958).
R. Koebner, Empire (Cambridge 1961).
A. Momigliano, La formazione della moderna storiografia sull'impero romano, in: Contributo alla storia degli studi Classici (Rom 1955) S. 107–164.
F. Schneider, Rom und Romgedanke im Mittelalter (München 1926).
P. E. Schramm, Kaiser, Rom und Renovatio (Leipzig 1929).
F. Wagner, Der Historiker und die Weltgeschichte (Freiburg 1965).

Zeittafeln

ROM

753 Legendäres Gründungsjahr Roms (Ansatz Varros)
508/7 (?) 1. Römisch-Karthagischer Vertrag; Weihe des Tempels für Juppiter Capitolinus
451/0 Zwölf-Tafel-Recht
396 Einnahme Vejis
387 Kelteneinfall; 18. 6. Niederlage an der Allia
367/6 Licinisch-Sextische Gesetze, erster plebejischer Konsul
343–341 1. Samnitenkrieg
340–338 Latinerkrieg

WESTEN UND NORDAFRIKA

264–241 1. Punischer Krieg

ROM UND ITALIEN

327–304 2. Samnitenkrieg

312 Censur des Appius Claudius Caecus, Via Appia (Rom-Capua), Aqua Appia

298–290 3. Samnitenkrieg

280–275 Kämpfe gegen Pyrrhus

238 Besetzung v. Sardinien u. Korsika

225–222 Kämpfe gegen die Kelten

HELLENISMUS/OSTEN UND DONAURAUM

229. 1. Illyrischer Krieg

		223–187 Antiochos III. d. Gr. v. Syrien
		219 2. Illyrischer Krieg
218–201 2. Punischer Krieg		
	216, 2. 8. Cannae	
		215–205 Krieg der Römer gegen Philipp V. v. Makedonien (1. Makedonischer Krieg)
212 Einnahme v. Syrakus durch die Römer, Archimedes †		
210–206 Scipios Siege in Spanien		
	205 Einholung des Steines der Magna Mater	
	204 Ennius in Rom	
202 Hannibal bei Zama besiegt		
		200–197 2. Makedonischer Krieg
197 Provinzen Hispania citerior u. ulterior		
		196 Freiheitserklärung für Griechenland durch T. Quinctius Flamininus
	191 Provinz Gallia Cisalpina	191–188 Krieg Roms gegen Antiochos III.
		188 Friede von Apameia
	186 Bacchanalienfrevel	
	184 Cato Censor; Plautus †	
	nach 168 Polybios in Rom	168 Römischer Sieg bei Pydna, Ende des makedon. Reiches; Antiochos IV. in Ägypten; Freihafen Delos

WESTEN UND NORDAFRIKA	ROM UND ITALIEN	HELLENISMUS/OSTEN UND DONAURAUM
	166–160 Terenz, Komödien	166 Beginn des Makkabäeraufstandes
	161 Griechische Rhetoren u. Philosophen ausgewiesen	
	155 „Philosophengesandtschaft“ (Karneades, Kritolaos, Diogenes) in Rom	
154–133 Kämpfe in Spanien		
149–146 3. Punischer Krieg		
		148 Provinz Makedonia
146 Zerstörung Karthagos, Provinz Africa		146 Zerstörung Korinths durch die Römer
	136–132 1. Sklavenkrieg in Sizilien	
133 Fall von Numantia	133 Tib. Gracchus Volkstribun, Lucilius, Satiren	133 Königreich Pergamon fällt als Erbschaft Attalos' III. an Rom
		132–129 Aufstand des Aristonikos im Pergamonenischen Reich
		129 Provinz Asia
	123–122 Tribunat des C. Gracchus	
121 Provinz Gallia Narbonensis		
		um 120 Polybios v. Megalopolis †

		um 117 Monsunschiffahrt nach Indien
	113–101 Kämpfe gegen Kimbern u. Teutonen	
112–105 Jugurthinischer Krieg		
	107, 104–100 Marius Konsul	
	104–100 2. Sklavenkrieg	
		96 Kyrene den Römern vererbt
	91–89 Bundesgenossenkrieg	
	88 Sullas Marsch auf Rom	88–64 Kriege Roms gegen Mithridates VI.
		86 Plünderung Athens durch die Soldaten Sullas
	83–81 Bürgerkrieg	
	82–79 Sullas Diktatur	
	81 Ciceros erste Rede (pro Quinctio)	
	78 Sulla †	
77–72 Kämpfe des Pompeius gegen Sertorius		
		74 Bithynien den Römern vererbt
	73–71 Spartacuskrieg	
	70 Prozeß gegen Verres	67 Seeräuberkrieg des Pompeius
		66–63 Neuordnung des Ostens durch Pompeius
	63 Cicero Konsul	63 Ende des Seleukidenreichs

WESTEN UND NORDAFRIKA	ROM UND ITALIEN	HELLENISMUS/OSTEN UND DONAURAUM
	60 1. Triumvirat (Pompeius, Crassus, Caesar)	
58–50 Caesar in Gallien		
	59 Caesar Konsul	
55, 54 Vorstöße nach Britannien	55–52 Cicero; de oratore, de re publica, de legibus	
	um 54 Lukrez †, Catull †	
55, 53 Rheinübergänge		53 Untergang des Crassus bei Carrhae
		51 Poseidonios v. Apameia †
	49–48 Bürgerkrieg zwischen Caesar u. Pompeius	
	48–47, 45–44 Caesar Diktator	
46 Cato Uticensis †		
	44, 15. 3. Caesar ermordet	
	43–33 2. Triumvirat (Antonius, Octavian, Lepidus)	
	43 Proscriptionen, Ermordung Ciceros	
		42 Philippi
	40 Erster Provinziale Konsul	
	36 Seesieg des M. Agrippa über Sext. Pom-	36 Partherfeldzug des Antonius

	35 Sallust †	31, 2. 9. Actium
		30 Einnahme von Alexandrien 1. 8. Tod der Kleopatra, Ende der Ptolemäerdynastie
	29–19 Vergils Aeneis	
	27 13. 1. Grundlegung des augusteischen Prinzipats	
26–25 Augustus in Spanien		20 Rückgabe der von den Parthern erbeuteten Feldzeichen
	19 Vergil †, Tibull †	
16–15 Unterwerfung der Alpenvölker		
16–13 Augustus in Gallien		
12 Roma- und Augustus-Altar in Lyon	13–9 Ara Pacis	
12–8 Vorstöße nach Germanien		
	8 Horaz †, Maecenas †	

4–6 Neue Vorstöße nach Germanien		6/7 Census des Quirinius
9 Schlacht im Teutoburger Wald	14 Augustus († 19. 8.)	6–9 Dalmatisch-Pannonischer Aufstand
	14–37 Tiberius	

WESTEN UND NORDAFRIKA	ROM UND ITALIEN	OSTEN UND DONAURAUM
16 Abberufung des Germanicus, Einstellung der großen römischen Offensive gegen Germanien		
	37–41 Caligula	
	41–54 Claudius	
43 Provinz Britannia		
		46 Provinz Thracia
	54–68 Nero	
		58–63 Feldzüge des Corbulo in Armenien
	64 Brand Roms; Christenverfolgung	
	65 Pisonische Verschwörung, Seneca †, Lucan †	
	66 Tiridates in Rom zum Kg. von Armenien gekrönt, Petron †, Griechenlandreise Neros	
		67–70 Jüdischer Aufstand
	68/69 Galba, Otho, Vitellius	
	69–79 Vespasian	
		70 Einnahme von Jerusalem durch Titus
	79–81 Titus	
	79 Vesuvausbruch, Tod des älteren Plinius	

vor 90 Einrichtung der Provinzen Germania inferior und superior	81–96 Domitian	
	96–98 Nerva	
	98–117 Trajan	
	98 Tacitus' Germania	
	100 Panegyricus des jüng. Plinius	
		106 Provinz Arabia
		107 Provinz Dacia
		112 Stellungnahme Trajans zum Vorgehen des jüng. Plinius gegen die Christen in Bithynien
	117–138 Hadrian	
		114–117 Partherkrieg
		132–135 Bar-Kochba-Aufstand
	135 Venus- und Roma-Tempel in Rom	
	138–161 Antoninus Pius	
	161–180 M. Aurel	
		162–166 Partherfeldzug
	166 Pest	166 römische Gesandtschaft nach China (?)
		167–175 Kämpfe gegen Markomannen, Quaden u. a. Stämme

WESTEN UND NORDAFRIKA	ROM UND ITALIEN	OSTEN UND DONAURAUM
		um 167 Martyrium des Polykarp von Smyrna
177 Martyrium der Christen von Lugdunum u. Vienna		
	180–192 Commodus	
	193–211 Septimius Severus	
		195, 197–199 Partherkrieg
	203 Severusbogen auf dem Forum	
208–211 Britannienfeldzug		
	211–217 Caracalla	
	212 Constitutio Antoniniana	
	213–214 Caracallathermen	
	218–222 Elagabal	
	222–235 Severus Alexander	
		226 Beginn des Sassaniden-Reiches
235 Sieg des Maximinus Thrax über die Alamannen	235–284 Zeit der Soldatenkaiser	
		243–244 Persischer Feldzug Gordians III.
	248 Tausendjahrfeier Roms unter Philippus Arabs	
	249/250 1. systematische Christenverfolgung durch Traianus Decius, Libelli	

	253–260 Valerian und Gallienus	
	257/8 Christenverfolgung	
259–273 gallisches Sonderreich		
	260–268 Gallienus, „Zeit der 30 Tyrannen“	
		260 Gefangennahme Valerians
		262–272 Sonderreich von Palmyra
	270–275 Aurelian, Wiederherstellung der Reichseinheit	
	284–305 Diokletian	
288–296 britannisches Sonderreich		
	301 Höchstpreisedikt	
	303 Beginn der Christenverfolgung	
	306–337 Konstantin d. Gr.	
		311 Toleranzedikt des Galerius
	312 28. 10. Schlacht an der Milvischen Brücke	
	313–315 Konstantinsbogen	
314 Konzil v. Arles, Donatistenstreit		
	313 Mailänder Abmachungen über Glaubensfreiheit	
		324 Baubeginn von Konstantinopel
		325 Konzil von Nicaea
		330, 11. 5. Einweihung von Konstantinopel

WESTEN UND NORDAFRIKA	ROM UND ITALIEN	OSTEN UND DONAURAUM
	337–340 Herrschaft der drei Söhne Konstantins	
340–350 Konstans		340–350 Konstantius II.
		341 Mission des Wulfilas unter den Westgoten
	350–361 Alleinherrschaft Konstantius' II.	
	361–363 Julian Apostata	
364–375 Valentinian I.		364–378 Valens
		375 Vorstoß der Hunnen
		378 Schlacht bei Adrianopel
		379–395 Theodosius I.
	382 Beseitigung des Victoria-Altars aus der Kurie	
	394 Schlacht am Frigidus; Ende der heidnischen Adelsopposition	
395–423 Honorius	395–408 Stilicho	395–408 Arcadius
		399 Höhepunkt der antigerman. Strömung in Konstantinopel; Sturz des Gainas
	400 Ravenna Hauptstadt des Westteils	
406 Sueben, Vandalen, Alanen überschreiten den Rhein		

	410 Fall Roms; Alarich	408–450 Theodosius II.
413–436 Burgunderreich am Rhein, 443–534 an der Rhône		
	416 Heimreise des Rutilius Namatianus	
424–455 Valentinian III.		
429–533 Vandalenreich in Afrika		
		438 Codex Theodosianus
	440–461 Papst Leo d. Gr.	
		450–457 Markianos
451 Schlacht auf den Katalaunischen Feldern		451 Konzil v. Chalkedon
	455–472 der Suebe Rikimer als Kaisermacher	
		457–474 Leo I.
	476 Absetzung des Romulus Augustulus 476–493 Odoakar	474–475 476–491 Zeno
482–511 Chlodwig		
		488 Aufbruch der Ostgoten unter Theoderich nach Italien
		491–518 Anastasius I.
	493 „Rabenschlacht“ vor Ravenna 493–526 Herrschaft des Theoderich	
496 die Franken nehmen den katholischen Glauben an		
507 Schlacht bei Vouillé		

WESTEN UND NORDAFRIKA	ROM UND ITALIEN	OSTEN UND DONAURAUM
507–711 Reich der Westgoten in Spanien		
		518–527 Justinus
	524 Hinrichtung des Boethius	
		527–565 Justinian
		528–534 Corpus Iuris Civilis
		529 Schließung der Akademie in Athen
531 die Merowinger unterwerfen das Thüringerreich		
		532 Nikaaufstand, Baubeginn an der Hagia Sophia
	535–553 Kämpfe der Ostgoten in Italien	
	um 540 Cassiodor geht nach Vivarium	
	551 Narses in Italien	
		546 Langobarden in Pannonien
		um 550 Slawen an der unteren Donau – Prokops Geschichtsschreibung
558–561 erneuter Zusammenschluß des Fränkischen Reiches unter Chlothar I.		
		562 Friede mit Persien
565 Gründung des irischen Klosters Jona		565–578 Justinus II.

	568–774 Langobardenreich in Italien	
		578–582 Tiberius I.
		581 Einnahme von Sirmium durch die Awaren
		582–602 Maurikius
584 Chilperich †		
589 Westgoten übernehmen katholischen Glauben		
	590–604 Gregor d. Gr.	
		591 Sieg über Persien
		602–610 Phokas
		610–641 Heraklius
636 Isidor von Sevilla †		

Register